W0176481

Misha Anouk wurde in *die Wahrheit* hineingeboren. So bezeichnen Zeugen Jehovas ihren Glauben. Kein Wunder, dass er fast 20 Jahre lang überzeugt ist, Teil der wahren Religion zu sein. Doch dann kommen erste Zweifel. Er begreift, dass sein Platz woanders ist, jenseits der sich von der Außenwelt abschottenden Glaubensgemeinschaft. «Für mich ist und war die Frage nie, ob Zeugen Jehovas gute oder schlechte Menschen sind. Die Frage war immer nur, ob dieser Glaube für mich gut war.» *Goodbye, Jehova!* ist ein glänzend geschriebener Insiderbericht von einem, der jeden Aspekt der Glaubensgemeinschaft hautnah miterlebt hat. Mit Hilfe von wissenschaftlichen Erkenntnissen und anhand der Wachtturm-Literatur analysiert Misha Anouk unaufgeregt und mit viel Witz das «System Wachtturm» und beschreibt, mit welchen psychologischen Tricks neue Mitglieder angeworben werden, wie sich die Organisation intern und extern gegen Kritik immunisiert und warum der Weltuntergang noch immer auf sich warten lässt.

Misha Anouk, geboren 1981 auf Gibraltar, ist freier Autor und widmet sich als Redner und in der täglichen Arbeit der Aufklärung über Bewusstseinskontrolle, Verschwörungstheorien, politische und gesellschaftliche Entwicklungen, Social-Media-Phänomene sowie der Medienkritik. Mit seiner Familie lebt er in Wien. Misha Anouk bloggt regelmäßig auf www.indub.io und twittert unter @mishaanouk.

Misha Anouk

Goodbye,
Jehova!

Wie ich die
bekannteste Sekte
der Welt
verließ

Rowohlt Taschenbuch Verlag

Originalausgabe
Veröffentlicht im Rowohlt Taschenbuch Verlag,
Reinbek bei Hamburg, November 2014
Copyright © 2014 by Rowohlt Verlag GmbH, Reinbek bei Hamburg
Umschlaggestaltung ZERO Werbeagentur, München
Umschlagfoto Getty Images/Tom Merton
Satz aus der Proforma PostScript (InDesign)
Gesamtherstellung CPI books GmbH, Leck, Germany
ISBN 978 3 499 62891 7

Für Lamm

Dieses Buch beruht auf wahren Begebenheiten

Ich war von meiner Geburt im Jahre 1981 bis zu meinem Ausschluss 2003 ein Mitglied der Zeugen Jehovas. Aus dieser Zeit berichte ich in diesem Buch anhand von persönlichen Erfahrungen, Eindrücken und Beobachtungen. Schreibe ich über die Bibel und Gott, beziehe ich mich ausschließlich auf die Auslegung und Wahrnehmung der Zeugen Jehovas. Wo es mir möglich ist, nehme ich auf aktuelle Entwicklungen in der Organisation der Zeugen Jehovas Bezug. Zitate, die ich mit WTG gekennzeichnet habe, sind Publikationen der Wachtturm-Gesellschaft, dem Verlag der Zeugen Jehovas, entnommen. Ich habe die Namen und Eigenschaften einzelner Protagonisten geändert, um Persönlichkeitsrechte zu wahren.

Ansonsten ist alles ziemlich genau so passiert.

«It's hard to dance with a devil on your back.»

– Florence and The Machine –

Inhalt

Prolog

13

Kapitel 1

Ich 25

Kapitel 2

Vier Wahrheiten über die Zeugen Jehovas.
Und eine Lüge. 57

Kapitel 3

Im Hamsterrad der «Paradies GmbH» 121

Kapitel 4

Jehova schaut zu 171

Kapitel 5

Das System Wachtturm, Teil 1 211

Kapitel 6

Das System Wachtturm, Teil 2 259

Kapitel 7

Eine Jugend mit Jehova   309

Kapitel 8

Ist in einer Beziehung mit Jehova,
und es ist kompliziert   373

Kapitel 9

Goodbye, Jehova!   427

Kapitel 10

Der Exorzismus des Misha Anouk   459

Epilog

499

Dank

501

Quellen

503

Prolog

Ich erzähle dir mal, wie das so läuft.

Es ist Samstag. Es klingelt an deiner Tür. Du wachst auf. Oder du bist schon wach, und es klingelt genau in dem Moment, in dem du dir dein Nutellabrot in den Mund schieben möchtest, auf das du dich freust, seit du zum ersten Mal auf die Schlummertaste gehauen hast. Oder es klingelt und du wirst beim Rasenmähen unterbrochen. Oder beim Duschen. Und du hetzt im Bademantel und nass tropfend zur Tür, weil es wichtig sein könnte. Ein Paket, vielleicht, oder deine Frau oder dein Mann, die vom Einkaufen zurückkommen und die Schlüssel vergessen haben. Es könnte wichtig sein, denkst du, und: Wehe, das sind die Zeugen Jehovas.

Natürlich sind es die Zeugen Jehovas.

Freundlich lächelnde Zeugen Jehovas.

Guten Morgen.

Aus Datenschutzgründen hast du keinen Namen. Du bist eine Hausnummer auf einem kleinen A6-Formular, das gemeinsam mit einer nummerierten Karte deines Wohnviertels in einer Klarsichtfolie in der Tasche deiner Besucher aufbewahrt wird. Nachdem du die Tür geschlossen hast, wird hinter deiner Hausnummer ein Code notiert: M oder W für dein Geschlecht, NH für «Nicht zu Hause», NI für «Nicht interessiert».

In den meisten Fällen steht ein Code neben deiner Hausnummer, der deinen Besucher oder die Vertretung an einen Rückbesuch bei dir erinnert.

Hinter der Hausnummer und dem Code ist noch Raum für Notizen. Hast du eine Zeitschrift angenommen? Hat man ein Fünkchen Interesse für das angesprochene Thema in dir wahrgenommen? Warst du freundlich, feindlich, indifferent? Gibt es einen ernsthaften Grund, weshalb man nicht wieder bei dir vorsprechen sollte? Hast du Kinder, einen Partner oder eine Partnerin, ein großes Haus, wirktest du gepflegt, unglücklich oder neugierig?

Aber so weit sind wir noch nicht. Noch stehen deine Besucher da, zwei freundlich lächelnde Menschen, die so aussehen, als würden sie in einem Film Zeugen Jehovas spielen. Einer der beiden Besucher spult den auswendig gelernten Gesprächseinstieg ab, während er dich und dein Zuhause durch den Türrahmen scannt. Am Schlüsselbrett hängt ein Diddl-Anhänger? Neben der Tür klebt eine *Ohne dich ist alles doof*-Postkarte? Dann werden dir mit an Sicherheit grenzender Wahrscheinlichkeit die tollen Bilder von Kindern gefallen, die mit Pandas im Paradies spielen.

Einer der beiden Besucher redet mit dir, der andere lächelt freundlich. Er wird mit unwiderstehlichen Schlagworten um sich werfen, als spiele er Malen nach Zahlen auf einem Bullshit-Bingo-Zettel, ein Best Of der kleinsten gemeinsamen Nenner der Menschheit, bis er mit einem ins Schwarze trifft. Irgendetwas, das eine Reaktion bei dir auslöst, ein Gefühl, eine Zustimmung, eine Erinnerung. Er ist ein geschulter Fluchthelfer aus der Realität. Er schleust dich an Gemeinplätze wie: «Würden

14

Sie nicht auch gern ewig leben?», «Fänden Sie es nicht schön, Ihre verstorbenen Liebsten wieder in die Arme schließen zu können?» oder «Würden Sie nicht auch gern wissen, warum Gott so viele schlimme Dinge zulässt?». Vertraute Gemeinplätze, die Widerspruch tautologisch beinahe unmöglich machen. Das einzig Exotische: Das bemerkenswert aufrichtige Lächeln der beiden. Du nickst. Wer würde das alles denn nicht wollen?! Der rhetorische Enkeltrick sozusagen. Nur, dass du es besser wissen müsstest, schließlich bist du noch keine 90 Jahre alt. Aber vielleicht weißt du es nicht besser. Und sie wissen beide, dass du es nicht besser weißt.

Während dieser ersten dreißig Sekunden erstellen deine Besucher ein ausführliches Profil von dir. Das geschieht ganz automatisch, sie sind schon lange dabei, sie haben ihre Perspektivenübernahme-Fähigkeit in vielen Stunden Predigtdienst verfeinert. Idealerweise bist du hilflos, verzweifelt, gläubig, aber von deiner Kirche enttäuscht, eher konservativ, in einer Ausnahmesituation, naiv, auf der Suche, verletzlich. Es ist einfacher, einen gläubigen Menschen zu bekehren als einen Atheisten. In den Vereinigten Staaten sind einer Studie zufolge ein gutes Drittel der Zeugen Jehovas ehemalige Protestanten, 27 Prozent waren vorher Katholiken.[1] Trifft keiner der Faktoren zu, ist das ärgerlich, aber kein Ausschlusskriterium. Jeder verdient es, gerettet zu werden. Manche Parameter erleichtern dem Besucher jedoch sein Vorhaben. Menschen, die einem gewissen Profil entsprechen, sind empfänglicher für die Rhetorik der Wachtturm-Gesellschaft.

Es gibt nicht viele Gründe, warum man dich nicht noch mal besuchen sollte. Wenn du nicht ausdrücklich darauf bestehst, von einem erneuten Besuch abzusehen, wird derjenige, der mit dir gesprochen hat, kein NI in deiner Zeile eintragen. Das NI ist ein inoffizielles Kürzel, es ist auf dem Formular noch nicht mal vorgesehen. Der Besucher ist darauf vorbereitet, dass du ihn schnell loswerden möchtest. Ein flapsiges «Ich habe keine Zeit», «Vielleicht ein anderes Mal» oder selbst ein «Kein Interesse, danke» deinerseits wird bloß als Abfallprodukt unserer schnelllebigen, stressigen Gesellschaft aufgefasst. Genau das ist womöglich der Aufhänger für den nächsten Besuch. Oder ein anderes Detail, das man in deiner Zeile notiert, eine Kleinigkeit, eine Beobachtung, eine Auffälligkeit.

Man wird es als Einstieg in das Folgegespräch nutzen, und du wirst dumm gucken, weil du keine Ahnung hast, wovon der Besucher redet. Du wirst den Besucher nicht sofort wiedererkennen, aber er wird sich an genug Details erinnern, um entsprechend vorbereitet eine Publikation im Gepäck zu haben, die zufälligerweise etwas mit der Kleinigkeit, der Beobachtung, der Auffälligkeit zu tun hat. Der Besucher wird dich auf dem falschen Fuß erwischen, und egal, was du sagst und wie du dich verhältst, er wird wieder eine Notiz anfertigen. Er wird wiederkommen. Vielleicht sagst du diesmal aber auch, dass du wirklich kein Interesse hast. Vielleicht hast du diesmal das seltene Glück und hinter deiner Hausnummer steht ein NI. Herzlichen Glückwunsch. Es dauert ein Jahr, bis die Zeugen Jehovas wieder an deiner Tür klingeln. Mit hoher Wahrscheinlichkeit wirst du niemals ein Zeuge Jehovas sein.[2]

———

Womöglich steht in der Notiz aber auch, dass du einen *Wachtturm* entgegengenommen hast. Was man der Notiz nicht entnehmen kann: Das machtest du nur, um ihn abzuwimmeln, weil du vielleicht etwas überrumpelt worden bist, wie das bei Haustürgeschäften so häufig der Fall ist.

Mittlerweile nimmt dein Besucher das mit dem Datenschutz nicht mehr so ernst. Er hat konkrete Angaben zu deinem Namen, deinem geschätzten Alter, deinem vermuteten Familienstand und der Tageszeit, zu der er dich angetroffen hat, notiert. Vielleicht hast du ihm auch schon deine religiöse Zugehörigkeit mitgeteilt. Er hat gelernt, all diese Informationen für seine Zwecke einzusetzen.

Aber sei ihm nicht böse. Wie alle auf der untersten Ebene eines Schneeballsystems glaubt er an das, was er dir verkaufen möchte. Er glaubt, dass es dein Leben bereichern wird, so wie er überzeugt ist, dass es sein Leben bereichert hat. Er will dir *die Wahrheit* verkaufen. Den Schlüssel zum ewigen Leben. Dein Besucher ist ein eifriger Bibellehrer, ein *Verkündiger der Guten Botschaft*. Und er wird nicht aufgeben, jetzt erst recht nicht.

Der Preis? Nichts, was sich in Geld aufwiegen ließe. Die Wachtturm-Gesellschaft ist nicht hinter deinem Vermögen her. Wir sind hier ja nicht bei Scientology. Du kannst jahrzehntelang Zeuge Jehovas sein, ohne auch nur einen Cent an die Organisation zu zahlen. Alles, was sie will, ist deine totale, hundertprozentige Loyalität. Es ist nicht teuer, ein Zeuge Jehovas zu sein. Die Höhe des Preises, den du bezahlst, bestimmst du selbst. Die Währung steht im Art. 2 Abs. 1 des Grundgesetzes. Die freie Entfaltung deiner Persönlichkeit. Vergiss die Handlungsfreiheit, vergiss dein Grundrecht auf informationelle Selbstbestimmung. Man wird dir sagen, was du zu tun hast, man wird dir vorschreiben, was du zu sagen hast, man wird anordnen, wie du dich zu kleiden und zu benehmen hast. Und du wirst es tun, du wirst es gerne tun, denn du kannst dich nicht entsinnen, dass man es dir befohlen oder vorgeschrieben, gar verboten hätte. Du wirst überzeugt sein, dass es deine eigene Idee war, dein eigener Wunsch, deine eigene freiwillige Reaktion auf den vergemeinschaftlichten Imperativ, der die Sprache der Wachtturm-Gesellschaft dominiert.

———

So weit sind wir aber noch lange nicht.

In den letzten Jahren hat der Besucher wichtige demographische Erkenntnisse über dein Wohnviertel gewonnen und in einem separaten Notizbuch detailliert aufgezeichnet. Er ist noch alte Schule; manche seiner jüngeren Zeugen-Jehovas-Kollegen nutzen bereits eine Smartphone-App.

Dummerweise hast du den *Wachtturm* nicht gelesen, auf den er dich anspricht. Das ist nicht schlimm. Von seinen Besuchen bei deinen Nachbarn weiß er, dass es noch viele andere Themen gibt, die die Menschen in deinem Wohnviertel bewegen. Wie der Zufall es will, enthält der aktuelle *Wachtturm* einen Artikel zu einem der Themen. Natürlich hat er ihn dabei. Du bist viel zu überrascht, um abzulehnen. Als er dich fragt, ob es in Ordnung wäre, wenn er die Zeitschriften regelmäßig in deinem Briefkasten hinterlässt, bist du einverstanden, weil du hoffst, dass er nicht mehr klingelt.

Er lobt deinen Vorgarten und deine Vorhänge und fragt, ob

dein Schnupfen besser geworden ist. Vielleicht erwähnt er, dass ihm aufgefallen ist, dass du beim letzten Mal ein Dortmund-Trikot trugst. Ihr unterhaltet euch fünf Minuten lang über das Revierderby. Beim Abschied sagt er noch, dass die Begleitzeitschrift des *Wachtturms*, das Magazin *Erwachet!*, einen wunderbaren Artikel enthält, der ganz bestimmt was für deine Teenagertöchter ist.

Er ist freundlich. Sein Interesse schmeichelt dir. Beim nächsten Mal lächelst du, wenn du die Tür aufmachst. Die Strategie des *Love-Bombings* geht auf. Du weißt nicht, dass man diese Strategie so nennt, aber tröste dich: Er auch nicht. Und er würde vehement widersprechen: Dass er dich mit Aufmerksamkeit, der Liebe Währung, überhäuft, ist aus seiner Sicht keine Strategie, keine Taktik. Er will dir aufrichtig zu einem One-Way-Ticket ins Paradies verhelfen.

Du bist keine Zeile mehr. Du bist eine ganze Seite in einem Notizbuch und du hast einen Namen. Du bist jetzt eine sogenannte «Zeitschriftenroute». Seine *Brüder* und *Schwestern*, wie sich getaufte Zeugen Jehovas in ihren Königreichssälen gegenseitig ansprechen, wissen von dir. Zwei hast du im Rahmen der Besuche sogar schon kennengelernt, er hatte sie mitgebracht. Sie lächelten dich an, wie man einen alten Bekannten anlächelt. Für die anderen bist du der Hauseigentümer aus dem Erfahrungsbericht, den dein Besucher in einer Zusammenkunft zum Besten gab. Zusammenkunft, so nennen die Zeugen Jehovas ihre Gottesdienste. Das weißt du auch schon. Was du nicht weißt: Er hat in der Zusammenkunft erzählt, wie er dein anfängliches Desinteresse überwand. Er erzählte von deinem BVB-Trikot. Die Zuhörer lachten und nickten. Der Diskussionsleiter hob die Anekdote als «Best-Practice»-Beispiel dafür hervor, wie man im Predigtdienst das Eis brechen kann. Das weißt du nicht, aber wenn du es wüsstest, es würde nichts ändern. Du hast ja nichts zu verbergen, sagst du immer.

———

Ein paar Wochen, vielleicht drei Monate, hörst du nichts von ihm. Die Zeitschriften holst du aus dem Briefkasten. Statt im Altpapier landen sie auf dem Klo, weil du dem Artikel über die Verrohung der Gesellschaft zustimmst. Als er wieder vor der Tür steht, regnet es in Strömen. Er lächelt. Du bittest ihn auf einen Kaffee herein. Deine Frau ist im Urlaub oder bei den Schwiegereltern oder vielleicht sitzt sie auch neben dir. Er fragt, ob du Gelegenheit hattest, in die Zeitschriften hineinzuschauen. Du hattest. Bevor er geht, bedankt er sich für den Kaffee, fragt nach deinen Töchtern und lobt die Wohnzimmereinrichtung. Er lässt dir einen Artikel über den BVB aus der *Sport Bild* da. Als er ihn las, hat er an dich denken müssen.

Du kennst seinen Namen, und du kennst seine Ehefrau und Kinder. Beim nächsten Mal, er war grad in der Nähe, heute trägt er keine Krawatte, sondern Polohemd und Jeans, bietet er dir ein kostenloses Heimbibelstudium an. Du nimmst an.

Du bekommst deine eigene Akte in Form eines Studienberichts, der mit deinem Namen und deiner Adresse und ausführlichen Details zu deinem Heimbibelstudium (Dauer, Häufigkeit, persönliche Angaben) von den Ältesten der örtlichen Versammlung archiviert wird. Jetzt bist du offiziell und namentlich von den Zeugen Jehovas erfasst. Insgesamt rund

3300 Stunden Predigtdienst werden benötigt, um einen einzigen Menschen zu bekehren. Das haben zwei US-Sozialwissenschaftler errechnet.[3]

Oder du lehnst ein Bibelstudium ab. Aber du bist damit einverstanden, weiterhin von ihm mit dem *Wachtturm* und *Erwachet!* beliefert zu werden. Die Zeit, die er bei dir verbringt, und die Zeitschriften, die er dir hinterlässt, tauchen am Ende des Monats als Zahl in seinem Felddienstbericht auf, einem weiteren Formular, das er als Nachweis seiner Predigttätigkeit an seine Ältesten weiterreicht. Diese Zahlen landen in Summe in der Akte, die über jedes einzelne Mitglied der Zeugen Jehovas angelegt wird. Die Daten werden zwecks Auswertung an die Dachorganisation der Zeugen Jehovas weitergereicht.

Es klingelt an der Tür. Das Gesicht ist ein anderes, aber das Lächeln ist dasselbe. Dein *Wachtturm*-Lieferant ist umgezogen. Er ist der neue. Und ob es für dich in Ordnung sei, wenn er jetzt regelmäßig die Zeitschriften in deinem Briefkasten hinterlasst. Bevor er deine Wohnung betritt, weiß er bereits, wie dein Wohnzimmer aussieht, wie du mit Vornamen heißt, wie alt deine Töchter sind, wann du arbeitest, was deine Zukunftswünsche sind. Er weiß, dass du dir Sorgen wegen der Finanzkrise machst, dass dich die Situation in Nahen Osten beschäftigt und dass du mit dem Rauchen aufhören möchtest. Der Stift, mit dem er die Adresse des nächsten Königreichssaales auf der Rückseite des *Wachtturms* notiert, ist aus dem Fanshop von Borussia Dortmund.

In seiner Schultertasche ist ein Notizbuch und eine Karte deines Wohnviertels.

Das ist deine Geschichte.

Also, das könnte deine Geschichte sein. Es ist nämlich so: Du hast die Wahl. Es ist deine Entscheidung.

——

Bei einer Umfrage gaben 96 Prozent der Menschen an, die Zeugen Jehovas zu kennen.[4] Sie sind wahrscheinlich die bekannteste Sekte der Welt – aber sind sie das überhaupt: eine Sekte? Oder sind sie bloß missverstandene «nette und friedliche Menschen», die laut *Spiegel Online* auf ihren Kongressen Fremden Lakritz und Apfelschnitze anbieten, Wolldecken um Frierende legen und den Alten die Stufen hochhelfen?[5] Wie passt dieses harmlose Image zu der Behauptung, man verliere sein gesamtes soziales Umfeld, wenn man die Sekte der Zeugen Jehovas verlässt, wie es zum Beispiel in einem Porträt im Online-Angebot der *Zeit* nachzulesen war?[6] Was ist diese ominöse *Blutfrage* der Zeugen Jehovas, über die Bestsellerautor Ian McEwan in einem Interview sagte, diese Praxis sei «pervers und menschenverachtend»?[7] In welchem Zusammenhang stehen die Zeugen Jehovas zu dieser Wachtturm-Gesellschaft? Wolltest du nicht schon immer wissen, was auf der anderen Seite deiner Tür passiert, nachdem du sie den Zeugen Jehovas vor der Nase zugeschlagen hast? Und überhaupt: Was ist von den Zeugen Jehovas zu halten? Nun, die letzte Frage kann und möchte ich dir nicht beantworten. Das musst du schon selbst herausfinden. Alles, was ich machen kann, ist, dir meine Version zu erzählen.

Erzähle ich in einem Gespräch, dass ich als Zeuge Jehovas aufgewachsen bin, wollen die meisten Zuhörer wissen, wie das denn so war. Dann erzähle ich, wie das so war. Dann wollen sie wissen, warum ich kein Zeuge Jehovas mehr bin. Dann erzähle ich ihnen, warum. Dazu muss ich immer etwas ausholen. Wenn ich fertig bin mit meiner Erzählung, fühlen sich die einen in den Vorurteilen, die sie gegenüber der Wachtturm-Organisation pflegen, bestätigt. Die anderen meinen, ich würde übertreiben. Das könne man sich irgendwie überhaupt gar nicht vorstellen. Das seien doch nette Menschen, die Zeugen Jehovas, die seien doch die «nette Sekte von nebenan». Man wohne neben, arbeite mit, kenne Zeugen Jehovas persönlich. Die seien harmlos, verglichen mit *anderen.*

Beide Standpunkte sind nachvollziehbar. Viele Vorurteile, die man mit dem Unternehmen namens Wachtturm verbindet, das die Ideologie der Zeugen Jehovas steuert und vertreibt, entsprechen im Kern den Tatsachen. Gleichzeitig sind die Mehrheit der Mitglieder der Zeugen Jehovas tatsächlich umgängliche, freundliche, verlässliche, äußerst angenehme Menschen. Menschen wie du und ich. Kennt man ein Mitglied einer Glaubensgemeinschaft persönlich, ist man dieser gegenüber in der Regel positiver eingestellt.[8] Für mich ist und war die Frage jedoch nie, ob Zeugen Jehovas gute oder schlechte Menschen sind. Die Frage war immer nur, ob dieser Glaube für mich gut war.

Wie gesagt: Es fängt schon damit an, dass du eine Wahl hast. Die hatte ich nicht. Und das, das ist meine Geschichte.

Dazu muss ich etwas ausholen.

———

*Natürlich hält mich die Polizei an. Es passt zu diesem Abend. An-
scheinend habe ich eine rote Ampel übersehen. Ob ich getrunken habe,
will der Beamte wissen. Schön wär's, sage ich. Ärger?, fragt der zweite Beamte grinsend. Wenn er wüsste, denke ich. Wenn er wüsste, sage
ich. Und dann erzähle ich, was mir an diesem Abend noch bevorsteht.
Ich erzähle ihnen meine Geschichte, in Kurzform. Sie hören mir zu,
tauschen Blicke aus. Ich bekomme meinen Führerschein wieder. Sie
belassen es bei einer Ermahnung. Ich mache den Schulterblick und
fädele wieder ein in den Verkehr, der sich über die Ausfallstraße zieht.
Über Ausfallstraßen habe ich einmal gelesen, dass sie in Stadtrand-
zonen nicht sonderlich einladende Eingangsbereiche einer Stadt prä-
gen, die in der Wahrnehmung eines Besuchers eher als unattraktiv
und vernachlässigt erscheinen. Für diese Straße in meiner Heimatstadt gilt das in jedem Fall. Nicht sonderlich einladend. Eine Straße
wie dieser Abend.*

———

Kapitel 1

Ich

Wie alles begann

Ich wurde 1981 auf Gibraltar in diese Welt hineingeworfen. Gibraltar ist eine Halbinsel an der Südspitze Spaniens, gehört aber zu Großbritannien. Gibraltar ist die Heimat der letzten freilebenden Affen Europas. Es gibt mehr als doppelt so viele Briefkastenfirmen wie Einwohner. Die Landebahn des Flughafens kreuzt die einzige Zufahrtstraße – wenn ein Flugzeug landet, müssen die Autos stehenbleiben. Eine großartige Insel. So stellt man sich das Taka-Tuka-Land vor.

Natürlich wird man nicht rein zufällig auf Gibraltar geboren. Niemand war *einfach so* auf Gibraltar, vor allem nicht in den Achtzigern. Die Spanier hatten die Grenze dichtgemacht, weil es ihnen nicht passte, dass dieser kleine Wurmfortsatz von Halbinsel den Briten gehört. Wollte man nach Gibraltar, musste man von Spanien aus erst mal auf die andere Seite des Mittelmeeres nach Marokko rüber, die Zollbeamten mit einem machen lassen, was die dortigen Zollbeamten eben mit einem machen, um danach wieder übers Mittelmeer nach Gibraltar hinüberzuschippern. Nicht gerade der übliche Sonntagsausflug. Niemand war einfach so aus Spaß auf Gibraltar. Entweder hatte man das Pech, dort geboren zu werden. Oder man wurde dorthin entsandt.

Meine Eltern befanden sich im Auftrag der Wachtturm-

Gesellschaft als Missionare auf Gibraltar. Missionare sind Vollzeit-Verkündiger, wie die Bibellehrer genannt werden, die hauptberuflich den lieben langen Tag nichts anderes machen, als von Haus zu Haus zu gehen und die Lehren der Zeugen Jehovas zu verbreiten. Missionare werden von der Wachtturm-Gesellschaft finanziell unterstützt, damit sie sich voll und ganz auf ihren Predigtdienst konzentrieren können.

Ich wurde also *in der Wahrheit* geboren, wie es bei uns hieß. *Die Wahrheit* ist ein Begriff, der von den Zeugen Jehovas synonym für vieles verwendet wird: Ist eine Person Mitglied der Zeugen Jehovas, so ist sie *in der Wahrheit*. Spricht jemand über die Lehren der Wachtturm-Gesellschaft, redet er oder sie über *die Wahrheit*. Sind die Eltern bereits Zeugen Jehovas, wenn man das Licht der Welt erblickt, so wächst man *in der Wahrheit* auf. So wie ich.

Meine Großmutter väterlicherseits war Zeugin Jehovas, meine Großeltern mütterlicherseits waren beide Zeugen Jehovas. Mein Onkel und meine Tante arbeiten im *Bethel*, der klosterartigen Deutschland-Zentrale der Zeugen Jehovas in Selters/Taunus. Man kann sagen, dass meine Familie eine kleine Zeugen-Jehovas-Dynastie ist. Ich hatte alle Voraussetzungen für eine Bilderbuchkarriere bei den Zeugen Jehovas.

———

Mein Vater wurde kurz nach dem Zweiten Weltkrieg in London geboren. Er zog mit seinen Eltern nach Frankreich, der Heimat meines Großvaters. Im Teenageralter kam er das erste Mal über seine Mutter mit den Zeugen Jehovas in Berührung. Als Katholik aufgewachsen, wirkte dieser Glaube sehr ansprechend auf ihn. Also konvertierte er. Mit 17 Jahren floh er vor dem Militärdienst zu Freunden nach London, wo er Vollzeitpionier der Zeugen Jehovas wurde. Vollzeitpioniere sind wie Missionare. Nur, dass sie zusätzlich zum hauptberuflichen Predigtdienst noch für ihren eigenen Unterhalt sorgen müssen. Mein Vater lebte von der Hand in den Mund. Im Winter stopfte er seine Sommerschuhe mit Zeitungspapier aus, weil er sich keine Stiefel leisten konnte. Anfang der siebziger Jahre bewarb er sich um einen Studienplatz in *Gilead*, der theologischen Hochschule der Wachtturm-Gesellschaft in Brooklyn, New York, an der Studenten in einem sechsmonatigen Crashkurs auf eine Tätigkeit als weltweit eingesetzte Missionare vorbereitet wurden. Er wurde an der Schule aufgenommen und zog nach New York.

Meine Mutter wurde zwei Jahre nach meinem Vater in der fränkischen Provinz geboren. Ihre Eltern waren beide Zeugen Jehovas. Gemeinsam mit meinem Onkel wuchs sie *in der Wahrheit* auf. Nach ihrer Ausbildung zur Industriekauffrau stieg sie in den Vollzeitpionierdienst ein. Anfang der siebziger Jahre bewarb sie sich ebenfalls um einen Studienplatz in *Gilead*. Sie wurde angenommen und zog nach New York.

Dort lernte sie meinen Vater kennen.

Mein Vater machte meiner Mutter vor Beendigung ihres Studiums einen Heiratsantrag. Sie nahm ihn an. Kurz darauf wurde mein Vater als Missionar nach Marokko geschickt und meine Mutter ans andere Ende der Welt nach Paraguay. Zwei Jahre lang hielten sie per Brief Kontakt. Sie hatten sich für mindestens zwei Jahre verpflichtet, ledig zu bleiben und sich ausschließlich dem Missionarsdienst zu widmen. Dann heirateten sie. Irgendwann flogen sie in Marokko auf, wo sie im

Untergrund tätig gewesen waren, weil die Zeugen Jehovas dort verboten sind. Deshalb wurden sie von der Wachtturm-Gesellschaft nach Gibraltar versetzt.

Und dann kam ich. Mit einem Kind ist der Missionardienst schwierig. Meine Eltern beendeten ihre Tätigkeit und wurden zu ganz normalen Zeugen Jehovas. Von Gibraltar zogen wir über Umwege nach Deutschland, wo mein Vater in Bielefeld eine Arbeitsstelle fand.

———

So kam es, dass ich als Zeuge Jehovas aufwuchs. Ob ich dabei Mitspracherecht hatte, ist Ansichtssache. Ich war mir in meiner Kindheit keiner Alternative bewusst. Wohin hätte ich denn auch sollen als Kind? Das Leben, das meine Eltern führten, das Leben, das sie für mich ausgesucht hatten, das war alles, was ich kannte. Ich hatte nicht die geringste Ahnung vom anderen Leben da draußen. Meine Güte, als der erste *Batman*-Film in die Kinos kam, dachte ich, das Logo wäre ein Mund mit verfaulten, gelben Zähnen.

Man erzählte mir, dass es außerhalb der Gemeinschaft der Zeugen Jehovas eine Welt gab, eine andere, spirituelle Welt, die man nicht sehen konnte. Diese Welt war böse und beeinflusste die echte Welt und deshalb würden beide Welten vernichtet werden. Deswegen war es besonders wichtig, sagte man mir, dass ich immer brav sei, in den Predigtdienst gehe, zu Jehova bete und ihm gefalle. Damit er bloß nicht auf den Gedanken käme, ich sei auf Satans Seite. Ich wolle Jehova doch nicht traurig machen, oder?

Das Universum der Wachtturm-Gesellschaft ist schwarzweiß. Die Geschichte, die uns die Wachtturm-Gesellschaft erzählt, ist simpel, das älteste Sujet der Welt: der ewige, epische Kampf Gut gegen Böse. Jehova gegen Satan. Superman gegen Lex Luthor. David Dunn gegen Elijah Price. Wie James Moriarty zu seinem Erzfeind Sherlock Holmes sagt: «Jedes Märchen braucht einen schönen altmodischen Schurken. Sie brauchen mich. Ohne mich sind Sie ein Nichts. Weil wir genau gleich sind, Sie und ich.»

Die Wachtturm-Gesellschaft ist auf ihren Antagonisten angewiesen. Aus ihm leitet sie ihren Anspruch ab. Der größte Trick, den die Wachtturm-Gesellschaft je vollbrachte, war, ihre Gefolgschaft, die Zeugen Jehovas, zu überzeugen, dass sie im Kampf gegen den Teufel Gottes Stellvertreter auf Erden sind. Auch ich bin darauf reingefallen.

Natürlich wollte ich Jehova nicht traurig machen. Ich war vier, fünf, sechs, sieben, acht Jahre alt und Jehova Gott das mächtigste Wesen im Universum. Ich hatte in der Bibel gelesen, dass Jehova ein Gott der Liebe, aber auch der Rache war. Ich wusste, was er mit den Menschen in Sodom und Gomorrah und im Gelobten Land gemacht hatte, mit den Ägyptern, mit den Babyloniern, das stand alles in meinem Kinderbibelbuch. Außerdem erinnerte ich mich gut an die Hörspielkassette, in der Gott Moses' Schwester kurzzeitig mit Lepra bestraft hatte, weil sie Widerworte gegeben hatte.

Lepra!

Wegen Widerworten!

Meine liebsten Worte!

Tagelang hatte mich diese Szene verfolgt, und wenn ich die Kassette hörte, weil ich kaum andere Hörspielkassetten hatte außer denen, in denen man lernte, warum es wichtig war, gottgefällig zu sein, versteckte ich mich bei der Szene unter dem Wohnzimmertisch. Der Wohnzimmertisch schien mir sicher, schließlich sollte man sich bei einem Erdbeben (oder bei einem Bombenalarm, ich bin mir nicht mehr sicher, immerhin war Kalter Krieg) unter einem Tisch verstecken. Ich wollte mich nicht mit jemandem anlegen, der gleich mit Lepra nach einem warf, wenn man zu einem «Aber ...» ansetzte. Schließlich kam einem dieses blöde Wort so leicht über die Lippen. Ich dachte mir: Unter einem Tisch ist man sicher vor Lepra.

Die Alternative, Satan, war mir auch nicht recht. Satan war eine unheimliche, mehrköpfige, rote Schlange, die ich aus den Zeitschriften und Büchern der Zeugen Jehovas kannte, ein Bild, das mir bereits im frühesten Kindesalter Angst einjagte und dazu führte, dass ich nachts ohne Licht nicht schlafen konnte. Irgendwie war es eine Wahl zwischen Pest und Cholera, auch wenn man mir etwas anderes zu vermitteln suchte.

Wenn man bei den Zeugen ist, wird einem gesagt, dass man auf der guten Seite ist. Auf Gottes Seite. Man hat die Ehre, eine Figur zu sein in einem universellen Schachspiel. Gott war weiß, der Gute, Satan schwarz, der Böse. Wir die Bauern. Ich hatte schon mal ein Schachspiel gesehen. Die Bauern wurden als Erste geopfert.

———

Ich habe den ganzen Zirkus mitgemacht. Ich wusste, es hätte sonst «Konsequenzen» gegeben, und «Konsequenzen» wollte ich nicht riskieren. Auch wenn ich mir mit fünf, sechs Jahren noch nicht so recht darunter etwas vorstellen konnte. Ich wusste noch nicht, dass ich in weniger als zwei Jahrzehnten alles verlieren würde, was mir lieb und teuer war. In meiner Welt damals waren Konsequenzen handfeste Tatsachen. Ich war ein Kind. Sachen wie «Ausschluss» oder «Harmagedon» waren bloß Worte. Die taten nicht weh. Harmagedon war für mich damals ein Klaps auf den Hintern.

Familienleben

Wir waren eine glückliche Familie. Vater, Mutter, Kinder. Mein Vater ging einer geregelten Beschäftigung nach, meine Mutter schmiss den Haushalt, wir zahlten pünktlich unsere Steuern. Wir wohnten in einem schönen Viertel, hatten ein gutes Verhältnis zu unseren Nachbarn, wir mähten den Rasen und trennten den Müll. Wir hielten die Flurwoche ein und halfen unserer gebrechlichen Nachbarin, wenn sie ihren Pflichten nicht nachkommen konnte. Zwei Mal im Jahr fuhren wir in den Urlaub. Wenn der Zirkus oder die Kirmes in unsere Stadt kam, gingen wir hin und aßen Zuckerwatte. Meine Mutter besuchte alle Elternabende, und nach den Sprechtagen ermunterte sie mich, respektvoller zu meinen Lehrern zu sein. Unsere Kleidung war sauber und gebügelt. Mein Bruder und ich bekamen regelmäßig Taschengeld. Wir hatten eine Tageszeitung im Abonnement, einen Fernseher und eine HiFi-Anlage. Unsere Lieblings-Fernsehsendung war die Bill Cosby Show, und an Weihnachten schauten wir uns gemeinsam das neueste Walt-Disney-Meisterwerk an. Wenn Nachbarn sagten, wie umgänglich und beispielhaft meine Familie war, wenn fremde

Menschen lobten, wie wohlerzogen wir Kinder waren, wann immer es etwas Positives gab, versäumten es meine Eltern nie, zu verraten, dass es dafür einen guten Grund gab: Wir waren Zeugen Jehovas.

———

Urlaub machten wir immer im Süden, bei meinem Großvater. Er wohnte in einem kleinen Haus in einer kleinen Stadt zwischen Marseille und Toulouse. Das Haus hatte einen großen Hof, in dem mein Bruder und ich spielten. Die Stadt hatte einen großen Strand, direkt am Mittelmeer, in dem wir schwammen. Es war ein prima Ort, um Urlaub zu machen.

Im Garten meines Großvaters wuchsen die größten und saftigsten Tomaten, die ich gegessen habe. Vor dem Haus stand ein riesiger Kastanienbaum, unter dem wir speisten. Wenn wir nicht am Strand waren, verbrachten wir die Tage im Schatten des Baumes, lesend, oder im Haus, vor dem Fernseher, weil in ihm gerade Tour de France lief. Das Haus stand den Rest des Jahres über leer; mein Großvater lebte mit seinem Schäferhund aus irgendeinem Grund in einer kleinen Hütte neben der Garage.

Mein Großvater war kein sympathischer Mensch. Ich sprach kaum Französisch, er sprach kaum ein Wort Englisch. Dabei hätte ich so viele Fragen gehabt. Er war Seemann gewesen, ein echter Seemann. Die Seefahrt faszinierte mich, und ich war direkt an der Quelle. Aber sie ließ mich am langen Arm verhungern. Er gab sich keine besondere Mühe, seine Enkelkinder kennenzulernen. Bis zu seinem Tode brachte er es nicht einmal fertig, meinen Vornamen richtig auszusprechen.

Dabei waren wir, seine Enkel, der einzige Grund, weshalb wir überhaupt unseren Urlaub bei ihm verbrachten. Mein Opa hasste die Zeugen Jehovas. Er hatte meinen Vater verstoßen, als der konvertiert war. Vielleicht warf er den Zeugen vor, ihm seine Frau gestohlen zu haben. Meine Großmutter war Zeugin Jehovas geworden, und ein paar Jahre danach war sie an einem Gehirntumor gestorben. Traurig, keine Frage, aber selbst mit ein bisschen Phantasie kann ich da keinen Zusammenhang sehen.

Von meiner französischen Familie habe ich eine gewisse Sturheit geerbt. Mein Großvater war schon ein Arschloch gewesen, bevor seine Frau und sein Sohn Jehovas Zeugen geworden waren. Er war Matrose in der Handelsmarine gewesen und kam so gut wie nie nach Hause. Für meinen Vater war er ein Fremder, und mein Opa tat alles dafür, dass es dabei blieb. Er quälte und demütigte ihn, wann immer es eine Gelegenheit dazu gab.

Mein Papa brüllte meinen Opa im Urlaub während ihrer gelegentlichen Streitereien an. Das fand ich doof. Aber im Nachhinein verstehe ich es nur zu gut. Vielleicht wäre allen gedient gewesen, wäre mein Großvater unten geblieben, als er einmal bei schwerem Seegang über Bord ging, ich weiß es nicht.

Wegen seiner Enkel versöhnte sich mein Opa mit meinem Vater. Bis zum Tod meines Großvaters war es aber eher ein Waffenstillstand als ein echter Friede. Das begriff ich erst, als ich älter wurde. Als Kind fand ich die Urlaube bei meinem Großvater klasse. Ich liebte die Sonne, das Meer und die hübschen südfranzösischen Mädchen. Aber am allermeisten schätzte ich an den drei Urlaubswochen, dass ich nicht in den Predigtdienst musste und wir nur einmal den Königreichssaal der örtlichen Versammlung besuchten. Urlaub in Frankreich war für mich auch Urlaub von Jehova.

———

Zeugen Jehovas sind in örtlichen Gemeinden organisiert, die Versammlungen heißen. In einer Versammlung gibt es keinen Pfarrer, sondern eine Gruppe von Glaubensbrüdern, die Älteste heißen und gemeinsam die Gemeinde führen. Die Ältesten werden von der Leitenden Körperschaft ernannt und haben Weisungsbefugnis.

Unsere Versammlung war englischsprachig. In dieser Versammlung war ich aktiv. Und mit aktiv meine ich: keine halben Sachen. Ich war ein Vollblut-Zeuge.

Meine Familie definiert sich bis heute darüber, Zeugen Jehovas zu sein. So wie die meisten Zeugen Jehovas. Eifer ist dabei ein ganz besonders wichtiges Merkmal. Als Eifer bezeichnen Zeugen Jehovas ihre Gottesfurcht und das Engagement für den Glauben, das sie an den Tag legen. Unsere Eltern hielten meinen Bruder und mich von Kindesbeinen dazu an, eifrig zu sein. Mit einem Ältesten als Familienoberhaupt hatten wir in der Versammlung eine Vorbildfunktion. Meine Eltern stellten sicher, dass unsere Familie ihr nachkam.

Alles drehte sich um Jehova und seine Anbetung.

Montags war meistens das Familienbibelstudium. Gemeinsam bereiteten wir uns im Wohnzimmer auf die sonntägliche Zusammenkunft vor. Papa stellte die vorgegebenen Fragen, wir meldeten uns reihum per Handzeichen und durften dann die vorgegebenen Antworten vorlesen. Ziemlich idiotensichere Angelegenheit. Das ging in der Regel anderthalb Stunden.

Dienstags oder mittwochs war das Gruppenbibelstudium. Die Versammlungsgemeinde war in kleinere Gruppen eingeteilt, die eine vorgeschriebene Lektüre der Wachtturm-Gesellschaft gemeinsam besprach. Das Prinzip war dasselbe wie beim Familienbibelstudium, bloß wurde erwartet, dass man sich schon im Vorfeld darauf vorbereitete und die entsprechenden Textstellen bereits markiert hatte. Das ging in der Regel eine Stunde (ohne Vorbereitung).

Donnerstags oder freitags fanden die Theokratische Predigtdienstschule und die Dienstzusammenkunft statt. Auch hierauf sollte man sich natürlich vorbereitet haben (nach Vorbild des Familienbibelstudiums allein und in innerer Einkehr). Das ging in der Regel zwei Stunden (ohne Vorbereitung).

Am Wochenende wurde ein Vormittag im Predigtdienst verbracht. Das ging in der Regel mit An- und Abfahrt drei Stunden.

Samstags oder sonntags gingen wir dann zur öffentlichen Ansprache und zum *Wachtturm*-Studium in den Königreichssaal. Ein angereister Redner sprach 45 Minuten lang über ein bestimmtes Thema unter Berücksichtigung neuester biblischer Erkenntnisse der Leitenden Körperschaft. Im Anschluss wurde dann öffentlich abgefragt, was wir bereits montags im Familienbibelstudium durchgekaut hatten.

———

Vor dem Frühstück, dem Mittagessen und dem Abendessen wurde gebetet. Wir schlossen unsere Augen und falteten unsere Hände. Anders als in den meisten Kirchen müssen die Gebete der Zeugen Jehovas keiner besonderen Vorgabe entsprechen, was häufig dazu führt, dass sich die öffentlichen Vorbeter gegenseitig mit ganz besonders eloquenten und gottesfürchtigen Gebeten zu übertrumpfen versuchen. Im Familienkreis war das zum Glück weniger der Fall. Mein Vater hatte dennoch den Hang abzuschweifen. Was besonders ärgerlich war, wenn man Hunger hatte. Durch halb geschlossene Augenlider starrte man in den Topf Bolognese inmitten der gefalteten Hände und hoffte, Papa würde nicht noch ein Land einfallen, in dem Zeugen Jehovas verfolgt wurden, für die er Jehovas Segen erbat.

Auch vor dem Schlafengehen wurde gebetet. Überhaupt wurde empfohlen, zu jedem denkbaren Zeitpunkt zu beten. Ich kam mir immer wie ein Vollidiot vor, wenn ich die Augen schloss und still vor mich hin in den leeren Raum hinein betete. Viel zu oft wurde ich abgelenkt, und zehn Minuten später beendete ich das Gebet mit einem hastig angehängten «... durch Jesus Christus, Amen».

Zusätzlich zu den Zusammenkünften und den Gebeten, zusätzlich zur Schule und Arbeit wurde selbstverständlich erwartet, dass man am Predigtdienst teilnahm, um seinen Eifer zu bezeugen. Für Freizeit und Klassenkameraden blieb nicht viel Zeit.

———

Aber es war nicht alles strenges Regiment, es war nicht alles schlecht, bei weitem nicht. Meine Freunde bei den Zeugen Jehovas und ich, wir waren eigentlich ganz normale Kinder. Wir bolzten, wir spielten, wir schauten Filme, wir machten Quatsch. Wir fuhren Skateboard, wir fuhren Fahrrad, wir kletterten auf Bäume und wir fielen herunter. Wir lachten und wir brüllten, wir knufften und wir prügelten uns, wir ärgerten den Hausmeister und klauten im Kaufhaus Hörspielkassetten. Und abends im Bett weinten wir uns in den Schlaf, weil wir Angst hatten, wegen der gestohlenen Hörspielkassetten nicht ins Paradies zu kommen. Wir zogen uns die Decke über den Kopf und sprachen ganz oft hintereinander den Namen Gottes aus, weil der Name Gottes ein gutes Mittel gegen die Geister war, die wir gerufen hatten.

Meine Eltern legten sehr viel Wert darauf, als Familie Spaß zu haben. Wir machten Ausflüge, besuchten Bekannte oder liehen uns einen Film aus der Videothek aus. Mein Vater gründete für meine Freunde und mich einen Abenteuerclub, er entwarf Urkunden, die er uns ausstellte, wenn wir von Wanderungen zurückkehrten.

Im Teutoburger Wald am Ende der Straße gab es einen Bombenkrater aus dem Zweiten Weltkrieg. Für uns war er ein Dinosauriergrab, und wir wühlten gemeinsam im Dreck nach Knochen. Meine Mutter machte die beste Pizza der Welt. Wenn meine Freunde und ich vom Bolzen heimkehrten, dampften Waffeln im Eisen. Im Sommer fuhren wir in den Süden, im Herbst in den Norden. Wir hatten einen großen Garten. Mein Vater schuftete sich jahrelang den Buckel krumm, damit es seiner Familie an nichts fehlte. Ich bin sehr dankbar, es hat uns an nichts gefehlt. Es hat mir an nichts gefehlt, weder an Liebe noch materiell. Nur eine Sache fehlte mir: Freiheit. Aber das wusste ich noch nicht. Noch nicht. Die Sache mit meinen Eltern hatte eigentlich nur einen Haken: Sie waren Zeugen Jehovas.

Das Pferd

In einem unscheinbaren olivgrünen Buch, das die Wachtturm-Gesellschaft drei Jahre vor meiner Geburt im Jahr 1978 herausgab, betonte sie den Wert einer liebevollen Erziehung. Gehorsame und wohlerzogene Kinder seien kein Zufall. Sie seien das Ergebnis ordentlicher Zucht. Schläge könnten einem Kind das Leben retten. Zwar müsse ein empfindsames Kind nicht jedes Mal geschlagen werden, aber manche Kinder seien wie ein Knecht, der nicht hören wolle. Sie benötigten körperliche Bestrafung.[9]

Der Wälzer *Einsichten über die Heilige Schrift*, ein Bibellexikon und Almanach der Zeugen-Jehovas-Lehren, hatte in Band 2 auf Seite 848 zum Stichwort «Schlagen» folgende Einsicht zu bieten:

In der Heiligen Schrift wird wiederholt betont, wie nützlich Schläge als Strafmittel sein können. Sprüche 20:30 zeigt, dass die Züchtigung bis ins Innerste dringen und bewirken kann, dass sich der Gezüchtigte bessert. Der Text lautet: «Quetschwunden sind es, die das Schlechte wegscheuern, und Schläge die innersten Teile des Leibes.» Der Gezüchtigte sollte erkennen, dass er töricht gehandelt hatte und dass er sich ändern sollte (Spr 10:13; 19:29). Wer wirklich weise ist, lässt sich mit Worten zurechtweisen, sodass es nicht nötig wird, ihn zu schlagen. Da alle Menschen «in Vergehen» hervorgebracht und «in Sünde» empfangen werden (Ps 51:5), gibt die Bibel Eltern den Rat, die Rute der Autorität konsequent anzuwenden, manchmal auch in Form der buchstäblichen Rute (Spr 22:15). Dadurch mag das Kind vor Schaden oder gar vor dem Tod bewahrt werden. – WTG

Um sicherzugehen, dass wir Kinder den Ernst der Lage auch wirklich begriffen hatten, las man im Königreichssaal aus dem Buch Sprüche vor, dass das Auge, das einen Vater verspotte und das den Gehorsam gegenüber einer Mutter verachte – die Raben des Wildbachtals würden es aushacken, die Söhne des Adlers es auffressen.[10] Als hätte Lars von Trier einen Erziehungsratgeber geschrieben.

Weder hackten mir die Raben des Wildbachtals die Augen aus, noch verprügelten mich meine Eltern ernsthaft. Den Hintern versohlt bekam ich trotzdem hin und wieder. Es waren die Achtziger. Noch kämpfte die Religionsgemeinschaft der Zeugen Jehovas in Deutschland nicht um das Körperschaftsrecht, noch hatten sie nicht ihren Standpunkt bezüglich des Schlagens von Kindern geändert.[11] Meine Eltern taten, was sie gelernt hatten und für richtig hielten.

Mein Vater hatte ein schweres Holzlineal. Es war einen halben Meter lang. Das Lineal hieß *Das Pferd*. Ich weiß nicht mehr, warum es so hieß, aber ich erinnere mich sehr gut daran, dass es diesen Namen trug. *Das Pferd*. Wenn mein Bruder und ich ungezogen waren, zählte er bis drei, während *Das Pferd* wie ein Damoklesschwert in seiner Hand lag. Er kam selten bis zur Drei. Wir lernten schnell. In den Jahren danach schaffte er es selten bis Zwei. Es reichte meist, «Pferd» zu sagen oder das Lineal in die Hand zu nehmen.

———

Eines Abends, ich war gerade mal fünf, das weiß ich, weil mein Bruder noch ein Baby war, benahm ich mich in einer Zusammenkunft fürchterlich daneben. Es war die zweite Stunde, es war Freitagabend, mir war langweilig, ich saß mit meinen Eltern, die einen Programmpunkt gemeinsam gestalteten, auf der Bühne, ich rutschte unruhig auf meinem Sitz hin und her. Ich saß mit auf der Bühne, weil ich irgendwann einen Satz sagen durfte. Doch der Augenblick der Wahrheit ließ auf sich warten.

Ich war ein Kind. Vor mir stand ein Mikrophon. Es war einfach zu reizvoll. Wiederholt beugte ich mich vor und fragte in das offene Mikro, wann ich denn jetzt *endlich* mal was sagen dürfe. Im Publikum gab es ein Schmunzeln, ein leises Gelächter. Das spornte mich umso mehr an. Die bösen Blicke meiner Eltern brachten mich nicht zum Schweigen. Wie der böse Knecht aus der Bibel wollte ich nicht hören. Nach dem Programmpunkt platzte meinem Vater der Kragen. Er zerrte mich nach draußen ins Foyer. Er wollte nicht aufs Pferd warten. Im Foyer musste ich mich vornüberbeugen. Mein Vater holte aus und schlug mir auf den Hintern, einmal, und noch einmal, und noch einmal. Ich biss die Zähne zusammen. Irgendwie hatte es sich ja gelohnt.

In dem Augenblick betrat meine beste Freundin mit ihrer Mutter das Foyer, um die Toilette aufzusuchen. Ihren Blick, wie sie mich anstarrte, wie ich vornübergebeugt die Schläge meines Vaters empfing, das war der GAU meiner Kindheit.

———

Bis auf diese Kleinigkeit namens Zeugen Jehovas habe ich schöne Erinnerungen an meine Kindheit.

Aber ich erzähle und erzähle, dabei brennen dir noch so viele Fragen auf der Zunge, das sehe ich doch. Mein Fehler. Die Zeugen Jehovas sind mittlerweile ein derart fester Bestandteil popkultureller Folklore und so bekannt, dass man als ehemaliger Zeuge Jehovas oft vergisst, dass es vieles gibt, was man als Außenstehender nicht über sie wissen kann. Die Zeugen Jehovas sind so viel mehr als das abgenutzte Klischee der freundlich dreinblickenden Menschen, die mit dem *Wachtturm* an deiner Haustür oder vor Karstadt stehen.

Zeugen Jehovas für Einsteiger

Nur, dass das kein Klischee ist. Das Missionieren, oder vielmehr der Predigtdienst, wie die Wachtturm-Gesellschaft die Tätigkeit des Evangelisierens nennt, ist gemäß ihrer Selbstdarstellung das Alleinstellungsmerkmal der Zeugen Jehovas. Sie sind natürlich nicht die einzige Glaubensgemeinschaft, die um Gläubige wirbt; aber vermutlich sind sie gemeinsam mit den Mormonen weltweit die aktivste. Den Auftrag, ihre Mitmenschen Wochenende für Wochenende mit Klingelstreichen zu behelligen, entnehmen sie der Bibel – der Befehl kommt von ganz oben:

> Geht daher hin, und macht Jünger aus Menschen aller Nationen, tauft sie im Namen des Vaters und des Sohnes und des heiligen Geistes, und lehrt sie, alles zu halten, was ich euch geboten habe. Und siehe, ich bin bei euch alle Tage bis zum Abschluss des Systems der Dinge.[12]

Es gibt also einen guten Grund, weshalb die Zeugen Jehovas so viel Energie in das Predigtdienstwerk stecken: Sie warten auf

das Ende. Und das Ende kommt erst, wenn das Predigtdienstwerk vollbracht ist.[13]

In der Regel bieten sie den bepredigten Menschen die neueste
Ausgabe des *Wachtturms* und seiner Begleitzeitschrift *Erwachet!*
an. Der *Wachtturm*, dessen vollständiger Titel «Der Wachtturm
verkündigt Jehovas Königreich» lautet, wurde erstmals 1879
veröffentlicht und hat eine weltweite Gesamtauflage von knapp
45 Millionen Exemplaren in über 200 Sprachen. Die Zeitschrift
Erwachet! erschien 1919 zum ersten Mal und hat mittlerweile
eine ähnliche Verbreitung in fast 100 Sprachen.

Herausgegeben werden die beiden Zeitschriften sowie alle
Publikationen der Zeugen Jehovas von der Muttergesellschaft
Watch Tower Bible and Tract Society of Pennsylvania, kurz: Watch-
tower Society oder Wachtturm-Gesellschaft (oder WTG). Sie
unterhält eine deutsche Zweigniederlassung mit dem Namen
*Wachtturm Bibel- und Traktat-Gesellschaft der Zeugen Jehovas, e. V.,
Selters/Taunus.* In den meisten Bundesländern sind Zeugen Je-
hovas als *Religionsgemeinschaft der Zeugen Jehovas in Deutschland
K.d.ö.R. (Körperschaft des öffentlichen Rechts)* anerkannt.

In diesen Bundesländern sind Zeugen Jehovas also offiziell
keine Sekte.

Unter dem Begriff Zeugen Jehovas versteht man gemeinhin
die Glaubensgemeinschaft der Menschen, die die Anweisungen des durch freiwillige Spenden finanzierten Unternehmens
befolgen, das man als Wachtturm-Gesellschaft kennt. Sprich:

Zeugen Jehovas sind die Menschen, die an deiner Tür klingeln; die Wachtturm-Gesellschaft hingegen die Dachorganisation und der Verlag, der als Urheber die Botschaft herausgibt, die Lehren entwirft, die Regeln, die Verbote, die Gebote festlegt. Für die Zeugen Jehovas selbst und viele Außenstehende gibt es da keinen Unterschied. Beide Begriffe werden synonym verwendet. Objektiv – und vor allem subjektiv – betrachtet sind das zwei verwandte, aber dennoch verschiedene Welten. Am Ende des Buches wirst du verstehen, was ich meine.

An der geistigen Spitze der Wachtturm-Gesellschaft steht die sogenannte Leitende Körperschaft, gleichzeitig das Führungsgremium der Zeugen Jehovas. Sie steht sechs Komitees vor, in denen alles geregelt wird, was zu regeln ist. Die zwei wichtigsten: die Dienstabteilung, eine Art Innenministerium, verantwortlich für die Ernennung und Absetzung von Aufsehern und Ältesten[14], sowie die Schreibabteilung, die für die Inhalte der Publikationen der Wachtturm-Gesellschaft zuständig ist.

Die Inhalte aller Publikationen, die die Wachtturm-Gesellschaft herausgibt, werden von der Leitenden Körperschaft kuratiert. Sie allein entscheidet, was zum Bildungskanon der Zeugen Jehovas gehört – auch wenn sie nicht alle Artikel selbst schreibt. Niemand sonst darf Lehren im Namen der Zeugen Jehovas verbreiten. Die Bibelexegese ist ein Privileg, das der Leitenden Körperschaft vorbehalten ist und nur von ihr delegiert werden darf. In ihrer Selbstwahrnehmung sind die Mitglieder die Erfüllung der Bibelprophezeiung des «treuen und verständigen Sklaven», der Gottes Volk mit «geistiger Speise», wie die Wachtturm-Gesellschaft ihre Publikationen in gewohnt blumiger Sprache nennt, versorgen soll. Nur die Leitende Körperschaft darf das. Niemand anders.[15]

Den Begriff «Leitende Körperschaft» findet man an keiner Stelle der Bibel. Es ist eine unreligiöse, weltliche Bezeichnung aus der amerikanischen Rechtssprache für das Gremium, das einer Organisation leitend vorsteht. Ab 1944 wurde der Begriff im Zusammenhang mit dem Aufsichtsrat der Wachtturm-Gesellschaft gebraucht. 1971 dann versuchte man, eine Verbindung zwischen den Aposteln Jesu und der Leitenden Körperschaft der Wachtturm-Gesellschaft herzustellen. Laut Eigenaussage werden die Mitglieder von ihrem Bruder Jesus Christus persönlich ernannt.[16] Die Leitende Körperschaft bezeichnet sich selbst wechselnd als den «treuen und verständigen Sklaven», den «Sklaven», die «Sklaven-Klasse» oder auch gern «Brüder Christi».[17]

In der Broschüre *Der Wille Jehovas: Wer lebt heute danach?* wird über die Mitglieder der Leitenden Körperschaft gesagt: «Diese Männer sehen sich nicht als Führer von Gottes Volk.»[18] Löblich. Gesagt wird aber auch:

Vertreten wird der «treue und verständige Sklave» heute von der leitenden Körperschaft. Sie setzt sich aus erfahrenen geistgesalbten Ältesten zusammen, die führend darin vorangehen, das Königreich auf der ganzen Erde bekannt zu machen, und dieses Werk koordinieren. Ganz besonders auf sie trifft die Formulierung zu «die unter euch die Führung übernehmen» (Heb. 13:7). – WTG[19]

Und:

Jesus Christus, das Haupt, versorgt die Glieder mit allem, was nötig ist, damit sie gut koordiniert zusammenarbeiten und geistig gut genährt sind (Eph. 4:15, 16; Kol. 2:19). So kann auch die leitende Körperschaft durch ihren Aufbau die Führung unter der Leitung des heiligen Geistes übernehmen, wie Jehova es möchte. – WTG[20]

Die Leitende Körperschaft übernimmt die Führung und geht führend voran; ihren Anweisungen ist unbedingt Folge zu leisten, sie sind sakrosankt.[21] Man kann also guten Gewissens behaupten, dass es sich bei den Mitgliedern der Leitenden Körperschaft um die Glaubensführer der Zeugen Jehovas handelt. Und dass diese Hierarchie nicht nur auf dem Papier existiert, sondern innerhalb der Organisation gelebt wird, bestätigte Calvin Rouse, Anwalt der Wachtturm-Gesellschaft, in seiner Aussage vor einem kalifornischen Gericht im Jahr 2012, wo er zu Protokoll gab, die Organisation der Zeugen Jehovas sei eine «hierarchal religion structured just like the Catholic Church [...] This is a hierarchal organisation. It is governed from the top down.» Zu Deutsch: Die Zeugen Jehovas sind wie die katholische Kirche eine hierarchisch strukturierte Religion, die von oben nach unten regiert wird.[22]

Übrigens: Erst seit dem 4. Dezember 1975 ist die Lehre und geistige Führung der Zeugen Jehovas das einvernehmliche Ergebnis der Gruppenarbeit der Leitenden Körperschaft. Zuvor hatten die jeweiligen Präsidenten, die dem Gründervater der Wachtturm-Gesellschaft folgten, das letzte Wort in Sachen Doktrin. Letzterer spielt heute kaum noch eine Rolle in der Lehrmeinung. Vermutlich sind viele seine Ansichten der heutigen Wachtturm-Gesellschaft zu fortschrittlich und weltoffen.

Die Zeiten sind vorbei. Zwar räumt die Leitende Körperschaft ein, nicht unfehlbar zu sein.[23] Widerrede oder konstruktive Kritik von der Basis wird trotzdem nicht geduldet. Die Aufgeschlossenheit des Glaubensgründers Charles Taze Russell ist einer Einbahnstraßenmentalität gewichen. Die Lehre der Leitenden Körperschaft der Zeugen Jehovas darf nicht in Frage gestellt werden. Sie fordert bedingungslose Treue ein. Immerhin wurde der «treue und verständige Sklave», also die Leitende Körperschaft, von Gott selbst eingerichtet, sagt die Leitende Körperschaft:

> Gottes Liebe zeigt sich in der Belehrung und in den Regeln, die in der Bibel vermittelt werden, sowie in der geistigen Speise, die «der treue und verständige Sklave» austeilt [...] Kurz gesagt, wir wandeln mit Jehova, wenn wir uns eng an die Hinweise halten, die er uns hauptsächlich durch sein Wort und durch den «treuen und verständigen Sklaven» gibt [...] Jehova zu ehren erfordert auch, dass wir der weltweiten Christenversammlung und ihren Vertretern Respekt entgegenbringen. Halten wir uns eng an biblischen Rat, den uns die Klasse des «treuen und verständigen Sklaven» gibt, dann verrät das unsere Achtung vor dem, was Jehova eingerichtet hat. – WTG[24]

Wer die Leitende Körperschaft kritisiert, läuft Gefahr, als «Abtrünniger», wie religiöse Dissidenten genannt werden, von der Gemeinschaft der Zeugen Jehovas ausgeschlossen zu werden. Loyalität und bedingungsloser Gehorsam gehen Hand in Hand.[25]

Die Grundlagen für diese Nibelungentreue werden bereits im Kindesalter gelegt. Auf der Homepage der Zeugen Jehovas gibt es ein Musikvideo für Kinder, in dem zwei animierte Blagen namens Sophia und Caleb mit gutem Beispiel vorangehend und fröhlich grinsend ein Lied der Wachtturm-Gesellschaft trällern. Titel des Liedes: *Listen, obey and be blessed*. Wären die Zeugen Jehovas ein physischer Staat, stünde dieses Mantra wie in jedem Endzeitfilm in großen Lettern auf Plakaten überall verteilt. Der Refrain der deutschsprachigen Version *Glücklich, wer hört und dann handelt*:

> Höre doch auf Gottes Wort,
> lebe danach und bedenk:
> Frieden und Glück sind Jehovas Geschenk.
> Höre doch auf Gottes Wort. – WTG[26]

Auch das Buch *Auf den großen Lehrer hören* aus dem Jahr 1972, ein Buch, mit dem ich aufgewachsen bin, ein Buch, das dafür bestimmt war, Kindern vorgelesen zu werden, lässt keinen Zweifel daran, wie sich vorbildliche Zeugen-Jehovas-Kinder verhalten sollen:

> Wenn wir tun, was er [Jehova] sagt, wird es uns zum Schutz sein. Wir sollten ihm stets gehorchen. [...] Nur bisweilen zu gehorchen genügt nicht. Wenn du immer gehorchst, wirst du wirklich beschützt werden. [...] Ihr Leben hing von ihrem Gehorsam gegenüber Jehova Gott ab. Es genügte nicht, einfach zu sagen, dass sie an Gott glaubten. Sie mussten es durch das, was sie taten, beweisen. Das war die Lektion. Eigentlich war sie nicht so schwer, oder? – Aber sie war sehr wichtig. [...] Was aber werden wir tun? – Wenn wir Jehova nicht gehorchen, tun wir, was der Teufel von uns getan haben will. Wenn wir aber

unseren Gott in Wahrheit lieben, werden wir seinen Geboten gehorchen. Das werden wir jeden Tag tun, und zwar, weil wir es wirklich tun wollen. – WTG[27]

Das engste Verhältnis zu diesem Jehova, der «hauptsächlich durch sein Wort und durch den ‹treuen und verständigen Sklaven›» mit den Menschen redet, sprich: das Monopol auf die Interpretation von Gottes Wort hat bei den Zeugen Jehovas die Leitende Körperschaft. Deswegen weiß auch jedes Mitglied der Zeugen Jehovas, wem es *eigentlich* Gehorsam schuldig ist, wenn es Jehova gehorchen soll.

Listen, obey and be blessed.

Derzeit ist ein gutes halbes Dutzend älterer weißer Herren sowie ein älterer Herr afroamerikanischer Herkunft Mitglied der Leitenden Körperschaft. Sie sind alle gesalbt. *Gesalbte* sind Zeugen Jehovas, die keine irdische Hoffnung haben, also nach Harmagedon nicht im Paradies leben werden, sondern nach ihrem Tod in den Himmel aufsteigen. Dort werden sie angeblich zusammen mit Jesus Christus zu himmlischen Regenten. Nur 144 000 gesalbte Menschen passen in den Himmel, der scheinbar nur so groß ist wie Osnabrück und einen umkämpfteren Wohnungsmarkt als Berlin hat. Früher hieß es, die Berufung der treuen Zeugen Jehovas mit himmlischer Hoffnung sei 1935 abgeschlossen worden. Wer danach geboren worden war und sich als gesalbt outete, wurde so schnell als Betrüger enttarnt. Diese Regelung wurde 2007 widerrufen.[28] Nun konnte im Prinzip jeder behaupten, gesalbt zu sein. Was zur Folge hatte, dass die Zahl der gesalbten Zeugen Jehovas seitdem stetig ansteigt, von knapp neuntausend bis auf über 13 000 im Jahr 2013.[29]

Diese Tatsache bereitete der Leitenden Körperschaft offensichtlich einiges Kopfzerbrechen. Denn zum einen passten steigende Zahlen von Gesalbten nicht so recht ins Lehrkonzept – die Zahl sollte eigentlich *abnehmen*, damit das Ende der Welt endlich kommen kann. Zum anderen waren bis dato alle Gesalbten automatisch Teil des «treuen und verständigen Sklaven» und somit technisch gesehen berechtigt, ihren Senf zur Lehre der Zeugen Jehovas beizutragen. Föderalismus war der Leitenden Körperschaft allerdings noch nie so geheuer. Ihr Maßnahmenkatalog: Neuen Gesalbten unterstellten sie, emotional instabil zu sein.[30] Dann warfen sie alle Gesalbten aus der Gruppe des «treuen und verständigen Sklaven», und degradierten sie zu ganz normalen Zeugen Jehovas ohne jegliche Weisungsbefugnis.[31] Übrig blieben, richtig geraten, die Mitglieder der Leitenden Körperschaft: Sie allein bildeten jetzt den «treuen und verständigen Sklaven». Das Problem war mit einer altbewährten Wachtturm-Methodik, von der ich dir später noch erzählen werde, erfolgreich gelöst worden.[32]

———

Wer bei den Zeugen Jehovas nicht gesalbt ist, kommt mit ein bisschen Glück ins Paradies. Das ist der überwiegende Teil der Zeugen Jehovas, die sogenannte *Große Volksmenge*. Nach Eigenaussage gibt es weltweit derzeit knapp 7,9 Millionen Zeugen Jehovas, die darauf hoffen, ins Paradies zu kommen. In den USA sind gut zwei Drittel der Zeugen Jehovas Konvertiten. Nur 33 Prozent wuchsen als Zeugen Jehovas auf.[33] Ein beachtlicher Wert, der augenscheinlich für den Erfolg des Predigtdienstes spricht. Schaut man sich allerdings die aktuellen Statistiken an, die die Wachtturm-Gesellschaft veröffentlicht, dann fällt beispielsweise für Deutschland auf, dass die Zahlen der Neuzugänge seit 1997 stagnierend bis rückläufig sind. Deutschland zählt weltweit zu den Ländern mit den schlechtesten Mitgliederzahlen. In anderen Ländern verzeichnen die Zeugen dafür Jahr für Jahr wundersame Mehrung. Welche Kriterien diesen Zahlen zugrundeliegen, lässt sich nicht mit Sicherheit feststellen.[34] Unter Umständen sollte man der Selbstdarstellung der Wachtturm-Gesellschaft aber nicht zu viel Gewicht beimessen:

> Dr. Thomas Ragg, Universität Karlsruhe, hat die Zahlen bis in die 60er Jahre zurück erfasst und analysiert. Das Ergebnis weist überraschende Aspekte auf, die nur wenigen Zeugen Jehovas bewusst sein dürften. Dazu gehört auch die Erkennntnis, dass die WTG ihr Zahlenwerk offensichtlich ganz gezielt manipuliert, um negative Entwicklungen in einem besseren Licht darzustellen.[35]

Einer Studie des Pew Research Centers kann man zudem entnehmen, dass nur 37 Prozent der Personen, die als Zeugen Jehovas aufwuchsen, später auch Zeugen Jehovas bleiben. Das beschert den Zeugen Jehovas den schlechtesten Nachhaltigkeitswert aller Glaubensgemeinschaften in den Vereinigten Staaten.[36] Anders ausgedrückt: Zwei Drittel der Menschen, die als Zeugen Jehovas auf die Welt kommen, verlassen die Gemeinschaft als Erwachsene wieder. Fürs Protokoll: Das sind keine Menschen, die erst mühsam bekehrt werden müssen. Die stammen aus dem eigenen Fundus. Die wachsen mit der Doktrin auf, die muss man nicht extra überzeugen. Die kennen nichts anderes, das sind bespielbare, leere Rohlinge! Die perfekten Bestandskunden also. Und trotzdem kann der Großteil nicht langfristig an die Organisation gebunden werden. Katastrophale Werte für eine selbsternannte *wahre Religion*.

———

Richtig gelesen: Zeugen Jehovas halten sich für die wahre Religion. Die einzig wahre Religion.

> Die Vorstellung, Gott handle mit den Menschen nur durch eine einzige Religion, kommt heute manchen vielleicht extrem vor und geht ihnen gegen den Strich. Aber genau das ist die Schlussfolgerung, die die Bibel aufzeigt. – WTG[37]

Die Zeugen Jehovas sind «überzeugt, die wahre Religion gefunden zu haben»[38]. In ihrer Broschüre *Werde ein Freund Gottes* sagen sie selbstsicher: «Jehovas Zeugen praktizieren heute auf der Erde die wahre Religion.»[39]

Übrigens: Dass Zeugen Jehovas glauben, die wahre Religion zu sein, liegt unter anderem an dir. Wenn du sie an der Haustür abweist, ist das ein Zeichen. «Wenn wir um der Gerechtigkeit willen Gegnerschaft und Verfolgung erdulden müssen, ist das ein Beweis, dass wir als wahre Christen in Gottergebenheit leben», heißt es einmal im *Wachtturm*.[40] Wenn du sie hereinbittest und Interesse zeigst oder gar Zeuge Jehovas wirst: auch. Egal, was du tust, du bleibst nichts anderes als ein kleines, aber feines Glied in ihrer Indizienkette.

Der eben erwähnten Studie von Pew Research zufolge gaben 80 Prozent der Zeugen Jehovas in den Vereinigten Staaten zu Protokoll: «Meine Religion ist der einzig wahre Glaube, der zu ewigem Leben führt.» Vielleicht auch deshalb lehnt die Wacht-turm-Gesellschaft die Zusammenarbeit mit anderen Glaubens-gemeinschaften sowie einen interreligiösen Dialog ab.[41]

Diese Verschlossenheit ist wahrscheinlich ein Grund, wes-halb es so viele Vorurteile gegenüber den Zeugen Jehovas gibt, wie beispielsweise, dass sie eine Weltuntergangssekte sind, Weihnachten und Geburtstage nicht feiern, Bluttransfusionen und Homosexualität ablehnen, Frauen nicht Pfarrer werden lassen oder dass sie alles Weltliche mit Argwohn betrachten und keinen Spaß haben dürfen. *Weltlich*, damit wird alles be-zeichnet, was nicht theokratisch ist: Filme, Bücher, Musik, Menschen. Für alle Menschen, die beim Kauf dieses Buches jünger als 30 Jahre alt waren, kann ich den Begriff *weltlich*, wie er von den Zeugen Jehovas verwendet wird, mit einem Wort erklären: muggle.

Ach so, sagte ich Vorurteile? Ich muss mich korrigieren. Vier dieser Behauptungen sind wahr. Nur eine kann man so nicht stehen lassen.

―――

Er wurmt mich. Es ist absurd, angesichts dessen, was mich erwartet, aber er wurmt mich, der Spruch des Polizisten, als ich ihm meine Geschichte erzählte. Zeugen Jehovas, grinste er, das sei doch diese Weltuntergangssekte. Nein, dachte ich. Das stimmt nicht. Wir glauben nicht an den Weltuntergang. Und wir sind keine Sekte.

Wir.

Ich denke tatsächlich in «Wir»-Maßstäben. Absurd, angesichts dessen, was mich erwartet, denke ich, und verlasse die Ausfallstraße.

―――

Kapitel 2

Vier Wahrheiten über die Zeugen Jehovas. Und eine Lüge.

«Zeugen Jehovas sind eine Weltuntergangssekte!»

Wir hatten keinen Bunker im Keller. Keinen Bunker und keine Vorräte darin, kein eingelegtes Obst und kein Gemüse, keine Dosen für drei Monate, keine Marmelade, kein Zwieback, keine Kerzen, keine Matratze, kein Radio, kein Funkgerät, keine Comics und keine Bücher, keinen Campingkocher und auch keinen Dosenöffner. Im Keller stand Gerümpel, mein Fahrrad, ein altes Möbel. Da war kein Platz, um Schutz zu suchen.

«Warum haben wir keinen Bunker?», fragte ich meinen Vater.

«Warum sollten wir einen Bunker haben?», entgegnete er verblüfft.

«Für Harmagedon», antwortete ich. Er lachte.

«So funktioniert das nicht.»

«Aber, was wird denn jetzt genau in Harmagedon passieren?»

«Wir müssen einfach auf Jehova vertrauen. Du musst auf Jehova vertrauen.»

«Aber wo gehen wir hin, wenn Harmagedon kommt?»

«Jehova wird auf sein Volk aufpassen. Vermutlich treffen wir uns mit den anderen Brüdern und Schwestern im Königreichssaal. Und dann wird uns der ‹treue und verständige Sklave› wissen lassen, was Jehova mit uns vorhat.»

Ich kannte den Königreichssaal in- und auswendig. Da gab es keine Dosen, keinen Zwieback, keinen Campingkocher. Auch keine Comics. Nur Bibeln, *Wachttürme* und *Erwachet!*. Und Backsteine. Überhaupt nicht so wie ein Bunker. Ich hatte so meine Zweifel.

———

Als ich ein Kind war, fürchtete ich mich noch nicht so recht vor den Konsequenzen eines Harmagedon. Meine Eltern versicherten mir, dass wir auf der guten Seite waren. Ich glaubte ihnen. Für mich war das ein Spiel. Welches Kind findet die Vorstellung eines Bunkers voller Vorräte nicht spannend? Bloß, dass es kein Spiel war. Es war blutiger, verdammt blutiger Ernst. Ich habe es zu meinem Spiel gemacht. Mir sind Pläne wichtig. Schon immer wollte ich in jeder erdenklichen Situation wissen, woran ich bin. Das Ungewisse ist das, was mir am meisten Sorge bereitet. Deshalb hatte ich nie Angst vor dem Tod. Die Zeugen Jehovas glauben nicht an die Hölle. Tot ist tot. Das war, keine Frage, beruhigend. Ich hatte nur eine vage Vorstellung, wie dieses Harmagedon im Detail aussehen könnte, da mir nur grobe Eckdaten zur Verfügung standen. Ein Bunker, da war ich mir sicher, würde helfen.

Harmagedon lernte ich erstmals bewusst kennen, als meine Eltern mir *Mein Buch mit biblischen Geschichten* schenkten, das die Wachtturm-Gesellschaft und die Zeugen Jehovas für Kinder herausgegeben haben. In Geschichte 114 las ich, dass Gott eines Tages alles Schlimme vernichten wird, alle seine Feinde und alle bösen Menschen. So wie er es bereits, das wurde zur Sicherheit wiederholt, falls man es vergessen hatte, mit der gesamten Menschheit in der Sintflut, mit Sodom und Gomorrah, mit den Ägyptern im Roten Meer und sogar mit seinem eigenen Volk durch die Babylonier gemacht hatte. Dieser Gott kannte keinen Spaß, und sein Tag würde kommen. Dieser Tag heißt Harmagedon. Auf einer Zeichnung war Jesus Christus zu sehen, der samt seiner Kavallerie aus einer rot leuchtenden Gewitterwolke heraus in die Schlacht reitet.

———

Jedes Kind hat Angst vor Gewitter. Die meisten, die ich kannte, fürchteten den Blitz. Ich fürchtete das Donnergrollen. Das war die Stimme Gottes. So, wie sie die Menschheit in Harmagedon zu hören bekommen sollte. Nur mal tausend. Ich hoffte, dass meine Eltern recht hatten. Dass wir wirklich auf der guten Seite waren. Ich war mir nicht sicher, ob es in Harmagedon sonst reichen würde, zu meinen Eltern in die Besucherritze zu schlüpfen. Jehova kannte keinen Spaß, immerhin hatte er einmal 500 000 Soldaten seines eigenen Volkes ermorden lassen[42].

Deshalb war klar: Es würde krass werden. Ein Gewitter würde dabei sein, logisch. Und viele Blitze und Feuer und Explosionen. Häuser würden brennen, und der Himmel auch. Menschen würden weinen und schreien und fluchen. Die Erde würde sich auftun und alles verschlucken.

Und mitten durch das ganze Chaos würden wir Zeugen Jehovas laufen, beschützt, unberührt von dem Ganzen, auf dem Weg ins Paradies, Königreichslieder singend. Königreichslieder sind die Lieder im Gesangbuch der Zeugen Jehovas. Das alles hatte ich auf den Bildern gesehen, auf den Bildern in den Zeugen-Jehovas-Büchern für Erwachsene, die wir Kinder aber auch studieren sollten. Da war viel Grausliches zu sehen, sterbende Menschen, brennende Horizonte, aufbrechende Erdböden, und mittendrin immer: stumpf grinsende, wohlfrisierte, gutgekleidete Menschen.

Wenn ich meine Eltern darauf ansprach, sagten sie mir: Das sei bloß eine Künstlervorstellung von Harmagedon. Niemand wüsste, wie es *wirklich* würde. Und wieder: Ungewissheit. Mit einem Bunker weiß man, woran man ist. Mit Königreichsliedern nicht.

———

Ob die Zeugen Jehovas eine Weltuntergangssekte sind, ist eine Frage der Definition. Das Portal wissen.de beschreibt den Weltuntergang als «katastrophenartiges Ende der jetzigen Welt», das eine «periodische Rückkehr in das Chaos [bedeutet], aus dem eine neue, verbesserte Welt hervorgeht. Im christlichen Glauben ist der Weltuntergang mit der Wiederkunft Christi und dem Jüngsten Gericht verbunden». Das Online-Lexikon relilex sieht eine Verknüpfung zwischen dem Weltuntergang und der «Erwartung eines reinigenden Endgerichts (Tag Jahwes – Jüngstes Gericht), dem dann die Zeit der Gottesherrschaft, das Reich Gottes folgen wird». Das deckt sich ziemlich genau mit dem, was ich über Harmagedon gelernt habe. So betrachtet kann man sagen, dass die Zeugen Jehovas an den Weltuntergang glauben.

Sie selbst würden sich niemals als Weltuntergangssekte bezeichnen. Sie betrachten Harmagedon als Weltoptimierung. Die Erde wird nicht untergehen. Ihr Betriebssystem erhält bloß ein Update. Die Zeugen Jehovas glauben aufgrund der Bibel, dass Jehova Gott sehr bald die Welt durch einen «theokratischen Holocaust» befrieden wird. Alles, was böse ist, wird Gott vernichten. Dieser Frieden stiftende Sanierungsprozess heißt Harmagedon und wird in der Bibel malerisch beschrieben:

> Und die von Jehova Erschlagenen werden schließlich an jenem Tag gewiss von einem Ende der Erde bis zum anderen Ende der Erde sein. Sie werden nicht beklagt, noch werden sie zusammengesammelt, noch begraben werden. Zu Dünger auf der Oberfläche des Erdbodens werden sie werden.[43]

> Jemandes Fleisch wird verwesen, während er auf seinen Füßen steht; und sogar jemandes Augen werden in ihren Höhlen verwesen, und selbst jemandes Zunge wird in seinem Mund verwesen.[44]

Erinnerst du dich, was ich dir über die Gesalbten erzählte? Nun, vielleicht stand sogar mal einer dieser gesalbten Zeugen Jehovas vor deiner Haustür und fragte dich lächelnd, ob er dir einen Text aus der Bibel zeigen dürfte. Ein netter älterer Herr vermutlich oder eine freundlich dreinblickende Dame. Dieselben putzigen Senioren könnten in Harmagedon dann mit einem Schwert und nicht mehr ganz so freundlich wieder vor deiner Tür stehen und dich zu «Dünger auf der Oberfläche des Erdbodens» machen, wenn man dem *Wachtturm* trauen darf, der Jesu finalen Feldzug in Harmagedon beschreibt:

> Jehova weist seinen König an, sich das Schwert umzugürten. Damit erteilt er ihm die Befugnis zum Krieg gegen alle, die Gottes Souveränität nicht anerkennen, und zur Vollstreckung der göttlichen

Urteile an ihnen. [...] Wer gehört zu den himmlischen «Heeren», die Christus in die Schlacht folgen? Als er sich das erste Mal das Schwert umgürtete und Satan und seine Dämonen aus dem Himmel warf, kämpften Engel an seiner Seite (Offb. 12:7–9). Daher liegt es nahe, dass auch im Krieg von Harmagedon die heiligen Engel in Christi Heeren mitkämpfen. Gehören aber nur sie zu seinen Heeren? Jesus versprach seinen gesalbten Brüdern: «Dem, der siegt und meine Taten bis zum Ende hin bewahrt, will ich Gewalt über die Nationen geben, und er wird die Menschen mit eisernem Stab hüten, sodass sie gleich Tongefäßen zerbrochen werden, ebenso wie ich von meinem Vater empfangen habe» (Offb. 2:26, 27). Somit zählen zu Christi Heeren im Himmel auch seine gesalbten Brüder, die bis dahin ihren himmlischen Lohn erhalten haben werden. Die gesalbten Mitherrscher sind an seiner Seite, wenn er die Nationen mit eisernem Stab hütet und dabei «furchteinflößende Dinge» vollbringt. – WTG[45]

[Moment, ich sehe da eine Frage. Alles schön und gut, sagst du, aber warum überhaupt ein Harmagedon?

Gute Frage. Ich muss kurz ausholen:

Harmagedon ist angeblich nötig, weil Jehova Gott beleidigt ist, dass die ersten Menschen den freien Willen in Anspruch genommen haben, mit dem sie von ihm ausgestattet wurden. Passiert ist der Legende nach Folgendes: Satan, ein Engel und damit ein Enkel Gottes, der nicht hundertprozentig mit dem Wirken seines Opas Jehova einverstanden war, hatte den beiden Menschen mittels einer anthropomorphen Schlange ein Angebot gemacht, das sie nicht ablehnen konnten, nämlich: so zu sein wie Gott. Sie lehnten nicht ab. Voilà, Sündenfall. Satan hatte diese Runde gewonnen. Generell scheint Gott seinen Laden nicht besonders gut im Griff gehabt zu haben, denn noch mehr Engel schlossen sich Satan an und wurden zu Dämonen, bösen Engeln. Gottes verlorener Enkel, Satan, hatte seine, Gottes, Souveränität in Frage gestellt und eine eigene Bande gebildet. Das konnte Gott nicht auf sich sitzen lassen. Schließlich hatte sein Lieblingssohn Jesus die undankbaren kleinen Biester erschaffen. Er war beleidigt – und entschied sich für die absurdeste aller Reaktionen: Statt Satan und die Dämonen umzubringen oder, noch besser, in sich zu gehen und das eigene Handeln zu hinterfragen, um zum Kern des Problems vorzudringen, nämlich, dass er, Gott, Scheiße gebaut hatte, bestrafte er, Gott, stattdessen die Menschen. Die Strafe: Unvollkommenheit. Sie würden zukünftig altern und sterben. Der kleine Mann auf der Straße musste für das geradestehen, was die Führungsebene verpfuscht hatte. Vielleicht ist es ja das, was die Bibel mit Gottesebenbildlichkeit meinte.

Gott schloss mit Satan eine Wette ab: Er überantwortete die Menschheit auf unbestimmte Zeit ihrem eigenen Schicksal und der Willkür seines vermutlich soziophatischen Enkels, auf dass alle Beteiligten auf die harte Tour begriffen, dass es besser war, keine eigene Meinung zu haben, sondern auf Gott zu hören. Am Ende dieses Zeitraumes X würde Satan dann in einer Art «Endlösung» vernichtet werden, und mit ihm alles Böse, und der Status quo des Gartens Eden als irdisches Paradies wiederhergestellt werden. In der Zwischenzeit könnte Satan ja schauen, ob er das mit dem Gottsein auf die Reihe bekäme. Das, in etwa, ist die Antwort der Zeugen Jehovas auf die Frage, weshalb die Welt so beschissen ist und Gott so viel Leid zulässt. Anscheinend soll man sich mit dieser Antwort besser fühlen, obwohl man nicht mehr ist als ein trockener Zweig Reisig in einem universellen Fegefeuer der Eitelkeiten.

Die «Operation Kärcher», mit der das irdische Paradies wiederhergestellt werden soll, heißt Harmagedon. Vorher allerdings, aus Gründen, die vermutlich nur Jehova kennt, musste sein Lieblingssohn sterben, weil Gott in seiner Freizeit anscheinend gerne Kinder sterben lässt, egal, ob die seines auserwählten Volkes oder die des Feindes oder gar den Sohn seines treuesten Dieners.[46] Scheinbar können menschliche Unvollkommenheiten von Gott nur beseitigt werden, wenn jemand vom Format eines Jesus Christus stirbt. Was irgendwie ein schlechtes Licht auf seine Allmacht wirft, aber das nur am Rande. Dieses sogenannte Loskaufopfer in Gestalt von Jesu Kreuzigung feiern Zeugen Jehovas weltweit einmal im Jahr im Rahmen des *Gedächtnismahls*. Das Gedächtnismahl ist der Wiener Opernball der Zeugen Jehovas: Alle werfen sich mächtig in Schale, der Königreichssaal wird hübscher als sonst dekoriert, und man versucht, so viele interessierte Menschen, inaktive und ausgeschlossene Zeugen Jehovas wie nur möglich einzuladen. Aber auch das nur am Rande.

So, in etwa, kam es also dazu, dass es ein Harmagedon geben musste, glauben die Zeugen Jehovas, ohne dabei mit der Wimper zu zucken.[47] Die Hoffnung, dieses Harmagedon überleben zu dürfen, nennen die Zeugen Jehovas die *gute Botschaft*. Diese verkündigen sie. Deshalb war ich als Zeuge Jehovas offiziell ein Verkündiger. Gute Botschaft. Ein Euphemismus für «Wir werden alle sterben (aber wenn du das machst, was wir sagen, vielleicht nicht)».]

———

Wann Harmagedon kommen wird, ist unklar. Der Termin ist bereits mehrfach verschoben werden. Die Geschichte der Zeugen Jehovas ist die eines nachhaltigen Irrtums: dass man einer von rund 40 verschiedenen Autoren im Verlauf von 1200 Jahren verfassten Anthologie nicht nur die Vorhersage einer göttlichen Endlösung, sondern auch ihren Zeitpunkt entnehmen kann. Ihre Geschichte beginnt mit der *Großen Enttäuschung* und der Auflösung der Bewegung des William Miller.

Die Wege des Herrn sind unergründlich. Das muss sich auch ein gewisser William Miller gedacht haben, als er 1812 bei der Schlacht von Plattsburgh, New York mit seinem kleinen Regiment zum Sieg gegen eine britische Übermacht ritt. Das hatte er nicht kommen sehen. Den unerwarteten Erfolg wertete Miller als ein Zeichen von Gott höchstselbst, dass er zu Höherem berufen war.

William Miller begann sich intensiv mit der Bibel auseinanderzusetzen und machte Karriere in der örtlichen Baptistenkirche. Schon bald entdeckte er in den Zeilen der Heiligen Schrift eine geheime Botschaft, die es nur noch zu entschlüsseln galt. Er kombinierte willkürlich zwei völlig voneinander unabhängige Bibelbücher samt Prophezeiungen, zählte eins und eins zusammen, gab ein wenig Salz und Pfeffer hinzu, schmeckte ab und stellte zufrieden fest, die Weltuntergangsformel gefunden zu haben, weil es anscheinend in jedem Jahrhundert einen dieser Komiker geben muss, der die Welt brennen sehen möchte. Seinen Berechnungen zufolge würde Jesus im Jahre 1843 sein Comeback feiern und im selben Atemzug die Weltherrschaft übernehmen, was zur Vernichtung alles Bösen führen würde. Sprich: Das Ende war nah.

Was William Miller von den üblichen hysterischen Verschwörungstheoretikern unterschied, war sein hohes Ansehen in der Gemeinschaft. Er war ein Kriegsheld, galt als gebildet und vertrauenswürdig. Die Menschen mochten ihn. Sie hörten ihm zu. Vielleicht war das alles hochgradig hanebüchen, aber hey, immerhin hatte er den Briten in den Hintern getreten. Viele gelangten bald zu der Überzeugung, dass da was dran sein könnte. Die Bewegung der Milleriten war geboren, die sich innerhalb kürzester Zeit landesweit ausbreitete.

Das Jahr 1843 kam und ging, ohne dass etwas Nennenswertes geschah. Der Pöbel wurde unruhig. Er sei untröstlich, gab William Miller bekannt, aber er habe sich um ein Jahr vertan, irgendwas mit dem Kalender der Karäer, 2300 addiert und einen im Sinn, wie dem auch sei. William Miller tat sein Bestes, die unruhige Meute zu beschwichtigen. Das neue, endgültige Datum für den Weltuntergang wurde auf den 22. Oktober 1844 festgelegt. Jetzt aber wirklich. Gespannt harrte man der Dinge.

Der Morgen des 23. Oktober 1844 ging überraschenderweise als *Die Große Enttäuschung* in die Geschichte ein. Keinem Milleriten wollte das Frühstücksei so recht schmecken, sofern er seine Hühner in gespannter Erwartung des Paradieses nicht verkauft hatte. Die Ersten wandten sich ab, viele folgten. William Miller selbst blieb bis zu seinem Tod im Jahre 1849 felsenfest davon überzeugt, dass das Ende nah war. Zwar löste sich seine Bewegung auf; viele seiner Jünger machten allerdings weiter und hatten ihrerseits gehörigen Einfluss auf eine Menge Menschen. Wie zum Beispiel auf einen jungen Mann aus Pittsburgh.

Ein Vierteljahrhundert nach diesem Ereignis besuchte der gerade mal 18 Jahre alte Charles Taze Russell, das zweite von fünf Kindern schottisch-irischer Immigranten aus Pittsburgh und enttäuschter Presbyterianer, die Ansprache eines Adventistenpredigers, der durch die Milleriten-Bewegung beeinflusst worden war.[48] Von seinen Ausführungen inspiriert und mit William Millers Erkenntnissen vertraut, begann der junge Russell gemeinsam mit einigen Gleichgesinnten selbst in der Bibel zu forschen. Diese Gruppe entwickelte sich auf Grundlage der Erweckungsbewegung der Adventisten und Milleriten mit der Zeit zur Bibelforscher-Bewegung, in Deutschland auch bekannt als Ernste Bibelforscher. Im Jahre 1879 gaben Charles T. Russell und seine Bibelforscher die erste Ausgabe des *Wachtturms* heraus, fünf Jahre später wurde die *Wachtturm Bibel und Traktat Gesellschaft* gesetzlich eingetragen. Weitere fünf Jahre später sagte Pastor Russell, wie er nun genannt wurde, Harmagedon für das Jahr 1914 voraus. Fünf Jahre vor Harmagedon spalteten sich die Bibelforscher erstmals auf; eine Gruppe Unzufriedener firmierte fortan unter dem Namen Freie Bibelforscher.

1914 war zwar nicht zwingend das ruhigste Jahr der Menschheitsgeschichte – und mit ein bisschen Phantasie hätte man die Großwetterlage durchaus kurzzeitig mit einem Weltuntergang verwechseln können –, aber dennoch musste Pastor Russell zwei Jahre später gestehen, dass es nicht ganz das gewesen war, was man erwartet hatte, sprich: Harmagedon war wohl ausgefallen. Er hatte sich vertan. Kurz darauf machte er einen polnischen Abgang und segnete das Zeitliche. Joseph B. Rutherford, genannt «Judge», wurde der neue Präsident der Wachtturm-Gesellschaft. Er feuerte weite Teile des Vorstands, führte gegen den letzten Willen Russells eine neue, auf ihn zugeschnittene Hierarchie ein,[49] verbot Weihnachten und Geburtstage und sagte weltweite Umbrüche nun für das Jahr 1925 voraus, die letztlich in Harmagedon gipfeln sollten. Jetzt aber wirklich. Wieder spaltete sich die Bewegung der Bibelforscher auf, und die Laien-Heim-Missionsbewegung entstand.

1925 kam und ging, ohne dass sich Harmagedon hatte blicken lassen. Judge Rutherford gab zu, sich lächerlich gemacht zu haben. Er hatte sich wohl vertan. Im Jahr 1931 kam es zur letzten großen Spaltung: Weitere Mitglieder wanderten zu den Ernsten und Freien Bibelforschern sowie zu der Laien-Heim-Missionsbewegung ab. Der Rest nannte sich in Zeugen Jehovas um. Das ist Gottes Name, den ein Dominikanermönch im Mittelalter von dem hebräischen YHWH ableitete. Trotz Namensänderung: Der Inhalt blieb derselbe. Dem Lügengebäude einen neuen Anstrich zu verpassen, war vermutlich der einfachere Weg, als – wie William Miller es vorgemacht hatte – seine Niederlage einzugestehen und den ganzen Quatsch aufzulösen.

1942 starb Judge B. Rutherford, aber nicht bevor er eine Zwei-Klassen-Gesellschaft errichtet hatte: Ein Teil der Anhänger, genauer gesagt, 144 000 sogenannte Geistgesalbte, erhielten die Hoffnung, mit Jesus im Himmel dienen zu dürfen. Der Rest musste sich mit ewigem Leben auf der Erde begnügen, in einem Paradies, das nach Harmagedon entstehen würde.

Apropos Harmagedon: Für 1975 wurde letztmalig konkret ein Jahr vorhergesagt. 1975 kam. Und ging. Die Zeugen Jehovas hatten sich vertan. Viele hatten in froher, nein, euphorischer Erwartung ihr Hab und Gut verkauft, Jobs aufgegeben, Existenzen waren vernichtet worden. Im Nachhinein versucht die Wachtturm-Gesellschaft – wie sie es immer tut, wenn etwas gehörig schiefläuft – die Verantwortung für das Debakel auf ihre Gefolgschaft abzuwälzen. Hatte sie 1980 immerhin noch zugegeben, teilweise mitverantwortlich zu sein, änderte sich der reuevolle Ton im Laufe der folgenden Jahrzehnte.[50] In Bezug auf das Jahr 1975 heißt es mittlerweile recht zynisch, *einige* hätten sich aufgrund eigener *Mutmaßungen* an dieses Datum «geklammert» und wären aufgrund unerfüllter Erwartungen abtrünnig geworden. Generell ist bis heute immer nur die Rede davon, dass sich von dem Jahr 1975 bloß «manche Brüder sehr viel erhofften». Und: «Als die große Drangsal doch noch auf sich warten ließ, musste sich ihr Glaube bewähren. Einige verließen aus Enttäuschung die Organisation, andere verloren eine Zeit lang ihren Schwung.»[51] Doch entsprach das der Realität? Oder hatte die Wachtturm-Gesellschaft mit konkreten Aussagen diese Erwartungshaltung geschürt? Ja. Wiederholt nahm sie in ihren Publikationen konkret auf das Jahr 1975 Bezug.[52] An junge Leute gerichtet, schrieb die Wachtturm-Gesellschaft im Jahr 1969, sie sollten sich bewusst machen, dass sie niemals alt werden würden, weil alle Beweise der Bibel dafür sprächen, dass die Welt in ein paar Jahren enden würde. Eine akademische Laufbahn sei nicht zu empfehlen, da das «System der Dinge» binnen der nächsten sechs bis acht Jahre mit an Sicherheit grenzender Wahrscheinlichkeit vernichtet würde.[53] In einer Rede vor 1975 verurteilte Konrad Franke, der Leiter des deutschen Zweigbüros, Zweifel an diesem Datum als Startpunkt für die Ereignisse, die zu Harmagedon führen würden: «Da hört man immer wieder, dass welche sagen, die Gesellschaft ist sich selber nicht so sicher, sie hat selber gesagt, das *könnte* sein. Und das ist eigentlich eine Verfälschung des

Sachverhaltes. Denn wenn wir von dem Jahre 1975 sprechen und damit zum Ausdruck bringen, dass in diesem Jahr 6000 Jahre menschliche Geschichte zu Ende sind, dann wird die Geschichte zeigen, dass diesbezüglich die Gesellschaft nicht die geringsten Zweifel hat. [...] Dazu steht die Organisation.» Wie wir wissen: Sie steht nicht dazu. Hatte die Wachtturm-Gesellschaft den Zeugen Jehovas ausdrücklich befohlen, ihr Hab und Gut zu verkaufen? Nein. Was sie jedoch in einer internen Mitteilung im Jahr 1974 gesagt hatte: «Es gehen Berichte über Brüder ein, die Haus und Habe verkaufen, um die restliche Zeit in diesem alten System im Pionierdienst zu verbringen. Bestimmt ist dies eine vorzügliche Art und Weise, die kurze Zeit, die bis zum Ende der verderbten Welt noch bleibt, zu verbringen.»[54] Hätte man als überzeugter Zeuge Jehovas dieser Aussage entnommen, dass die Wachtturm-Gesellschaft ein solches Verhalten gutheißt und es deshalb als Best-Practice-Beispiel zur Nachahmung empfiehlt? Als ehemaliger Zeuge Jehovas kann ich mit Bestimmtheit sagen: Ja. Die Wachtturm-Gesellschaft nahm es fahrlässigerweise in Kauf. Nicht das einzige Mal, dass diese Organisation mit dem Leben ihrer Anhänger spielte, wie wir noch sehen werden.

———

Wie auch immer: Nach dieser neuerlichen Pleite ließ die Wachtturm-Gesellschaft es mit den Mutmaßungen bleiben. Mittlerweile mag man sich nicht mehr auf ein Jahr festnageln lassen. Seit 1975, dem letzten großen terminlichen Missgriff, hat George Lucas die Prequels zu *Star Wars* produziert, *Chinese Democracy* und *Duke Nukem Forever* sind erschienen, ist Ozzy

Osbourne Vater und Großvater geworden, und überhaupt, er lebt noch. Persönlich glaube ich, dass Jehova unbedingt noch den finalen Band von George RR Martins *Lied von Eis und Feuer* abwarten möchte.

Trotz alledem: Die Zeugen Jehovas glauben weiterhin unermüdlich daran, dass Harmagedon kommen wird. Und zwar bald: Im *Wachtturm* des November 2013 wirft die Leitende Körperschaft in Bezug auf Harmagedon mit Vokabeln wie «unmittelbar», «nahe», «näher, als wir vielleicht denken», «bald», «ganz plötzlich» oder «in der nahen Zukunft» nur so um sich – wie sie auch schon in den Jahren vor 1975 Wendungen wie «in verhältnismäßig wenigen Jahren» oder «in der unmittelbaren Zukunft» verwendet hatte.[55] Im November 2014 wurde dann im *Wachtturm* auf Seite 26 die nächste Eskalationsstufe der Panikmache gezündet: Auf einem Symbolbild ist eine Gruppe Zeugen Jehovas zu sehen, die sich in einem bunkerartigen Kellerraum voller Lebensmittelvorräte während Harmagedon verschanzt hat. Der Kreis schließt sich. Schließlich sind bereits 100 Jahre vergangen, seitdem Harmagedon im Jahr 1914 anrief und mitteilte, dass es auf dem Weg sei, die letzten Tage seien angebrochen. Was es mit den Zeugen Jehovas und dem Jahr 1914 auf sich hat? Dazu kommen wir noch.

Das *New England Complex Systems Institute* ist eine Einrichtung, die sich der Erforschung komplexer Systeme, etwa Finanzmärkte, Infrastrukturen, multinationale Konzerne oder der Mensch selbst, widmet. Zum Beispiel beobachten sie die Entwicklung von Lebensmittelpreisen und erstellen anhand dieser Daten Prognosen. Die Systemtheoretiker des Instituts haben in den letzten Jahren anhand dieser Werte mit erstaunlicher Genauigkeit in 21 Ländern Aufstände und Unruhen vorhergesagt. Beispiel: Am 13. September warnte das Institut in einem Bericht vor politischer Instabilität und unmittelbar bevorstehenden sozialen Unruhen. Vier Tage später zündete sich der tunesische Gemüsehändler Mohamed Bouazizi selbst an und löste mit seiner Selbstverbrennung den Arabischen Frühling aus.[56] Das NECSI hat keine Verbindung zu Gott – ihr einziges Instrument ist die Mathematik. Trotzdem haben sie mit ihren Vorhersagen eine um ein Vielfaches höhere Trefferquote als die Wachtturm-Gesellschaft. So verwundert es kaum, dass *National Geographic* die Zeugen Jehovas zu den zehn unzuverlässigsten Weltuntergangs-Orakeln zählt.[57]

Trotzdem wird die Spannung hochgehalten, und damit die Zeugen Jehovas bloß nicht auf die Idee kommen, sich diesen fiesen «Zeiträubern» zu widmen, gibt es in den Publikationen Anweisungen, wie man mit seiner Zeit umgehen soll:

Das Ende dieses bösen Systems rückt immer näher und Satan wird immer wütender, da er nur noch «eine kurze Frist hat». [...] Heute wimmelt es nur so von Zeiträubern. Man könnte viele Stunden in sozialen Netzwerken und mit dem Lesen und Beantworten elektronischer Nachrichten verbringen. Man könnte in einem Hobby aufgehen oder sich ständig über Sportereignisse auf dem Laufenden halten. All das würde uns ablenken und unseren Eifer bremsen. Innige Gebete, Bibelstudium, Zusammenkunftsbesuch und Predigtdienst kämen zu kurz. – WTG[58]

So wie manche Menschen der Meinung sind, dass Bachblüten Autismus behandeln können, lassen sich auch die Zeugen Jehovas nicht beirren, egal, wie lange es dauert. Die Zeugen Jehovas leben in einem deterministischem Universum. Der objektive Zufall, und damit die Möglichkeit eines Nichteintretens der interpretierten biblischen Weissagung, ist keine Option. Auch zu meiner Zeit wurde von einer akademischen Laufbahn abgeraten und empfohlen, lieber mehr Zeit im Predigtdienst zu verbringen, da das Ende nah sei. Manche Brüder hatten sogar einen «Harmagedon-Koffer», der ungenutzt in der Ecke verstaubte. Ein Bruder erzählte mir mal von einem Satz, den er auf einem Kongress gehört hatte und der das Zeugen-Jehovas-Dasein ziemlich gut zusammenfasst: «Lebe so, als ob morgen Harmagedon käme, aber plane dein Leben, als ob Jehova erst nach deinem Tod eingreift.»

Die Zeugen Jehovas sind beileibe nicht die Einzigen, die an eine zeitnahe Abfertigung des gegenwärtigen Systems der Dinge glauben. Das Magazin *profil wissen* schrieb im März 2014, dass «14 % der Menschen weltweit glauben, dass die Welt noch zu ihren Lebzeiten untergehen wird». Das sind knapp 850 Millionen Menschen. Weltuntergangsszenarien faszinieren und sind ein lukratives Geschäft. Im Vorfeld des Winters 2012 wurde der Ratgeber-Markt mit Büchern zur drohenden Maya-Apokalypse überschwemmt. Selbsternannte Experten wie der Autor Dieter Broers haben sich der Weltuntergangsscharlatanerie, seiner Vorhersage und möglichen lebensrettenden Maßnahmen verschrieben und erreichen ein Millionenpublikum Gutgläubiger, unter denen nicht wenige gleichermaßen überzeugt sind, die Mondlandung sei von Stanley Kubrick inszeniert worden. Auch im Kino ist Harmagedon ein Milliardengeschäft. Angefangen bei einem Film, der buchstäblich *Armageddon* hieß, über

Monster-fressen-Erde-auf-Erzählungen wie *Godzilla* bis hin zum Superhelden-Universum der Comicverlage Marvel und DC – der Weltuntergang und seine Abwendung haben Hochkonjunktur. Da würde man doch meinen, die Zeugen Jehovas stießen in der breiten Masse mit ihrem Harmagedon-Kult auf offene Ohren und könnten sich vor Interessenten nicht retten; immerhin rühmen sie sich eines Überlebenspaketes. Dass das offensichtlich nicht der Fall ist, dass die pathetische «gute Botschaft» der Wachtturm-Gesellschaft nicht die gleiche Popularität genießt wie die pathetische Rede des US-Präsidenten in *Independence Day,* ist womöglich einer kleinen, aber nicht unbedeutenden Tatsache geschuldet: Während die gesamte Weltbevölkerung in Filmen wie *2012, Deep Impact, Pacific Rim* und Konsorten, unabhängig von Herkunft und religiöser Zugehörigkeit, bedingungslos Anspruch auf Rettung genießt, weil das selbst für Katastrophenpornographen wie Roland Emmerich offensichtlich eine humanistische Selbstverständlichkeit ist, muss man, um für Jehovas Rettungsmaßnahmen in Frage zu kommen, Auflagen erfüllen. Eine nicht unwesentliche: Idealerweise sollte man ein getaufter Zeuge Jehovas sein.

Und weil sie überzeugt sind, dass sie Gottes auserwähltes Volk sind und ihr Weg der beste Weg ist, gerettet zu werden – eine elitäre Ansicht, die Glaubensgründer Russell aus dem Calvinismus übernommen hatte –, verbringen die Zeugen Jehovas sehr viel Zeit im Predigtdienst, um auch andere Menschen an ihrer Hoffnung teilhaben zu lassen. Damit nicht allzu viele herumliegende Leichen die paradiesische Idylle stören.

«Zeugen Jehovas feiern kein Weihnachten und auch keine Geburtstage!»

Weihnachten war eine schöne Zeit. Alles sah märchenhaft aus. Die Spielwarenhandlungen hatten die wunderbarsten Dinge im Sortiment. Die Eltern luden einen in den neuesten Disney-Zeichentrickfilm ein. Es wurde schneller dunkel, sodass man abends komisch angezogen im Predigtdienst nicht so leicht von weltlichen Bekannten erspäht werden konnte.

Weihnachten war auch eine blöde Zeit. Alle feierten Weihnachten. Nur wir nicht. Na ja, wir und die anderen Zeugen Jehovas. Man fand die Weihnachtsdeko schön, schmückte aber das eigene Haus nicht. Man betrachtete die Spielsachen im Laden und wusste, dass sie in allen Kinderzimmern außer dem eigenen landen würden. Und in der Schule stand man stumm und einsam inmitten der Weihnachtslieder singenden Klassenkameraden und fühlte sich wie der letzte Vollidiot. Ja, Weihnachten war die ambivalenteste Zeit des Jahres.

Wir alle werden von unseren Eltern belogen. Sie meinen es gut damit. Die Elternfolklore erhielten sie gleichermaßen von ihren Müttern und Vätern, und auch wir geben sie an unsere Kinder weiter, ohne einen Gedanken an die Frage zu verschwenden, ob die Behauptungen, die Mahnungen, die Warnungen überhaupt wahr sind: Eine halbe Stunde vor dem Schwimmen nichts mehr essen. Heruntergefallene Vogeljunge dürfen nicht angefasst werden, weil ihre Mutter sie sonst verstößt. Zu viel Zucker macht Kinder hyperaktiv. Die Geschenke werden vom Christkind gebracht.

Einen Vorteil hatte es, in einer Familie von Zeugen Jehovas aufzuwachsen: Was den Weihnachtsmann oder das Christkind betraf, wurde ich nie angelogen. Das rieben mir meine Eltern auch immer wieder unter die Nase: «Schau mal, Schatz», sagten sie, «die anderen Eltern belügen ihre Kinder und behaupten, dass es einen Weihnachtsmann gibt.» Das imponierte mir. Und so kam es, dass ich meinen Eltern vertraute. Warum auch nicht, hatten sie mich doch in eines der größten Geheimnisse unserer Welt eingeweiht: Den Weihnachtsmann gab es nicht. Es gibt das Sprichwort: Wer einmal lügt, dem glaubt man nicht. Ich wandelte es in meiner kindlichen Naivität um: Wer einmal die Wahrheit sagt, dem glaubt man. Und so, unter dem Deckmantel dieser einen Wahrheit, glaubte ich meinen Eltern alle anderen Lügen: dass es einen Teufel gab, der mir Böses wollte, wenn ich Böses tat; dass es einen Gott gab, der mir Böses wollte, wenn ich Böses tat; dass ich in Harmagedon sterben würde, wenn ich Böses tat; dass ich nicht ins Paradies käme, wenn ich Böses tat. All das glaubte ich, weil meine Eltern mir bezüglich des Weihnachtsmannes die Wahrheit gesagt hatten. Allerdings hatte diese Wahrheit auch ihren Preis: Weder gab es den Weihnachtsmann – noch seine Geschenke. Ich hätte die Lüge bevorzugt.

———

Zeugen Jehovas feiern Weihnachten nicht, weil das Fest einen heidnischen Ursprung hat. Eheringe haben auch einen heidnischen Ursprung. Und die Gebetsformel «Amen» stammt möglicherweise von der heidnischen pharaonischen Gottheit Amun ab.[59] Die Zeugen Jehovas sagen nach jedem Gebet

«Amen». Und gegen Eheringe hat auch niemand etwas. Warum also kein Weihnachten?

Man versuchte, es mir zu erklären. Und ich habe das alles durchaus verstanden: dass Jesus Christus nicht wirklich am 25. Dezember geboren wurde, und dass Weihnachtsbäume nicht in der Bibel vorkommen. Ich verstand, dass man die Geburt Jesu Christi wahrscheinlich mit irgendeinem heidnischen Fest zusammengelegt hatte, um die Heiden ins Boot zu holen. Oder so. Nur: Mir war das egal. Das war Erbsenzählerei. Wenn ich im Dezember aus dem Fenster blickte, dann sah ich keine wildgewordenen Heidenhorden. Ich sah wunderschön geschmückte Tannenbäume, festliche Straßenbeleuchtung, glitzerndes Geschenkpapier und den Coca-Cola-Truck. Das war doch das Fest der Liebe. Gott war Liebe, stand in der Bibel, was war das also für ein unlogischer Quatsch?!

Meine Eltern versuchten es mit einem anderen Argument: «Schau mal», sagten sie, «Weihnachten soll Jesu Geburtstag sein. Aber er ist der Einzige, der kein Geschenk bekommt.» Anscheinend sollte das Mitleid bei mir wecken. Erstens: Das war kein Argument. Zweitens: Das war kein Argument. Ich war vielleicht ein Kind, aber nicht dumm. Jesus war die Nummer 2 im Universum. Er war ein lebender 3D-Drucker. Wenn er sich etwas wünschte, konnte er es einfach erschaffen. Er war ganz bestimmt nicht auf irgendein blödes Geschenk eines Menschen angewiesen. Also fragte ich weiter. Und an irgendeinem Punkt kam von meinem Vater immer dieselbe Antwort:

«Ours is not to reason why.»

Das war wohl eine Zeile eines mir unbekannten Gedichtes, eine Zeile, die er zitierte, immer dann, wenn ich Fragen hatte,

Fragen und Zweifel bezüglich der *Wahrheit*, Fragen, die mein Vater mir nicht beantworten, und Zweifel, die er nicht ausräumen konnte. Dann sagte er immer:

«Ours is not to reason why.»

Sprich: Uns steht es nicht zu, die Dinge in Frage zu stellen und eigene Schlüsse zu ziehen.

Ende der Diskussion.

Ich fragte trotzdem weiter und immer wieder. Aber es half nichts. Wir feierten kein Weihnachten. Und keine Geburtstage. Und kein Ostern. Keines der schönen Feste feiern Zeugen Jehovas. Weil sie entweder heidnisch sind oder irgendjemand im Rahmen solcher Feierlichkeiten umgebracht wurde. Das ist allen Ernstes einer der Hauptgründe, weshalb Zeugen Jehovas keine Geburtstage feiern: Einmal wurde jemand am Geburtstag des Pharaos aufgehängt, das andere Mal wurde Johannes der Täufer an Herodes' Geburtstag enthauptet. Die Wachtturm-Gesellschaft schließt daraus:

Alles, was in der Bibel steht, hat seinen Sinn (2. Tim. 3:16, 17). Jehovas Zeugen stellen fest, dass Gottes Wort nicht günstig über Geburtstagsfeiern berichtet, und meiden sie deshalb. – WTG[60]

Gottes Wort berichtet auch nicht immer günstig über Gott – so soll er der Bibel zufolge Blinde, Lahme, Bucklige und Männer mit zerdrückten Hoden als Priester abgelehnt, alle erstgeborenen Ägypter, egal, ob Mensch oder Baby oder Tier oder Katzenbaby, umgebracht und sich Hiob gegenüber generell wie ein Arschloch verhalten haben, um nur mal zwei oder drei Beispiele zu nennen.[61] Das spielt im Gegensatz zu den «nicht günstigen» biblischen Berichten über Geburtstage komischerweise keine Rolle.

Auch das Martinssingen war verpönt. Da es Teil des Unterrichts war, eine Laterne zu basteln, durfte ich in der Schule mitmachen. Anzünden durfte ich sie allerdings nur zu Hause. Und wenn die Kinder Laterne tragend und Lieder singend von Haus zu Haus zogen, verschanzten wir uns in unserer Wohnung, ließen die Rollos herunter und verhielten uns unauffällig, wenn es an der Tür klingelte. Ganz besonders hartgesottene Zeugen nahmen die direkte Konkurrenz als Herausforderung an und gingen parallel predigen. Wenn man mich fragt: Es ging ihnen auch nur um die Süßigkeiten.

———

Als ich jung war, verbrachten wir Heiligabend mit der Familie zu Hause. Wir aßen Raclette, vielleicht wurde ein Gesellschaftsspiel gespielt, vielleicht eine DVD geschaut. In manchen Jahren kam eine andere Familie vorbei und die Eltern versuchten, uns Kinder tunlichst davon abzulenken, dass da draußen, in den anderen Wohnungen, in den anderen Häusern, ein wundervoll geschmückter Weihnachtsbaum stand, unter dem schon bald Geschenke getauscht würden. Es war furchtbar deprimierend. Es waren nicht zwingend die Geschenke, die ich vermisste. Ich vermisste das Gesamtpaket: den Trubel, das Besinnliche, den Baum, die Weihnachtsfarben, die Kerzen, einfach alles an Weihnachten. Mir war nicht klar, dass es eine Illusion war und ich eine naive Coca-Cola-Vorstellung vom Weihnachtsfest hatte. Aber das war nebensächlich. Je mehr Weihnachten verteufelt wurde, desto sehnlicher wünschte ich mir, es feiern zu dürfen. Da half es auch nicht, dass meine Eltern einen Familientag als Ersatz einführten, an dem es Geschenke gab. Es war gut gemeint, keine Frage. Aber es war einfach nicht das Gleiche. Ich verstehe das mit Weihnachten bis heute nicht.

Als ich älter wurde, verbrachten wir Zeugen-Jehovas-Jugendliche die Heiligabende immer öfter zusammen, Bier trinkend, eine DVD schauend, im Zweifel knutschend. Wir hatten ja sonst nichts. Wir waren eine Schicksalsgemeinschaft.

Wenn wir sicher waren, unter uns zu sein, sangen wir auch mal Weihnachtslieder. Natürlich völlig ironisch. Wir religiösen Hipster, wir.

«Zeugen Jehovas lehnen Bluttransfusionen ab und lassen ihre Kinder sterben»

Die Stimmung drohte zu kippen. Die Nachbarskinder schauten mich unter ihrem Federschmuck aus von Kriegsbemalung umrandeten Augen erwartungsvoll an und hielten mir das Küchenmesser hin. Ich biss mir auf die Lippen. Ich musste dringend eine Entscheidung treffen.

«Feigling», sagte einer. Alle nickten.

«Ein Indianer kennt keinen Schmerz», sagte der Nächste. Alle nickten.

«Ich habe keine Angst», rief ich. «Es geht nicht um die Schmerzen.»

«Beweise es», sagten sie. «Piekse dir in den Finger. Halte deine Wunde an unsere. Schließe mit uns Blutsbrüderschaft.»

Ich schüttelte traurig den Kopf. Wie sollte ich ihnen bloß

erklären, dass ich kein fremdes Blut annehmen durfte? Ich versuchte mein Bestes. Das war natürlich ein Problem, sahen sie ein.

«Und wenn», versuchte sich einer an einer Lösung, «und wenn du einfach nicht unser Blut berührst, sondern dein Blut einfach auf unser Blut tropfen lässt?»

Ich schüttelte den Kopf und holte meinen Brustbeutel hervor, den ich demonstrativ hochhielt.

«Nein», sagte ich. «Ich darf weder Blut annehmen noch spenden.»

Die Abenteuer von Winnetou und Old Shatterhand nachzuspielen, war kein leichtes Unterfangen als Kind von Zeugen Jehovas.

———

Als ich noch ein Kind war, noch nicht getauft, trug ich den Kinderausweis neben dem Milchgeld im Brustbeutel mit mir herum. Später, nach meiner Taufe, erhielt ich den Ausweis für Erwachsene. Eigentlich musste der noch notariell beglaubigt werden. Das ging aber erst mit 18. Ich ließ mich mit 14 taufen. Der Ausweis für Erwachsene enthielt ausführlichere Informationen, die Botschaft beider Ausweise war allerdings identisch: Kein Blut.

Wir nannten diese Karte den *Blutausweis*.

So wie alle vorbildlichen Zeugen Jehovas trug ich ihn jedes Mal, wenn ich das Haus verließ. Egal, ob ich zur Schule ging, auf dem Bolzplatz spielte oder als Indianer verkleidet durch den Teutoburger Wald tollte. Ich kann nur für mich sprechen, aber für mich stellte er eine Art Talisman dar. Ohne ihn fühlte ich mich nackt. Man hatte mir schließlich suggeriert, meine Eintrittskarte ins Paradies verlöre ihre Gültigkeit, wenn ich Blut zu mir nähme. Egal wie.

Bei uns zu Hause gab es keine Blutwurst. Bei jedem Einkauf wurde darauf geachtet, dass das Fleisch kein Blut enthielt. Auf der Kirmes wurde keine Bratwurst gegessen, weil man nie wissen konnte, von welchem Fleischer sie war. Eine bestimmte Schokoladenmarke wurde boykottiert, weil irgendeine Glaubensschwester irgendwo gelesen hatte, dass Tierblut bei der Herstellung verwendet wurde. Und mit den Nachbarskindern schloss ich keine Blutbrüderschaft.

———

1994 sollten mir die Mandeln entfernt werden. Eigentlich ein Routineeingriff, aber theoretisch hätte etwas schiefgehen können. Dass bei einer Operation etwas «schiefgeht», bedeutet bei Zeugen Jehovas in erster Linie, dass *die Blutfrage* tangiert wird. In unserer Stadt war kein Arzt bereit, meinen Eltern das Versprechen zu geben, bei Komplikationen auf Blut zu verzichten. Deshalb wurde ich in der Nachbarstadt operiert. Ich wusste, dass meine Eltern mich lieben. Ich wusste auch, dass sie mich sterben lassen würden, wenn es hart auf hart käme. In der Woche, in der Ayrton Senna sein Leben verlor, verlor ich meine Mandeln. Es gab keine Komplikationen, ich starb nicht.

Im selben Monat veröffentlichte die Wachtturm-Gesellschaft eine Ausgabe der Zeitschrift *Erwachet!*, auf der 26 lächelnde Kinder abgebildet waren. Titel der Ausgabe: «Jugendliche, die Gott den Vorrang geben». Alle 26 abgebildeten Kinder waren tot.[62] Gestorben, weil sie Gott den Vorrang gegeben und eine Bluttransfusion abgelehnt hatten. Zitat aus der Ausgabe: «In alter Zeit waren Tausende von Jugendlichen bereit zu sterben, weil sie Gott den Vorrang gegeben haben. Heute ist es nicht anders, nur spielt sich das Drama in Krankenhäusern und Gerichtssälen ab – es geht um Bluttransfusionen.»[63] Als würde die amerikanische Waffenlobby mit den toten Columbine-Kindern eine Imagekampagne betreiben. Oder wie die Wachtturm-Gesellschaft es ausdrückt:

> An den Gesetzen und Grundsätzen der Bibel sieht man, was für ein weiser Gesetzgeber und liebender Vater Jehova ist und wie viel ihm daran liegt, dass es seinen Kindern gutgeht (Psalm 19:7–11) – WTG[64]

Versucht man die Logik hinter dem Standpunkt der Zeugen nachzuvollziehen, riskiert man einen Schlaganfall. In keinem der von der Wachtturm-Gesellschaft als Beleg angeführten Bibeltexte geht es um medizinische Eingriffe. Es geht ausschließlich um die orale Zufuhr bluthaltiger Nahrung. Ein weiterer Bibeltext wird stolz zweckentfremdet, um zur Feststellung gelangen zu können, dass Blut in Gottes Augen für Leben steht. Als beweise das *irgendwas*. Daraus schließen die Zeugen Jehovas auf ihrer offiziellen Homepage jw.org: «Wir haben also zwei Gründe dafür, dass wir Blut ablehnen: Gehorsam gegenüber Gott und Respekt vor ihm als Lebengeber.»

Wie der englische Philosoph Bertrand Russell sagte: «Manche Menschen würden eher sterben als nachzudenken. Und sie tun es auch.»

Übrigens: Zeugen Jehovas machen ihren Kritikern häufig den Vorwurf, Zitate aus ihrem Zusammenhang in der Wachtturm-Publikation zu reißen. Dieses vorhersehbare Totschlagargument, klassisches Derailing einer Diskussion wie aus dem Lehrbuch, macht es ihnen sehr einfach, zu einem unangenehmen Sachverhalt keine Stellung beziehen zu müssen. Ich persönlich frage mich ja auch, welcher Kontext um Himmels Willen intolerante, sexistische oder schikanierende Zitate bloß rechtfertigen können soll. Darüber hinaus kann man bei Zeugen Jehovas folgenden äußerst menschlichen Automatismus beobachten: Fragwürdige Zitate, die die Wachtturm-Gesellschaft in einem schlechten Licht dastehen lässt, sind immer aus dem Zusammenhang gerissen. Wohlwollende Zitate hingegen dürfen ganz für sich allein stehen. Aber die Sache ist die: Du musst mich ja gar nicht beim Wort nehmen. Alle Zitate der Wachtturm-Gesellschaft (– *WTG*) kannst du unter wol.jw.org auf ihre korrekte Wiedergabe und ihren Zusammenhang überprüfen (die genauen Quellennachweise findest du im Anhang dieses Buches). Allerdings stellt die Organisation online nur Publikationen zur Verfügung, die aus dem Jahr 2000 oder jünger sind. Natürlich hat es einen Grund, weshalb der Großteil der Literatur, die älter ist, der Öffentlichkeit vorenthalten wird: Sie ist, sagen wir, schlecht gealtert, und passt stellenweise nicht mehr zum Image, das man sich gerne gibt. Andere Publikationen, wie beispielsweise das monatliche Memo *Unser Königreichsdienst*, waren von vornherein nie für eine breite Öffentlichkeit bestimmt. Aber die mangelnde Online-Verfügbarkeit ist kein Problem: Wenn das nächste Mal Zeugen Jehovas vor deiner Tür stehen, frage sie einfach nach der internen *Watchto-*

wer Library (CD ROM), die laut Literaturverzeichnis eigentlich «nicht zur Verbreitung in der Öffentlichkeit» vorgesehen ist – auf ihr wirst du fündig. Bis auf das sagenumwobene sogenannte *Ältestenbuch*, natürlich. Aber dazu später mehr.

———

Zeugen Jehovas wollen eigentlich nicht sterben. Sie wollen leben. Mein Vater war als Ältester Mitglied im *Krankenhausverbindungskomitee*. Das KVK wurde gegründet, um Zeugen Jehovas beizustehen, die einer medizinischen Versorgung bedürfen. Und um aufzupassen, dass sie keine Bluttransfusion erhalten. Zur Not wachen Mitglieder des KVK 24 Stunden am Krankenbett, stellen sicher, dass die Patientenverfügung beachtet wird, und reden den Medizinern in ihre Arbeit rein. Die Ältesten im KVK mussten rund um die Uhr erreichbar sein. Hin und wieder kam es vor, dass mein Vater mitten in der Nacht einen Anruf erhielt und in ein Krankenhaus gerufen wurde. Am folgenden Morgen ging er trotzdem zur Arbeit.

Ein Großteil des Auftrags des KVK besteht aber auch darin, die Forschung bezüglich Blutalternativen voranzutreiben. Dazu arbeitet das Komitee weltweit im *Krankenhausinformationsdienst* mit Medizinern zusammen. Tatsache ist: Die moderne Medizin verzichtet bei Routineeingriffen immer öfter auf Fremdblut. Niemand zweifelt daran, dass Fremdblut ein (überschaubares) Gesundheitsrisiko darstellt. Deshalb profitieren nicht nur Zeugen Jehovas von Erfindungen wie der *HemoSep* Blutfilter-Maschine, die das verlorene Eigenblut in einem geschlossenen Kreislauf wiederaufbereitet, sodass es dem Körper wieder zugeführt werden kann, ohne dass die Gesetze Jehovas tangiert werden. Jehovas Zeugen sehen dies als Bestätigung dafür, dass sie im Recht sind und Gottes Segen haben.

Mit Gottes Segen hat das nichts zu tun. Im 19. Jahrhundert wurde Kokain als Lokalanästhetikum eingesetzt. Zeugen Jehovas dürfen keine Drogen konsumieren. Es ist nicht Gottes Segen, dass Kokain aus der Anästhesie verschwunden ist. Man nennt das medizinischen Fortschritt.

———

Trotz allen Fortschritts: In schweren Notfällen gibt es bislang noch keine echte Alternative zu einer Bluttransfusion. Egal, wie die Zeugen Jehovas es drehen und wenden, Blut rettet in vielen Fällen Leben. Ein Gericht in Südafrika rettete erst 2014 einem 10-jährigen Mädchen das Leben, indem es eine überlebenswichtige Bluttransfusion anordnete. Die Eltern – Zeugen Jehovas – hatten ihr Einverständnis verweigert und seinen Tod billigend in Kauf genommen.[65] Im März desselben Jahres entschied auch ein britisches Gericht zugunsten des Wohlergehens eines neugeborenen Kindes, eine Bluttransfusion zuzulassen – gegen den ausdrücklichen Willen der Eltern, beide bekennende Zeugen Jehovas.[66] Es ist eine Sache, den Wunsch zu äußern, aufgrund religiöser Gründe bei einem Routineeingriff nach Möglichkeit auf eine Bluttransfusion zu verzichten. Eine ganze andere ist es, als Ehepartner, als Vater, als Ältester einer Versammlung auf Ärzte einzuwirken und mit Blutausweisen und Patientenverfügungen herumzuwedeln, während der Ehepartner, das Kind, das Versammlungsmitglied auf dem OP-Tisch verblutet.

Wenn eine Glaubensgemeinschaft Millionen investiert, um Beratung zu leisten und Behandlungsalternativen zu erforschen, kann man ihr schwerlich unterstellen, dass sie den Tod dem Leben vorzieht. Man kann ihr aber unterstellen, dass sie ihren Glauben und ihre Prinzipientreue über das Leben stellt.

Zu meiner Zeit wurde man wegen einer freiwilligen Bluttransfusion, die man nicht bereute, ausgeschlossen.[67] Aus rechtlicher Sicht ist das mittlerweile schwierig. Schließlich möchte man nicht mehr als Sekte betrachtet werden. Manche Länder sähen die Tatsache eines Gemeinschaftsentzugs im Falle einer Bluttransfusion als ausreichenden Grund, die Glaubensgemeinschaft zu verbieten. Die entsprechende Formulierung wurde in der Neuauflage eines internen Handbuchs angepasst: «Willigte jemand in eine Bluttransfusion ein, weil er eventuell unter großem Druck stand, ermittelt das Komitee den Tatbestand und versucht herauszufinden, wie der Betreffende eingestellt ist. [...] Stellt das Komitee jedoch fest, dass der Betreffende reuelos ist, lässt es bekannt geben, dass er die Gemeinschaft verlassen hat.»[68] Somit hat die Wachtturm-Gesellschaft durchaus recht, wenn sie vor Gericht behauptet, dass sie niemanden per se wegen einer Bluttransfusion ausschließt. Gleichzeitig hat sich an der Haltung aber nicht viel geändert: Wer eine Bluttransfusion akzeptiert, hat mit Konsequenzen zu rechnen. Im Zweifel wird dieser Person unterstellt, *sie* hätte die Gemeinschaft verlassen. Man wird nicht mehr ausgeschlossen, man *wird gegangen*. Dass sie vor Gericht damit nicht die ganze Wahrheit und nichts als die Wahrheit sagt, ist in den Augen der Wachtturm-Gesellschaft zweitrangig, wie Dr. Jerry Bergman, promovierter klinischer Therapeut vom North West State College von Ohio bemerkte:

> Die Wachtturm-Gesellschaft definiere Lügen als das Täuschen von Außenstehenden, um die Interessen der Organisation voranzubringen. Unwahrheiten, die Gottes Feinden gegenüber geäußert werden, werden aufgrund des Kriegszustandes, der zwischen Gottes Kräften (den Zeugen Jehovas) und Satans Mächten (der übrigen Welt) besteht, nicht als Lügen betrachtet.» Mit den Worten Kotwalls (1997, Seiten 1–2) lehrt die Wachtturm-Gesellschaft, «im Interesse ihrer Religion zu lügen und zu täuschen, wird von der Bibel gutgeheißen. Sie nennen solches Lügen theokratische Kriegsstrategie.» Offensichtlich ist sie [die Wachtturm Gesellschaft], mit zwei mir bekannten Ausnahmen, die einzige religiöse Gruppe, die als Teil ihrer offiziellen Doktrin lehrt, dass es angemessen ist, zu lügen (so wie ein Gericht Lügen definiert).[69]

—

Schenkt man den Berichten von Insidern Glauben, dann ist die Blutfrage bis heute Gegenstand eines binnenorganisatorischen Konfliktes zwischen der Leitenden Körperschaft und ihren Anwälten, zwischen den Hardlinern der Dienstabteilung und den Feuerwehrleuten der Rechtsabteilung. Letztere ist für die Leitende Körperschaft vermutlich nicht mehr als ein notwendiges Übel, dessen Dienste sie benötigt, um mit der satanisch beeinflussten Außenwelt zu kommunizieren. Die Rechtsabteilung kämpft in vielen Ländern um eine staatliche Anerkennung der Zeugen Jehovas. Fast immer steht *die Blutfrage* im Mittelpunkt der Rechtsstreitigkeiten. Die Versuche der Rechtsabteilung, die

Leitende Körperschaft zur Einsicht zu bewegen, sind bislang offensichtlich gescheitert.

Bluttransfusionen wurden mit der Veröffentlichung des *Wachtturms* vom 1. Juli 1945 verboten. Der Weltkrieg neigte sich dem Ende zu, der zweite Präsident der Wachtturm-Gesellschaft, Judge Rutherford, war gestorben, die Öffentlichkeit verlor langsam das Interesse an den Zeugen Jehovas. Eine Marketingmaßnahme musste her. Dem ehemaligen Rechtsberater der Wachtturm-Gesellschaft, Hayden C. Covington, zufolge sah der spätere Präsident Frederick W. Franz im Verbot von Bluttransfusionen ein probates Mittel, die Organisation wieder ins Blickfeld der Öffentlichkeit zu rücken, indem man für einen öffentlichen «Eklat» sorgte. Das mediale Nachspiel würde das Fußvolk überzeugen, sie wären als Glaubensgemeinschaft der Zeugen Jehovas Widerstand und Verfolgung ausgesetzt und würden gemäß 1. Petrus 3:14 «um der Gerechtigkeit willen leiden» – was die Mitglieder wiederum, wir sprachen darüber, als Bestätigung auffassen würden, *in der Wahrheit* zu sein.[70]

Der Mann, der die Leitende Körperschaft in den letzten Jahrzehnten bezüglich der Blutfrage maßgeblich beeinflusste und das abstruse Verbot von Bluttransfusionen gegen jeden aufklärerischen Vorstoß der Rechtsabteilung verteidigte, womit er sie zur oben erwähnten «theokratischen Kriegsführung» zwingt, heißt M. Gene Smalley – das sagen ehemalige Mitarbeiter der Wachtturm-Gesellschaft, wie zum Beispiel der amerikanische Autor und Aktivist Randall Watters. M. Gene Smalley soll der Besitzstandswahrer der Blutprohibition sein und ist als Mitarbeiter des «medical and research department of the world headquarters of Jehovah's Witnesses»[71] vermutlich ausführender Autor der meisten Wachtturm-Texte rund um das Thema Blut, wie der umstrittenen 1990er-Broschüre *Wie kann Blut dein Leben retten?*. Genau lässt sich das leider nicht sagen, weil die Wachtturm-Gesellschaft sich öffentlich nicht dazu äußert und auch keine Autoren angibt. Dass er aber als Anti-Bluttransfusions-Lobbyist tätig war, lässt sich sowohl von seiner Position innerhalb der Wachtturm-Gesellschaft als auch von der Tatsache ableiten, dass er Co-Autor eines Beitrags für das *Journal of the American Medical Association* ist. Titel: *Jehovah's Witnesses – The Surgical/Ethical Challenge.*[72] Inhalt: Eine sehr wohlwollende Abhandlung des Standpunktes der Zeugen Jehovas sowie Ratschläge, wie Ärzte die Herausforderung bewältigen können, samt Behandlungsalternativen. Zitat: «Die Zeugen erkennen, dass ihre standhaft vertretene Überzeugung, medizinisch gesehen, die Behandlung riskanter und komplikationsreicher macht. Demzufolge bringen sie im Allgemeinen ungewöhnliche Wertschätzung für ihre Behandlung zum Ausdruck. Außer dass sie den Vorzug eines starken Glaubens und Lebenswillens haben, arbeiten sie gern mit den Ärzten und dem Krankenhauspersonal zusammen. Somit stehen der Patient und der Arzt vereint dieser einzigartigen Herausforderung gegenüber.» Klassische Lobby-Arbeit. Dieser Beitrag wird wiederum in der *Blut*-Broschüre der Wachtturm-Gesellschaft abgedruckt. Durch die Quelle – das Fachblatt der amerikanischen Mediziner-Vereinigung – wird der Leserschaft eine Wissenschaftlichkeit suggeriert; an keiner Stelle erfährt sie, dass der Autor dieses Beitrags selber Zeuge Jehovas ist.

Diese Broschüre und der «unveräußerliche religiöse Standpunkt der Zeugen Jehovas»[73] war Maßstab für uns – und er wäre mein Todesurteil gewesen, wäre es bei meiner OP zu Komplikationen gekommen.[74]

Dass die Wachtturm-Gesellschaft ihren Standpunkt in der Blutfrage ändern wird, ist letztlich nur eine Frage der Zeit – und des Alters von Männern wie M. Gene Smalley. Bereits heute dürfen Zeugen Jehovas bestimmte Blutbestandteile verabreicht bekommen (aber nur hochgradig verdünnt und niemals Blut als Ganzes). In meiner Kindheit war das noch anders. Der Leitenden Körperschaft bleibt nichts anderes übrig, als sich anzupassen. Die Gerüchte um meuternde Interessengruppen innerhalb der Organisation wie die *Associated Jehovah's Witnesses for Reform on Blood*, die die Blutfrage abschaffen wollen, mehren sich. Mit Ausschlussverfahren wegen Abtrünnigkeit allein wird man diesem Problem nicht beikommen können. Letztendlich hat die Wachtturm-Gesellschaft in ihrer Trial-and-Error-Mentalität in medizinischen Fragen bislang immer eingelenkt. Und zu guter Letzt muss man die Frage stellen, ob sich eine Organisation, die Prinzipientreue über Leben stellt, christlich nennen darf, wenn sogar Jesus Christus einfachen menschlichen Bedürfnissen den Vorrang gegenüber dem Gesetz gab.[75]

––––

In den dreißiger und vierziger Jahren waren Zeugen Jehovas Impfungen untersagt wegen irgendwas mit Noah, Gott und der Flut. Dieses Verbot wurde in den Fünfzigern aufgehoben. 1967 veröffentlichten die Zeugen Jehovas ein Verbot von Organtransplantationen als lebensrettende Maßnahme, weil die Transplantation einen Akt des Kannibalismus ... Entschuldigung, ich konnte den Satz nicht mehr vollenden, mein Kopf war kurzzeitig geplatzt. Dieses Verbot wurde im Wachtturm vom 15. März 1980 aufgehoben.[76] Man möchte gar nicht wissen, wie viele treue Mitglieder der Zeugen Jehovas aufgrund dieser willkürlichen Glaubensexperimente unnötig sterben mussten. Sie sind Kollateralschäden des theologischen Blindekuh-Spiels ihrer Leitenden Körperschaft. Eine konservative Schätzung des amerikanischen Bloggers Marvin Shilmer geht von mindestens 50 000 Toten seit 1961 aus – allein durch das Verweigern einer Bluttransfusion. Das klingt so abstrakt. Betrachtet man das Titelbild des berüchtigten Mai-1994-*Erwachet!*, bekommt das tragische Ausmaß der Blutfrage 26 Gesichter. *Listen, obey and be blessed.*

———

Manchmal waren das Gesichter, die ich persönlich kannte. Als Ältester wurde mein Vater häufig in andere Versammlungen eingeladen, um sonntags eine öffentliche Ansprache zu halten. In einer Versammlung beobachtete ich, wie einer der örtlichen Ältesten während der Ansprache meines Vaters eine Nachricht erhielt und hastig aufbrach. Nach der Zusammenkunft erfuhren wir, dass ein Glaubensbruder aus der Nachbarversammlung in einen schweren Unfall verwickelt worden war. Er, Vater von vier oder fünf Kindern, hatte schwerste Verletzungen davongetragen, die Ärzte wollten ihm Blut geben, das KVK hatte eingreifen müssen. Er erhielt keine Bluttransfusion und überlebte.

Einige Jahre später machte sich seine älteste Tochter nach einem Nachmittag im Predigtdienst auf den Nachhauseweg.

Aus ungeklärten Gründen kam sie von der Straße ab und fuhr gegen einen Baum. Sie wurde schwerstverletzt geborgen. Ihre Familie und Älteste aus dem KVK begleiteten sie ins Krankenhaus und stellten sicher, dass ihre Gewissensentscheidung, kein Blut zu erhalten, respektiert wurde. Sie wurde respektiert. Die Frau starb im Operationssaal.

Diese Geschichte hat keine Pointe.

«Zeugen Jehovas mögen Homosexuelle nicht und Frauen dürfen keine Pfarrer werden.»

Alle Menschen sind in einem Königreichssaal der Zeugen Jehovas willkommen. Auch Menschen jeder sexuellen Orientierung. Solange diese vor der Tür bleibt oder spätestens mit dem Mantel an der Garderobe abgegeben wird. Ich habe nie einen homosexuellen Menschen bei den Zeugen Jehovas kennengelernt. Es gibt sie, denke ich. Rein statistisch gesehen muss es sie ja geben. Aber wer Zeuge Jehovas ist und homosexuell, wird es höchstens im kleinen Kreis zugeben. Man ist es vielleicht, redet aber nicht darüber.

In einem Fernsehbeitrag von Pro Sieben anlässlich des Tolerance Day wurde ein Familienvater der Zeugen Jehovas mit den Worten zitiert, dass er von Zeugen Jehovas wüsste, die schwul gewesen waren, die ganz hart an sich gearbeitet hatten, vielleicht sogar immer noch diese Neigung verspürten, die aber den Kampf dagegen führten und nicht aufgaben. Schließlich lehnt die Wachtturm-Gesellschaft nicht den homosexuellen Menschen ab, sondern seine Homosexualität. Im selben

Beitrag räumte sein Sohn ein, dass Zeugen Jehovas Fundamentalisten seien.

Auf der Homepage der Zeugen Jehovas liest man:

Auch wenn die Bibel homosexuelle Handlungen missbilligt, liefert sie keine Grundlage für Homophobie oder dafür, Homosexuellen mit Verachtung zu begegnen. Christen werden vielmehr dazu angehalten: «Begegnet allen Menschen mit Respekt» (1. Petrus 2:17, Das Buch) – WTG[77]

Wie bei allen Unternehmen, die etwas zu verbergen haben, weicht auch bei der Wachtturm-Gesellschaft die Außendarstellung von der internen Marschrichtung ab. Natürlich meist nur im Detail, damit niemand «Lüge, Lüge!» rufen kann. Aber dies ist häufig ein – was sage ich – *das* entscheidende Detail, das dein ganzes Leben auf den Kopf stellt. Kollateralschaden der «theokratischen Kriegsführung».

Es stimmt, aus der Bibel geht eindeutig hervor, dass homosexuelle Handlungen verkehrt sind. Doch Jehova, der Gott der Bibel, zieht die Schwächen der Menschen in Betracht. Er ist ein Gott der Liebe. Er verwirft daher niemand als einen völlig hoffnungslosen Fall, solange sich der Betreffende eifrig bemüht, sich nach Gottes Willen auszurichten. Die Bibel zeigt, dass sich ein Homosexueller ändern muss, um Gottes Gunst zu erlangen. [...] In einigen Fällen ist es zufolge der Vergangenheit einer Person denkbar, dass die emotionalen, physischen und sozialen Auswirkungen der Homosexualität viele Jahre hindurch nicht vollständig ausgelöscht werden können, ja vielleicht überhaupt nicht, solange das gegenwärtige System der Dinge besteht. Doch der Betreffende sollte den Kampf nicht aufgeben. Auch wenn sich Fortschritte manchmal nur langsam einzustellen scheinen, sollte er durchhalten und auf Jehovas Geist vertrauen; auf diese Weise wird er schließlich gute Ergebnisse erzielen. – WTG[78]

———

Es gibt offiziell keine praktizierenden Homosexuellen bei den Zeugen Jehovas. Sollte man einen Zeugen Jehovas kennenlernen, der von sich aus zugibt, eine homosexuelle Neigung zu haben, so wird er einem sagen, dass er seiner Neigung nicht nachgeht. Mit Hilfe des Gebetes, des Bibelstudiums und seiner Glaubensgeschwister findet er die Kraft, nicht schwule Dinge treiben zu müssen, wie man auf der Homepage der Wachtturm-Gesellschaft weiter liest:

Falsche Wünsche führen zu falschem Verhalten. Will man sich von ihnen lösen, ist es wichtig, seine Gedanken zu kontrollieren. Beschäftigt man sich dagegen viel mit Gedanken, die einen in die richtige Richtung lenken, dann wird es einem leichter fallen, falsche Wünsche zu verscheuchen (Philipper 4:8; Jakobus 1:14, 15). Das kann am Anfang noch ein großer Kampf sein, aber mit der Zeit wird er leichter werden. [...] Den gleichen Kampf führen auch Millionen von Menschen, die heterosexuell sind und sich an biblische Maßstäbe halten möchten. Zum Beispiel Singles, die keinen Ehepartner finden, oder Verheiratete, deren Partner aus irgendeinem Grund nicht zum Geschlechtsverkehr in der Lage ist. Sie führen trotzdem ein glückliches Leben – und das ist auch Menschen mit homosexueller Neigung möglich, wenn sie Gott wirklich gefallen möchten (5. Mose 30:19). – WTG

Von dem Respekt ist allerdings nicht mehr viel zu sehen, wenn man die rosaroten offiziellen Pressetexte verlässt und in die Publikationen der Wachtturm-Gesellschaft eintaucht.

> Auch heute ist jeder herzlich willkommen, der sich aufrichtig bemüht, Gott zu gefallen – nicht indem er die Bibel neu auslegt, sondern indem er sein Leben mit ihr in Einklang bringt. – WTG

Und wie ist der Wachtturm-Gesellschaft zufolge der biblische Standpunkt?

> Warum bezeichnet die Bibel homosexuelle Handlungen als widernatürlich und unzüchtig? Weil sie vom Schöpfer nicht vorgesehen sind. Durch homosexuelle Handlungen können keine Nachkommen hervorgebracht werden. Vor der Sintflut hatten rebellische Engel (Dämonen) sexuelle Beziehungen mit Frauen. Die Bibel stellt diese Beziehungen auf die gleiche Stufe wie homosexuelle Handlungen (1. Mose 6:4; 19:4, 5; Judas 6, 7). In Gottes Augen ist beides widernatürlich. – WTG[79]

Ist es respektvoll, die Lebensmodelle anderer Menschen als widernatürlich zu bezeichnen? Ich glaube nicht. Homophobie fängt nicht erst mit Beleidigungen oder körperlicher Gewalt an. Intoleranz beginnt bereits dann, wenn man die zwischenmenschlichen Beziehungen anderer Menschen in Frage stellt und abwertet.

———

In der Broschüre *Jehovas Zeugen und die Schule* liest man:

Wir glauben auch, dass homosexuelles Verhalten in moralischer Hinsicht verkehrt ist. – WTG

Masturbation kann übrigens, das lernte man in dem Buch *Mache deine Jugend zu einem Erfolg* aus dem Jahr 1976, der Auslöser für homosexuelle Neigungen sein. Wörtlich hieß es in dem Buch: «Masturbation kann sogar zur Homosexualität hinführen.»[80] Die Nacht mit einer gleichgeschlechtlichen Person in derselben Wohnung zu verbringen, die bekannt homosexuell lebt, ist «dreistes, zügelloses Verhalten», was die Bildung eines Rechtskomitees erfordert und zum Ausschluss aus der Gemeinschaft führen kann.[81] Kapitel 28 der Buches *Fragen junger Leute – Praktische Antworten, Band 2* widmet unter dem Titel *«Was, wenn ich homosexuelle Gefühle habe?»*, ein ganzes Kapitel dem christlichen Kampf gegen diese Neigung. Und im *Erwachet!* vom 8. April 2005 schreibt die Wachtturm-Gesellschaft:

Homosexuelle Praktiken werden von Gott in keiner Weise gebilligt und ihm missfallen auch Personen, die diesen Handlungen zustimmen (Römer 1:32). Homosexualität wird auch durch eine «Ehe» nicht ehrbarer. – WTG

Zuvor fallen im Zusammenhang mit der Homosexualität die üblichen verdächtigen Schlagwörter wie «unnatürlich», «verdorben», «Abscheulichkeit»; eindeutig homosexuelle Menschen werden in der Bibel als «Pöbelrotte» bezeichnet. Es gibt da keine zwei Meinungen: Ich bin in einem offen homophoben Umfeld aufgewachsen.

Das hat sich auf meine Kumpels und mich ausgewirkt; «schwul» war ein gängiges Schimpfwort. Die meisten von uns versuchten möglichst maskulin zu wirken. Hätte es einen Homosexuellen in unserem Freundeskreis gegeben, es wäre ihm nicht gut gegangen.

———

Natürlich tratschte man. Dieser Bruder wirke schwul oder jene Schwester sei doch mit Sicherheit lesbisch. Man wusste es natürlich nicht, aber man tuschelte trotzdem. Es müsse doch einen Grund geben, dass sie oder er noch immer Single war. Die Person sah doch viel zu gut aus, um noch Single zu sein, weder arbeitete sie in Bethel noch war sie Pionier. Das musste doch was heißen. Solche Gespräche gab es immer wieder. Und dann gab es natürlich die Horrorgeschichten: Irgendein Ältester habe seine Frau für einen Mann verlassen – für einen Mann! Ehebruch an sich war ja schon schlimm, aber Ehebruch gepaart mit Homosexualität, das schlug dem Fass den Boden aus.

Zu Hause haben wir in der Familie Filme vermieden, in denen es «homosexuelle Propaganda» gab. *Philadelphia* oder *Der bewegte Mann* beispielsweise, die gingen gar nicht, genauso wenig wie *In&Out*. Selbst *Mrs Doubtfire* lief bei uns auf Bewährung, da zwei der Protagonisten eindeutig schwul waren. Wir schauten ihn trotzdem, irgendwie waren sie so tuntig, dass es wieder witzig war. Außerdem stand die Homosexualität nicht im Vordergrund, sie war nicht das Thema des Films, die Homosexualität wurde nicht ausschließlich positiv dargestellt, die Hauptfiguren waren nicht homosexuell, sondern nur unwichtige Nebenfiguren, Homosexualität ist eine gesellschaftliche Realität, es bringt nichts, sie zu verleugnen, in zahllosen Filmen kommt ja auch heterosexueller zügelloser Wandel vor, allerdings ist das ja auch natürlich, man darf nur nicht vergessen, das Ganze kritisch zu betrachten, bla bla bla etc. pp. So versuchte man sich eben eine heile Filmwelt zurechtzureden.

Homosexualität wurde bei uns zu Hause als abstoßend bezeichnet. Unter Zeugen Jehovas machte man Witze auf Kosten von Schwulen, man unterhielt sich verächtlich über sie, tat angeekelt. Ich habe mich auch daran beteiligt.

Aber es gibt natürlich auch andere Formen der Diskriminierung, die weitaus subtiler daherkommen. Ich spreche vom strukturellen Sexismus innerhalb der Organisation der Zeugen Jehovas

———

Mein Vater erzählte gern folgenden Witz: «Ich bin der Herr im Haus. Mit der Erlaubnis meiner Frau.» Alle lachten. Und alle wussten: Egal, wie selbstbestimmt meine Mutter war, am Ende des Tages würde mein Vater die Entscheidungen fällen. Er war das Haupt der Familie, und meine Mutter akzeptierte das. Weil es so in der Bibel steht.

> Damit die Frau ins Dasein kommen konnte, musste zuerst der Mann da sein, denn sie wurde aus ihm erschaffen. Als ein Bestandteil des Mannes, als «e i n Fleisch» mit ihm und als sein Gegenstück und seine Gehilfin war sie ihm als ihrem Haupt untertan. – WTG[82]

Es gibt bei den Zeugen Jehovas ein «Ordnungsgefüge», wie es im *Wachtturm* vom 15. Mai 2010 heißt. Die Hierarchie lautet absteigend: Jehova > Jesus Christus > Mann > Frau. Das entnehmen die Zeugen Jehovas dem ersten Korintherbrief im Kapitel 11, Vers 3. Diese Bibelstelle wird von der Wachtturm-Gesellschaft wörtlich ausgelegt. Dieses Ordnungsgefüge wird von allen Zeugen Jehovas, die ich kenne, gelebt.

In unserer Versammlung gab es keine weiblichen Ältesten. In unserem Kreis gab es keine weiblichen Ältesten. In unserem Bezirk gab es keine weiblichen Ältesten. In keiner öffentlich -verantwortlichen Position habe ich jemals eine Frau gesehen. Es gab keine weiblichen Redner, keine weiblichen Dienstamtgehilfen, keine weiblichen Kreisaufseher, keine weiblichen Bezirksaufseher, kein einziges weibliches Mitglied der Leitenden Körperschaft. Auf die Bühne durften sie zwar – aber nur in sketchartigen Darbietungen oder für ein Interview. Die biblische Belehrung von der Bühne war und ist bis heute den Männern vorbehalten. Hinter den Kulissen konnte es schon mal anders aussehen. Barbara Anderson, eine prominente amerikanische Aussteigerin, war nach Eigenaussage jahrelang in der Schreibabteilung, die direkt der Leitenden Körperschaft unterstellt ist, an den Recherchen für wichtige Publikationen beteiligt.[83] Die offiziellen Autoren der Bücher waren freilich männlichen Geschlechts.

———

1961 blamierten sich die Vereinigten Staaten bei ihrem Versuch, Fidel Castros Revolutionsregierung zu stürzen, bis auf die Knochen. Fidel Castro schlug die amerikanischen Invasoren in der berüchtigten Schweinebucht binnen drei Tagen zurück, mit den bekannten Konsequenzen – Kuba ist bis heute ein freies Land, und Fidel Castro war in den Jahrzehnten danach gestärkt wie nie.

Der Psychologe Irving L. Janis führt dieses Debakel auf das Phänomen des *Gruppendenkens* zurück, oder *Groupthink*, wie es im Englischen heißt. Nach Definition von Janis ist *Groupthink* der «Denkmodus, den Personen verwenden, wenn das Streben nach Einmütigkeit in einer kohäsiven Gruppe derart dominant wird, dass es dahin tendiert, die realistische Abschätzung von Handlungsalternativen außer Kraft zu setzen».[84] Einfach ausgedrückt könnte man auch sagen, dass Mitglieder einer Gruppe aus Bequemlichkeit und anderen Gründen dazu neigen, das Denkmuster der ganzen Gruppe zu übernehmen und eigene, kritische Überlegungen hintanzustellen oder gänzlich zu vernachlässigen. Auf die Invasion in der Schweinebucht übertragen stellte Irving Janis fest, dass die Regierung von John F. Kennedy die Invasionspläne des Vorgängerkabinetts unhinterfragt übernommen hatte, ohne sie einer Prüfung zu unterziehen. Selbst vereinzelte kritische Stimmen verstummten, teilweise von selbst. Der fremde Plan wurde praktisch eins zu eins übernommen, was letztendlich in eine Katastrophe mündete.

Diese Geschichte veranschaulicht, warum es in der Wachtturm-Gesellschaft ein solch archaisches Weltbild gibt. Das Geschlechterverständnis ist wie viele Ansichten der Wachtturm-Gesellschaft in den fünfziger Jahren geprägt worden. Die Organisation ist seitdem gewachsen – die Ansichten wuchsen nie oder viel zu langsam mit. Die Eckpfeiler des Lehrgebäudes werden – *Groupthink* lässt grüßen – unhinterfragt von einer Generation der Leitenden Körperschaft zur nächsten weitergegeben. Das Gleiche beobachtet man auf allen Hierarchieebenen der Organisation. Die perfekte Wachtturm-Welt ist der amerikanische Vorort der fünfziger Jahre mit seinen perfekten Vorgärten und den perfekten Ehefrauen, die mit Cocktail in und gebadeten Kindern an der Hand in der aufgeräumten Küche auf ihre schwer schuftenden Männer warten.

———

Glaubensschwestern waren mit Respekt zu behandeln. Sie sollten nicht angeschrien werden, sie sollten nicht geschlagen werden. Man half ihnen in den Mantel, man hielt ihnen die Tür auf, man hielt ihnen den Arm, wenn es ein Hindernis zu überwinden gab. Frauen verdienten Anerkennung. Dass wir uns also nicht falsch verstehen: Frauen genießen bei den Zeugen Jehovas hohes Ansehen. Respekt vor Frauen wurde mir in die Wiege gelegt. Der Respekt, wenn auch aufrichtig, resultiert nichtsdestotrotz auch aus einem veralteten Geschlechterrollenverständnis. Der Lehre der Wachtturm-Gesellschaft wohnt so bedauernswerterweise ein wohlwollender, aber vor allem struktureller Sexismus inne, den Psychologen der Universitäten von Princeton und Lawrence folgendermaßen erklären:

Obwohl wohlwollender Sexismus in sich widersprüchlich scheint, würdigt dieser Term den Umstand, dass manche Formen von Sexismus (für den Täter) subjektiv vorteilhaft scheinen. Sie charakterisieren Frauen als reine, pure Lebewesen, die beschützt, unterstützt und bewundert werden sollten und deren Liebe notwendig ist, um einen Mann zu vervollständigen. Diese Idealisierung von Frauen impliziert gleichzeitig, dass sie schwach und vor allem auf herkömmliche

Geschlechterrollen beschränkt sind. Auf ein Podest gestellt zu werden ist einengend. Jedoch mag der Mann, der eine Frau dort platziert, dies eher als wertschätzend denn als beschränkend empfinden (und auch viele Frauen würden dieser Interpretation zustimmen). Trotz der größeren sozialen Akzeptanz von wohlwollendem Sexismus deuten Forschungsergebnisse darauf hin, dass dies als entscheidende Ergänzung zu feindlichem Sexismus dient, um den Widerstand von Frauen gegen gesellschaftliche Geschlechterungleichheit einzudämmen.[85]

Der eben erwähnte *Wachtturm* erklärt, wie sich Frauen Anerkennung verdienen können:

> Wodurch verdient sich eine Frau so viel Anerkennung? «Anmut mag Trug sein, und Schönheit mag nichtig sein», heißt es in Sprüche 31:30, «doch die Frau, die Jehova fürchtet, ist es, die sich Lobpreis schafft.» Wer also Ehrfurcht vor Jehova hat, wird sich auch gern in die von ihm geschaffenen Autoritätsstrukturen einordnen – und das bedeutet: «Das Haupt einer Frau ... ist der Mann», genauso wie «das Haupt jedes Mannes der Christus ist» und «das Haupt des Christus ... Gott» ist (1. Kor. 11:3). – WTG

Meine Eltern taten ihr Bestes, um innerhalb dieses Systems Gleichberechtigung zu leben. In seinen Ansprachen warb mein Vater um ein respektvolles Miteinander auf Augenhöhe in der Ehe, so wie meine Eltern es im Alltag vormachten. Aber dieser Augenhöhe sind systembedingt Grenzen gesetzt. Am Ende des Tages fügten sich beide, fügen sich alle in die vordefinierte Rollenverteilung: Das Haupt der Familie ist der Mann. Basta.

Und ich übernahm dieses Weltbild unhinterfragt. Warum? Die Wachtturm-Gesellschaft erklärt es folgendermaßen:

> Es dient dem Frieden und ehrt beide Geschlechter, das zu tun, was Gott für sie vorgesehen hat. Zur Veranschaulichung: Will ein Fußgänger eine belebte Straße überqueren, müssen seine Augen und Ohren zusammenarbeiten. Und wenn Männer und Frauen die ihnen zugedachte Rolle übernehmen, segnet Gott die Gemeinde mit Frieden (1. Korinther 14:33; Philipper 4:9). – WTG[86]

Also passte ich mich diesem Ordnungsgefüge an. Ich lernte, dass ich als Mann später Verantwortung für meine Familie und für die Versammlung übernehmen sollte. Mein Ziel sollte es sein, Ältester zu werden, und ich sollte mir eine Frau suchen, die mich bei diesen Zielen unterstützt. Eine gottgefällige, demütige Frau, das sollte das Objekt meiner Begierde sein. Natürlich hatte auch meine zukünftige Frau eine Verantwortung:

> Gibt seine Frau (wenn getauft) ein gutes Beispiel? Wie sich eine Frau verhält, wirft entweder ein gutes oder ein schlechtes Licht auf ihren Mann (1. Tim. 3:11). – WTG[87]

Würde sie eine Missetat begehen, gäbe es eindeutige Regeln:

> 11. Wird eine verheiratete Schwester einer Missetat beschuldigt, sollte am besten ihr Mann (wenn er ein Bruder ist) der Verhandlung beiwohnen. Er ist ihr Haupt, und seine Bemühungen, ihr wieder aufzuhelfen und den richtigen Weg zu zeigen, können sehr nützlich sein (1. Kor. 11:3). Falls ungewöhnliche Umstände eine Rolle spielen

oder die Ältesten meinen, es sei im Interesse der Sicherheit der Frau besser, den Mann nicht dabei zu haben, sollten sie im Zweigbüro anrufen. – WTG

Wenn ich eine Missetat beginge, gäbe es eindeutige Regeln:

12. Handelt es sich bei dem Beschuldigten um einen verheirateten Bruder, ist seine Frau normalerweise nicht bei der Verhandlung anwesend. Wünscht der Mann jedoch, dass sie dabei ist, kann sie bei einem Teil der Verhandlung zugegen sein. Allerdings sollte das Rechtskomitee die Vertraulichkeit wahren. – WTG[88]

Alle Menschen sind bei den Zeugen Jehovas gleich. Männer sind gleicher. Aber es ist mitnichten so, dass Frauen nur stille Teilhaber wären, wie man dem eingangs erwähnten *Wachtturm* entnehmen kann:

Frauen haben genauso wie Männer von Jehova viele schöne Aufgaben erhalten. Denken wir nur daran, was für eine große Ehre es für die 144 000 ist, Könige und Priester mit Christus zu sein, wenn er über die Erde regiert! Diese Berufung haben auch Frauen erhalten (Gal. 3:26–29). Es liegt auf der Hand: Jehova hat Frauen in dem von ihm vorgegebenen Gefüge eine durchaus aktive Rolle zugewiesen. – WTG

Wenn Frauen also das Glück haben, in den Himmel zu kommen, werden sie dort gleichberechtigt sein. Bis dahin oder wenn sie das Pech haben, auf der Erde bleiben zu müssen, haben sie sich unterzuordnen und zu schweigen. Außer im Predigtdienst natürlich. Dort dürfen sie sich so viel austoben wie sie möchten. Eine dieser «vielen schönen Aufgaben».

Einige Glaubensschwestern waren zu meiner Zeit allerdings mächtiger, als es der Leitenden Körperschaft hätte lieb sein können. Ehefrauen von Ältesten zum Beispiel hatten oft starken Einfluss auf ihre Ehemänner und waren im Hintergrund an Entscheidungen beteiligt, die sie eigentlich nichts angingen. Das habe ich zu Hause häufig erlebt. Auch die Rolle meiner Tante in der Deutschland-Zentrale der Zeugen Jehovas war sehr undurchsichtig – sie bekleidete natürlich kein offizielles Amt, aber ihre Geschichten, die sie zum Besten gab, oft mit brisanten Interna geschmückt, ließen darauf schließen, dass sie innerhalb der Organisation, speziell innerhalb der deutschen Zentrale, äußerst gut vernetzt war, bis in die höchsten Hierarchieebenen. Und zu guter Letzt gibt es seitens der Frauen innerhalb der Organisation der Zeugen Jehovas einfach zu wenig Widerstand, als dass sich daran in naher Zukunft etwas ändern könnte. Als ich mit einer Zeugin Jehovas einmal über das Rollenverständnis der Wachtturm-Gesellschaft diskutierte, also darüber, dass Frauen nicht auf der Bühne lehren und keine administrative Verantwortung übernehmen dürfen, brachte sie das Totschlagargument, dass es doch sein könne, dass sie – die weiblichen Mitglieder der Zeugen Jehovas – das ja auch gar nicht wollten. Dieser Einstellung bin ich öfter begegnet. Ich nenne sie das «theokratische Stockholm-Syndrom». Man sympathisiert, ja, identifiziert sich gar mit der Ursache der Unterdrückung. Die Situation wird verklärt.

Es gab Zusammenkünfte, bei denen die Frauen beten oder prophezeien durften, sofern sie eine Kopfbedeckung trugen (1. Ko 11:3–16; siehe KOPFBEDECKUNG). Doch bei regelrecht öffentlichen Zusammenkünften, wenn die «ganze Versammlung» sowie «Ungläubige» an einem Ort versammelt waren (1. Ko 14:23–25), sollten Frauen «schweigen». Wenn sie etwas lernen wollten, konnten «sie zu Hause ihre eigenen Männer befragen, denn es ist schändlich für eine Frau, in einer Versammlung zu reden» (1. Ko 14:31–35). [...] Sie sollten aber nicht über Männer Gewalt ausüben oder, beispielsweise in den Zusammenkünften der Versammlung, mit Männern debattieren. Sie sollten sich an das erinnern, was mit Eva geschah, und an das, was Gott nach der Sünde Adams und Evas über die Stellung der Frau gesagt hatte (1. Ti 2:11–14; 1. Mo 3:16). In der Erörterung über die «Gaben in Form von Menschen», die Christus der Versammlung gibt, werden keine Frauen erwähnt. – WTG[89]

Zusammenkünfte der Zeugen Jehovas würden keinen Bechdel-Test bestehen: Frauen dürfen während des Programms nur dann reden, wenn ihnen ein Mann dazu die Erlaubnis erteilt, egal, ob in einer öffentlichen Diskussion oder auf der Bühne. Und so spielen Frauen in den Versammlungen der Zeugen Jehovas bis heute in Sachen Belehrung nur die undankbare zweite Geige; stattdessen werden sie mit Brotkrumen in Form von «Vorrechten» wie der Teilnahme an «speziellen» Missionarsschulungen abgespeist und dürfen sich umso mehr im Predigtdienst verausgaben. Die Wachtturm-Gesellschaft weiß auch, wie eine Frau Glück und Erfüllung finden kann:

Frauen dürfen Männern nicht ausgeliefert sein und unterdrückt, ausgenutzt, missbraucht oder anderweitig schlecht behandelt werden. Eine verheiratete Frau sollte vielmehr als «Gegenstück» ihres Mannes Glück und Erfüllung finden. – WTG[90]

Herzlich willkommen bei *Mad Men*!

«Zeugen Jehovas dürfen keinen Spaß haben»

Auf der einen Seite der Straße war ein Park mit angrenzenden Schrebergärten. Der Park gehörte sonntags den Mennoniten. Sie grillten und spielten Volleyball. Auf der anderen Straßenseite war ein riesiges Gelände mit Gras. Das gehörte sonntags uns. Jeden Sonntag trafen wir uns mit anderen Zeugen Jehovas aus allen Versammlungen in unserer Stadt und spielten Fußball. Die Erwachsenen unter sich, die Jugendlichen und Kinder unter sich. Wer als Jugendlicher die körperlichen und sportlichen Voraussetzungen mitbrachte, konnte auch bei den Großen mitspielen. Da kam man aber seltener an den Ball, vor allem, wenn man wie ich zwei linke Füße hatte. Ich blieb in der Regel bei den Jüngeren. Wir spielten zwei, manchmal drei Stunden, dann ging es nach Hause.

———

Alle paar Monate trafen wir uns mit der gesamten Versammlung im Garten einer Familie oder, wenn es kalt war, in gemieteten Räumlichkeiten zu einem Versammlungsfest. Jede Familie beteiligte sich an den Vorbereitungen, brachte einen

Salat mit, oder Frikadellen, oder Getränke. Meistens fand das Versammlungsfest an einem Samstagnachmittag fest, damit jeder die Gelegenheit hatte, sich morgens noch am Predigtdienst zu beteiligen. Besonders Eifrige stießen erst später zum Fest dazu, weil sie so lange im Predigtdienst geblieben waren. Die Versammlungsfeste waren schöne Ereignisse, vor allem für uns Kinder. Es gab leckeres Essen in rauen Mengen, wir spielten Fußball, Völkerball, Volleyball, und wenn es dunkel wurde, saßen wir am Feuer. Wenn wir in geschlossenen Räumlichkeiten zusammenkamen, brachten wir unsere Instrumente mit und sangen Königreichslieder. Oder wir spielten Reise nach Jerusalem.

———

Wir trafen uns nicht immer mit der ganzen Versammlung. Manchmal waren es auch nur zwei oder drei Familien. Wir kochten gemeinsam und führten Gespräche oder schauten eine DVD oder gingen ins Kino. Hin und wieder schnappten wir uns unsere Fahrräder und machten eine Tour durch den Teutoburger Wald. Hinterher wurde bei einer Familie zu Hause gegrillt. Hochzeiten waren besonders beliebt. Es gab viel zu essen, man konnte ein bisschen Alkohol trinken und es wurde bis in die Puppen getanzt.

Wir haben viel mit unseren Glaubensgeschwistern unternommen. Auch an Silvester. Weder böllerten wir, noch gossen wir Blei. Ansonsten gab es keinen großen Unterschied: Wir aßen Raclette, tranken ein Bier oder ein Gläschen Sekt, und um null Uhr beobachteten wir das Feuerwerk und hofften, dass es ein gutes Jahr werden würde.

———

Dass Zeugen Jehovas keinen Spaß haben dürfen und auch gar nicht haben wollen, ist ein Vorurteil, das mich immer geärgert hat und mich auch heute noch ärgert. Weil er in der Verallgemeinerung jeder Grundlage entbehrt. Natürlich gibt es Zeugen Jehovas, die zum Lachen in den Keller gehen und leidenschaftliche Grantler sind. Aber die meisten der Glaubensgeschwister, die ich während meiner Zeit bei den Zeugen Jehovas kennenlernte, waren äußerst angenehme Zeitgenossen, alle auf ihre eigene Art humorvoll, hatten alle gern ihren Spaß, gingen ins Kino, auf die Kirmes, tranken gelegentlich sogar Alkohol. Ich hatte auch Spaß, als ich noch Zeuge Jehovas war. Es war ja nicht alles schlecht. Alles andere wäre gelogen.

Natürlich hatte der Spaß seine Grenzen, denn, wie es im Buch Prediger so schön heißt, gibt es für alles eine bestimmte Zeit: «eine Zeit zum Weinen und eine Zeit zum Lachen; eine Zeit zum Klagen und eine Zeit zum Herumhüpfen.»[91] Solange etwas in Maßen geschah, war es in Ordnung. Alkohol in Maßen war o. k., genauso Kino, Musik und Sport. Sex vor der Ehe war auch in Maßen verboten, genauso Weihnachten, Geburtstage und Blutwurst.

Wärest du dabei gewesen damals, auf dem Versammlungsfest im Garten unserer Glaubensbrüder und -schwestern, du hättest in freundliche, aufgeschlossene Gesichter geblickt. Man hätte dir einen Teller mit Essen gereicht, dich in nette Gespräche eingebunden, eingeladen, beim Ballspiel mitzumachen. Du hättest gegessen, zugehört und du hättest mitgemacht. Aber vor allem hättest du diese wunderliche Welt beobachtet, du hättest dir alles genau angeschaut und eingeprägt: die freundlichen, fröhlichen, nettesten Menschen der Welt, die höflichen Umgangsformen, die aufrichtigen Worte und Gespräche, ein ehrliches Interesse an dir. Und du hättest versucht, diese Eindrücke in Einklang zu bringen mit der Glaubensgemeinschaft, deren Mitglieder kein Weihnachten, aber Jesu Tod feiern, Frauen und gleichgeschlechtlich Liebende diskriminieren, die eher sterben, als das bisschen Blut zu nehmen, und ihre ganzen Hoffnungen in die Ankunft eines globalen Genozids setzen. Und es fällt dir vielleicht schwer, das alles miteinander in Einklang zu bringen, weil die Diskrepanz zu groß ist, weil das einfach nicht passt, weil das einfach nicht von dieser Welt ist.

Und mehr hättest du den Nagel nicht auf den Kopf treffen können. Die Zeugen Jehovas sind nicht von dieser Welt, weil sie sich gemäß Jesus Worten nicht als Teil dieser Welt betrachten.[92] Wie die Wachtturm-Gesellschaft sagt: «In Übereinstimmung mit diesem Grundsatz bemühen sich Jehovas Zeugen, ‹kein Teil der Welt› zu sein.»[93]

Meistens sind Zeugen Jehovas trotzdem brave, gesetzestreue Bürger. Die Wachtturm-Gesellschaft sagt:

Wir gehorchen der Regierung, weil Gott das von uns wünscht. – WTG

Sie sagt im Anschluss aber auch:

Aber was ist, wenn wir zu etwas aufgefordert werden, was Gott verbietet? Was könnten wir dann sagen? – Wir könnten eine ähnliche Antwort geben wie die Apostel sie dem Hohenpriester gaben: «Wir

müssen Gott, dem Herrscher, mehr gehorchen als den Menschen»
(Apostelgeschichte 5:29). – WTG[94]

Was das bedeuten kann, erklärt die Leitende Körperschaft in
Bezug auf ihre eigenen Anweisungen:

> Wir alle müssen bereit sein, jede Anweisung zu befolgen, ob sie nun
> vom strategischen oder menschlichen Standpunkt aus vernünftig
> erscheint oder nicht. – WTG[95]

Die Wachtturm-Gesellschaft und die Zeugen Jehovas sind
theokratisch organisiert. Eine Theokratie ist eine Herrschafts-
form, in der Gott und seine durch ausgewählte Personen über-
lieferten Gebote das Maß aller Dinge sind. Bei den Zeugen Jehovas sind diese Personen die Leitende Körperschaft, also der
sogenannte «treue und verständige Sklave» in den USA. Die
Zeugen Jehovas und ihre Dachorganisation, die Wachtturm-
Gesellschaft, sind de facto ein Gottesstaat im Staat. Sie sind
nicht von dieser Welt, weil:

> Da Gottes Wort zeigt, dass die Regierungen dieser Welt nur vorüber-
> gehend bestehen, bereiten sich Jehovas Zeugen heute schon auf ein
> inhaltsreicheres Leben vor, auf das wirkliche Leben, dessen sie sich
> bald unter Christi Königreichsherrschaft erfreuen werden [...] Sie be-
> teiligen sich zwar nicht am Sturz der Regierungen dieser Welt, doch
> erfüllt sie das, was Gottes inspiriertes Wort, die Bibel, über das Ge-
> richt sagt, das Jehova in naher Zukunft in Harmagedon vollstrecken
> wird, mit tiefer Ehrfurcht. – WTG[96]

Anders als die Amish verweigern sie sich zwar nicht dem technologischen Fortschritt; auch verschanzen sie sich nicht in einer Festung und liefern sich keine Kämpfe mit der Polizei wie die Branch-Davidianer; die finanzielle Facette der Glaubensgemeinschaft steht weniger im Focus als bei Scientology; sie treten in der Öffentlichkeit nicht so aggressiv auf wie die Westboro Baptist Church; und man erkennt sie nicht zwingend an ihrer einheitlichen gestrigen Kleidung wie Mennoniten. Sie pflegen mit Bedacht ihr Image der «netten Sekte von nebenan».

Nebenan ist jedoch eine Parallelwelt innerhalb der unseren, mit eigenen Gesetzen, Regeln und Riten, die, wenn sie auf jene der Umwelt treffen, ohne Rücksicht auf andere und eigene Verluste verteidigt und durchgesetzt werden.

———

Zeugen Jehovas nennen die spirituelle – und jenseits des Königreichssaales auch räumliche – Außenwelt das «gegenwärtige System der Dinge». Sie betrachten sich nicht als Teil dieser Welt, dieses Systems, weil sie nur auf der Durchreise sind, auf dem Weg ins Paradies, während das «gegenwärtige System der Dinge» in Harmagedon vernichtet wird.[97]

Das Leben bei den Zeugen Jehovas, so wie ich es erlebt habe, war ein umzäunter Abenteuerspielplatz mit bunt angemalten Wachttürmen, auf denen Glaubensbrüder mit Fernglas saßen. Im Englischen nennt man jene Instanzen, die festlegen, welche Information hineingelangt und wer von innen einen Blick über den Rand nach außen werfen darf, *gatekeeper*. Torwächter. Die Wächter, die die Hoheit haben über das Tor zwischen den bunten Wachttürmen, sind die Mitglieder der

Leitenden Körperschaft. Dieses Tor ist die einzige Lücke im Zaun, durch die man schlüpfen kann. Doch der Zaun ist aus Maschendraht. Man kann durchschauen. Wenn man möchte, kann man sehen, was sich auf der anderen Seite des Zauns befindet. Aus den Anfangstagen der amerikanischen Kolonien ist überliefert, dass die Siedler ihre Befestigungsanlagen nicht etwa errichteten, um sich vor den «Rothäuten» zu schützen. Ganz im Gegenteil sollten die Wachen dafür sorgen, dass keine Siedler mehr zu den amerikanischen Ureinwohnern überliefen. Dass so viele Siedler die Seiten wechselten, war ein Ärgernis, aber verständlich, waren doch die Lebensbedingungen der indigenen Amerikaner, wie man heute weiß, denen der Europäer in allen Belangen um ein Vielfaches überlegen: von der Hygiene bis zur Legislative. Benjamin Franklin sagte einmal, dass es niemand ertragen könnte, unter den Siedlern zu leben, der schon einmal vom Leben der «Wilden» gekostet habe.

Es ist ein Vorurteil, dass Zeugen Jehovas nicht gerne Spaß haben. In unserer Versammlung hatten wir eine Menge Spaß. Die Ältesten, die Eltern, die Familien sorgten dafür, dass wir Kinder und Jugendliche regelmäßig beschäftigt wurden. Erst später verstand ich, dass ihnen nicht nur unsere Freude am Herzen lag. Es gab eine Welt da draußen, hinter dem Zaun mit den bunten Wachttürmen. Solange wir Spaß hatten, würde uns nicht auffallen, dass das Gras auf der anderen Seite grüner war. Die Wachttürme und Zäune bei den Zeugen Jehovas sind bunt angestrichen. Weil sie nicht dem Zweck dienen, niemanden hineinzulassen. Sie sollen niemanden hinauslassen.

Betrachtet man die Zeugen Jehovas von außen, so sieht

man bis auf das Bekannte, Stereotype nicht viel. Wladimir Kaminer erzählt in seinem Buch *Die Reise nach Trulala* von einer Kulissenstadt samt Miniatur-Eiffelturm in der südrussischen Steppe, mit der man treuen Sowjets einen Besuch in Paris vortäuschte. Was du siehst, wenn du die Zeugen Jehovas betrachtest, ist nicht der Eiffelturm. Es ist das, von dem sie wollen, dass du es für den Eiffelturm hältst. Tatsächlich muss man hineintauchen, reinzoomen, sich darauf einlassen, man muss, wie es so schön in der Situationskomik heißt, dabei gewesen sein, um das System Wachtturm vollends begreifen zu können. Unter der Oberfläche wuchert etwas, das man nicht auf ihrer Propaganda-Haubitze jw.org oder in den inhaltlich überschaubaren, bunten Broschüren und Traktaten findet, die für die Öffentlichkeit bestimmt sind. Zeuge Jehovas zu sein, bedeutet nicht einfach nur Teil einer Glaubensgemeinschaft zu sein, einen Glauben zu *haben*. Zeuge Jehovas zu sein ist ein Leben.

———

Dieses Leben war mir schon als Kind manchmal zu viel. Nicht nur, was die Zeugen Jehovas betraf. Generell. In den Augenblicken, in denen es zu viel war, flüchtete ich mich in meine Gedankenwelt, in Geschichten und Abenteuer, in denen ich mein Alter Ego war. Meine Alter Egos waren alles Variationen meiner selbst. Immer ich, bloß älter, besser aussehend, talentierter. Ich hatte ein Schauspieler-Ich, ein Fußballer-Ich, ein Geheimagenten-Ich. Es gab sogar ein Otto-Normalverbraucher-Ich. Der war im Prinzip genau wie ich, hatte aber bezeichnenderweise einen Alltag, in dem die Anbetung Jehovas keine so große Rolle spielte. Im Nachhinein fällt mir ohnehin etwas auf: Alle Geschichten meiner Alter Egos spielten in diesem gegenwärtigen System der Dinge. Keiner meiner Alter Egos lebte im Paradies, das uns die Wachtturm-Gesellschaft versprach.

Hätte mir das zu denken geben sollen? Vielleicht. Aber ich war noch ein Kind. Denken war Luxus. Ich hatte schon genug damit zu tun zu funktionieren.

———

Im Industriegebiet ist längst Feierabend. Die Scheinwerfer meines Honda Civic sind die einzigen Lichter. Ich gebe ein letztes Mal Gas und biege in die Einfahrt zum Parkplatz ab. Das Tor ist offen. Es ist schon jemand da. Ich parke mein Auto und stelle den Motor ab. Hinter meiner Windschutzscheibe zeichnet sich vor dem abendgrauen Himmel die Backsteinsilhouette des Königreichssaales ab. Der Königreichssaal. Der Mittelpunkt meines Lebens. Rund um diesen Königreichssaal spielte sich mein bisheriger Alltag ab. Und hier wird er enden.

———

Kapitel 3

Im Hamsterrad der «Paradies GmbH»

Freitag

In unserer Versammlung gab es einen Witz, den sich die Erwachsenen erzählten. Die Pointe war die Antwort auf die Frage, was man tun sollte, wenn man nicht schwanger werden wollte: Einen Apfel essen. Die Erwachsenen lachten. Ich hatte keine Ahnung, weshalb. Ich verstand es nicht. Wie konnte ein Apfel verhindern, dass man schwanger wurde?

Erst viele Jahre später fiel bei mir der Groschen. Die Pointe wirft nicht nur ein erschreckend trostloses Licht auf das offenbar äußerst unkreative Sexualleben der Erwachsenen in meinem Umfeld – mir fallen spontan unzählige Stellungen ein, in denen man einen Apfel essen und gleichzeitig schwanger werden kann –, sie veranschaulicht treffend die Einstellung der Zeugen Jehovas: Wer beschäftigt ist, kommt nicht auf dumme Gedanken, kann gar nicht erst vom Leben der «Wilden» kosten.

Das Leben als Zeuge Jehovas war ein MMORPG, also ein *Massive Multiplayer Offline Role-playing Game*, also so etwas wie *World of Warcraft*, aber in echt, ohne schwarze Magie, dafür mit Jehovas heiligem Geist und echten Toten in Harmagedon, man selbst ständig im Bestreben, das nächste Level zu erreichen: Nur noch ein Heimbibelstudium an den Mann bringen, um die Quest erfolgreich abzuschließen; nur noch zwei *Wachtturm*-Ausgaben verteilen bis zum nächsten Level; nur noch ein Level bis zum Dienstamt. So sah mein Alltag aus: ein MMORPG namens *World of Wachtturm*, auf der Grundlage von *Und ewig grüßt das Murmeltier*. Und natürlich ging es wie bei jedem MMORPG, das etwas auf sich hält, darum, seine Ritterrüstung aufzumotzen. Buchstäblich, also methaphorisch-buch-stäblich:

Über welche Schutzvorkehrung verfügen wir? Der Apostel Paulus riet: «Nehmt die vollständige Waffenrüstung Gottes, damit ihr an dem bösen Tag widerstehen und, nachdem ihr alle Dinge gründlich getan habt, standhalten könnt» (Epheser 6:13). Wie nützlich diese geistige Waffenrüstung ist, hängt nicht nur von ihrem ursprünglichen Zustand ab, sondern auch von einer regelmäßigen Wartung. Daher gehört zu dieser von Gott stammenden vollständigen Rüstung eine Erkenntnis des Wortes Gottes, die auf dem neuesten Stand ist. Das zeigt, wie wichtig es für uns ist, mit unserem Verständnis der Wahrheit, das Jehova durch sein Wort und durch die Klasse des treuen und verständigen Sklaven gibt, auf dem Laufenden zu bleiben. Das regelmäßige Studium der Bibel und der biblischen Veröffentlichungen ist unerlässlich, wenn wir unsere geistige Waffenrüstung instand halten möchten. – WTG[98]

Kennst du diese Serie namens *Lost*, in der dieser eine Typ auf dieser einen Insel alle 108 Minuten diese eine Zahlenkombination eingeben muss, damit die Welt nicht untergeht? So in etwa musst du dir das vorstellen: Eine Mischung aus all diesen Zutaten.

Freitags ging das Theater los.

Vielleicht hatten wir den Nachmittag draußen gespielt. Widerstrebend verließen mein Bruder und ich den Bolzplatz und gingen nach Hause. Unsere Mutter schickte uns duschen, danach gab es Abendbrot. Nach dem Essen mussten wir uns umziehen.

Meine Arme überforderten meinen Anzug, meine Beine unterforderten ihn. Weil es mir schwer fiel, meine Arme zu koordinieren, trug ich eine Clip-On-Krawatte. Mein Vater schaute ins Kinderzimmer und fragte, ob meine Tasche gepackt war. Ich packte schnell meine Tasche. Dann setzten wir uns ins Auto und fuhren zur Zusammenkunft in den Königreichssaal.

Der Königreichssaal war ein unscheinbarer Backsteinbau. Der Busch vor dem Parkplatz war akkurat gestutzt. Im Foyer gab es eine Garderobe, an der wir unsere Jacken aufhängen konnten. Bei den Zeugen Jehovas verschwand nie etwas. Alle waren ehrlich und klauten nichts.

Im Foyer traf ich irgendeinen Kumpel. Erfinden wir einen und nennen ihn Gideon. Gideon hatte einen Kugelschreiber, in dessen durchsichtigem, mit einer Flüssigkeit gefüllten Gehäuse ein Formel-1-Auto schwamm. Machte Gideon eine Notiz – und er machte oft Notizen, weil er in den Zusammenkünften so viel über Jehova lernte –, fuhr das Auto vorwärts. Kaute Gideon an dem Kugelschreiber herum, blieb das Auto in der Mitte stehen. Ich war neidisch. Gideon war genauso alt wie ich. Wir waren Freunde, weil unsere Eltern sagten, dass es wichtig war, gleichaltrige Freunde in der Versammlung zu haben. Gideon war *gute Gesellschaft.*

Gideon und ich saßen nebeneinander. Wir hatten vorher unsere Eltern gefragt, ob es in Ordnung sei, wenn er während der Zusammenkunft bei mir und meiner Familie säße. Gideons Eltern waren einverstanden. Seine Eltern dachten, dass ich auch *gute Gesellschaft* war.

Auf der Bühne stand auf der rechten Seite ein Tisch mit mehreren Stühlen. In der Mitte befand sich ein Pult samt Mikro. An der Wand hing statt eines gekreuzigten Jesusholzstücks ein Bibelvers in mehreren Sprachen. Die Jahreslosung. Sie war jedes Jahr anders, aber immer irgendwas aus der Bibel. Vor der Bühne standen zehn oder elf Reihen gepolsterter Stühle. Die Familien mit den lauten Kindern und die nicht so vorbildlichen Glaubensbrüder saßen hinten. Wir waren eine vorbildliche Familie. Wir saßen immer in der zweiten oder dritten Reihe. Damit man nicht abgelenkt wird, sagte mein Vater.

Die Zusammenkunft begann pünktlich um 19 Uhr mit einem Königreichslied. Ich spielte im Versammlungsorchester Gitarre und durfte anzählen. Alle Anwesenden hielten das Buch «Singt Jehova Loblieder» in der Hand. Liederbuch der Zeugen Jehovas und Badetuch zugleich. Mit dem Liederbuch reservierte man sich im Königreichssaal und auf den großen Kongressen einen Sitzplatz.

Alle sangen mit. Es war die übliche Gesangsbandbreite, die man vermutlich auch vom Kirchentag kennt. Die Stimme, die zugunsten von Jehova eine hoffnungsvolle Gesangskarriere aufgegeben hatte und während jeden Liedes lautstark darauf hinwies. Die Stimme, die gern eine Gesangskarriere aufzugeben gehabt hätte und während jeden Liedes lautstark darauf hinwies. Der akustische Mittelstandsbauch, mehr ein einschläferndes Simultanbrummen als Töne. Die Miniplaybackshow-Reihe. Und ich. Der einfach versuchte, nicht aufzufallen, während ich die Melodie zupfte.

Danach wurde gebetet. Durch meine halb geschlossenen Augenlider blickte ich in den Zuschauerraum. Gideon hatte die Hände verschränkt, die Augen zugekniffen, den Kopf nach oben gerichtet. Eine Glaubensschwester erzählte mir mal, sie fände es toll, wie sehr Gideon Jehova liebte. Das habe er ihr erzählt. Das war, nachdem ich ihr eine Stunde lang von meinen Fußballsammelkarten erzählt hatte. Ich liebte meine Fußballsammelkarten.

Alle sagten «Amen», und wir setzten uns hin. Die ersten fünfzehn Minuten waren langweilig. Ein Ältester hielt eine Ansprache. Gideon machte mit seinem Kuli Notizen. Er hielt sein Notizbuch so, dass ich nicht hineinschauen konnte. Ich hielt mein Notizbuch auch so, dass er nicht hineinschauen konnte. Dafür sah meine Mutter, dass ich eine Werner-Zeichnung gemacht habe. Sie schaute missbilligend.

Ich war aufgeregt. Gleich würde ich an der Reihe sein. Ich sollte einen Abschnitt aus der Bibel vorlesen. Auf der Bühne. Ich war in der Theokratischen Predigtdienstschule eingeschrieben, einer wöchentlichen Rhetorikschulung. Alle paar Wochen bekam ich eine Hausaufgabe, die ich zu Hause vorbereiten musste. Wie eine Fern-Uni, bloß mit Anwesenheitspflicht. Meine Mutter hatte mir geholfen, ein kurzes Fazit zu schreiben, was ich aus diesem Bibelabschnitt gelernt hatte. Das Fazit war das gleiche wie immer. Jehova war super, sagte Jehova, und wenn wir das, was in der Bibel stand, taten, kamen wir ins Paradies. Sagte Jehova. Viel mehr entnahm ich der Bibel nicht.

Ich hatte Schweißhände. Ich zitterte. Ich rutschte unruhig auf meinem Sitz herum. Gideon fragte mich, ob ich aufgeregt sei. Wenn er aufgeregt war, bat er Jehova um seinen Segen. Das hatte ich auch gemacht. Bei mir wirkte es nicht. Ich vermutete, dass es daran lag, dass ich Jehovas Anwesenheit in meinem Leben nicht so «spürte», wie Gideon es tat. Das hatte er mir gesagt. Ich hatte nichts gesagt, weil ich nicht zugeben wollte, dass ich Gott nicht spürte.

Ich wurde aufgerufen und betrat die Bühne. Unzählige Augenpaare starrten mich an. Meine Eltern hielten Händchen und sahen mächtig stolz aus. Am Anfang zitterte meine Stimme. Irgendwann nicht mehr. Mit jedem Vers vergaß ich das Publikum mehr und mehr. Während ich las, wanderten meine Gedanken. Zum Glück fing ich sie wieder ein, rechtzeitig, bevor die Stelle zu Ende war. Ich las mein Fazit vor. Nach jedem Satz machte ich eine Pause und schaute in den Raum. Auf meinem Beurteilungsbogen stand als Aufgabe, dass ich daran arbeiten sollte, Kontakt mit dem Publikum zu halten. Unter Applaus verließ ich die Bühne. Ich setzte mich in die erste Reihe, um öffentlich meine Beurteilung abzuholen. Der Schulleiter lobte mich, stellte aber fest, dass mein Vortrag noch ausbaufähig war. Ich ging auf meinen Platz zurück. Mein Puls normalisierte sich. Gideon nickte mir freundlich zu. Am Publikumskontakt musste er nicht mehr arbeiten. Er lernte sein Fazit immer auswendig und guckte einzelnen Zuschauern in die Augen.

Dann war Pause. Wir sangen ein Lied. Ich ging zur Toilette. Es gab noch kein iPhone, geschweige denn überhaupt Handys, noch nicht mal das Tamagotchi war erfunden worden. Ich ging wirklich nur pinkeln.

In der zweiten Hälfte gab es eine Diskussion mit Publikumsbeteiligung anhand eines Artikels im Faltblatt *Unser Königreichsdienst*. Der *Königreichsdienst* ist eine interne Depesche, in der Bekanntmachungen der Organisation, Studienpläne und Predigtdienstratschläge sowie Verhaltensmaßregeln veröffentlicht werden. Manchmal gibt es auch Sonderbeilagen – aber dazu später mehr. In jedem *Königreichsdienst* gibt es Vorschläge für Gesprächseinstiege an der Haustür und Tipps zum Überwinden von Gesprächsstoppern und ähnlichen Hindernissen. Nichts, was eine durchschnittliche Rhetorikschulung der Sparkasse Bad Hersfeld-Ost aus den Socken hauen würde. Aber für den Haus-zu-Haus-Dienst reichte es. Damit Frauen auch mal auf die Bühne durften, wurden diese Gesprächsroutinen in regelmäßigen Abständen von Schwestern und Brüdern nachgespielt. Und was hatten wir einen Heidenspaß, wenn wir mal den abweisenden weltlichen Hauseigentümer spielen durften.

Aber dafür war ich noch zu jung. Ich langweilte mich zu Tode. Ich dachte an die EM und das Finaldebakel der deutschen Mannschaft. Ich malte noch ein Bild von Werner. Diesmal bekam es meine Mutter nicht mit, weil sie mit meinem Bruder auf der Toilette war. Zum Glück stand mein Vater auf der Bühne und moderierte die Diskussion. Ich hatte also sturmfrei in meiner Stuhlreihe.

Eigentlich war es weniger eine Diskussion als Frontalunterricht. Solange man ungefähr das wiedergab, was im *Königreichsdienst* stand, lächelte und nickte mein Vater auf der Bühne. Man durfte auch eigene Worte verwenden, solange es keine eigene Meinung war, außer die eigene Meinung entsprach dem, was in der Publikation stand, bloß in eigenen Worten. Wenn man die Spielregeln erst mal verstanden hatte, war es gar nicht mehr so schwer.

Bei jeder zweiten Frage meldet sich Gideon. Zwei Brüder

gingen links und rechts die Stuhlreihen entlang und reichten einem ein Mikro, wenn man sich gemeldet hatte. Mein Vater sagte, in ein paar Jahren dürfe ich das auch machen. Das Mikrophon herumreichen zu dürfen, war ein Vorrecht. Es war wichtig, nach Vorrechten zu streben, sagte mein Vater.

Ich meldete mich auch mal und las einen Satz vor, den ich angestrichen hatte. Ich benutzte nicht meine eigenen Worte. Meine Mutter nickte mir trotzdem lächelnd zu. Sie war wieder da. Sie hatte einer alleinerziehenden Mutter, deren Mann kein Zeuge Jehovas war und deshalb nicht in die Zusammenkünfte kam, das schreiende Kind abgenommen. Es schrie nicht mehr. Meine Mutter hatte den besseren bösen Blick. Ich reichte das Mikrophon an den Bruder zurück. Er wischte das Mikro angeekelt an seinem Jackett ab.

Nach 45 Minuten war der Spuk vorbei. Wir sangen ein Lied. Ein älterer Glaubensbruder ging nach vorn, um das Gebet zu sprechen. Er betete für die Glaubensbrüder, die unter dem Bürgerkrieg in Jugoslawien litten. Er bat um Jehovas Segen für die Versammlung. Er betete für eine Glaubensschwester, die im Krankenhaus lag. Er bat um Gottes helfende Hand, dass er unsere Herzen öffnen möge, dass wir noch mehr Spendenbereitschaft zeigen. Während des Gebets blickte ich durch meine zusammengekniffenen Augenlider auf meine Armbanduhr. Es musste jetzt Schlusspfiff sein beim Spiel meiner Lieblingsmannschaft. Ich hoffte, dass wir nach der Versammlung schnell nach Hause fahren würden, damit ich das Ergebnis in den Radionachrichten hören konnte.

Alle sagten «Amen», ich etwas zu spät. Gideon seufzte und sagte: «Was für eine aufbauende Zusammenkunft.» Wie das

Kinder in unserem Alter eben so machten. Ich packte meine Bibel, mein Notizbuch und alle anderen Publikationen in meine Tasche. Meine Mutter unterhielt sich mit anderen Glaubensschwestern. Es war die letzte Zusammenkunft in diesem Monat. Gideon holte ein Formular hervor. Sein Predigtdienstbericht, in dem er aufgeschrieben hatte, wie viele Stunden er in diesem Monat im Predigtdienst verbracht hatte. Es waren mehr als zwanzig. Ich schaffte meistens um die zehn. Zehn Stunden wurden mindestens von einem erwartet. Wenn man zehn schaffte und sich auch sonst anständig aufführte, ließen die Ältesten einen in der Regel in Ruhe.

Ich hatte meinen Predigtdienstbericht zu Hause vergessen. Aber das war nicht schlimm. Im Königreichssaal lagen diese Formulare auch aus. Ich schrieb vierzehn Stunden auf. Eigentlich waren es nur acht gewesen. Ich bekam ein schlechtes Gewissen, zerriss den Zettel und notierte zehn. Mein Gewissen beruhigte sich ein wenig.

Gideon verabschiedete sich. Bevor er ging, fragte er mich, ob wir am morgigen Samstag gemeinsam predigen wollten, in einer Gruppe mit unseren Vätern. Gideon war ein Streber, aber ich mochte ihn trotzdem. Ich sagte: «Ja.»

Mein Vater war nirgendwo zu sehen. Ich fragte meine Mutter nach ihm. Sie erzählte mir, dass es noch ein bisschen dauern würde. Er habe eine Ältestenbesprechung mit den anderen Ältesten. Ich fragte, ob ich mich ins Auto setzen dürfte. Warum, wollte sie argwöhnisch wissen. Nachdem ich eine Weile um den heißen Brei herumgeredet hatte, gab ich zu, wissen zu wollen, wie meine Mannschaft gespielt hatte. Tadelnd blickte sie mich an. Das hier sei noch Jehova-Zeit, sagte sie. Das Fußballspiel laufe nicht weg. Ich solle so lange den neuen *Wachtturm* lesen. Oder den *Erwachet!*. Um halb elf sagte mein Vater, die Besprechung dauere noch länger, wir sollten schon mal vorfahren, ein anderer Ältester würde ihn heimbringen.

Wir setzten uns ins Auto. Mein Bruder schlief bereits. Ich drängte meine Mutter, das Radio anzumachen. Gespannt wartete ich auf die Nachrichten.

Meine Mannschaft hatte verloren.

Samstag

Ich bin Profifußballer für meinen Lieblingsverein Arminia Bielefeld und warte darauf, eingewechselt zu werden. Ich bin die Stimme des Reporters, der das Spiel kommentiert, in dem ich eingewechselt werde. Ich bin rasender Reporter und sage dem Taxifahrer, dass er dem Wagen folgen soll. Ich bin Detektiv und sage dem Taxifahrer, dass er dem Wagen folgen soll. Ich bin Spion und versuche, mit meinem Wagen das Taxi abzuhängen. Ich bin Abenteurer und hänge an einer Klippe über dem Abgrund, während ...

«Du bist dran.»

Eine Stimme riss mich aus meinen Tagträumen. Ich brauchte einen Augenblick, um mich zu orientieren. Es war Samstag, es war kurz nach zehn, es war bewölkt. Ich trug ein Hemd und eine Krawatte unter dem Pullunder, darüber eine Übergangsjacke. Im Mundwinkel schmeckte ich Reste von Nutella. Der Schultergurt der Tasche spannte sich quer über meine Brust und bohrte die Hemdknöpfe in meine Haut. In der Tasche befanden sich eine Bibel, einige ausgewählte Publikationen der Wachtturm-Gesellschaft sowie ein Notizbuch und eine Karte meines Wohnviertels. Ich war zwölf Jahre alt. Der Glaubensbruder, den ich an diesem Morgen in den Predigtdienst begleitete, lächelte mich an. Wo ich denn bloß wieder mit den Gedanken sei. Die nächste Tür sei meine. Ach, scheiße, dachte ich. Ich sagte:

«O. k.»

———

Samstage waren gebrauchte Tage. Während du bloß genervt warst, weil mein Klingeln dich beim Rasenmähen störte, deine Zeitungslektüre unterbrach, deinen Kaffee kalt werden ließ; während du bloß seufztest, weil da schon wieder jemand über Gott reden wollte; während ich bloß eine lästige Randnotiz deines sonnigen Samstagvormittags war, hatte ich Angst. Angst vor dir. Angst, dass du die Tür öffnest. Angst, dass du sie nicht gleich wieder schließt. Dass du nicht meine auswendig gelernte Einleitung unterbrichst. Dass du über Gott reden willst. Angst. Ich wollte nicht an deiner Tür stehen, und vor allem hatte ich kein aufrichtiges Interesse an deiner Rettung. Wenn deine Tür zu blieb, warst du mein Lieblingsmensch, wenn du sie aufmachtest, hasste ich dich.

Samstag ist der Hauptkampftag der Zeugen Jehovas.

Meine Eltern nahmen meinen Bruder und mich von Kindesbeinen an mit in den Predigtdienst. Jeden Samstag. Woche für Woche. Regen oder Sonnenschein. Und manchmal zusätzlich noch an einem Wochentag. Als ich noch klein war, war es halb so schlimm. Ich musste bloß brav hinterherstolpern. Vielleicht war es anfangs sogar spannend, deine Klingel zu betätigen oder ein Traktat in deinen Briefkasten zu stecken. Ich musste ja nichts weiter tun, außer anwesend zu sein. Manchmal war es sogar ein bisschen lustig, wenn du beispielsweise grad aus der Dusche kamst und halbnackt die Tür öffnetest, oder wenn es regnete und du Mitleid hattest und uns auf einen Kaffee in deine Wohnung einludest und in deinem lautlosen Fernseher Zeichentrickserien liefen.

Aber je älter ich wurde, desto mehr erwartete man. Der Welpenschutz war aufgehoben. Mit Anbruch der Teenagerjahre wurde ich dazu ermuntert, im Predigtdienst eine Krawatte zu tragen. Warum, wollte ich wissen. Weil das ein heiliger Dienst ist, sagten meine Eltern. Es reichte nicht mehr, bloß anwesend zu sein. Schließlich bezahlte sich der Eintritt ins Paradies nicht von selbst. Man brachte mir bei, einen *Wachtturm* anzubieten. Einen Bibeltext vorzulesen. Wildfremden Menschen von der paradiesischen Hoffnung zu erzählen. Man gab mir ein Buch, in dem unzählige Gesprächseinleitungsvorschläge standen. Ein Kapitel hieß sogar *«Auf Äußerungen eingehen, durch die ein Gespräch abgebrochen werden soll»*. In dem Kapitel wurde man ermuntert, «Äußerungen, durch die ein Gespräch abgebrochen werden soll, als eine Ausgangsbasis für die Fortsetzung der Unterhaltung zu benutzen. Nachstehend sind Beispiele angeführt, die zeigen, wie erfahrene Verkündiger sich bemühen, diejenigen herauszufinden, die ‹es verdienen›.»[99]

Ich habe mich immer gewundert, dass überhaupt jemand mal die Tür öffnete, geschweige denn hereinbat. Das musste doch niemand. Mit einem simplen «Nein» wäre doch allen gedient gewesen. Vor allem mir. Wenn du mir jemals die Tür vor der Nase zugeschlagen hast – danke!

Natürlich durfte man Angst vor dem Predigen haben. Natürlich durfte man über seine Ängste reden. Zeugen Jehovas sind auch nur Menschen. Niemand erwartete von einem, dass man furchtlos predigt. Man erwartete bloß, dass man es trotzdem tat. Nicht zu predigen, war keine Option. Die Optionen waren: mehr beten, mehr predigen. Der Rest käme von ganz allein, sagte man mir. Kam es aber nicht, obwohl im *Wachtturm* etwas anderes behauptet wird:

Für jemand, der Jehova und seinen Nächsten wirklich liebt, ist die Verkündigung des Königreiches keine lästige Pflicht, sondern ein großes Vorrecht, das er freudig wahrnimmt. – WTG[100]

Die Zahl der Zeugen Jehovas, die wirklich genuin Spaß am Predigen haben, dürfte in Relation etwa dem Anteil von AWD-, OVB- und MLP-Mitarbeitern an der deutschen Gesamtbevölkerung entsprechen. Die Zahl derer, die den Predigtdienst eher so mittel finden, aber trotz allem gegenüber den Glaubensbrüdern und -schwestern behaupten, sie hätten Spaß am Predigen, liegt um einiges höher. Zu Letzteren gehörte ich. Das kann ich mit Sicherheit sagen. Der restliche Absatz ist Spekulation.

Manche Zeugen sagten Dinge wie «Mir liegt unheimlich am Herzen, dass die Menschen vom Königreich hören»[101], als wäre es das Normalste auf der Welt. Zeugen Jehovas reden wirklich so. Ich habe so geredet. Man verliert nach einiger Zeit den Bezug zur Alltagssprache völlig. Irgendwann redet man nur noch in theokratischer Sprache, wirft mit Wachtturm-Gesellschafts-Neologismen nur so um sich und wundert sich dann, wenn man nach 20 Jahren aus dem Verein rauskommt, dass man die

Außenwelt nicht versteht. Und andersherum. Die Wachtturm-Gesellschaft hat über die Jahrzehnte ihre ganz eigene Semiosphäre geschaffen.

Andere gaben immerhin zu, dass es nicht immer einfach sei und auch nicht jedes Mal Spaß mache, aber der heilige Geist unterstütze sie beim Überwinden des inneren Schweinehunds. Und das meinten sie ernst. Nicht zu predigen war keine Option.

Bei einer Ansprache im Jahr 2010 in Puerto Rico soll Anthony Morris III, Mitglied der Leitenden Körperschaft, eingeräumt haben, dass auch er nicht immer Spaß am Predigtdienst habe. «Aber das ist etwas, das wir alle tun müssen», sei sein Fazit gewesen. Nicht zu predigen ist keine Option.

Im selben Jahr veröffentlichte die Leitende Körperschaft im *Wachtturm* Ratschläge, wie man mehr Freude am Predigtdienst entwickeln kann. Die Lösung: Mehr predigen.

> Zeugnis zu geben wirkt sich gut auf uns aus: Unsere Einstellung verbessert sich, und wir haben klarer vor Augen, wie wichtig und nützlich unser Dienst ist. Unsere Begeisterung wächst, weil wir im Dienst mehr erreichen und deshalb auch mehr Freude haben. Und wir sind eifriger, weil wir deutlicher spüren, wie dringlich das Predigtwerk ist. – WTG[102]

Ich empfand die Situation weder als dringlich noch hatte ich Freude daran. Ich habe es gehasst, samstagmorgens mit meiner hässlichen Schultertasche und meiner Clip-On-Krawatte durch die Wohnviertel oder gar in der Fußgängerzone herumlaufen zu müssen. Dabei war der *Straßendienst*, wie wir das Predigen in der Fußgängerzone nannten, eigentlich sogar am entspanntesten; schließlich ließen sich potenzielle Zielpersonen im Gegensatz zu Haustüren leichter «übersehen». Den Straßendienst goutierte ich jedoch so richtig nur in den Wintermonaten, wenn ich eine dicke Jacke trug. Im Sommer war es ätzend. Als ich ein Teenager wurde, erwartete man von mir, dass ich eine Krawatte trug. Im Sommer! Bei 30 Grad! Auffälliger ging es gar nicht! Ich fühlte mich wie der Elefantenmensch auf der Kirmes. Meine schönste Erinnerung an den Predigtdienst sind deshalb auch die Pausen, die wir bei «Schwester Tchibo» einlegten.

Eines Tages stieß ich zu meinem Leidwesen auf ein Mädchen aus meiner Klasse, das ich toll fand. Ich war zwölf oder dreizehn, mitten in der Pubertät und ohnehin mir sehr meines tollpatschigen Selbst bewusst. Ich sah sie von weitem und versuchte meinen Predigtdienstpartner in eine andere Richtung zu drängen. Vergebens. Im letzten Augenblick erspähte sie mich und kam auf mich zu. Dann sah sie, wie ich aussah, und fragte, so grinsend wie verwirrt: «Wie siehst du denn aus?» Sie meinte es nicht böse, da bin ich mir sicher. Trotzdem wäre ich am liebsten im Boden versunken.

———

Je mehr man von mir beim Predigen erwartete, desto mehr hatte ich wiederholt mit Panikattacken zu kämpfen. Ich rede nicht gern mit fremden Menschen. Schon gar nicht wollte ich an deiner Tür klingeln und mit dir über die *Gute Botschaft* sprechen. Ich habe es gehasst. Es fällt mir bis heute schwer, wildfremde Menschen anzusprechen, Ärzte anzurufen und Hotlines, ich hasse es, in Läden nachfragen zu müssen. Lieber gehe ich unverrichteter Dinge wieder hinaus. Ich kann nichts verkaufen, nichts bewerben, kaum etwas tun, von dem ich nicht hundertprozentig überzeugt bin, ohne dass es mich innerlich zerreißt und in einer Kraftprobe ausartet, an der ich oder meine Lebensqualität scheitern. Mein Therapeut sagt, dass möglicherweise ein Zusammenhang besteht.

Der französische Philosoph Jean-Jacques Rousseau sagte einmal: «Die Freiheit des Menschen liegt nicht darin, dass er tun kann, was er will, sondern dass er nicht tun muss, was er nicht will.» Ich versuchte damals, meine Angst so gut es ging zu überspielen, flüchtete mich in Tagträume, in eine meiner multiplen Persönlichkeiten, reiste in Gedanken woandershin. Alles, bloß keine Schwäche zeigen. Schließlich ziemte sich das nicht für den Sohn eines Ältesten. Wer Angst hatte, sollte sein Verhältnis zu Jehova überdenken. Wer Angst hatte, sollte mehr beten. Weder hatte ich das eine, noch half das andere. Ich ging trotzdem. Schließlich gab es einen Berichtszettel auszufüllen.

Die Zeugen Jehovas nutzen auch andere Vertriebswege. Du hast sie vermutlich schon mal in der Fußgängerzone gesehen: Mobile, fahrbare Infostände, «die direkt ins Auge fallen» – so beschreibt sie die Wachtturm-Gesellschaft selbst.[103] Diese neue Methode wurde zunächst als Pilotprojekt in Manhattan gestartet, mittlerweile sieht man sie überall. Häufiger Werbespruch der Infostände: *Was lehrt die Bibel wirklich?* Unter den angebotenen Büchern habe ich schon einige Publikationen der Wachtturm-Gesellschaft gesehen – aber noch nie eine Bibel.

Örtlich darf jeder Verkündiger an diesem neuen Vertriebsweg teilnehmen; um eine Teilnahme an überregionalen Aktionen, auf Amerikanisch «special metropolitan public witnessing» genannt, sollen sich bevorzugt Pioniere und/oder

Älteste und Dienstamtgehilfen bewerben.[104] Ja, richtig gelesen: Man muss sich um das ‹Vorrecht› bewerben, bei Wind und Wetter einen dieser Infostände mit dem großen blauen Kasten, in dem jw.org steht, hüten zu dürfen. Es gibt ein spezielles Formular auszufüllen (S-73), auf dem man unter anderem auch angeben soll, ob man schon mal vor einem Rechtskomitee stand, ob man von den Ältesten schon mal ermahnt wurde und im Zuge dessen Vorrechte verlor oder ob einem schon mal die Gemeinschaft entzogen wurde. Auf der Rückseite, die vom Dienstkomitee der örtlichen Versammlung auszufüllen ist, wird außerdem abgefragt, wie es um die sittliche Reinheit der Bewerber/-innen bestellt ist. Zusätzlich soll der Koordinator der Ältestenschaft, der Sekretär der Versammlung, der Dienstaufseher sowie der Kreisaufseher den oder die Bewerber/-in in Bezug auf Verlässlichkeit, Auftreten, Urteilsvermögen und körperlicher Eignung mit Schulnoten bewerten. Das alles für einen Dienst, den man freiwillig und gern ausführen soll.

———

Warum man *das* als Zeuge Jehovas mitmacht? Warum man die Abweisung an den Türen erträgt und trotzdem Woche für Woche wieder vor ihnen steht? Weil man überzeugt ist, *die Wahrheit* zu haben. In der wahren Religion zu sein. Das hat man mir gesagt. Wenn ich fragte, woran ich das erkennen konnte, bekam ich viele Antworten. Ein Merkmal der wahren Religion, erzählte man mir, sei Widerstand und Widerspruch, gar Verfolgung seitens der Umwelt.

Als Jesus zum ersten Mal seine Apostel aussandte, das Königreich zu verkündigen, wies er sie warnend darauf hin, dass sie mit Verfolgung rechnen müssten. Er sagte zu ihnen: «Ihr werdet um meines Namens willen Gegenstand des Hasses aller Leute sein» (Matthäus 10:5–18, 22). [...] In einigen Ländern werden wir immer noch verfolgt. Jesus wies in der Prophezeiung über den Abschluss des Systems der Dinge warnend darauf hin, was mit seinen wahren Jüngern geschehen würde: «Ihr werdet um meines Namens willen Gegenstand des Hasses aller Nationen sein» (Matthäus 24:9). – WTG[105]

Das, in etwa, lernte ich auch von meinen Eltern. Ich hörte dasselbe von den Freunden meiner Eltern. Und am Wochenende wurde es mir von der Bühne des Königreichssaales noch einmal bestätigt: Widerstand bedeutete, dass wir im Recht waren. Wenn man solch ein Mantra 20 Jahre lang vorgebetet bekommt, glaubt man es. Das ist ja auch bequem. Es gab keinerlei Veranlassung, den eigenen Standpunkt zu überdenken, weil die bloße Existenz von Widerspruch und anderen Meinungen Legitimation genug war. Jede Tür, die uns im Predigtdienst vor der Nase zugeschlagen wurde, jeder wissenschaftliche Beweis, dass das Lehrgebäude der Zeugen Jehovas wankte, jeder negative Zeitungsbericht, jede Talkshow, in der ein abtrünniger Dissident auftrat, wurde so zu einer vertrauensbildenden Maßnahme: Wir hatten die Wahrheit. Eine Art selbsterfüllender Prophezeiung.

Den gleichen Automatismus beobachte ich bei vielen Urhebern, Verfechtern und Anhängern von Verschwörungstheorien. Egal, welche Weltformel man gefunden zu haben meint, Widerspruch wird unreflektiert als Bestätigung des eigenen

Standpunktes fehlgedeutet. In einem Beitrag für die *Gesellschaft zur wissenschaftlichen Untersuchung von Parawissenschaften* definieren Inge Hüsgen und Bernd Harder Verschwörungstheorien folgendermaßen:

Verschwörungstheorien enthalten teils reale Elemente, verquicken diese jedoch mit Erfundenem und bloßen Mutmaßungen zu einer «Parallelwirklichkeit». Im Gegensatz zur rationalen Ursachenforschung zeichnen sich Verschwörungstheorien durch ihre Immunisierung aus. Äußert eine Person Zweifel oder führt sie Gegenargumente an, wird sie mit dem Vorwurf konfrontiert, selbst zu den Verschwörern zu gehören. Damit wird die Verschwörungstheorie der wissenschaftlichen Überprüfung entzogen. Die vorgebrachten Argumente für die Verschwörung halten jedoch keiner kritischen Untersuchung stand.

Die Gemeinsamkeiten im Umgang mit Kritik zwischen Zeugen Jehovas und Verschwörungstheoretikern sind kein Wunder, ist schließlich der Glaube, der Teufel stecke hinter allem Bösen auf der Welt und nur Eingeweihte, Erleuchtete könnten in der großen Endschlacht gerettet werden, nichts weniger als die älteste Verschwörungstheorie der Welt:

Selbst heute wirken vom Teufel beherrschte dämonische Wesen hinter den Kulissen und dirigieren Regierungen sowie Menschen im Allgemeinen, sodass es in ungeheurem Ausmaß zu Völkermord, Terrorismus und Mordtaten kommt. – WTG[106]

Ersetzt man das Wort Teufel durch verschwörungstheoretische Kampfbegriffe wie «Juden», «US-Fed» oder «Illuminaten», hat man eine klassische Verschwörungstheorie.

Für Zweifel ist in der Organisation des Wachtturms kein Platz, heute nicht und damals erst recht nicht. Zweifel waren dumme Gedanken. Um nicht auf dumme Gedanken zu kommen, wurden wir beschäftigt. Das Leben eines Zeugen Jehovas war eine riesengroße Beschäftigungstherapie. Samstags war dafür der Hauptkampftag.

———

Der ältere, verständnisvolle Glaubensbruder, mit dem ich an jenem Morgen unterwegs war – er war schon lange dabei und bei den Jugendlichen in unserer Versammlung beliebt – reichte mir einen Traubenzuckerbonbon. Er versuchte, mich aufzumuntern.

«Stell dir einfach vor», sagte er, «wir sind auf Hausbesichtigung. Wir schauen uns die Häuser alle schon mal an. Damit wir nach Harmagedon, wenn Jehova alle bösen Menschen vernichtet hat, wissen, welches das schönste ist. Und wenn jemand dir die Tür vor der Nase zuschlägt, lächelst du und denkst dir: Dein Haus wird mal mir gehören. Und dann legst du in Gedanken dein Liederbuch auf seine Türschwelle.»

Wenn dir das Leben eine Zitrone gibt.

Sonntag

Das sonntägliche, öffentliche Studium der Zeitschrift *Wachtturm* im örtlichen Königreichssaal war zu meiner Zeit eine der eigenartigeren Zusammenkünfte der Zeugen Jehovas. In Vorbereitung las man zu Hause im Familienstudium den aktuellen Studienartikel Absatz für Absatz und strich die Stellen an, die die jeweilige Frage beantworteten. Am Sonntag las ein Glaubensbruder dann auf der Bühne des Königreichssaales den aktuellen Studienartikel Absatz für Absatz vor. Nach jedem Absatz stellte der Studienleiter die vorgegebene Frage ans Publikum. Und ein Zuhörer zitierte mehr oder weniger Wort für Wort die entsprechende Stelle im Absatz, die keine 30 Sekunden zuvor grad erst vorgelesen worden war. Ein theokratischer Idiotentest.

In jedem Absatz wurde dann noch mindestens eine erwähnte Bibelstelle abgefragt, bevor sich der ganze Zirkus im nächsten Absatz wiederholte, bis man alle 20 bis 25 Absätze durchgekaut hatte. Am Schluss wurden die wichtigsten Lektionen noch einmal zusammengefasst wiederholt. Dann durften wir nach Hause.

Das machten wir jeden Sonntag.

Der wenigste Spaß, den man mit mehreren Menschen haben konnte.

———

Das *Wachtturm*-Studium war ein fester Teil unseres Familienlebens. Zum einen, weil wir jeden Sonntag in den Königreichssaal gingen. Zum anderen, weil wir uns selbstverständlich als

Familie auf das *Wachtturm*-Studium vorbereiteten. Bis in meine späte Jugend nahm ich so jeden Studienartikel mindestens zwei Mal durch. «Mindestens» deshalb, weil selbstverständlich erwartet wurde, dass man die komplette *Wachtturm*-Ausgabe bei Erscheinen bereits einmal durchgelesen hatte. Ich kann mich nicht erinnern, dass ich das je gemacht hätte.

Wenn Familienstudienabend war, setzten wir uns ins Wohnzimmer. Mein Vater sprach ein Gebet (Frauen durften in Anwesenheit eines getauften Mannes nicht öffentlich beten, weil sonst das Universum hart explodiert wäre), dann ging der oben beschriebene Wahnsinn im kleinen Rahmen los. Sobald mein Bruder und ich das Lesen gelernt hatten, durfte jedes Familienmitglied reihum einen Absatz vortragen. Mein Vater stellte die Frage, einer von uns antwortete. Anfangs genügte es meinen Eltern, wenn wir einfach die richtige Stelle Wort für Wort vorlasen. Je älter wir wurden, desto mehr wurde von uns jedoch erwartet, dass wir die Lösung in eigenen Worten wiedergaben. Was nichts anderes hieß, als dass man mit der Zeit wohl oder übel zum menschlichen Thesaurus wurde; man ersetzte hier ein Wort, ließ da eins aus oder würfelte kreativ den Satzbau durcheinander, gerne bis zur völligen Sinnentstellung. Im Anschluss dann strich man die entsprechende Stelle an. Fertig war die Laube.

Als ich noch klein war, strich ich einfach irgendetwas an. Meistens spickte ich bei meinen Eltern. Oder ich unterstrich eines der Wörter, das ich am schönsten fand. Hauptsache bunt. Wir waren eine Stabilo-Familie. Mein Vater besaß ein ganzes Arsenal an Stabilo-Produkten, vom Stabilo Boss bis zum Stabilo Point. Mit dem Stabilo Boss strich er die Stellen im Absatz an, gelb für Antwort a), pink für Antwort b). Mit einem schwarzen Stabilo Point notierte er dann noch die Bibeltexte. Unser Max Mustermann und seine Familie vertrauten in der Regel auf Faber-Castell Textliner 48 in Rot und Gelb zum Unterstreichen der Antworten und Rotring Fineliner für die Bibeltexte.

Ich war schon immer sehr faul. In der Schule wie im Alltag. Zum Zimmeraufräumen musste ich genötigt werden. Das Hausaufgabenmachen ließ ich irgendwann gänzlich bleiben. Und von meiner anfänglichen Euphorie, meinen *Wachtturm* bunt anmalen zu dürfen, blieb mit dem Älterwerden nicht mehr viel übrig. Bis ich eines Tages während des *Wachtturm*-Studiums neben Gideon saß.

Ich schaute nach links. Gideon hatte fein säuberlich mit einem Lineal und seinem Fineliner alle Zeilen unterstrichen und einzelne Stichpunkte zu den Bibeltexten an den Rand geschrieben. Ich schaute auf meinen *Wachtturm*. Er war in meiner Tasche durch die hektisch draufgeworfene Bibel zerfleddert worden; überall an den Rändern waren Spuren meiner Fettfinger zu sehen. Und in einem Anflug akuter Indisponiertheit während des Familienstudiums hatte ich relativ lieblos mit einem Bleistift Linien unter die Textstellen gemalt. Nicht nur schienen die Linien direkt dem Lügendetektortest eines Baron Münchhausen entnommen worden zu sein, sie waren auch noch an den falschen Stellen. Ich hatte willkürlich irgendetwas markiert. Der Jesus-Illustration hatte ich eine Sonnenbrille spendiert. Zu meiner Ehrenrettung möchte ich noch anmerken, dass ich immerhin so viel Langeweile besessen hatte, jede einzelne Buchstabenpunze schwarz auszumalen. Meine Zeugen-Jehovas-Laufbahn war schon immer mehr Schein als Sein gewesen. Hämisch grinste Gideon zu mir rüber. Das konnte ich natürlich nicht auf mir sitzen lassen.

In der nächsten Woche hatte ich analog zu meinem Vater alle Antworten mit einem Stabilo Boss markiert – gelb für Antwort a), pink für Antwort b). Außerdem hatte ich jeden Bibeltext Wort für Wort an den Seitenrand geschrieben.

Kleinlaut biss Gideon sich auf die Lippen. Das hatte er nicht erwartet. Ich wusste, der Konter würde nicht lange auf sich warten lassen. Bereits am folgenden Sonntag schlug er zurück. Seine Antworten waren jetzt auch farblich hinterlegt. Zusätzlich hatte er die farbigen Balken mit einem Fineliner umrandet, alle Bibeltexte in den Seitenrand geschrieben und Zitate aus Sekundärliteratur der Wachtturm-Gesellschaft recherchiert. Mein Kampfgeist war geweckt.

Am Montag darauf klaute ich meinem Vater einen blauen Stabilo Boss. Zusätzlich zu den richtigen Antworten unterstrich ich nun in jedem Absatz auch ein paar ergänzende Zeilen farbig, die ich bemerkenswert fand. Und mit *bemerkenswert* meine ich: Das war zwar nicht die Antwort auf die Frage, aber die Leitende Körperschaft hatte es drucken lassen, und die werden sich was dabei gedacht haben. Die herausgeschriebenen Bibeltexte verband ich mittels Pfeilen mit ihrer Quelle im Absatz. Als hätte ein Kaugummi-Automat eine Mindmap entworfen.

Auch die Fragen kennzeichnete ich farbig, um sie besser zuordnen zu können. Ich konnte so gut wie nichts mehr erkennen, zumal ich die Farben so dick aufgetragen hatte, dass sie auf der Rückseite durchschimmerten, sodass mein *Wachtturm* wie ein Monet aussah. Aus seiner blinden Phase.

Aber das war nebensächlich. Es gab eine Schlacht zu gewinnen.

Gideon sagte nichts. Aber innerlich tobte er, das spürte ich. Und ich, ich genoss den Triumph.

Der Wahnsinn ging noch ein paar Monate weiter, bis mit der Zeit alles farblich markiert und unterstrichen war, was einem Buchstaben auch nur annähernd ähnlich sah. Wir hätten auch einfach das Fernseh-Testbild ausdrucken können, den Unterschied hätte niemand bemerkt. Das war kein *Wachtturm*-Studium mehr, das war ein Holi-Festival.

Irgendwann ließ mein Enthusiasmus nach. Unsere Farbenschlacht langweilte mich. Zuerst verschwanden die Pfeile, dann die Notizen, dann die Farben, bis ich irgendwann zum Bleistift zurückkehrte – wenn ich mich überhaupt vorbereitete. Gideon jedoch machte weiter. Gideon hatte gewonnen. Nichts hätte mir egaler sein können.

Im Nachhinein würde ich sagen, dass es eine Korrelation gab zwischen meinem steigenden Desinteresse am *Wachtturm*-Studium und meinen ersten, wachsenden Zweifeln an einem Leben bei den Zeugen Jehovas.

Jeden Tag

Der Wachtturm-Club hatte acht recht simple Regeln:

1) Ihr verliert so viele Worte wie möglich über den Wachtturm-Club.

2) Ihr verliert so viele Worte wie möglich über den Wachtturm-Club.

3) Wenn jemand Stopp ruft, schlappmacht, abklopft, muss er mehr beten und weitermachen.

4) Es predigen jeweils nur zwei auf einmal, wir wollen die Hausbesitzer nicht verschrecken.

5) So viele Bibelstudien mit so vielen Ungläubigen wie möglich.

6) Hemd, Krawatte, Jackett für Männer, Rock für Frauen.

7) Harmagedon kommt, wann immer es kommt.

8) Wer neu ist im Wachtturm-Club, muss predigen.

Die wichtigste Regel war, dass wir predigen sollten. Das Predigen beschränkte sich nicht bloß auf den Haus-zu-Haus-Dienst. Wir wurden von der Leitenden Körperschaft zum sogenannten *informellen Zeugnisgeben* angehalten. Informelles Zeugnisgeben war eine Variante des Predigens, die sicherstellen sollte, dass man auch in seiner Freizeit stets darauf bedacht war, die Gute Botschaft zu verbreiten. Während man sich für den klassischen Predigtdienst mit einer Partnerin oder einem Partner verabredete, eine Krawatte umband (als Mann) oder in den mindestens knielangen Rock schlüpfte (als Frau) und samt Schultertasche voller Wachtturm-Publikationen in Richtung eines designierten Wohngebietes aufbrach, war das sogenannte *informelle Zeugnisgeben* das Improtheater unter den Missionsarten der Zeugen Jehovas:

Sind wir auf informelles Zeugnisgeben vorbereitet, fällt es uns leichter, im Alltag jemand mit der guten Botschaft anzusprechen. Viele Brüder und Schwestern haben immer einige Veröffentlichungen bei sich. Oft haben sie auch einen Bibeltext im Sinn, über den sie bei passender Gelegenheit sprechen möchten. – WTG[107]

Im klassischen Predigtdienst spielte man mit den Zielpersonen auf Augenhöhe. Es klingelte, wir standen vor der Tür und die Hausbewohner konnten entscheiden, ob sie «ja» oder «nein» sagten. Die Rahmenbedingungen waren beiden Seiten bekannt. Das informelle Zeugnisgeben hingegen nutzte die Höflichkeit, die Aufgeschlossenheit, den guten Willen und die Unbedarftheit der Mitmenschen aus. Predigen, ohne dass die Bepredigten es merkten. Aus einem normalen Gespräch heraus. Ist das Wetter nicht schön heute, fragt dich ein Unbekannter an der Supermarktkasse. Du stimmst aus Höflichkeit zu, oder als Vorsichtsmaßnahme, weil man ja nie weiß, wie diese Verrückten reagieren, wenn man sie ignoriert. Zack, fünf Minuten später hältst du eine Einladung in den Königreichssaal in der Hand. Die du an deiner eigenen Haustür nie angenommen hättest. Als Betroffener muss man sich das informelle Zeugnisgeben so vorstellen: Der freundliche Bus, der dich mitnimmt, überfährt dich zum Abschied zärtlich, was du aber erst bemerkst, als du zu Hause bist und dir deine Knochenbrüche auffallen.

———

«Social is our frontpage», lautet die Devise mittlerweile nicht nur der *Huffington Post*, sondern vieler Nachrichten-Outlets. Gemeint ist: Die wenigsten Besucher landen mittels der Startseite, sondern dank einer emotionalen Schlagzeile und durch die Empfehlung eines Bekannten, eines Freundes, eines Arbeitskollegen oder der eigenen Mutter in den sozialen Medien. Aufgeschlossenheit durch Familiarität. Die Wachtturm-Gesellschaft weiß seit Jahren, dass der Haus-zu-Haus-Dienst in vielen Ländern ein Auslaufmodell ist. Das Klingeln an einer Tür garantiert keinen Konvertiten, viele sind von dieser Praxis genervt. Aber kennt eine Person den *Verkündiger der guten Botschaft* persönlich, ist auf der Arbeit mit ihm befreundet, kennt ihn von der Supermarktkasse, weiß von anderen, dass das eine nette Person ist, wird sie für sein informelles Zeugnisgeben aufgeschlossener sein. Zeugen Jehovas sind freundliche Menschen. Weil sie die christliche Nächstenliebe leben möchten. Und weil *Love Bombing*, wie Sektenkritiker «die Methode des Einschmeicheln[s], die v. a. in der Phase der Anwerbung neuer Mitglieder eingesetzt wird» nennen, ein Erfolgsgarant ist.[108]

«In Wirklichkeit», sagt die Professorin für klinische Psychologie in Berkeley, Margaret Thaler Singer, in ihrem Buch *Sekten*, «ist jeder von uns anfällig für Schmeicheleien, Täuschung und Verführung, wenn er traurig oder bedürftig ist. In der Regel sind die Menschen nicht Suchende, sondern die Sekte geht aktiv und aggressiv vor, um Anhänger zu werben.» *Love Bombing* funktioniert am besten beim informellen Zeugnisgeben. «Social is our frontpage» ist auch die Devise bei den Zeugen Jehovas.

Es gab unzählige Situationen, in denen man informell Zeugnis geben konnte: am Arbeitsplatz, in der Schule, im Schwimmbad, im Bus, auf dem Wochenmarkt, im Elektronikfachhandel, an der Wursttheke, auf der Eisbahn, im Urlaub, im Treppenhaus, unter Palmen, über den Wolken. Überall eben. Mein Vater liebte es, informell Zeugnis zu geben. Vor allem im Urlaub verschwand er oft stundenlang, weil er eine Gruppe orthodoxer Juden entdeckt hatte, auf Mormonen getroffen oder mit einem angehenden Pfarrer in ein theologisches Fachgespräch vertieft war. Es hat ihm so viel Spaß gemacht, dass er vermutlich noch nicht mal die Zeit, die er mit dem informellen Geben eines Zeugnisses verbracht hatte, berichtete.

Ich mochte das informelle Zeugnisgeben genauso wenig wie den klassischen Predigtdienst. Wenn es sich vermeiden ließ, vermied ich es. Allerdings hatte das informelle Zeugnisgeben einen großen Vorteil: Niemand konnte nachvollziehen, wie viel Zeit man *wirklich* damit verbracht hatte. Was sich positiv auf den eigenen Predigtdienstberichtszettel auswirkte. Als Zeuge Jehovas hat man am Ende des Monats ein Formular auszufüllen, in das man einträgt, wie viele *Wachttürme* und *Erwachet!* man verteilt hat, und vor allem, wie viele Stunden man im Predigtdienst verbracht hat. Diese Formulare sammelt der Versammlungssekretär ein und schickt sie in die Wachtturm-Zentrale nach Selters, wo die Versammlungsstatistik ausgewertet wird. Und beim nächsten Besuch des Kreisaufsehers erfährt man dann im Rahmen einer öffentlichen Ansprache, ob die Versammlung Lob verdient oder eine liebevolle Rüge. Im schlimmsten Fall wird man sogar zu einem persönlichen Gespräch eingeladen, während dem der Kreisaufseher zu eruieren versucht, wo denn der Schuh bei einem drücke, schließlich lasse die persönliche Statistik stark zu wünschen übrig, die ja wiederum in der weltweiten Statistik ihren Fußabdruck hinterlasse. Der Kreisaufseher besuchte jede Woche eine andere Versammlung der Zeugen Jehovas in seinem Kreis. Er kam allein oder mit seiner Ehefrau, und war er in unserer Versammlung zu Besuch, übernachtete er bei uns oder bei Gideon und seiner Familie.

Bei den Zeugen Jehovas gibt es keine Stechuhr. Der Predigtdienstbericht läuft auf Vertrauensbasis. Alle Zeugen Jehovas, die ich kennengelernt habe, hatten eine eigene Vorstellung davon, wie viel Zeitaufwand man am Ende des Monats berichten durfte. Es gab jene Kameraden, die ihre Stoppuhr genau in dem Moment in Gang setzten, wenn sie an der ersten Tür klingelten und umgehend auf ‹Stopp› klickten, sobald die letzte Tür ins Schloss gefallen war. Andere merkten sich die ungefähre Uhrzeit, wann sie aus dem Auto ausgestiegen waren. Oder man hatte wie ich das Glück, in einer fremdsprachigen Versammlung tätig zu sein, die für mehrere Städte zuständig war.

––––

In unserer Stadt gab es eigentlich keine Ausrede, kein Zeuge Jehovas zu sein. Zumindest, was die Nachwehen der babylonischen Sprachverwirrung betraf. Es gab fünf oder sechs deutschsprachige Versammlungen, eine spanisch-portugiesische Versammlung, eine jugoslawische, eine russische sowie eine chinesische und eine tamilische Gruppe.

In unserer englischsprachigen Versammlung gab es überwiegend deutsche Glaubensgeschwister, die sich im englischsprachigen Gebiet engagierten, weil sie das Predigtwerk dort unterstützen wollten, wo Hilfe dringend benötigt wurde, wie man es damals nannte. Der Rest setzte sich aus Briten, Amerikanern und Englisch sprechenden Menschen aus aller Herren Länder zusammen. Unsere Versammlung war zudem für alle Sprachen zuständig, die nicht durch eine eigene Versammlung oder Gruppe abgedeckt wurden. Im Predigtdienst besuchten wir deshalb oft die Asylantenheime, wie die Asylbewerberheime bei uns umgangssprachlich hießen. Hauptsächlich versuchten wir Menschen vom afrikanischen Kontinent sowie aus

Asien zu finden, die der englischen Sprache mächtig waren: Nigeria, Ghana, Somalia, Eritrea, Äthiopien, Kenia und Indien, Sri Lanka, Bangladesh, Pakistan, Nepal, Thailand, die Philippinen. Für den Fall der Fälle hatten wir Publikationen in so gut wie jeder möglichen Sprache dabei.

> Die Sekte wirbt vermehrt um Entwurzelte und Randständige der deutschen Gesellschaft. In Asylbewerberheimen wird der Wachtturm, das Zentralorgan der Zeugen Jehovas, in der Muttersprache der Ankömmlinge durch den Zaun geschoben. In Aussiedlerunterkünften werden Insassen auf den Zimmern umworben.[109]
> Ständig kommen katholische Gruppen oder Leute von Jehovas Zeugen vorbei und versuchen, uns zu bekehren. Die Zeugen sind besonders aggressiv und anstrengend.[110]

Rassismus habe ich bei den Zeugen Jehovas kaum erlebt. Ich habe meine Versammlung sowie die meisten ehemaligen Glaubensgeschwister als sehr weltoffene Gemeinschaft erlebt. Natürlich gab es immer wieder mal Personen, die negativ auffielen. Aber Spinner gibt es nun mal überall. Was ich bei den Zeugen Jehovas jedoch erlebt habe, war unfreiwilliger Kolonialismus in Reinkultur. Es ist der Glaube eines weißen Mannes, der durch Missionare auf der ganzen Welt verbreitet wird. So sehr man im Predigtdienst dazu angehalten wurde, die Kultur und die Ansichten der Zielpersonen zu respektieren und eine gemeinsame Grundlage zu suchen, so unmissverständlich war das Ziel nun mal: die Person zu einem Bibelstudium und im Anschluss zur Taufe als Zeuge Jehovas zu bewegen. So war meine Mutter beispielsweise daran beteiligt, die Lehre der Zeugen

Jehovas unter der indigenen Bevölkerung Paraguays zu verbreiten. Und wir bekamen konkrete Anleitungen an die Hand, wie wir z.B. Muslime bekehren konnten.

Der Kolonialismus beschränkt sich aber nicht auf fremde Gestade. So gibt es Berichte aus Pittsburgh, USA, bei denen Mitglieder der Zeugen Jehovas gläubige Hindus außerhalb und innerhalb ihrer Tempel mit dem Verteilen von Traktaten und unangekündigten Besuchen wiederholt «belästigt» hätten. Sie hätten den Besuchern der Tempel auf dem Weg zu ihren Autos aufgelauert. Grund für das verstärkte Engagement in dieser Gemeinde: Hindus seien aus Sicht der Zeugen Jehovas «leichtgläubiger», wird Harilal Patel, ein Vertreter der örtlichen Ökumene, zitiert.[III]

Auch wir versuchten, so viele Asylbewerber wie möglich zu erreichen. Da gab es dann schon mal böse Anrufe von den Ältesten unserer Versammlung bei den Ältesten in der deutschen Versammlung, weil deutschsprachige Zeugen Jehovas in unseren Jagdgebieten «gewildert» hatten. Auch bei uns gab es die Vorstellung, Asylanten seien leichtgläubiger – und somit einfachere Ziele. Es war nicht böse gemeint. Wir wollten sie ja retten.

———

Unser Hauptaugenmerk lag jedoch auf den britischen Soldatensiedlungen. Unser Predigtdienstgebiet umfasste knapp 3000 Quadratkilometer. Da war man dann je nach designiertem Wohngebiet schon mal eine Dreiviertelstunde im Auto unterwegs, bevor man an der ersten Tür klingelte. Selbstverständlich wurde diese Zeit mitgerechnet. War ja eine Dienstfahrt. So konnte man an einem Samstag gerne mal mit einer Netto-Stunde Predigtdienst auf drei Stunden kommen. Was sich natürlich wunderbar auf dem Berichtszettel machte.

Man wurde mit der Zeit Experte darin, berichtbare Predigtdienstzeit zu schinden. Im Winter ging man zwischendurch in ein Café und rechnete die Pause nicht ganz so minutengenau ab. Wenn man nach einer halbstündigen Fahrt im Wohngebiet angekommen war, blieb man noch kurz im Auto sitzen; schließlich war es unhöflich, das Gespräch einfach abzubrechen. Währenddessen tickte die Uhr zu meinen Gunsten. Und zwischen den Türen fiel einem eine Frage zu einem Bibeltext ein, die nach jüdischem Vorbild genau jetzt durchphilosophiert werden musste. Und wieder hatte man eine Viertelstunde tatenlos rumbekommen. Alles, natürlich, im Wissen, dass Jehova zuschaute. Man hatte durchaus ein schlechtes Gewissen, aber es war ja keine Sünde, die ein Rechtskomitee erforderte, insofern tat man niemandem weh. Für viele Zeugen Jehovas waren diese Tricks ein offenes Geheimnis, war mein Eindruck. Die meisten wandten sie an. Wir waren alle im selben Boot. Es gab Stunden abzurechnen. Man sprach nur nicht darüber. Niemand sagte etwas, solange es nicht zu sehr auffiel. Und die Leitende Körperschaft konnte sich am Ende des Jahres über eine wunderbar geschönte Statistik freuen. Win-win-Situation.

Am besten klappte das Frisieren des Berichtes beim informellen Zeugnisgeben. Schließlich gab es in der Regel keinen Predigtdienstpartner, dem man Rechenschaft schuldig blieb. Nur Gott war mein Zeuge. Und der petzte selten.

———

In Vorträgen in den Zusammenkünften und auf großen Kongressen wurden wir Jugendliche immer wieder dazu ermuntert, unsere Schulkameraden als unser ganz eigenes Predigtdienstgebiet zu betrachten. Ich war dieser Betrachtung äußerst abgeneigt. Es war schwer genug, Schlägereien, Neckereien und generell Mobbing aus dem Weg zu gehen, ohne dass man sich durch eine ausgedehnte informelle Predigtdiensttätigkeit zur exponierten Zielscheibe für gesteigerte Gehässigkeiten machte.

Gott sei Dank lässt die Leitende Körperschaft zeugungsunwillige Zeugenjugendliche nicht allein mit ihrem Widerstreben. Sie widmet dem informellen Zeugnisgeben für Jugendliche ein ganzes Kapitel in ihrem sogenannten Jugendbuch. Es gibt sogar einen Kasten mit möglichen Gesprächseinstiegen, der sich wie eine Top-5-Liste liest, wie man am schnellsten verprügelt wird – die Leitende Körperschaft war offensichtlich noch nie auf einem Schulhof gewesen:

Wie du starten kannst

- «Was hast du für den Sommer geplant?» [Nach der Antwort könntest du erzählen, dass du einen Kongress besuchst oder mehr Zeit fürs Predigen einsetzen möchtest.]
- Erwähne eine aktuelle Meldung aus den Nachrichten und frage: «Hast du das schon gehört? Wie denkst du darüber?»
- «Denkst du, auf dem Arbeitsmarkt [oder erwähne etwas anderes] wird es irgendwann mal wieder besser? [Höre zu.] Warum denkst du so?»
- «Glaubst du noch an Gott?»

– «Hast du eine Vorstellung, wie dein Leben in fünf Jahren aussehen wird?» [Nach der Antwort könntest du über deine Ziele im Dienst für Gott sprechen.] – WTG[112]

Super Idee. Im selben Kapitel stellt eine mysteriöse «Alana (18)» fest: «Wenn du deine Angst überwindest und über deinen Glauben sprichst, ist das ein Erfolgserlebnis. Immerhin bist du das Risiko eingegangen, eine Bauchlandung zu machen. Geht es gut, umso besser! Dann wirst du stolz darauf sein, dass du den Mut hattest, zu deiner Überzeugung zu stehen.» Zur eigenen Überzeugung zu stehen, bezeichnet die Wachtturm-Gesellschaft martialisch als «‹bereit zu einer Verteidigung› deines Glaubens» sein.[113] Was hat die Wachtturm-Gesellschaft eigentlich immer mit dieser Kriegsrhetorik? Ich persönlich war keineswegs bereit, mich als pazifistischer Gotteskrieger in diese Schlacht zu stürzen.

Mein informelles Zeugnisgeben tendierte dadurch gegen null. Das war nicht gut. Schließlich hatte man uns wiederholt eingebläut: Wir Jugendliche hätten das Blut unserer Klassenkameraden an unseren Händen kleben, wenn sie wegen uns in Harmagedon starben, weil wir ihnen nicht informell Zeugnis gegeben hatten. Die Wachtturm-Gesellschaft nimmt jeden, der nicht predigt, in die Pflicht: «Jeder Diener Gottes muss die lebensrettende Botschaft aus Gottes Wort bekannt machen. Unsere Aufgabe ähnelt der eines Wächters, der warnt, sobald Gefahr droht. Wir möchten bestimmt nicht, dass wir für das Blut derjenigen, die in Lebensgefahr sind, zur Rechenschaft gezogen werden (Hes. 33:1–7). Wie wichtig ist es daher für uns, weiterhin beharrlich ‹das Wort zu predigen›!»[114] Das machte

Eindruck. Niemand wollte das Blut von irgendwem an den Händen haben. Wir wollten bestimmt nicht für das Blut unserer Klassenkameraden, die in Lebensgefahr waren, von Gott zur Rechenschaft gezogen werden. Wer Blutschuld auf sich lud, kam vielleicht nicht ins Paradies.

Ich sah einen Ausweg. Ich hatte gelernt, dass wir nicht mit absoluter Bestimmtheit sagen konnten, wer Harmagedon überleben und ins Paradies einziehen würde. Aber gängige Lehrmeinung war auch, dass Jehova bezüglich der Millionen von Menschen Gnade walten lassen würde, die nie die Chance besessen hatten, mit Zeugen Jehovas in Kontakt zu treten, ganz einfach, weil sie gelebt hatten, bevor die Zeugen Jehovas gegründet wurden, oder das Pech hatten, auf einer Südseeinsel zu leben, auf der noch kein Missionarszelt aufgeschlagen worden war. Wenn es nach mir ging, mussten meine Klassenkameraden nie von den Zeugen Jehovas erfahren, sie wären also pauschal gerettet und ich hätte kein Blut an den Händen. Win-Win-Situation.

Das machte mich jedoch auch furchtbar neidisch auf meine Klassenkameraden. Sie durften ohne ein schlechtes Gewissen von jeder nur erdenklichen wundervollen Sünde kosten, ohne Gefahr zu laufen, Jehova böse zu machen. Warum hatte ich nicht das Glück gehabt, in eine Familie geboren zu werden, die nichts von der Wachtturm-Gesellschaft wusste? Das war so gemein: Meine Klassenkameraden konnten tun und lassen, was sie wollten. Das Paradies stand ihnen im Zweifel trotzdem offen. Ich hingegen musste rund um die Uhr an eine Million Sachen denken, die ich falsch machen könnte. Eine Garantie aufs Paradies hatte ich trotzdem nicht.

Wäre ich ein Arschloch gewesen, hätte ich jetzt sagen können: Jetzt gebe ich erst recht informell Zeugnis, damit die sich nicht mehr rausreden können. Ich war aber kein Arschloch. Vielleicht war meine Schüchternheit aber auch einfach größer. Ich tendierte deshalb zum Aussitzen. Allerdings hatte ich eins nicht bedacht: Elternsprechtage. Dass wir eine Familie von Zeugen Jehovas seien, war bei jedem Elternsprechtag spätestens der dritte Satz. Ich würde also nicht drum herumkommen, ein Mindestmaß an informellem Zeugnis zu geben, wollte ich mich nicht der elterlichen Inquisition ausgesetzt sehen, warum ich meine Identität verschweige. Es gab Gott sei Dank nur zwei Gelegenheiten, an denen ich nicht um das informelle Zeugnisgeben herumkam: Wenn ich in eine neue Schule oder, aufgrund der Klassenfahrt meiner Klasse, kurzzeitig in eine andere Klasse kam und ich mich gezwungen sah, mich mindestens einmal als Zeuge Jehovas zu erkennen zu geben.

Ich machte das Beste draus. Ich rechnete durch. Einem Klassenkameraden zu erzählen, dass ich Zeuge Jehovas war, entsprach Pi mal Daumen einer halben Stunde klassischen Predigtdienstes. Die großzügige Aufrundung betrachtete ich als Gefahrenzulage, weil man ja nie wusste, wie diese Verrückten reagieren würden, wenn man im Kreuzzugmodus war. Das bedeutete: 30 Klassenkameraden x 0.5 Std. = 15 Stunden Predigtdienst. Das waren satte fünf Stunden mehr, als ich im Schnitt regulär erwirtschaftete! Das lohnte sich richtig!

Diese 15 Stunden verteilte ich dann auf die Berichtszettel der nächsten drei bis vier Monate. Ich stellte mir vor, der Sekretär unserer Versammlung, der die Datenbank mit allen Berichten führte, habe ein Alarmsystem, das bei Unregelmäßigkeiten ausschlug. Es war deshalb nicht clever, alle 15 Bonusstunden auf einmal zu verbraten; zudem hatte ich so in den nächsten Monaten einen Puffer, falls es mir nicht gelingen würde, genug Zeit im klassischen Predigtdienst zu schinden.

Natürlich erzählte ich nicht jedem Klassenkameraden einzeln, dass ich Zeuge Jehovas war. Ich war ja nicht blöd. Faule Menschen wie ich lernen sehr früh, wie man lästige Arbeiten delegiert. Meistens überließ ich das informelle Zeugnisgeben der Klassenlehrerin, der ich weinerlich erzählte, dass ich mich nicht traute, es allen zu sagen. Was ja auch stimmte. Eigentlich wollte ich nicht, dass irgendjemand wusste, dass ich Zeuge Jehovas war. Ich hatte Angst vor der Reaktion, und ich schämte mich, dass wir kein Weihnachten feierten. Ich kam bloß nicht drum herum. Aber es konnte mir ja auch niemand nachweisen, dass ich es nicht jedem einzeln erzählt hatte. Ich legte die Grenzen der weißen Lüge immer sehr weit aus.

Mein informelles Zeugnisgeben beschränkte sich also auf mein Bekenntnis, Zeuge Jehovas zu sein, und das alljährliche Beantworten von Fragen zu Weihnachten und Geburtstag. Einmal allerdings gab ich tatsächlich echt informell Zeugnis.

In dem Jahr hatte die Wachtturm-Gesellschaft ein neues Buch herausgegeben, das ein pseudowissenschaftlich verpacktes Plädoyer für die biblische Schöpfungsgeschichte war. *Tooth Fairy Science*, klassische Zahnfee-Wissenschaft, also: Die Untersuchung eines Phänomens, ohne vorher bewiesen zu haben, dass es existiert.[115]

Meine Eltern wussten, dass ich ziemlich gut mit meinem Klassenkameraden Thilo befreundet war. Thilo interessierte sich für alles, was wissenschaftlich war. Sie empfahlen mir, ihm doch das Buch zu geben. Ich rechnete durch: ein Buch plus ein unausweichliches Gespräch – das musste doch mindestens zwei bis drei, wenn nicht gar vier Stunden klassischen Predigtdienstes wert sein. Ich willigte ein.

Ich gab Thilo das Buch. Er las es. Und widerlegte anschließend aus dem Handgelenk während einer sehr demütigenden Viertelstunde alle Behauptungen der Wachtturm-Gesellschaft.

Die fünf Stunden schrieb ich mir trotzdem gut.

Der Kreisaufseher

Im Nachhinein kann ich nicht mit Sicherheit sagen, weshalb ich mich als Kind so sehr auf den Besuch des Kreisaufsehers freute. Ich weiß aber, dass ich in den Tagen davor sehr aufgeregt war. Man sagte mir, dass sein Besuch etwas Besonderes sei. Vielleicht war das der Grund. Wir hatten keinen Weihnachtsmann, kein Christkind. Auf das Kommen von irgendwem musste man sich ja freuen.

Wir Kinder wollten unbedingt mit dem Kreisaufseher in den Predigtdienst gehen. Warum, weiß ich nicht mehr. Man sagte mir, dass es ein Vorrecht sei, mit dem Kreisaufseher in den Predigtdienst zu gehen. Vielleicht war das der Grund. Oder weil der Kreisaufseher meistens ein netter älterer Herr war, der lustige Witze kannte. Außerdem war er ein berühmter Zeuge Jehovas, ein Star. Zeugen-Jehovas-Stars waren die einzigen Idole, die wir ohne Risiko anhimmeln durften.[116] Der beste Termin war der Samstagstermin. Den wollte jeder haben, weil dann die ganze Versammlung sah, dass man mit dem Kreisaufseher in den Predigtdienst ging. Darauf konnte man schon stolz sein. Die Nachfrage überstieg das Angebot. Das Universum der Zeugen Jehovas besaß seine ganz eigenen Statussymbole.

Der Kreisaufseher und seine Frau blieben ungefähr eine Woche. In den Zusammenkünften hielt er Ansprachen, lobte oder tadelte die Versammlung, predigte eine ganze Menge und besuchte Glaubensbrüder, die krank waren oder eine Durststrecke hatten und ein wenig barmherziger Ermahnung bedurften. Er sah nach dem Rechten und kontrollierte die Predigtdienst-Statistiken der Versammlungsmitglieder. Jeden Tag bekochte eine andere Familie das Kreisaufseherpaar. Nach den Essen, zu denen auch andere Glaubensbrüder und -schwestern aus den Versammlungen eingeladen waren, um die Gesellschaft des Kreisaufsehers genießen zu können, beobachtete ich mehrfach, wie ihm ein Umschlag zugesteckt wurde. Mein Vater erklärte mir, dass die Wachtturm-Gesellschaft seine Unkosten deckte. Die Brüder und Schwestern in den Versammlungen unterstützten den Kreisaufseher mit freiwilligen Spenden. Das wollte ich auch. Nach einer Zusammenkunft reichte ich dem Kreisaufseher ein Zwei-Mark-Stück. Pro Woche bekam ich fünf Mark Taschengeld. Der Kreisaufseher lachte und gab mir die zwei Mark zurück. Ich solle mir doch bitte was Schönes davon kaufen.

An einem Abend kamen alle Ältesten und der Kreisaufseher zu uns. Seine Frau setzte sich zu meiner Mutter in die Küche. Der Kreisaufseher und die Ältesten zogen sich in unser Wohnzimmer zurück und besprachen sich im Geheimen. Wenn ich die Erwachsenen fragte, worüber sie redeten, wurde mir gesagt, dass es mich nichts anginge. Hin und wieder durfte ich klopfen und fragen, ob jemand noch einen Tee wolle. Danach schloss ich die Tür, presste mein Ohr an das Holz und versuchte zu lauschen.

Manchmal war es langweilig. Manchmal war es spannend. Dann sprachen sie über diesen Bruder oder jene Schwester und dass sie dieses begangen oder jenes getan hatten. Die Ältesten fragten den Kreisaufseher, wie man jetzt verfahren wolle, was mit den Brüdern und Schwestern zu machen sei. Als ich ins Bett ging, mochte ich den Kreisaufseher immer noch, aber ich hatte auch ein kleines bisschen Angst.

Der konnte machen, dass man kein Zeuge Jehovas mehr war. Deshalb tat ich mein Bestes, ein vorbildlicher Zeuge Jehovas zu sein. Der Predigtdienst machte mir keinen Spaß, die Zusammenkünfte fand ich total langweilig, und unter einem persönlichen Verhältnis zu Gott konnte ich mir nicht so recht was vorstellen. Trotzdem machte ich alles, was man von mir erwartete. Das mit den Pandabären im Paradies war einfach zu verlockend.

Im Kartenhaus

Es ist gar nicht so einfach, bei den Zeugen Jehovas bloß Mitläufer zu sein. Ein Mindestmaß an Geschick und Eifer ist erforderlich, nicht ins Fadenkreuz der Ältesten zu geraten; mit protestantischer oder gar katholischer Mittelmäßigkeit hat man ruckzuck einen *Hirtenbesuch* am Hals, so schnell kann man gar nicht gucken. *Hirtenbesuch* ist theokratische Sprache für zwei lächelnde Älteste an deiner Haustür, die dich mit den Worten begrüßen (in etwa): «Wir haben irgendwie das Gefühl, dass du nicht mehr bei der Sache bist/Wir haben gehört, dass du was ausgefressen hast/Dein Name ist bei der letzten Ältestenbesprechung gefallen/Als Bruder X mit dir im Predigtdienst war, ist ihm aufgefallen, dass du eine CD von den Ärzten im Handschuhfach hattest. Deswegen möchten wir heute mal mit dir reden. Du brauchst keine Angst zu haben. Schließlich ist dein Gewissen ja rein, oder?»

Will man keinen Hirtenbesuch riskieren, will man seine Ruhe haben, sollte man mindestens zehn Stunden monatlich im Predigtdienst verbringen und alle Zusammenkünfte besuchen. Auf den großen Jahreskongressen reserviert man mit seinem Liederbuch immer den gleichen Platz. Und beteiligt man sich zudem das eine oder andere Mal an den öffentlichen Abfragerunden, fliegt man ohne Weiteres jahrelang unbehelligt unter dem Radar. Der Mitläufer drängt sich dadurch auch nicht bei der Vergabe von Vorrechten auf. Er will keine. Er will einfach seine Ruhe. Er drängt niemandem seine Überzeugung auf. In seiner Gesellschaft fühlt man sich wohl. Hat man keine großen Ansprüche an seinen Alltag, ans Leben generell, ist es gar nicht so schwer, ein Zeuge Jehovas zu sein.

Privat trank man da schon mal einen über den Durst. Im Schlafzimmer stand die eine oder andere CD oder DVD, auf die man angesprochen würde, stünde sie im Wohnzimmerregal. Und *so richtig* verstand man das mit dem Blut ja jetzt auch nicht. Man redete in der Versammlung bloß nicht über seine Zweifel. Man zweifelt nicht, man nimmt hin. Alles oder nichts. Stellt man einen Baustein in Frage, übt man Verrat am Ganzen. Die Mitgliedschaft, ein Kartenhaus.

———

Der durchschnittliche Zeuge Jehovas jedoch ist nicht bloß ein Mitläufer. Er ist sehr eifrig und sehr gläubig, er setzt sich «geistige Ziele». Geistige Ziele sind alle Ziele, die theokratischer Natur sind. Der durchschnittliche Zeuge Jehovas ist ausgesprochen freundlich, ausreichend humorvoll, angemessen gebildet, ein durchaus angenehmer Zeitgenosse. Vor allem ist er kein Idiot. Natürlich hat er seine Zweifel. Und er bespricht sie im passenden Rahmen mit anderen durchschnittlichen Zeugen Jehovas. Dann wird der Fehler gesucht, bis man ihn bei sich selbst findet und jemand *endlich* die erlösenden Worte spricht, wie: «Am besten, wir vertrauen auf Jehova und den treuen und verständigen Sklaven.» Allen fällt ein Stein vom Herzen. Das Gleichgewicht des Universums ist wiederhergestellt. Als Zeuge Jehovas sagte ich solche Dinge mit einer Selbstverständlichkeit, die ein psychologisches Gutachten nach sich hätten ziehen sollen. Aber es war nun mal selbstverständlich. Schließlich war *all das* größer als ich.

Wer sein Leben einer Ideologie unterstellt, tendiert dazu, sich selbst nicht mehr als Individuum zu sehen, sondern als Beispiel. Was einem widerfährt, wird zum Symbol. Was man sagt, wird zum Signal.[117]

Der durchschnittliche Zeuge Jehovas will einfach nur ins Paradies kommen. Er hat keine Motivation, seinen Glauben, der auf Zirkelschlüssen aufgebaut ist, großartig zu hinterfragen. Er ist heterosexuell und strebt ein Dienstamt an. Der weibliche durchschnittliche Zeuge Jehovas will später unbedingt einen Glaubensbruder mit Dienstamt oder gleich einen Pionier heiraten. Vielleicht ist der durchschnittliche Zeuge Jehovas sogar innerlich schwul oder lesbisch, aber selbstverständlich nie praktizierend homosexuell. Das Gebet und Jehovas heiliger Geist helfen ihm, seine Triebe zu unterdrücken.

Einmal im Jahr nimmt der durchschnittliche Zeuge Jehovas ein paar Wochen Urlaub, um am Hilfspionierdienst teilzunehmen. Statt 10 Stunden müssen am Ende des Monats 50 auf der Uhr stehen. Dafür wird er öffentlich in den Zusammenkünften von der Bühne aus gelobt. Der durchschnittliche Zeuge Jehovas will sich in Gottes Gedächtnis einprägen. Er ist aufrichtig davon überzeugt, dass die Lehre der Zeugen Jehovas die Wahrheit ist. Oder er ist es nicht, aber er sagt es niemandem, weil er vom Gegenteil auch nicht hundertprozentig überzeugt ist. Oder weil er die Alternative nicht kennt, weil er *in der Wahrheit* aufgewachsen ist.

———

Und dann gibt es die Fraktion, mit der man niemals seine Zweifel besprechen sollte. In deren Anwesenheit man niemals man selbst sein sollte. Die auf keinen Fall von den zwei, drei Bierchen, den CDs, den DVDs, einfach gar nichts aus dem eigenen Privatleben wissen sollte. Die Fraktion, die keine Zweifel hat und keine Zweifel duldet. Für die *die Wahrheit* alles ist. Für die jeder einzelne Baustein zählt.

Man findet sie auf jeder Hierarchieebene, in jedem Alter, in jedem Geschlecht. Die Unfehlbaren. Die Ultras. Die «Dolores Umbridges» der Wachtturm-Gesellschaft, wie ich sie gern nenne. Als ich über manche ehemalige Glaubensgeschwister nachdachte, fühlte ich mich an das folgende Zitat der Professorin aus dem Film *Harry Potter und der Orden des Phönix* erinnert:

Ich bedauere, Teuerste, aber Zweifel an meinen Praktiken sind Zweifel am Ministerium und infolgedessen auch am Minister höchstpersönlich. Ich bin eine tolerante Frau, aber es gibt eine Sache, die ich auf keinen Fall dulde, und das ist Illoyalität.

Die Dolores Umbridges sind die Unerträglichsten. Sie sind getreue Abbilder der Leitenden Körperschaft.

———

Eine Dialektik sucht man bei der Wachtturm-Gesellschaft vergebens. Eine These ist eine These. Antithesen gibt es nicht. Und Synthesen werden immer nur von oben nach unten durchgereicht. Ein Beitrag der Basis zu einer methodischen Wahrheitsfindung ist nicht vorgesehen. Wer Visionen hat, soll zum Arzt gehen. Wer Ideen hat, egal, wie konstruktiv sie aussehen mögen, wird ausgegrenzt, womöglich sogar ausgeschlossen. Diese Person ist ein Feind der Wahrheit und wird als abtrünnig gebrandmarkt. Ihre Gedanken bezeichnet die Leitende Körperschaft als «treuloses Gedankengut», die Person selbst als «geistig krank». Menschen wie ich sind aus Sicht der Wachtturm-Gesellschaft «geistig krank».[118]

Ingeborg Bachmann sagte, dass die Wahrheit dem Menschen zumutbar ist. Sie meinte offensichtlich eine andere als die der Zeugen Jehovas. Der durchschnittliche Zeuge Jehovas hat keine Ideen, und er braucht auch keine. Er ist dankbar für die Ideen des «treuen und verständigen Sklaven». Eine *Spiegel*-Autorin beschrieb ein Zeugen-Jehovas-Mädchen einmal sehr treffend und repräsentativ: «Und manchmal, wenn Melanie J. etwas sagt, dann klingt das, als hätte man ihren Kopf aufgeklapp und eine Bibel reingelegt.»[119] Dem ist nichts hinzuzufügen. Ersetze einfach Melanie J. durch Misha Anouk, und du hast einen ziemlich guten Eindruck von mir in meiner Zeugen-Jehovas-Hochphase.

Der Sittich

Wir hatten einen Sittich. Die meiste Zeit saß er in seinem Käfig. Wenn er wach war, sang er. Oder er lief auf seiner Stange herum und aß. Hin und wieder holten wir ihn aus seinem Käfig. Dann setzte er sich oben drauf und stolzierte herum. Das reichte ihm völlig. Man hätte fast meinen können, dass er nicht mehr zum Leben brauchte, als hin und wieder auf seinem Käfig herumzustolzieren. Ganz selten breitete er die Flügel aus und drehte ein paar Runden durchs Zimmer. Danach landete er wieder auf seinem Käfig, das Herz am Pochen, die Aufregung in die Federn geschrieben. Er sang dann noch ein Lied, das Lied vom Fliegen, bevor er sich am Gitter hinab wieder ins Innere des Käfigs hangelte.

Manchmal wurde uns sein Gesang zu viel. Weil wir Hausaufgaben machten oder eine Hörspielkassette hörten. Dann störte es ungemein, dass er auf seiner Stange hin und her lief und ein Ständchen nach dem anderem zum Besten gab. Wir warfen das Tuch über den Käfig. Das Tuch war die Nacht, auch wenn im Zimmer noch Tag war. Wenn das Tuch den Käfig verdunkelte, war es Zeit zu schlafen, das wusste der Sittich. Nacht war, wenn wir es sagten. Nicht einmal stellte er es in Frage.

Bäte man mich, die ersten zwölf, dreizehn, vierzehn Jahre

meines Lebens zu beschreiben, ich würde vom Sittich erzählen. Ich war ein Sittich. Ein völlig durchschnittlicher Zeuge Jehovas.

—

Und so kam es, dass mein Leben nicht nur während der offiziellen Geschäftszeiten von Jehova diktiert wurde, sondern auch danach, in meiner Freizeit. Und wenn ich «danach» sage, meine ich rund um die Uhr. Denn ich lernte: Jehova schaut zu. Immer. Und wenn ich «Jehova» sage, meine ich: die Wachtturm-Gesellschaft.

Oder wie es ein Ältester mal formulierte: «Ein echter Christ hat niemals Feierabend.» Und, das muss ich tatsächlich zugeben, mir hat diese Struktur lange Zeit Halt gegeben. Man wusste, woran man war. Das mochte ich. Bis ich es nicht mehr mochte, weil es mich einengte. Aber dazu kommen wir später.

———

Oben im Königreichssaal, in einem der Besprechungsräume, brennt Licht, das sehe ich vom Auto aus. Sie warten bereits. Aber ich bin zu früh dran. Ich habe noch etwas Zeit, spüre, dass ich diesen Aufschub möchte, dass ich diesen Moment so lang es geht hinauszögern will. Ich mache das Autoradio an, No Doubt füllen mein Auto mit ihrer Coverversion des Talk-Talk-Klassikers «It's my life». Gwen Stefani singt «Funny how I blind myself». Ich muss grinsen. Wenn sie wüsste, denke ich. Ich öffne die Tür und steige aus.

———

Kapitel 4
Jehova schaut zu

Schlechter Einfluss

Am 20. April 1999 erschossen Eric Harris und Dylan Klebold an der Columbine High School 12 Mitschüler und eine Lehrkraft. Nachdem sie 24 weitere Personen teils lebensgefährlich verletzt hatten, brachten sie sich um. Seitens der Medien waren die Verantwortlichen für diesen Amoklauf schnell gefunden: Ohne jeden Zweifel hatten Marilyn Manson und Rammstein mit ihrer wilden Rockmusik Einfluss auf die Täter.

Die Wachtturm-Gesellschaft hat zu wilder Rockmusik Folgendes zu sagen:

> Fördert das Anhören solcher Musik wirklich destruktives Verhalten? In mindestens einem Fall war es offenbar so, nämlich bei einem 14-jährigen Jungen in den Vereinigten Staaten, der zuerst seine Mutter erstach und anschließend Selbstmord beging. In seinem Zimmer hingen überall Poster von Heavy-Metal-Rockmusikern. Sein Vater bat später eindringlich: «Sagt den Eltern, sie sollen darauf achten, was für Musik ihre Kinder hören.» – WTG[120]

———

Beim Elternsprechtag in der siebten Klasse äußerte sich meine Deutschlehrerin besorgt. In einem Aufsatz, dessen Aufgabenstellung es war, eine Kurzgeschichte aus dem Deutschbuch fortzusetzen, hatte ich die Zielsetzung, zwei Seiten zu schreiben, mit knapp zehn Seiten zwar weit übertroffen; Anlass zur Sorge gab allerdings die Tatsache, dass ich die eigentlich doch recht harmlose Geschichte in einem Banküberfall samt Blutbad hatte enden lassen. Ob ich zu Hause unter Umständen Filmen ausgesetzt sei, die für mein Alter ungeeignet waren? Meine Mutter schüttelte den Kopf. Wir seien Zeugen Jehovas. Man habe ein Auge darauf, was im Kinderzimmer landet. Und das waren weder der Terminator noch Conan.

———

Ich bin über weite Strecken meiner Kindheit ohne Fernseher aufgewachsen; erst in meiner frühen Jugend bekamen wir Familienzuwachs in der Gestalt eines TV-Gerätes. Das hatte nichts mit den Lehren der Zeugen Jehovas zu tun und war ausschließlich eine persönliche Entscheidung meiner Eltern. Ich beneidete meine Klassenkameraden, die einen Fernseher hatten. Also alle. Mit großen Ohren hörte ich zu, wenn sie von einem Roboter erzählten, der aus der Zukunft kam und gegen einen Roboter kämpfte, der aus flüssigem Metall bestand. Oder von einem mythischen Krieger, der sich an allen blutig rächte. Es klang wundervoll.

Ohne Fernseher war ich gezwungen zu lesen. Die Bilder in meinem Kopf ersetzten den Fernseher. Ich entwickelte eine ausgeprägte Phantasie. Wenn wir mit der Familie die Bibel studierten, langweilte ich mich in der Regel und flüchtete mich in Tagträume. Doch ab und an erregte ein Bibeltext meine Aufmerksamkeit und löste ein fasziniertes, wohliges Schaudern in mir aus:

Was Amạsa betrifft, er war nicht auf der Hut vor dem Schwert, das in Jọabs Hand war, sodass er ihn damit in den Unterleib schlug, und seine Eingeweide ergossen sich auf die Erde, und er brauchte es ihm nicht noch einmal zu tun. [...] Die ganze Zeit wälzte sich Amạsa im Blut mitten auf der Landstraße.[121]

Meine Schulfreunde hatten vielleicht Conan, den Barbaren. Ich hatte die Bibel. Ich malte mir die Szene in den schillerndsten Farben aus. Ein anderer Bibeltext faszinierte mich noch ein bisschen mehr:

Dann fuhr Ẹhud mit seiner linken Hand hinein und nahm das Schwert von seiner rechten Hüfte und stieß es ihm in den Bauch. Und auch der Griff fuhr nach der Klinge hinein, sodass sich das Fett um die Klinge schloss, denn er zog das Schwert nicht aus seinem Bauch heraus, und die Fäkalien begannen herauszukommen.[122]

Am nächsten Tag setzte ich mich mit meinen Buntstiften an den Küchentisch und zeichnete das Bild, das der Bibeltext in meinem Kopf ausgelöst hatte. Die Zeichnung hing noch viele Jahre in unserer Küche.

———

Neben den Bilderbüchern, und später den Comics und Karl-May-Büchern, die mein Bruder und ich verschlangen, besaßen wir natürlich auch eine Ausgabe von *Mein Buch mit biblischen Geschichten*, ein Buch mit knallgelbem Einband und metallischroter Beschriftung. Die Wachtturm-Gesellschaft hatte das Buch speziell für Kinder entwickelt, um ihnen die Bibel kindgerecht näherzubringen. Wie jede *Bill-Cosby*-Folge hatte auch hier jedes Kapitel eine Lektion. Ich habe das Buch nie ganz gelesen, denn als ich endlich lesen konnte, interessierte ich mich für spannendere Bücher. Aber die Bilder habe ich mir angeschaut. Jedes einzelne.

Zum Beispiel das Bild mit dem flüchtenden Kain und dem in einer Blutlache liegenden Abel. Das Bild in der Geschichte über die Sintflut, auf dem verzweifelte, ertrinkende Menschen zu sehen sind. Das Bild, auf dem Abraham ein Messer über seinen Sohn hält. Das Bild, auf dem eine Stadt mit einem Feuerregen bestraft und eine Frau unter Schmerzen in eine Salzsäule verwandelt wird. Das Bild von Jesus mit schmerzverzerrtem Gesicht, dem das Blut aus den Händen fließt. Das Bild, auf dem Stephanus zu Tode gesteinigt wird. Wenn ich mich in den Zusammenkünften langweilte, schaute ich mir diese Bilder an. Es war das einzige Bilderbuch, das ich in den Königreichssaal mitnehmen durfte.

———

Einmal im Jahr gibt die Wachtturm-Gesellschaft das sogenannte Jahrbuch heraus, in dem die jährlichen Predigtdiensterfolge gefeiert werden. In jeder Ausgabe wird zudem das Werk der Zeugen Jehovas in einem bestimmten Land beleuchtet. Ganz besonders beliebt sind die Reportagen aus Ländern, in denen die Zeugen Jehovas verboten sind. Der mutige Kampf der örtlichen Zeugen angesichts der brutalen Verfolgung wird besonders hervorgehoben. Damit es keine Zweifel geben kann, welche Qual sie in ihrem Kampf für Jehova erlitten haben, und damit der gemeine Zeuge Jehovas in Westeuropa sich zukünftig nicht mehr so anstellt, wenn es darum geht, informell Zeugnis zu geben, geht man in den Berichten bis ins kleinste grausame Detail. Im Jahrbuch von 1999 beispielsweise berichtete die Wachtturm-Gesellschaft aus Malawi. Vergewaltigungen und Verstümmelungen wurden in blumiger Sprache beschrieben. Es gab Geschichten von schwangeren Frauen, die zu Tode geprügelt wurden, und von Menschen, die in Heu eingewickelt, mit Benzin überschüttet und bei lebendigem Leibe angezündet wurden.[123]

Auch aus anderen Ländern gab es ähnliche Berichte. Die Jahrbücher lagen bei uns zu Hause offen herum. In den Zusammenkünften und seitens der Eltern wurde uns Kindern die Lektüre dieser Bücher ans Herz gelegt.

———

Auf YouTube gibt es ein Video. In dem Video ist zu sehen, wie ein dreijähriger Zeugen-Jehovas-Junge eine Passage[124] aus der Bibel vorliest, in der es um Sklaverei, Völkermord und einen dringenden Vergewaltigungsverdacht geht. Am Ende der Bibelpassage wird der Verdächtigte an einem 22 Meter hohen Pfahl aufgeknüpft. Der Dreijährige liest die Bibelstelle ohne mit der Wimper zu zucken vor – öffentlich, in einem Königreichssaal der Zeugen Jehovas. Als er fertig ist, verlässt er unter bebendem Applaus die Bühne.

———

Für Jugendliche hat die Wachtturm-Gesellschaft in zwei Bänden das Buch *Fragen Junger Leute – Praktische Antworten* herausgebracht. Dieser Ratgeber soll Jugendlichen helfen, perfekte

Zeugen Jehovas zu werden. Dank dieser Bücher kann man als junger Mensch lernen, Sex zu vermeiden, nicht schwul zu werden und weshalb es vorteilhaft ist, auf eine akademische Laufbahn zu verzichten.[125] Außerdem wird den Jugendlichen erklärt, was gute und was schlechte Unterhaltung ausmacht, egal, ob Film, Musik oder Computerspiel. In einem Kapitel stellt die Wachtturm-Gesellschaft als Fazit fest:

> Wie Studien immer wieder zeigen, macht brutale Unterhaltung aggressiv. [...] Setzt man sich hohen Dosen erotischer Bilder oder brutaler Gewalt aus, wird «jedes sittliche Gefühl» zerstört. So können unmoralische Wünsche ins Denken eindringen und beeinflussen, was man tut. – WTG[126]

———

Wie sich später herausstellte, waren weder Eric Harris noch Dylan Klebold Fans von Marilyn Manson.

Spaß im Niemandsland

Ältestenbuch – so nannten Zeugen Jehovas das Buch *Gebt acht auf euch selbst und die ganze Herde*, das 2010 unter dem Titel *Hütet die Herde Gottes* neu aufgelegt wurde. Dieses Buch ist *das* Verhaltensregelwerk, an dem sich Älteste bei der Leitung der örtlichen Versammlungen zu orientieren haben. Es enthält Vorschriften der Leitenden Körperschaft, die aus ihrer Interpretation der Bibel abgeleitet werden, und betrifft alle möglichen Bereiche, von der Hochzeitsplanung bis hin zum Umgang mit

Kindesmissbrauch. Bei der Führung der Zeugen Jehovas ist der Inhalt des *Ältestenbuchs* ausschlaggebend, nicht die Bibel. Es ist zugleich das Inquisitionshandbuch und schreibt vor, wann ein Rechtskomitee gebildet werden muss, in dem für gewöhnlich drei oder vier Älteste über den Gemeinschaftsentzug eines angeklagten Zeugen Jehovas entscheiden. Grundlage für diese Entscheidung sind die Regeln im *Ältestenbuch*. Nur männliche Zeugen Jehovas, die ein Dienstamt innehaben, dürfen das Buch lesen. Normalsterblichen Mitgliedern der Organisation ist es verboten, auch nur einen Blick hineinzuwerfen.[127] Das würde ohnehin niemand wagen – obwohl man das Buch schon lange zum illegalen Download im Internet findet.

Auch in der aktualisierten Ausgabe von 2010 zählt das *Ältestenbuch* zahlreiche Missetaten auf, die absolute No-Gos sind und die Bildung eines Rechtskomitees erfordern. Dazu zählen Trunkenheit, Totschlag, den natürlichen sowie den widernatürlichen unsittlichen Gebrauch der Genitalien in unzüchtiger Absicht, Bluttransfusionen, das Begehen von Feiertagen der falschen Religion, extreme Unsauberkeit, Tabakmissbrauch, Umgang mit einem Ausgeschlossenen, mit dem man nicht verwandt ist usw. usf.[128]

Alles andere ist in der Regel die Entscheidung eines jeden Einzelnen. Die Zeugen Jehovas nennen diesen persönlichen Ermessensspielraum das «biblisch geschulte Gewissen». Dieses Gewissen kommt immer dann zum Tragen, wenn es sich beim Sachverhalt um eine Grauzone handelt. Bei den Zeugen Jehovas gibt es unzählige Grauzonen. Die vermutlich größte ist die Frage, wie man seine Freizeit gestalten darf. Die Frage, welche Filme man schauen, welche Musik man hören, welche

Kleidung man tragen und welche Hobbys man haben darf, ist unter Zeugen Jehovas häufig Inhalt endloser Diskussionen.

———

In unserer Versammlung gab es einen Bruder, der sich großer Beliebtheit bei uns Kindern erfreute. Nach den Zusammenkünften scharten wir uns um ihn und beobachteten fasziniert, wie er Bilder zeichnete. Egal, was wir uns wünschten, er zeichnete es uns. Außerdem hatte er die größte Videokassetten-Sammlung, die ich je gesehen habe. Chuck Norris, Michael Dudikoff, Bruce Willis, Arnold Schwarzenegger, Silvester Stallone, Dolph Lundgren, Jean-Claude Van Damme – die Helden der Achtziger und Neunziger hatten einen festen Wohnsitz in seinem Zuhause. Egal, welchen Film wir uns wünschten, er konnte ihn besorgen. Heimlich natürlich. Ohne dass unsere Eltern etwas erfuhren. Das Gleiche galt für Musik. Meine heißgeliebte Kassette, auf der «The final Countdown» von Europe drauf war, meine noch heißer geliebte Doppelkassette mit den *Use your Illusion*-Alben von Guns N' Roses, die hatte ich alle von ihm.

Irgendwann war er nicht mehr in unserer Versammlung. Bei den Eltern und vor allem bei den Ältesten war er nicht ganz so beliebt. Ich weiß bis heute nicht, was eigentlich aus ihm geworden ist.

———

In einer Vertretungsstunde an meiner Schule schob meine Lehrerin einen Fernseher samt Videorecorder in den Klassenraum und zeigte uns den Kassenerfolg des vergangenen Jahres: *Der bewegte Mann.* Als meine Eltern davon erfuhren, beschwerten sie sich erbost bei meiner Klassenlehrerin, dass ihr Sohn homosexueller Propaganda ausgesetzt worden war. Sie waren übrigens nicht die einzigen Eltern, die sich beschwerten. Es waren die Neunziger in der deutschen Provinz.

————

Samstagabende waren Familien-Videoabende. Wir liehen uns einen ganzen Haufen Videokassetten aus der Stadtbibliothek aus. Wir Kinder durften uns einen Film aussuchen, unsere Eltern auch, dann kontrollierten unsere Eltern, ob der von uns ausgewählte Film für christliche Kinder geeignet war, und wenn der Film die Prüfung bestand, nahmen wir ihn mit. Mein Bruder und ich suchten uns meistens irgendetwas Neues aus. Meine Eltern favorisierten die Klassiker. Ich erinnere mich gern an diese Abende; sie weckten mein Interesse am Medium Film und waren das Gemütlichste, was man sich vorstellen konnte: die ganze Familie im Wohnzimmer und im Fernseher die größten Abenteuer der Welt.

Manche Filme schauten wir nicht zu Ende, weil die Protagonisten zu viele schlimme Wörter wie «Scheiße» in den Mund nahmen; manche Filme machten wir aus, weil sie zu gewalttätig waren; und in jedem Film spulten meine Eltern die Sexszenen vor. Für mich war Sex lange Zeit ein Wettgerammel, das nur wenige Sekunden dauern darf.

————

Es gibt keinen offiziellen Index. Die Leitende Körperschaft schreibt – offiziell – niemandem im Detail vor, welche Filme man schauen, welche Musik man hören, welche Kleidung man tragen und welche Hobbys man haben darf.[129] Das muss sie auch nicht, weil der durchschnittliche Zeuge Jehovas entsprechend konditioniert ist. Diese Konditionierung nennt man das «biblisch geschulte Gewissen».

> Altersfreigaben ersetzen nicht das biblisch geschulte Gewissen. Christen bemühen sich, bei allen Entscheidungen – auch wenn es um Unterhaltung geht – den biblischen Rat aus Psalm 97:10 anzuwenden: «Hasst das Böse.» Jemand, der das Böse hasst, lehnt es bestimmt ab, sich von etwas, was Gott verabscheut, unterhalten zu lassen. – WTG[130]

Als Zeuge Jehovas weiß man, was geht und was nicht. Geschult wird das persönliche Gewissen von der Leitenden Körperschaft, die es selten an dann doch recht eindeutigen Zweideutigkeiten mangeln lässt, wie man diesen Beispielen entnehmen kann:

> In der Bibel wird uns nicht ausdrücklich untersagt, Filme oder Sendungen anzusehen, in denen brutale Gewalt oder Unmoral gezeigt wird. Aber brauchen wir dafür wirklich eigens ein Verbot? Wir wissen auch so, wie Jehova darüber denkt, denn in seinem Wort heißt es klipp und klar: «Jeden, der Gewalttat liebt, hasst SEINE [Jehovas] Seele gewiss» (Psalm 11:5). Und: «Gott wird Hurer und Ehebrecher richten» (Hebräer 13:4). Wenn wir uns über diese Worte Gedanken machen, wird uns deutlich bewusst, «was der Wille Jehovas ist». Deshalb kommt es für uns gar nicht in Frage, Filme anzuschauen, in denen plastisch dargestellt wird, was Gott hasst. Und wir wissen: Jehova freut sich, wenn wir uns von dem Morast der Unmoral fern-

halten, den uns die Welt als harmlose Unterhaltung verkaufen will. – WTG[131]

Denk nicht, es würde keine große Rolle spielen, was für Spielfilme oder Fernsehsendungen du dir anschaust. Warum ist das nicht egal? Weil die Wahl der Unterhaltung ein Fenster zu deinem Herzen ist. Man erkennt daran, welche Werte dir wichtig sind (Lukas 6:45). Deine Wahl verrät viel darüber, was für Freunde du dir wünschst und was für eine Sprache oder Moral du tolerierst. Sei also wählerisch! – WTG[132]

Wählerisch sein zu sollen, bedeutet ja auch, dass man eine Wahl hat. Das ist gut. Wer jetzt also als junger Zeuge Jehovas dachte, dass alles gut sei und es reiche, sich auf sein biblisch geschultes Gewissen zu verlassen, nun, der sah sich dann mit dieser Belehrung konfrontiert:

Vor allem müssen wir uns darüber im Klaren sein, dass wir uns nicht immer auf unser Gewissen verlassen können. [...] Wenn wir also bei einer bestimmten Art der Unterhaltung kein schlechtes Gewissen haben, ist das nicht unbedingt eine Garantie dafür, dass wir richtig handeln. Sicher führen kann uns nur ein durch Gottes Wort richtig geschultes Gewissen. – WTG[133]

Der Diplompsychologe Manfred Neumann sagt dazu:

Das Perfide an dieser Vorgehensweise ist, dass [...] nicht direkt gesagt wird, wie er sich verhalten soll ... Das Stichwort «biblisch geschultes Gewissen» ist ein Codewort für die Regeln der Gruppe. Auf diese

Weise vermeidet sie es, das gewünschte Handlungsmuster zu benennen, vielmehr überlässt sie dies dem Einsteiger selber. So bekommt er das Gefühl, selbstverantwortlich zu handeln, und die Gruppe kann im Konfliktfall immer sagen, sie habe ein derartiges Handeln nicht gemeint und nicht gefordert.[134]

Dieses vorgetäuschte selbstverantwortliche Handeln ist nicht immer einfach. Im *Erwachet!* stand einmal etwas über die New-Age-Bewegung. Neben der Behauptung, mit New Age hole man sich Dämonen ins Haus, lieferte die Zeitschrift noch eine Liste der wichtigsten Merkmale, an denen man New-Age-infizierte Dinge erkennen konnte. Und so wurde aus einem Video-Nachmittag mit einer befreundeten Zeugen-Jehovas-Familie kein Video-Nachmittag mit einer befreundeten Zeugen-Jehovas-Familie, weil nach Ansicht meiner Eltern der Disney-Film *Hook* ein New-Age-Propagandastreifen war.[135]

Der Film *Perfect World* löste in unserer Versammlung hitzige Debatten aus. Die einen meinten, man dürfe ihn nicht sehen, weil er die Zeugen Jehovas in einem schlechten Licht darstelle. Ebendrum müsse man ihn sehen, meinten die anderen, um im Predigtdienst entsprechend reagieren zu können.

Natürlich gibt es Bands oder Filme, bei denen keinerlei Zweifel bestehen, dass sie für Zeugen Jehovas nicht geeignet sind. *American Psycho*, *Basic Instinct* sowie die Musiker Ice-T, Madonna und Prince – mittlerweile selbst Zeuge Jehovas – brachten es gar auf eine namentliche Erwähnung in *Erwachet!*.[136] Zuletzt erlebte der Film *Krabat* eine mediale Renaissance, als eine Zeugen-Jehovas-Familie für ihr Kind das Recht einklagen wollte, den Film in der Schule nicht sehen zu müssen.[137]

Generell gilt: Literatur und Filme der Wachtturm-Gesellschaft konnte man bedenkenlos schauen. Bei weltlicher Unterhaltung hingegen musste man ständig abwägen. Ansonsten war natürlich alles Gewissenssache. Das Problem daran ist, dass man als junger Zeuge Jehovas nie so wirklich wusste, woran man war. Das häufige Rumgeeiere, so empfand ich das Verhalten der Leitenden Körperschaft, führte dazu, dass man, wenn man nicht aufpasste, innerhalb seiner Versammlung blitzschnell wahlweise als unerträglicher Eiferer und Spießer oder als *schlechte Gesellschaft* gebrandmarkt war, weil das persönliche Gewissen mit dem der anderen kollidierte. Grauzonen habe ich bei den Zeugen Jehovas immer als sehr relativ erlebt. Es gab ein spürbares globales Gewissen, was den Einzelnen im Streitfall zur kollektiven Verfügungsmasse machte. Dass wir untereinander gemustert und missbilligend beurteilt wurden, diese in manchen Gruppen spürbare Aura des Misstrauens war von der Leitenden Körperschaft gewollt, die solch «ein Stirnrunzeln, ein Wort, eine Geste, ein Tadel» seitens unserer Glaubensgeschwister mit dem Blick verglich, den Jesus nach seinem Schwächeanfall Petrus zuwarf.[138] Das führte häufig zu völlig absurden Diskussionen wie dieser:

«Schaust du auch *Star Trek*?»

«Ich bin mehr so der *Star Wars*-Typ»

«*Star Wars*? Das ist dämonisch. Das dürfen Zeugen Jehovas nicht.»

«Quatsch!»

«Doch, doch. Die können doch zaubern. Dinge bewegen und so. Das ist Magie. Magie ist böse.»

«Das ist keine Magie. Das ist die Macht.»

«Macht, Magie. Ist doch ein und dasselbe.»

«Ist es nicht. Die Macht, das ist so ein Weltraumdings. Wie in den Märchen halt. *Star Wars* ist ein Science-Fiction-Märchen, das darf man nicht so ernst nehmen. Du hast doch als Kind auch *Grimms Märchen* gelesen.»

«Nee, durfte ich nicht. Die sind auch spiritistisch.»

«Quatsch. Meine Eltern haben mir selber ein Buch der Brüder Grimm geschenkt. Mein Vater ist Ältester, der wird mir wohl nichts Dämonisches schenken. Er findet *Star Wars* auch o.k.»

«Hm.»

«Außerdem, bei *Star Trek* und so, da gibt's auch so Monster und Aliens. Könnte auch dämonisch sein.»

«Nee! *Star Trek* ist hochwissenschaftlich. Der Warpantrieb zum Beispiel ist unwahrscheinlich, aber nicht unmöglich. Ganz anders als die Macht. Das habe ich nachgelesen.»

«Wo hast du das bitte nachgelesen?»

«In der P.M.»

«Das ist weltliche Literatur. Das gilt nicht.»

Solche und ähnliche Dialoge gab es ständig – mit erwachsenen Menschen.[139]

Ein bisschen ist das natürlich auch George Lucas' Schuld. Hätten wir damals schon gewusst, dass *die Macht* kleine Wesen namens Midi-Chlorianer waren, die Macht also eine Art Produkt einer chemischen Reaktion war, es wäre mir so manche überflüssige Diskussion erspart geblieben.

———

Aber natürlich reizten wir Zeugen-Jehovas-Jugendlichen den uns gebotenen Spielraum so weit aus wie möglich. Wir lernten, die Grenzen unserer christlich geschulten Gewissen mit jedem Film, jedem Album neu auszuloten. Man entwickelte ein Gespür dafür, mit welchem Ältesten oder Bruder oder Schwester man über diesen Film sprechen oder über jenen Film nicht sprechen durfte. Irgendwann wusste man, in welchen Gruppenkonstellationen man worüber reden konnte; mit wem es besser war, den eifrigen Zeugen Jehovas heraushängen zu lassen und wann man so sein konnte, wie man wirklich wollte.

Maßstab in Sachen Spaß war immer seltener Gottes Wort. Immer öfter war es der Grad der Empörung, den die gewünschte Aktivität bei den Glaubensgeschwistern vermutlich auslösen würde. Man lernte schnell, dass man vom Versammlungsumfeld an seiner Gewissensentscheidung gemessen wurde. Mindestens konnte eine persönliche Entscheidung soziale Konsequenzen zur Folge haben. Im schlimmsten Falle ruinierte man sich als Mann seine theokratischen Karrierechancen, als Frau den Ruf und somit die Aussicht auf einen Ehemann in verlockender hierarchischer Position.[140] Man braucht gar nicht so viel zu verbieten, wenn durch Suggestion und Implikation in den Publikationen, gepaart mit dem persönlichen Gewissen, das jeder Einzelne wie ein Exoskelett um sich herumträgt, gewährleistet ist, dass nur die Wenigsten aus der Reihe tanzen. Versucht man, als Zeugen-Jehovas-Jugendlicher Spaß zu haben, bewegt man sich so ständig in einer Grauzone, im Niemandsland zwischen Jehovas Wohlwollen und einem schlechten Gewissen. Zumal manche Verbote nur via Stille Post weitergegeben werden.

In regelmäßigen Abständen klingelte bei uns das Telefon. Am anderen Ende war dann häufig ein Glaubensbruder oder eine Glaubensschwester mit bahnbrechenden Neuigkeiten. Manchmal hatten wir auch Post im Briefkasten. Hin und wieder war im Umschlag ein Brief von einem Glaubensbruder oder einer Glaubensschwester, der von bahnbrechenden Neuigkeiten berichtete.

Nach dem Gespräch, oder nachdem meine Eltern den Brief gelesen hatten, erzählten sie uns Kindern davon. Manchmal war es eine spannende Erfahrung, die irgendwelche Glaubensgeschwister in irgendeinem Land irgendwo auf der Welt im Predigtdienst gemacht hatten. Hin und wieder war auch meine Tante aus Bethel in der Leitung und verriet, welche neue Publikation im Sommer auf den *Großen Kongressen* veröffentlicht werden sollte, was man natürlich für sich behalten sollte.

Oft jedoch war es etwas ganz Spezielles, das ein Mitglied der Leitenden Körperschaft der Zeugen Jehovas in irgendeinem Vortrag irgendwo gesagt hatte. Und manchmal fiel in Zusammenhang mit dieser Äußerung der Begriff *neues Licht*. Wenn es neues Licht gab, waren wir dankbar.

———

Erinnerst du dich, als ich im Kapitel *Zeugen Jehovas für Einsteiger* im Zusammenhang mit der Abwertung der Gesalbten durch die Leitende Körperschaft von einer altbewährten Wachtturm-Methodik sprach? Die Maßnahme, die Klasse des «treuen und verständigen Sklaven» nur noch auf sich selbst zu beziehen, begründeten die Mitglieder der Leitenden Körperschaft mit *neuem Licht*. Der Begriff *neues Licht* oder *heller werdendes* Licht ist dem Bibeltext in Sprüche 4:18 entlehnt: «Aber der Pfad der Gerechten ist wie das glänzende Licht, das heller und heller wird, bis es voller Tag ist.» Mit diesem Vers begründet die Leitende Körperschaft willkürliche Anpassungen der Lehre.[141] *Neues Licht* ist die Wachtturm-Bezeichnung für eine Methode, die man in der Filmbranche *retcon* nennt, kurz für *retroactive continuity*, zu Deutsch rückwirkende Kontinuität. Rückwirkende Kontinuität ist ein Prozess, bei dem im allgemeinen Verständnis einer Geschichte – oder in unserem Fall: einer biblischen Interpretation – bisher als unumstößliche Fakten geltende Tatsachen über den Haufen geworfen werden, um ein neue Sichtweise unterzubringen oder bislang übersehene Unstimmigkeiten, gar Fehler in der Chronologie oder Binnenlogik auszumerzen. In Filmen oder Serien kann man so neue Charaktere einführen, eine Fortsetzung erklären oder logischen Fallstricken ausweichen. Das erfordert viel Fingerspitzengefühl, ist es doch eine Operation am offenen Herzen eines von vielen Fans geliebten Franchise. Bei den Zeugen Jehovas wird *Retconning* unter anderem eingesetzt, um wie erwähnt die Gruppe der Gesalbten zu konfigurieren oder das immer noch auf sich warten lassende Harmagedon in der Chronologie der eigenen Lehre zu rechtfertigen. Das erfordert wenig Fingerspitzengefühl, weil die Jünger der Leitenden Körperschaft, die Zeugen Jehovas, treue Schafe sind. Das ist übrigens keine Polemik: Die Zeugen Jehovas benehmen sich nicht nur wie eine Schafherde, sie lassen sich auch gern so bezeichnen und folgen dem «treuen und verständigen Sklaven» ohne jeden Widerspruch – weil das in der «geistigen Speise» genau *so* steht:

> Alle in der Versammlung [betrachten] es als heilige Pflicht, sich gewissenhaft an die Anleitung des treuen Sklaven und seiner leitenden Körperschaft zu halten. Für die «anderen Schafe» ist es eine ausgesprochene Ehre, die Sklavenklasse dabei zu unterstützen, sich um die Interessen ihres Herrn zu kümmern (Johannes 10:16). – WTG[142]

In der Schule wurde uns einmal im Rahmen der Verkehrserziehung ein Film gezeigt, der uns ermahnte, an einer roten Fußgängerampel stehen zu bleiben und bloß nicht anderen zu folgen, die bei Rot die Straße querten. Der Film hieß *Einer voraus – alle hinterher»* und zeigte in der Einleitung eine Gruppe Schafe, die einem anderen Schaf über die rote Ampel folgten. Dieser Film fällt mir jedes Mal ein, wenn ich solche Zitate im *Wachtturm* entdecke. Wie sagte schon Albert Einstein so schön: «Um ein tadelloses Mitglied einer Schafherde sein zu können, muss man vor allem ein Schaf sein.»

Man muss da den Hut ziehen: Es ist ein geniales System, das die Wachtturm-Gesellschaft mit der Zeit aufgebaut hat. Jeglicher Zweifel wird im Keim erstickt. Muckt jemand auf und kritisiert die Leitende Körperschaft, wird mit Verweis auf eine Wachtturm-Publikation ermahnt. Warum man der Wachtturm-Publikation glauben soll? Weil in einer anderen Wachtturm-Publikation steht, dass das so ist. Ein *Non-Sequitur*-Fehlschluss, wie er im Buche steht. Es klingt wie Satire, aber es funktioniert tatsächlich genau so. Wenn ich dann Fragen hatte, dauerte es nicht lange, bis mein Vater der Diskussion eine Ende setzte mit den Worten:

«Ours is not to reason why.»

Meine Eltern brachten mir so bei: Unsere Treue gegenüber der Leitenden Körperschaft stand über allem. Dieses Schafherden-Verhalten ist überhaupt erst der Grund, weshalb die Leitende Körperschaft alle Jahre wieder *retconning* mit großem Erfolg betreiben kann. Oder wie sie es nennt: *Neues Licht* veröffentlichen.

———

Nun bin ich ja grundsätzlich der Meinung, dass ein Glaube, eine Religion ein *Open-source*-Projekt sein sollte. Sie sollte aufgeschlossen sein, sich der Kontroverse und der konstruktiven Kritik öffnen, bereit sein für Neues, für Innovationen, für Entwicklungen und Strömungen. Ein Glaube ist etwas Menschengemachtes, deshalb muss es in einer solchen Bewegung fairerweise auch Spielraum für Weiterentwicklung geben. Aus diesem Grund versuche ich in diesem Buch jenseits meiner persönlichen Erlebnisse immer den aktuellen Stand der Dinge und die neuesten Quellen in Bezug auf die Lehren der Wachtturm-Gesellschaft anzuführen. Mein Verständnis von Glaube ist der, dass er Trost und Halt bieten sollte. Fertig. Nicht mehr, nicht weniger. Glaube endet und Religion beginnt, wo der persönliche Glaube den persönlichen Raum verlässt und öffentlich wird. Die Glaubensfreiheit ist ein Grundrecht. Die Religionsfreiheit ist ein Privileg, dessen sich jede Religion regelmäßig als würdig erweisen muss. Eine Religion muss um die Gunst der Gesellschaft buhlen, nicht andersherum. Leidet eine Gesellschaft unter einer Religion, so hat sie ihre Freiheit verwirkt.

Glaube im Allgemeinen und Religion im Speziellen ist aber seit Jahrtausenden ein Machtinstrument. Die Religion an sich hat ihren Ursprung und ihre Aufgabe vergessen oder sogar verleugnet, je nach handelnder Person. Von Entwicklung ist nur selten etwas zu spüren, was auch immer die Gründe sein mögen.

Man sollte also meinen, dass *neues Licht* bei den Zeugen Jehovas etwas Erfreuliches ist. Jedoch führt das neue Licht, die rückwirkende Kontinuität, nur selten zu Fortschritt. In meiner Kindheit und Jugend war neues Licht häufig bloß irgendetwas Neues, das die Leitende Körperschaft zu bemängeln gefunden hatte: irgendeine Musik, irgendeine Mode, irgendeine Frisur. Das war zu meiner Zeit so, das ist noch immer so.

Aktuelles Beispiel: Anthony Morris III, Mitglied der Leitenden Körperschaft, verurteilte kürzlich in einer öffentlichen Ansprache in Rom in einem äußerst homophoben Ton das Tragen von Röhrenjeans als unchristlich. Richtig gelesen: Röhrenjeans. Der Grund: Viele Homosexuelle seien in der Modeindustrie tätig, und diese Menschen fänden es toll, andere Menschen in Röhrenjeans zu sehen. Röhrenjeans seien abstoßend.

Man könnte das einfach als Einzelmeinung eines irren Theologen abtun, die keine offizielle Doktrin darstellt. Und das ist richtig: Nicht jede Äußerung im Rahmen einer Ansprache eines Mitglieds der Leitenden Körperschaft ist automatisch Teil des Bildungskanons. So einfach ist es aber nicht. Die Realität, wie ich sie erlebt habe, sieht häufig anders aus.

Die Leitende Körperschaft müsste in ihren Publikationen überhaupt keine eindeutigen Verbote oder Verhaltensmaßregeln aussprechen. Denn sie hat eine viel mächtigere Waffe: die Mundpropaganda, das Stille-Post-Prinzip, den Flurfunk, den es unter Zeugen Jehovas gibt. Dieser Flurfunk, der der Leitenden Körperschaft oft genug ein Dorn im Auge ist, wird umso häufiger gezielt als Maßnahme eingesetzt. Ich nenne diese Maßnahme gern die *Operation Flächenbrand*, inspiriert von einem Zitat im *Wachtturm* vom 15. August 2012:

> Der Jünger Jakobus verglich die Zunge mit einem Feuer. (Lies Jakobus 3:6–8.) Haben wir unsere Zunge nicht unter Kontrolle, könnten wir in der Versammlung einen «Flächenbrand» auslösen. – WTG

Wenn es dem Zwecke dient, wird ein solcher Flächenbrand von der Leitenden Körperschaft in Kauf genommen. Schließlich kennt die Leitende Körperschaft ihre Schäfchen. Ich möchte das einmal anhand eines Beispiels veranschaulichen:

Irgendwann in den Neunzigern klingelt bei uns zu Hause das Telefon. Ein Glaubensbruder, ebenso wie meine Eltern ehemaliger Missionar, ist am anderen Ende. Er fragt meinen Vater, ob er schon von *diesem einen Vortrag* gehört habe. Mein Vater verneint. Der Glaubensbruder erzählt, dass ein Mitglied der Leitenden Körperschaft in einem Vortrag das neue Album X der Band Y verurteilt habe, weil auf dem Cover, wenn man es schräg hält, in ungünstigem Licht das Gesicht Satans zu sehen sei. Der Redner, immerhin Mitglied der Leitenden Körperschaft und damit Teil des «treuen und verständigen Sklaven», das Sprachrohr Gottes auf Erden, habe vehement darauf hingewiesen, dass wahre Christen keine Musik dieser Band, die dummerweise gerade unglaublich populär ist, besäßen. Mein Vater gibt diese Information zunächst an meine Mutter, dann an uns Kinder weiter. Ich ärgere mich. Schließlich wollte ich mir die neue CD dieser Band kaufen. Das kann ich jetzt knicken.

Ich weiß aber, dass ein anderer Jugendlicher in der Versammlung besagtes Album besitzt. Zwar steht nirgendwo etwas Offizielles, und Musik, das habe ich gelernt, ist in der Regel Gegenstand einer persönlichen Gewissensentscheidung; aber die Leitende Körperschaft hat gesprochen, und ich will nicht der einzige Leidtragende in der Versammlung sein. Also erzähle ich in der nächsten Zusammenkunft von der Ansprache. Mein Kumpel will es mir nicht glauben, muss aber am nächsten Tag die CD wegwerfen, weil meine Eltern nach der Zusammenkunft mit anderen Mitgliedern unserer Versammlung, unter anderem seinen Eltern, über die Ansprache gesprochen haben. Spätestens beim nächsten Kongress ist die persönliche Meinung eines einzelnen Mitglieds eines Gremiums, das bei offiziellen Schriftstücken demokratische Entscheidungen trifft, eine Verhaltensmaßregel, die wir alle nur vom Hörensagen kannten, unter Zeugen Jehovas fester Bestandteil unserer Folklore. Nicht nur das: Diese Meinung eines einzelnen Mitglieds der Leitenden Körperschaft ist jetzt eine Regel.

Die Konsequenzen der *Operation Flächenbrand*: Andere Zeugen Jehovas, die diese Regel nicht befolgen, werden mit Argwohn betrachtet. Womöglich werden sie als schlechte Gesellschaft gebrandmarkt und landen eine Zeit im sozialen Abseits. Jugendliche, die bislang kein schlechtes Gewissen hatten, hören nur noch mit schlechtem Gewissen eine Musik, die aufgrund der Meinung eines einzelnen Menschen jetzt auf der inoffiziell-offiziellen Black-List der Zeugen Jehovas steht.

———

Ich weiß, es klingt verrückt, paranoid, womöglich sogar völlig unglaubwürdig. Aber ich habe solche Automatismen nicht nur einmal während meiner Zeit bei den Zeugen Jehovas erlebt. Ich habe mich auch daran beteiligt. Weil ich Lektionen wie diese gelernt hatte:

> Selbst wenn wir persönlich einen Standpunkt der Sklavenklasse einmal nicht ganz verstehen sollten, ist das für uns also kein Grund, diesen abzulehnen oder gar in Satans Welt zurückzukehren. Vielmehr wird uns unsere Loyalität veranlassen, demütig abzuwarten, bis Jehova die Angelegenheit klärt. – WTG[143]

Man kann davon ausgehen, dass seit dem Vortrag von Anthony Morris III eine Menge Röhrenjeans im Müll gelandet sind.

Der menschliche Makel

Nicht nur die Unterhaltungsindustrie – oder Hosen – werden mit Argwohn betrachtet. Die gleiche Skepsis gilt ebenso Menschen. Das war auch schon zu meiner Zeit so: Es gab *gute* und es gab *schlechte Gesellschaft*. *Schlechte Gesellschaft* waren zum Beispiel weltliche Menschen, also Menschen, die keine Zeugen Jehovas waren.

Meine Eltern brachten mir bei, dass nicht alle weltlichen

Menschen schlechte Menschen waren. Schlechte Gesellschaft zu sein, bedeutete nämlich nicht, dass man ein schlechter Mensch war. Man war bloß kein geeigneter Umgang für ein christliches Kind. Und auch, wenn es eine Menge guter Menschen unter den Weltlichen gab, so waren sie nicht unbedingt gute Gesellschaft. Wir Zeugen-Jehovas-Kinder wurden dazu angespornt, uns ein Zeugen-Jehovas-Umfeld zusammenzustellen.

———

Was im Umkehrschluss jedoch nicht bedeutete, dass jeder Zeuge Jehovas per se gute Gesellschaft war. Auch innerhalb der Versammlung wurde unterschieden. Kinder, die einen Ältesten zum Vater hatten, waren meistens über jeden Zweifel erhaben. Auch Kinder, deren Eltern für ihren Predigtdiensteifer bekannt waren, galten als gute Gesellschaft. Aber auch Kinder, deren Eltern vorbildlich waren, konnten schlechte Gesellschaft sein. Weil sie sich danebenbenahmen. Weil sie selten in die Zusammenkunft kamen. Weil sie dafür bekannt waren, rebellisch zu sein. Weil sie komisch waren.

Einmal war eine Familie bei uns zu Besuch, die einen Sohn hatte. Meine Eltern hatten bereits zuvor angedeutet, dass der Sohn *komisch* sei, ich solle mich in Acht nehmen. Das fand ich spannend. Und so war ich zwar nicht sonderlich überrascht, aber dafür umso entzückter, als ich ihn dabei erwischte, wie er unterm Küchentisch saß und Nivea-Creme aß. Das gefiel mir. Ich empfand schon immer einen faszinierten Ekel angesichts sonderbarer Dinge.

———

Das mit der schlechten Gesellschaft, das stammt aus der Bibel.

Schlechte Gesellschaft verdirbt nützliche Gewohnheiten.[144]

Wenn man als Kind oder Jugendlicher nicht wusste, wie man sich als Zeugen – Jehovas-Kind zu benehmen hatte, konnte man im *Jugendbuch* nachschlagen. Dr. Sommer für Zeugen Jehovas. Es gab zu jeder Fragestellung Erfahrungsberichte von Jugendlichen ohne Nachnamen, die zufälligerweise genau das erlebt hatten, von dem das Buch meinte, es wäre ein Nein-Nein. Die Jugendlichen hatten meist die Erfahrung gemacht, dass sie davon profitierten, wenn *irgendwas mit Jehova*.

In jenem Buch wurde auch das mit der *schlechten Gesellschaft* erklärt. Vor allem wurde erklärt, mit was für Menschen man befreundet sein sollte. So heißt es im Kapitel *«Wie finde ich gute Freunde?»*:

Fakt ist: Wenn man langsam erwachsen wird, braucht man Freunde, die … 1. anziehende Eigenschaften besitzen, 2. hohe Prinzipien haben, 3. einen positiven Einfluss ausüben.

Es gab wie in der *Bravo* auch einen kleinen Psycho-Test:

Ziehe ich mich anders an als sonst, rede ich anders oder mache ich etwas Verbotenes, nur damit ich meinen Freunden gefalle?

– Ja

– Nein

Halte ich mich nur wegen meiner Freunde an Orten auf, wo ich als Christ eigentlich nichts zu suchen habe?

– Ja

– Nein

Tipp: Wenn du die Fragen mit Ja beantwortet hast, dann sprich mit deinen Eltern oder einem anderen erfahrenen Erwachsenen darüber. Als Zeuge Jehovas kannst du natürlich auch einen Ältesten um Tipps bitten, wie du Freunde findest, die dich positiv beeinflussen.

– WTG

Wenn man sich auf diese Spielregeln einließ, war es recht einfach, ein guter Zeuge Jehovas zu sein.

———

1994 lernte ich im Wachtturm-Studium: «Wir sollten uns auch vor vermehrtem Umgang mit Weltmenschen hüten.» Deshalb durfte ich nur an der Fußball-AG an der Schule teilnehmen, aber nicht Mitglied in einem Sportverein werden; auch die Theater-AG der Schule war für mich tabu.[145] Mit manchen Schulkameraden durfte ich mich trotzdem treffen, obwohl sie Weltmenschen und schlechte Gesellschaft waren. Das war ein wenig aus der Not geboren. In unserer Versammlung gab es nicht so viele Kinder. Ein Kind wohnte dreißig Kilometer entfernt in der Nachbarstadt, die anderen waren *schlechte Gesellschaft*. Meine Zeugen-Jehovas-Freunde, die ich vom Kongress oder über meine Eltern kannte, wohnten in ganz Deutschland verstreut. Ich sah sie nicht so oft. Und vielen Kindern aus den anderen Versammlungen in unserer Stadt trauten meine Eltern nicht über den Weg. Den Eindruck hatte ich zumindest, vielleicht irre ich mich auch. Es lag vielleicht auch an mir. Ich lernte nicht so gern neue Menschen kennen, schon als Kind nicht. Ich war eigentlich immer recht zufrieden mit den Menschen, die ich bereits kannte.

In meiner Kindheit und Jugend waren meine besten Freunde alle bei den Zeugen Jehovas. Und sie waren wirklich gute Freunde. Menschen, die ich manchmal vermisse. Menschen, die den Kontakt in dem Moment abbrachen, in dem ich mich gegen ein Leben bei den Zeugen Jehovas entschied. Bis zu dem Zeitpunkt waren es gute, sehr gute Freunde gewesen. Was nach dem Ereignishorizont meines Ausstiegs mit unserer Freundschaft passierte, nun, das lag womöglich weder in meiner noch in ihrer Macht. Sie können vielleicht genauso wenig dafür wie ich.

Obwohl ich mich hin und wieder mit meinem Klassenkameraden treffen durfte, war es mir nicht erlaubt, mit auf Klassenfahrt zu fahren. Weil: Zwei Wochen schlechte Gesellschaft in einem Schullandheim – nein, das ging nicht. Das wäre ja, wie wenn man einen Haufen Kinder zusammensteckt, von denen eins die Masern hat. Da muss nur *eins* die Masern haben und schon haben sie *alle*. Da reicht ein Kind, da ist völlig egal, wie gesund die anderen sind. Nein, das Risiko war zu groß, dass ich mich auf Klassenfahrt mit schlechter Gesellschaft ansteckte. Ich glaube, meine Eltern stellten sich Klassenfahrt als eine Art Spring Break auf der Reeperbahn vor. Misha gone wild – das war ihr Albtraum.

In der Zeit, in der meine Klassenkameraden auf Langeoog oder Spiekeroog oder in den Bergen waren, kam ich in eine andere Klasse. Die Kinder in der anderen Klasse waren immer nett zu mir, das fand ich gut. Doof fand ich das Ganze trotzdem. Ich kam mir vor wie der letzte Idiot. Erst als ich 16 war und eine Ausbildung machte, durfte ich mit der Berufsschule auf Klassenfahrt. Waren ja nur vier Tage in Dresden. Was sollte da schon großartig passieren? Es war wie Spring Break auf der Reeperbahn. Es war großartig. Wenn ich mich recht erinnere, habe ich aus einem Aschenbecher getrunken.

———

Eines Tages wurde in meiner Klasse eine Zeltparty im Garten einer Klassenkameradin organisiert. Es muss in der sechsten Klasse gewesen sein. Natürlich durfte ich nicht mitmachen. Eine ganze Nacht, ich bitte dich! In Zelten! Und MÄDCHEN würden auch da sein! Oh Gott, oh Gott, oh Gott! Stattdessen organisierten meine und andere Zeugen-Jehovas-Eltern eine Konkurrenz-Zeltparty mit Zeugen-Jehovas-Kindern. Wir machten eine Nachtwanderung und hörten in unseren Schlafsäcken heimlich Metallica. Das war auch schön, aber ich war trotzdem traurig, weil ich ein kleines bisschen in ein Mädchen aus meiner Klasse verknallt war.

Ein Jahr später gab es erneut eine Zeltparty. Ich war immer noch oder wieder verknallt, das weiß ich nicht mehr so genau. Diesmal wollte ich dabei sein. Ich fasste mir ein Herz und fragte meine Eltern. Ich hatte mich auf das Gespräch vorbereitet. Ich hatte mir die Worte zurechtgelegt, von denen ich hoffte, dass sie meine Eltern überzeugen würden. So gut es ging, mit einem Kloß im Hals, trug ich mein Plädoyer vor. Meine Eltern hörten mir geduldig zu. Als ich fertig war, teilten sie mir mit, dass sie kurz darüber reden wollten. Mit Tränen in den Augen zog ich mich in mein Zimmer zurück. Nach einer halben Ewigkeit riefen sie mich. Zitternd ging ich in die Küche. Sie sagten mir, dass sie eine Ausnahme machen würden und ich diesmal auf die Zeltparty dürfte. Ich fing umgehend an zu weinen. Ich heulte vor Freude, weil ich eine Nacht mit meinen Klassenkameraden verbringen durfte.

Als mein Bruder auf das Gymnasium kam, gab es keine großen Diskussionen. Er durfte von Anfang an auf Klassenfahrten mit.

Absenz der Unbekümmertheit

Mein Vater war ein leidenschaftlicher Schwimmer. Während meine Mutter, mein Bruder und ich bevorzugt am Strand saßen und uns bräunten, ein Buch lasen oder Beachball spielten, stürzte sich mein Vater in die Wellen. Meistens war der Seegang ruhig. Aber es gab Tage, an denen wehte die rote Fahne. Wenn die rote Fahne wehte, sollte niemand, auch nicht der geübteste Schwimmer, ins Wasser gehen. Mein Vater schwamm trotzdem hinaus, hinaus in die riesigen Wellen. Vielleicht waren sie gar nicht so hoch, wahrscheinlich waren sie nur einen Meter oder zwei. Aber für den kleinen Misha waren es Wellenberge. Mein Vater blieb ewig im Wasser, es fühlte sich ewig an, er stürzte sich in die Wellen, tauchte, schwamm weit hinaus. Und ich, ich hatte Angst. Todesangst. Um meinen Vater. Jedes Mal, wenn er in den Wellen verschwand, befürchtete ich, ihn nie wiederzusehen. Ich saß am Strand, vergaß mein Buch und ließ ihn keine Sekunde aus den Augen. Erst als mein Vater nach einer unerträglich langen Zeit an den Strand zurückkehrte, wich die Anspannung, und meine Angst um ihn verschwand.

Die Erinnerung ist ein tückisches Biest, das sich nur schwer zähmen lässt. Erinnerungsfetzen, die wir als Filme wahrnehmen, sind in Wahrheit interpolierte Sequenzen von Einzelbildern. Das ist dem Sparsamkeitsfimmel unseres Hirns geschuldet. Unsere Erinnerung füllt die Lücken bei Bedarf, erst dann also, wenn die Erinnerung abgerufen wird. Es sind die fehlenden Bilder, die mich interessieren. Und die Dimensionen, die über das Visuelle hinausgehen. Noch mehr als an Bilder erinnere ich mich an Gerüche, Gefühle, Momente, Orte.

Diese Erinnerung vom Strand, sie ist eine eigentlich zusammenhanglose Erinnerung, die nicht viel mit dem Ganzen zu tun hat auf den ersten Blick. Aber als ich mich ihrer erinnerte, erinnerte ich mich an etwas anderes. An ein Gefühl, einen Zustand, der meine Kindheit bestimmte. Die Absenz der Unbekümmertheit.

——

Nach dem Besuch des Jungen, der Nivea-Creme fraß, waren meine Eltern vermutlich froh gewesen, dass mein Bruder und ich nicht so waren. Dabei pflegte auch ich meine Seltsamkeiten. Ticks pflasterten meinen Weg durch die Kindheit. Saß ich irgendwo beschäftigungslos herum, wie beispielsweise während einer Zusammenkunft, klemmte ich meinen Daumen unter meine Finger, wo er dann bis zum Ende der Zusammenkunft blieb. Das mache ich bis heute, unbewusst. Das ist mein sicherer Ort. Eine ganze Zeit lang lief ich wie eine Ballerina auf Abwegen auf Zehenspitzen durch die Gegend, zu Hause, unterwegs, im Königreichssaal. Es war mir selbst gar nicht bewusst, das geschah ganz automatisch. Lief ich, lief ich auf meinen Zehenspitzen. Hör damit auf, sagten meine Eltern. Ich versuchte es. Klappte nicht. Es war uns ein Rätsel. Als würde ich von der Schwerkraft des Mondes angezogen. Ein Ältester aus unserer Versammlung, der sich mit solchen Dingen auskannte, wurde auf einem Versammlungsfest zu Rate gezogen. Vor den Anwesenden sollte ich auf und ab laufen. Ich lief auf Zehenspitzen auf und ab. Der Älteste beruhigte meine Eltern. Vielleicht sei ich angespannt, innerlich unruhig. Das würde sich von selbst geben. Es gab sich mit der Zeit von selbst, bloß, dass ich mich dank verkürzter Kniesehnen bis heute nicht besonders weit vorbeugen kann.

Als Nächstes fing ich an, wild mit den Augen zu zwinkern. Das linke, das rechte, beide zusammen. Nervös, willkürlich, unkontrollierbar. Laut der österreichischen Tageszeitung *Der Standard* sind auch hierfür oft Anspannungen der Auslöser.[146] Es nahm solche Ausmaße an, dass es selbst mir auffiel. Ich begann, mir selbst auf die Nerven zu gehen. Ich versuchte mich zusammenzureißen. Klappte nicht. Ich betete. Klappte nicht. Ich dachte mir: Das gibt sich von selbst. Es gab sich.

Dann begann ich, meinen Mittel- und meinen Ringfinger auf meine Nasenöffnungen zu legen. Dabei blieb es nicht. Zwanghaftes Nasebohren wird nach der Internationalen Klassifikation der Krankheiten und verwandten Gesundheitsprobleme der WHO (ICD-10) unter den sonstigen näher bezeichneten Verhaltens- und emotionalen Störungen geführt. Natürlich eignete ich mir auch diesen Tick im Verlauf meiner Kindheit an. Die Frau eines Ältesten sprach mich nach einer Zusammenkunft auf Letzteres an. Ich muss sieben oder acht Jahre alt gewesen sein. Ich solle doch bitte meine Finger von meiner Nase lassen.

Ich solle mich doch bitte fragen, ob Jesus im Königreichssaal ständig seine Finger in der Nase gehabt hätte. Das Totschlagargument. Was würde Jesus tun? Wozu das überhaupt gut sei, fragte sie. Ich sagte nichts. Es beruhigte mich einfach, dachte ich. Ich fühlte mich sicher, wenn ich das machte.

———

Wenn ich mich mit Gleichaltrigen unterhalte, also Menschen, die Ende der Siebziger, Anfang der Achtziger geboren wurden, dann fällt mir auf, dass viele von ihnen ihre Kindheit als eine schwerelose Zeit beschreiben. Im Allgemeinen stimmt das. Wir mussten nicht so schnell erwachsen werden wie Kinder heutzutage. Wir mussten nicht alle zwei Wochen ein neues Telefon vorzeigen können, um auf dem Schulhof nicht verprügelt zu werden. Unsere Vorstellung eines Schwerverbrechens war ein Matchbox-Auto auf einer Straßenbahnschiene. Und Gluten war noch ein respektiertes Nahrungsmittel und keine Massenvernichtungswaffe. Dafür hatten wir den Kalten Krieg. Aber für einen 81er-Jahrgang wie mich war der sehr abstrakt und machte sich hauptsächlich durch regelmäßige Sirenenübungen bemerkbar. Die Atombombe explodierte nie. Dafür ein Atomkraftwerk in der Ukraine. Gemüse aßen wir danach mit Argwohn, weil es verstrahlt sein konnte. Danach aßen wir Fleisch mit Argwohn, weil es Rinderwahn haben konnte. Dann musste man sich auch noch neue Postleitzahlen merken. Irgendwas war immer.

Nur, dass es uns nicht interessierte. Das war Erwachsenenkram. Surreal. Wir ließen es einfach nicht an uns ran.

———

Eigentlich, so stelle ich es mir vor, ist die Kindheit die Schonfrist des Menschen, bevor er in den Sturm hinausgetrieben wird. Keine Sorgen, keine Verantwortung. Wenn Gleichaltrige von dieser Unbekümmertheit erzählen, dann weiß ich nicht, was sie meinen. Die hatte ich nicht. Ich weiß, dass meine Eltern alles getan haben, meinem Bruder und mir Sicherheit zu geben, ein Refugium zu bieten, in das wir uns zurückziehen konnten. Es ist nicht ihre Schuld. Sie gaben ihr Bestes. Trotzdem, erinnere ich mich an meine Kindheit, erinnere ich mich an diesen Schleier, ich spüre ihn noch heute auf meiner Haut, wenn ich zurückdenke. Ein ständiger Schleier der Sorge, der Angst, der Verantwortung, der sich über alles legte. Der mich erdrückte, der, wenn er sich nicht auf mich senkte, sich mir wie Bodennebel näherte, mich umschloss und nach meinen Beinen griff, bis ich spürte, dass ich kippte. Sorge, jede kleinste Veränderung der geopolitischen Großwetterlage könnte ein Vorbote Harmagedons sein. Angst, nicht genug gepredigt zu haben, um Harmagedon zu überleben, Angst vorm Predigen, Angst vor Jehova, wenn man nicht predigte. Die Verantwortung, mit jeder Sünde könnte man dafür sorgen, dass der Familie etwas passiert; dass der Vater in den Wellen ertrank, weil man selbst einen Fehler gemacht hatte.

Ich weiß nicht, ob es anderen Zeugen-Jehovas-Kindern auch so ging. Vielleicht ließen sie es einfach nicht so sehr an sich ran. Was mich betraf, nun, um das bei der Wachtturm-Gesellschaft so beliebte Stilmittel der Hyperbel zu bemühen: Ich lebte rund um die Uhr in einem theokratischen Bombenkeller und wartete angespannt auf das Pfeifen.

Anders als der Kalte Krieg war ein anderer Krieg umso realer für mich. Weil ich angeblich ein Teil von ihm war, sagte man mir. Die Zeugen Jehovas bezeichnen ihr Predigtwerk intern häufig als Felddienst. Man kann dabei an die Landwirtschaft denken. Oder an die *Field Agents* eines Geheimdienstes. Besonders eifrige Bibellehrer nennt man Pioniere. Als ich einmal einen Kriegsfilm sah, dachte ich belustigt, guck mal, die heißen wie bei uns. Dass es auch andersrum sein könnte, kam mir nicht in den Sinn.

An Motivation fehlte es nicht. In jeder Zusammenkunft, bei jedem Familienbibelstudium, vor jedem Predigtdienstausflug wurden wir daran erinnert, dass unser Auftrag der verdammt beste Dienst war, den irgendein Mensch machen könnte. Es sei eine Ehre, wir sollten dankbar sein, wir sollten uns verdammt noch mal freuen, dass wir mitmachen durften. Wir befanden uns im Krieg. Meine Güte, wir durften uns an der größten Rettungsaktion beteiligen, die die Menschheit je gesehen hatte! Unser Einsatz würde Leben retten! Jeder Einzelne von uns war ein Werkzeug Gottes, um Leben zu retten! Wer wollte da nicht mitmachen?! Jeder zweite Vortrag drehte sich um den Predigtdienst, jeder zweite Vortrag war ein rosaroter Remix von Alec Baldwins Auftritt als Immobilienmakler in *Glengarry Glen Ross* – nur mit einem Paradies statt einem Auto, mit ewigem Leben statt einer Rolex. Und ohne die gefühlt 435 «Fucks» (ein Film, den ich übrigens nicht sehen durfte, entschieden meine Eltern – nachdem sie ihn gesehen hatten).

Es verwunderte kaum angesichts des theokratischen Säbelrasselns, der allgemeinen Mobilmachung, der unverhüllten Kriegsrhetorik der Leitenden Körperschaft, dass wir von Felddienst sprachen, dass unsere Vorzeige-Verkündiger Pioniere hießen wie die Vorhut einer Armee:

Auch wir leben in Kriegszeiten. Gegenwärtig tobt ein Krieg, der mit keinem zu vergleichen ist, der je von den Nationen der Welt geführt wurde. Dagegen verblassen sogar die beiden Weltkriege zur Bedeutungslosigkeit. Und du bist mitten im Geschehen! Es steht viel auf dem Spiel. Der Feind ist gefährlich. In diesem Krieg fallen zwar keine Schüsse und es werden keine Bomben abgeworfen, aber die Kriegführung ist nicht weniger intensiv. [...] Timotheus schrieb: «Kämpfe den vortrefflichen Kampf des Glaubens.» Ja, in diesem Kampf musst du etwas verteidigen – keine Festung, sondern den «Glauben», das heißt die Gesamtheit der christlichen Wahrheit, wie sie in der Bibel geoffenbart worden ist. [...] An erster Stelle steht «das Schwert des Geistes, das ist Gottes Wort» (Epheser 6:17). [...] Eine so scharfe und präzise Waffe, die imstande ist, zu den Gedanken und Beweggründen eines Menschen vorzudringen, muss man zweifellos mit Geschick und Sorgfalt handhaben. [...] Glücklicherweise stehen uns die erfahrensten Kämpfer hilfreich zur Seite. – WTG[147]

Nur, dass ich mich nicht so recht motivieren ließ. Ich wollte doch bloß meine Ruhe. Das war nie mein Krieg. Aber er wurde zu meinem gemacht. Welche Wahl hatte ich denn? Ich wollte *unbedingt* in dieses beschissene Paradies, das mir versprochen worden war, wenn ich predigte. Ohne dieses Paradies ergab alles doch sonst keinen Sinn. Es blieb mir nichts anderes übrig, als ein Gotteskrieger für Jehova zu werden.

Also predigte ich. Jeden Samstag. Später auch regelmäßig jeden Mittwoch. Und als ich getauft war, auch ein paarmal als Hilfspionier. Ich war der Sohn eines Ältesten, der Sohn ehemaliger Missionare. Ich durfte doch nicht die Hoffnungen, die in mich gesetzt wurden, enttäuschen. Als Hilfspionier verpflichtete man sich zu meiner Zeit, sechzig Stunden im Monat zu berichten. Das bedeutete, im Schnitt jeden Tag zwei Stunden zu predigen. Ein Albtraum. Aber es wurde von mir erwartet.

Also predigte ich. Und verteilte *Wachttürme, Erwachet!* und «geistige Speise» in jeder Form, in der sie von der Wachtturm-Gesellschaft veröffentlicht wurde. Ich versuchte Zeitschriftenrouten aufzubauen und Bibelstudien zu beginnen und Interessierte in den Königreichssaal zu locken, ich predigte und predigte und predigte, als gehe es um mein Leben. Ach, wem mache ich was vor. Es ging ja um mein Leben.

Also predigte ich.

———

Während ich den Parkplatz überquere, erinnere ich mich, dass ich morgen eigentlich mit der Inventur des Literaturvorrates unserer Versammlung dran wäre. Das war in den letzten Jahren eines der Vorrechte, die ich innehatte: Ich war Assistent am «Literaturtisch», wie der Tresen hieß, wo die Versammlungsmitglieder die Publikationen bestellen und abholen konnten, die sie privat lesen oder an den Haustüren verteilen wollten. Ich stutze. Muss ich das jetzt trotzdem machen? Schließlich bin ich die nächsten sieben Tage «auf Bewährung». Theoretisch müsste ich also ... Ich schüttle den Gedanken ab. Wie viel «geistige Speise» in unseren Regalen herumlungert, ist grad das kleinste meiner Probleme ...

———

Kapitel 5

Das System Wachtturm, Teil 1

Geistige Speise

Als Kind stellte ich mir die Produktion «geistiger Speise» folgendermaßen vor:

Jehova Gott, der stets seine irdische Organisation beobachtet und auf sie aufpasst, hält die Zeit für reif, neue «geistige Speise» auszuteilen. Durch seinen heiligen Geist, den er aussendet, wird die Leitende Körperschaft als «treuer und verständiger Sklave» zu einer neuen Erkenntnis inspiriert. Die Mitglieder der Leitenden Körperschaft setzen sich zusammen, besprechen diese Erkenntnis, wägen sie ab, prüfen sie anhand der Bibel, bis sie zum Schluss kommen: Ja, das ist eine Erkenntnis, die von Gott dem Allmächtigen selbst kommt. Das ist «geistige Speise zur rechten Zeit», die sie unbedingt Gottes Volk zukommen lassen sollten. Also setzt sich die Leitende Körperschaft hin und schreibt einen Artikel oder einen Vortrag oder gar ein ganzes Buch. Und schon bald werden auch wir, die in demütiger Erwartung der kommenden Dinge harrenden Schafe, mit der «geistigen Speise» beehrt, die der «treue und verständige Sklave» so liebevoll mit uns teilt.

So hat man mir den Vorgang erklärt. Und ich glaube, dass ich nicht der Einzige war, der diese Vorstellung hatte. Ich bin überzeugt, eine große Mehrheit der heute noch aktiven Zeugen Jehovas glaubt fest daran, dass das in etwa der Prozess ist, den ihre *Wachttürme*, *Erwachet!* und sonstigen Bücher durchlaufen, bis sie sie in den Händen halten. Nicht zuletzt, weil die Wachtturm-Gesellschaft diese Vorstellung fördert:

Im Bibelbuch Offenbarung wird gezeigt, dass der treue und verständige Sklave unmittelbar der Aufsicht Jesu Christi untersteht. – WTG[148]

Jesus bezeichnete den treuen Sklaven als verständig, um damit anzudeuten, dass die Betreffenden mit Umsicht, Weitblick und Überlegung handeln würden, weil sie alles, was sie glauben, tun und lehren, auf das unfehlbare Wort Gottes stützen. – WTG[149]

Der treue und verständige Sklave sorgt für geistige «Speise zur rechten Zeit» und hilft dadurch Millionen, die ‹Pfade der Vorzeit› zu finden und mit Gott zu wandeln (Matthäus 24:45–47). – WTG[150]

Mit Aussagen wie diesen bin ich aufgewachsen. Sie prägten nachhaltig meine Vorstellung, wie Gott und sein Wort funktionieren. Man hat es mir so erklärt, und ich habe es geglaubt.

Als Kind fand ich es unheimlich, wie treffsicher der «treue und verständige Sklave» war und vor allem: wie pünktlich. Nach meinem Geschmack kam es viel zu häufig vor, dass ich eine gewisse Neigung verspürte oder eine gewisse Musikrichtung hörte oder ein gewisses Verhalten an den Tag legte, das wenige Zeit später in einem öffentlichen Vortrag oder einem *Wachtturm*-Artikel oder gar einem neuen Buch erwähnt wurde. Das konnte einfach nicht mit rechten Dingen zugehen, dachte ich. Woher wusste die Leitende Körperschaft das? Manchmal, klar, waren es vielleicht meine Eltern, überlegte ich mir, die etwas herausgefunden und der Leitenden Körperschaft einen Brief geschrieben hatten. Aber meistens wusste nur ich etwas davon. Und Jehova! Für mich war das ein untrüglicher Beweis, dass meine Eltern recht hatten: Die Leitende Körperschaft hatte einen ziemlich guten Draht zu Jesus und Jehova. Für mich gab es keinen Zweifel: Wir hatten die Wahrheit, und die Wachtturm-Gesellschaft versorgte uns zur richtigen Zeit mit der «geistigen Speise», die wir so dringend brauchten.

———

Der Dezember 1981 war ein ereignisreicher Monat: Ich wurde geboren, Raymond Franz wurde ausgeschlossen.

Raymond Franz war der Neffe von Frederick William Franz, der von 1978 bis zu seinem Tode 1992 Präsident der Wachtturm-Gesellschaft war. Fred Franz ist eine der schillerndsten Figuren in der Zeugen-Jehovas-Historie, galt er doch dank seiner unvergleichlichen Bibelexegese als das «Orakel» der Wachtturm-Gesellschaft. Man kann ihn ohne Zweifel als einen der größten Bibelnerds aller Zeiten bezeichnen. Seine Artikelserien besitzen bis heute unter Zeugen Jehovas Legendenstatus; für viele der prägendsten Wachtturm-Bücher fungierte er als Ghostwriter. Wie kein Zweiter vermochte er, die Bibel zu lesen und zu deuten. Er nahm aus diesem Bibelbuch eine Jahreszahl, aus jenem eine Veranschaulichung, fand einen passenden Vers in einem anderen, und heureka, eine bahnbrechende Erkenntnis war gewonnen, die nicht nur alle überwältigte, sondern im biblischen Kontext häufig gar eine gewisse Logik besaß. Sein Bibelwissen war unendlich; seiner Ära trauern viele Zeugen Jehovas als dem Goldenen Zeitalter der Wachtturm-Gesellschaft hinterher.

Nicht minder bibelfest, nicht minder schillernd an Persönlichkeit war sein Neffe Raymond Franz. Raymond Victor Franz wurde 1922 in den USA geboren. Er wuchs in einer Familie von Zeugen Jehovas auf. Während seines Lebens klapperte er alle Stationen einer typischen Leitende-Körperschaft-Karriere ab. 1939 ließ er sich taufen, ein Jahr später begann er im Anschluss an seine Ausbildung mit dem Vollzeitpionierdienst. Raymond Franz diente als Sonderpionier, Missionar, Kreis-, Zonen- und Zweigaufseher, bevor er in den Sechzigern in die Weltzentrale der Zeugen Jehovas nach Brooklyn, New York zog. 1971 dann war sein Aufstieg perfekt: Er wurde Mitglied der Leitenden Körperschaft und diente ihr neun Jahre lang. In diesem Zeitraum zeichnete er für zahlreiche Artikel und Bücher der Wachtturm-Gesellschaft verantwortlich. Dann wurde er rausgeworfen und am 30. Dezember 1981 schließlich in Abwesenheit von der Gemeinschaft der Zeugen Jehovas ausgeschlossen.

Sein Vergehen: Gemeinsam mit anderen Schreibern der Wachtturm-Gesellschaft hatte er gravierende Unstimmigkeiten im Bibelverständnis der Leitenden Körperschaft entdeckt, die das komplette Fundament der Wachtturm-Lehre in Frage stellten. Ironischerweise hatte die Leitende Körperschaft ihn überhaupt erst mit diesen Nachforschungen beauftragt. Der offizielle Vorgang für «neues Licht» wird von der Leitenden Körperschaft so dargestellt:

Hält Jehova heute den Zeitpunkt für gekommen, tiefe biblische Wahrheiten genauer zu erklären, die bisher nicht richtig verstanden wurden, dann hilft der heilige Geist verantwortlichen Brüdern in der Weltzentrale, die den «treuen und verständigen Sklaven» repräsentieren, dies zu erkennen (Mat. 24:45; 1. Kor. 2:13). Mit der Frage, ob eine Erklärung revidiert werden muss, befasst sich immer die gesamte Leitende Körperschaft (Apg. 15:6). Dann entscheiden sie gemeinsam darüber, und sofern erforderlich, veröffentlichen sie dies zum Nutzen aller (Mat. 10:27). Stellt sich im Lauf der Zeit heraus, dass noch genauere Erklärungen nötig sind, wird auch damit ganz offen umgegangen. – WTG[151]

So weit die Theorie. Aber anstatt dankbar zu sein, dass jemand aus ihren eigenen (!) Reihen sie einem akkurateren Bibelverständnis nähergebracht hatte – somit dem Anspruch der Zeugen Jehovas gerecht werdend –, verleumdeten die neuzeitlichen Pharisäer der Leitenden Körperschaft Raymond Franz als Verräter und warfen ihm Abtrünnigkeit vor. Er war kein Abtrünniger, im Gegenteil; bis zu seinem Tode blieb er fest von der Bibel überzeugt. Doch war er ob des Festhaltens der Leitenden Körperschaft an diesem offensichtlichen Irrtum alarmiert: ein Irrtum solchen Ausmaßes, dass er zahllose Brüder und Schwestern veranlasst hatte, Hab und Gut zu verkaufen, im Glauben, Harmagedon sei nah. Er versuchte seine Kollegen von einer Überarbeitung der Lehre zu überzeugen. Vergeblich.

Der amerikanische Autor John Steinbeck soll einmal gesagt haben: «Es liegt viel Schönheit in der Wahrheit, auch wenn es eine schreckliche Schönheit ist.» Die anderen Mitglieder der Leitenden Körperschaft wollten diese Wahrheit nicht hören. Vermutlich sahen sie ihre Macht schwinden und bekamen es mit der Angst zu tun. Sie bezichtigten Raymond Franz der

Meuterei und warfen ihn aus der Leitenden Körperschaft. Die Grundlage: Bereits 1980 hatte die Leitende Körperschaft in einem Brief an alle Kreis- und Bezirksaufseher darauf hingewiesen, dass sich jeder der Abtrünnigkeit schuldig mache, der die biblische Interpretation des «treuen und verständigen Sklaven» in Frage stelle – nicht die Bibel selbst, die Interpretation war der strittige Punkt. Später wurde er wegen einer Bagatelle ausgeschlossen.

Ironie der Geschichte: Die Leitende Körperschaft der Zeugen Jehovas hatte ein Verhalten an den Tag gelegt, das sie zwanzig Jahre später in ihrer eigenen Publikation verurteilen würde – freilich bei den anderen Kirchen, nicht in Bezug auf sich selbst. Liest man den Artikel, entdeckt man erstaunliche Parallelen zu der Affäre um Raymond Franz. Kyrillos Lukaris, ein griechisch-orthodoxer Theologe, wurde 1638 wegen seiner Reformbemühungen von Glaubensbrüdern erdrosselt. Das selbstherrliche Verhalten der Kirchenväter hatte ihn beunruhigt.

«Ich kann es nicht mehr ertragen, mit anzuhören, wie die Leute erklären, dass Kommentare menschlicher Überlieferung von gleichem Gewicht seien wie die Heilige Schrift», schrieb er (Matthäus 15:6). [...] Wieder einmal hatten die herrschenden Geistlichen Bemühungen unterdrückt, dem Volk Gottes Wort näherzubringen. Sie brachten mit aller Gewalt eine Stimme zum Schweigen, die auf verschiedene Irrtümer ihrer unbiblischen Glaubensansichten aufmerksam gemacht hatte. Sie gehörten zu den schlimmsten Feinden der Religionsfreiheit und der Wahrheit. Leider tritt eine solche Haltung noch heute in verschiedenen Formen zutage. Dies ist ein ernüchterndes Beispiel dafür, was geschieht, wenn Geistliche Intrigen spinnen, die die Gedankenfreiheit und die freie Meinungsäußerung behindern. – WTG[152]

Schenkt man den Berichten von Beteiligten und Beobachtern über die Geschehnisse rund um Raymond Franz Glauben, bewies die Leitende Körperschaft durch ihr ganz eigenes «Intrigenspinnen» eindrucksvoll, dass sie zu den «schlimmsten Feinden der Religionsfreiheit und der Wahrheit» gehörte. Denn die folgenden Monate erschütterten die Wachtturm-Gesellschaft in ihren Grundfesten. Sie gingen als *Die Große Franz-Krise* in die Geschichte der Zeugen Jehovas ein. Es folgten laut Insidern Ränkespiele und Intrigen, die mehreren Staffeln *Game of Thrones* zur Ehre gereicht hätten:

Langjährige und treue Zeugen Jehovas wurden unter Generalverdacht gestellt. Es herrschte eine Atmosphäre der Bespitzelung, Telefone wurden abgehört, Freunde entzweit. Die Dienstabteilung gründete eine Sondereinheit unter Leitung eines gewissen Harald Jackson, die den Verdachtsmomenten nachging und willkürlich Mitarbeiter der Weltzentrale der Wachtturm-Gesellschaft überprüfte und verhörte, wie die ehemaligen Bethelmitarbeiter Robert Sullivan und Randall Watters einmal in einem Interview erzählten. Es wurde bedingungslose Treue zur Wachtturm-Gesellschaft eingefordert. Private Bibelstudiengruppen wurden verboten. Alles, was nicht auf Wachtturm-Linie war, geriet ins Fadenkreuz der internen Ermittler. Albert Schroeder, der Leiter des Lehrkomitees, soll gar gesagt haben: «Das, was jetzt vor sich geht, ist Abfall von der Organisation, nicht von der Bibel.»[153] Viele wurden ausgeschlossen, weil sie nicht ausschließlich die Interpretation der

Wachtturm-Gesellschaft akzeptieren wollten, wie es von einer Person, die Zeuge Jehovas werden möchte, erwartet wird.[154]

Diese Ansicht ist sogar gerichtlich belegt: Hayden C. Covington, der Wachtturm-Anwalt, sagte einige Jahre zuvor in einem Prozess aus, ein Zeuge Jehovas würde unweigerlich ausgeschlossen werden, sei gar «des Todes würdig», entdecke er anhand eines eigenen Bibelstudiums in den Publikationen der Zeugen Jehovas eine Irrlehre und spräche öffentlich darüber. Dem Staatsanwalt gegenüber begründete er diese Praxis folgendermaßen: «Unsere Absicht ist es, Einheit zu haben.»[155] Es entbehrt nicht einer gewissen Ironie, dass die Wachtturm-Gesellschaft knapp zwei Jahre nach der Franz-Krise behauptete: «In Jehovas Organisation herrscht eine weltweite Einheit, die sonst nirgendwo zu finden ist.»[156] Treue zur Wachtturm-Gesellschaft war und ist offenbar wichtiger als ein korrektes Bibelverständnis.

In einem Brief der Wachtturm-Gesellschaft vom 1. September 1980 an alle Kreis- und Bezirksaufseher erklärte die Leitende Körperschaft, wie mit «unruhestiftenden Abtrünnigen» umzugehen sei:

Bitte beachtet, dass ein Abgefallener seine Irrlehren nicht bei anderen zu verbreiten braucht, um ausgeschlossen zu werden. [...] Wendet sich also ein getaufter Christ von den Lehren Jehovas, so wie sie vom treuen und verständigen Sklaven dargelegt werden, ab, und glaubt er trotz biblischer Ermahnung weiterhin hartnäckig an eine andere Lehre, dann fällt er vom Glauben ab. [...] dann sollten die entsprechenden rechtlichen Schritte eingeleitet werden.[157]

Im Zuge der Hexenjagd auf Raymond Franz reichte es offenbar, einer abweichenden Meinung zu sein, und mochte sie ihre Begründung in der Bibel finden, um Konsequenzen fürchten zu müssen.

———

Als ich noch ein Zeuge Jehovas war, wurde eine Gruppe Menschen in der Bibel immer wieder aufgrund ihres guten Beispiels hervorgehoben. Was hatten die Juden in Beröa getan? In der Apostelgeschichte 17:11,10 lesen wir: «Sogleich sandten die Brüder sowohl Paulus wie Silas bei Nacht nach Beröa weg, und als diese [dort] angekommen waren, begaben sie sich in die Synagoge der Juden. Diese nun waren edler gesinnt als die in Thessalonich, denn sie nahmen das Wort mit der größten Bereitwilligkeit auf, indem sie täglich in den Schriften sorgfältig forschten, ob sich diese Dinge so verhielten.» Lukas, der Autor der Apostelgeschichte, war Arzt. Einem Arzt sind die Grundlagen einer gesunden Skepsis – die Betrachtung, Untersuchung und Prüfung eines Sachverhalts – immanent. Kein Wunder, dass er die Juden in Beröa dafür lobte, dass sie nicht alles für bare Münze nahmen, was man ihnen vorsagte, sondern selbständig überprüften, ob Paulus und Silas die Wahrheit sagten. Ich wurde immer wieder zu einem tiefgehenden Bibelstudium ermuntert. So liest man in einer Publikation der Wachtturm-Gesellschaft außerdem:

Die Beröer konnten nicht ahnen, dass ihr edles Beispiel in Gottes Wort für die Nachwelt festgehalten würde. Sie reagierten genau so, wie Paulus es gehofft hatte und Jehova Gott es sich wünschte. Dazu möchten auch wir die Menschen animieren: dass sie alles genau in der Bibel nachprüfen, damit sich ihr Glaube auf Gottes Wort aufbauen und somit auf festen Füßen stehen kann. – WTG[158]

Doch wie lässt sich das in Einklang bringen mit dem, was sich in der Franz-Krise abspielte? Ein Indiz findet sich in einem anderen Zitat rund um die Juden aus Beröa:

Aber statt die Botschaft als unglaubwürdig abzutun, forschten sie sorgfältig in den Schriften, um zu sehen, ob sich das, was Paulus sagte, wirklich so verhielt. Und sowohl in Beröa als auch in Thessalonich wurden die, die so sorgfältig nachforschten, gläubig. – WTG[159]

Das ist es eben. Die Juden aus Beröa werden gelobt, nicht, weil sie nachforschten, sondern weil sie gläubig wurden. Immer und immer wieder habe ich festgestellt: Du darfst Zweifel haben. Du darfst sie selbst untersuchen. Solange – und das ist die Voraussetzung – das Ergebnis deiner Recherchen mit der Interpretation der Leitenden Körperschaft übereinstimmt.

Abtrünnigkeit ist in den Augen der Wachtturm-Gesellschaft also nicht das Ablehnen der Bibel: Abtrünnigkeit ist Zweifel an der Leitenden Körperschaft, Illoyalität zur Organisation. Nie wurde das deutlicher als in diesen schicksalhaften Monaten in Brooklyn. Ein Offenbarungseid, der unter Zeugen Jehovas, die davon wissen, totgeschwiegen wird. Unter den heutigen Zeugen Jehovas wird man kaum jemanden finden, der von diesem denkwürdigen Kapitel in der Geschichte ihrer Organisation weiß. Und doch spürt man die Nachwehen bis heute: 2009 wurde im *Königreichsdienst* noch einmal explizit darauf hingewiesen, dass der «treue und verständige Sklave» es nicht billige, wenn sich «Zeugen Jehovas eigenständig zusammentun, um biblische Themen zu untersuchen und zu debattieren».[160] Darüber hinaus wird vor Glaubensgeschwistern gewarnt, die «Diskussionen über persönliche Mutmaßungen» führen oder «etwas bekritteln» wollen.[161] Die Angst, erneut mit heruntergelassener Hose erwischt zu werden, scheint groß zu sein.

Ranzige Speise

Auch ich wusste bis zu meinem Ausschluss nichts davon. In unserer Familie sprach man nicht über Raymond Franz. Sein Name war «Er, dessen Name nicht genannt werden darf». Er war ein Abtrünniger, ein Ketzer, er hatte die Organisation verraten. Hätte es in meiner Kindheit Harry Potter gegeben, meine Eltern hätten nur «Voldemort!» sagen müssen und ich hätte verstanden. Während meiner gesamten Zeit bei den Zeugen Jehovas erfuhr ich nicht viel über ihn. Ich wusste, dass er der Neffe eines der Präsidenten war. Ich wusste, dass er ein Buch geschrieben hatte, *Der Gewissenskonflikt*, das man auf keinen Fall lesen sollte, wenn man nicht vom Blitz getroffen werden wollte. Generell wusste ich, das hatte man mir beigebracht, dass man mit nichts in Berührung kommen sollte, was ein Abtrünniger geschrieben hatte.

Leider ist die Informationslage sehr dünn. Da die Wachtturm-Gesellschaft grundsätzlich keine Interna herausgibt und erst recht nicht die Sitzungsprotokolle der Leitenden Körperschaft veröffentlicht, ist es sehr schwierig, einen wirklich objektiven Einblick zu bekommen, was ein wissenschaftliches Vorgehen erschwert. Es gibt zum einen die offizielle Darstellung der Wachtturm-Gesellschaft. Auf der anderen Seite das eben erwähnte Buch von Raymond Franz sowie andere Berichte ehemaliger Mitglieder der Schreibabteilung und Mitarbeiter der Wachtturm-Zentrale in Brooklyn; Menschen also, die man getrost als Insider bezeichnen kann. Dennoch muss man sich vergegenwärtigen, dass auch ihre Texte nur einen, ihren subjektiven Blickwinkel darstellen. Während meiner Recherchen zu diesem Buch habe ich deshalb versucht, so viele dieser Berichte wie möglich zu lesen. Ich verglich sie miteinander und mit der aktuellen, offiziellen Darstellung der Wachtturm-Gesellschaft sowie alten Publikationen, die von der Organisation aus dem Verkehr gezogen worden sind. Zusätzlich studierte ich unabhängige Medienberichte, Gutachten von Experten, ich interviewte Psychologen und führte Umfragen unter ehemaligen Zeugen Jehovas durch, um einen möglichst breiten Gesamteindruck zu bekommen. Das alles glich ich noch einmal mit meinen eigenen Erlebnissen und Erinnerungen ab. Das persönliche Fazit meiner Recherchen: Hätte ich bereits zu meiner aktiven Zeit einen Blick hinter den Vorhang gewagt, meine naive Vorstellung der Produktion «geistiger Speise» im Speziellen und mein Bild der Leitenden Körperschaft und der selbsternannten Organisation Gottes im Allgemeinen hätten schon viel früher Risse bekommen. Ich halte Raymond Franz' Buch genau wie beispielsweise die von Barbara Anderson vorliegenden Berichte aus ihrer Zeit in der Schreibabteilung in der Wachtturm-Zentrale für sehr glaubwürdig; ihre Beschreibungen decken sich zudem mit den Erzählungen meiner Eltern über die Leitende Körperschaft, die sie während ihrer Zeit in Brooklyn kennengelernt hatten. Alles in allem bestätigen meine Quellen unabhängig voneinander einen ziemlich ernüchternden Gesamteindruck. Er entzaubert den Mythos des «treuen und verständigen Sklaven» und generell den der Wachtturm-Gesellschaft nachhaltig, die für sich beansprucht, in Gottes Auftrag zu handeln und die einzig wahre Religion zu sein. Das möchte ich einmal anhand der Produktion dessen, was die Zeugen Jehovas als von Gott inspirierte «geistige Speise» bezeichnen, veranschaulichen.

———

Das sagt die Wachtturm-Gesellschaft über die Entstehung ihrer «geistigen Speise»:

> Heute leistet die Schreibabteilung in Brooklyn im Auftrag der Gesalbten Christi hervorragende Arbeit, um uns ein immer besseres Verständnis der Wahrheit zu vermitteln. Die «geistige Speise», die wir unter anderem in Form von Zeitschriften, Broschüren und Büchern oder auch auf elektronischem Weg erhalten, muss – genau wie buchstäbliche Speise – gut vorbereitet werden. – WTG[162]

Die interne Bibliothek der Wachtturm-Gesellschaft in Brooklyn enthält unzählige Bücher unterschiedlichster Gelehrter, die sich mit der Analyse der Bibel beschäftigen. Ein optimales Umfeld also, um «geistige Speise» vorzubereiten, würde man meinen. Viele Redakteure der Schreibabteilung misstrauen diesen Büchern jedoch und setzen sie bei ihrer Arbeit nicht ein, da sie von Autoren stammen, die keine Zeugen Jehovas waren. Ein ehemaliges Mitglied der Leitenden Körperschaft wird mit den Worten zitiert, diese Veröffentlichungen zu verwenden sei, wie an der Brust von Babylon der Großen zu nuckeln.[163]

Bis in die siebziger Jahre waren es maximal zwei bis drei Männer, die entschieden, welche Lehrinhalte die Publikationen der Wachtturm-Gesellschaft haben sollten. Davon war zumindest einer weder gesalbt noch Mitglied der Leitenden Körperschaft, technisch also zu keinem Zeitpunkt Mitglied des «treuen und verständigen Sklaven». Lange Zeit wurden noch nicht mal die anderen Mitglieder der Leitenden Körperschaft bei der Erstellung der Literatur befragt – die Wahrheit war eine One-bis-Three-Man-Show.[164]

Das änderte sich jedoch mit der Zeit. Immer mehr Glaubensbrüder, die nicht gesalbt waren, wurden eingespannt, der Schreibabteilung bei der Recherche Hilfestellung zu leisten oder eigene Artikel einzureichen. Das ist meines Wissens bis heute so Usus. Diese Artikel werden im Idealfall von den Mitgliedern der Leitenden Körperschaft Korrektur gelesen und auf Linientreue geprüft, veröffentlicht und somit Teil des offiziellen Bildungskanons der Wachtturm-Gesellschaft.[165] Ist sich die Leitende Körperschaft einmal wegen der Einzelheiten einer Lehre unsicher, wird diese beiseitegelegt und über einen längeren Zeitraum einfach nicht erwähnt, sodass etwaige spätere Änderungen und Anpassungen nicht so stark auffallen – was das Fußvolk nicht weiß, macht es nicht heiß.[166]

Um eine Aura der Demut aufrechtzuerhalten, so sagte man mir, stünde nie ein Autorenname bei den Artikeln.[167] Jehova solle im Mittelpunkt stehen, nicht seine irdischen Medien.

Es kann auch einen anderen Grund haben: Während der

Neunziger beispielsweise stammten angeblich die wenigsten Artikel von der Leitenden Körperschaft selbst.[168] Teilweise wurden und womöglich werden sie von Frauen verfasst, was niemand wissen soll, da man damit das eigene Rollenverständnis untergräbt. Unverheiratete Männer ohne große zwischenmenschliche Erfahrungswerte außerhalb der Mitarbeiterfamilie der Wachtturm-Zentrale schrieben Ehe- und Erziehungsratgeber, die von Millionen Gläubigen gelesen und befolgt werden. Einmal soll es sehr große Mühen gekostet haben, die Wachtturm-Druckerei zu überzeugen, nicht vor Ted Jaracz, dem damaligen Leiter der Dienstabteilung zu kapitulieren, der den Druck der *Erwachet!*-Ausgabe vom 8. April 1992 verhindern wollte – womit er eindeutig seine Kompetenzen überschritt.[169] In dieser Ausgabe veröffentlichte die Wachtturm-Gesellschaft Briefe von Leserinnen und Lesern, die ihre Dankbarkeit für eine Artikelserie über Kindesmissbrauch zum Ausdruck brachten. Warum würde man den Druck stoppen wollen?[170] Immer wieder pfuschten zum Leidwesen der wenigen reformorientierten Autoren, die die Organisation in eine aufgeschlossenere, modernere Richtung zu lenken versuchen, die Hardliner der Dienstabteilung in die Belange der Schreibabteilung rein, um neue Richtlinien und Ausschlusskriterien einzuführen und den konservativen Status quo generell aufrechtzuerhalten. Konservative Strömungen, die die Leitende Körperschaft nur zu gern unterstützt. Kein Wunder, wenn man weiß, dass fünf der acht Mitglieder bereits vor ihrem Aufstieg in die Leitende Körperschaft für die Dienstabteilung arbeiteten.

Raymond Franz beschrieb die Arbeit des «treuen und verständigen Sklaven» in seinem Buch folgendermaßen:

Ich gehörte diesem Gremium neun Jahre lang an. Beim Blättern in den Sitzungsprotokollen stellt man fest, dass es in zahllosen dieser Sitzungen immer wieder und vor allem hauptsächlich um zeitraubende Diskussionen über Themen ging, die letzten Endes zu der einen Frage führten: «Soll es dafür einen Gemeinschaftsentzug geben oder nicht?» Mir kam die leitende Körperschaft wie eine Gruppe vor, die mit dem Rücken zur Wand stand und dauernd Bälle auffangen und zurückwerfen sollte, die man ihr ständig von allen Seiten her zuwarf. Die Bälle kamen dabei so zahlreich, dass man kaum verschnaufen konnte, um etwas anderes zu tun. Es drängte sich sogar das Gefühl auf, dass mit der Bekanntgabe jeder Entscheidung nur neue Fragen aufgeworfen wurden, die uns von anderen Seiten zuflogen, sodass uns fast keine Zeit blieb für schöpferische Gedanken, für Studium, Gespräche und eigene Initiativen. Im Laufe der Jahre habe ich unendlich vielen Sitzungen beigewohnt, in denen es um Fragen ging, die für die Betroffenen schwerwiegende Folgen haben würden und in denen praktisch keiner der Teilnehmer die Bibel zur Hand nahm oder sich auch nur auf sie bezog.[171]

Listen, obey and be blessed.
Das, in Summe, ist, was man hinter dem Vorhang entdeckt, hinter dem Glitzer, den Tricks, der Illusion, die sich Wachtturm-Gesellschaft nennt. Nicht besonders vertrauenerweckend. Trotzdem verlangt die Leitende Körperschaft absolute Treue, denn: Ihre Anweisungen und somit Gottes «universelle Souveränität» zu verschmähen und auf das eigene Bibelstudium zu vertrauen, mache einen zu einem einsamen Baum in der Wüste.[172]

Das sind alles Vorgänge, die in einem globalen Multimillionen-Dollar-Unternehmen nicht sonderlich überraschen. Aber: Die oben beschriebenen Prozesse sind die Entstehungsgeschichte von Publikationen, die dir an deiner Haustür mit dem Versprechen angeboten werden, die Lektüre könnte zu deiner Rettung und zu ewigem Leben führen. Deshalb bin ich der Ansicht, dass du ein Anrecht darauf hast, zu wissen, wie der Redaktionsalltag der «Paradies GmbH» so aussieht. Das sind die Menschen, auf deren Führung du während des Weltuntergangs vertrauen sollst.

Das sind Menschen, die behaupten, in Gottes Auftrag zu handeln. Menschen, die buchstäblich behaupten, *die Wahrheit* für sich gepachtet zu haben. Menschen, in die Millionen Jünger weltweit ihre Hoffnung setzen, Trost, Halt und Anleitung zu bekommen. Menschen, die keine Widerrede dulden und jeden Widerspruch mit sozialer Isolation bestrafen. Menschen, die Menschen sterben lassen, weil sie auf Prinzipien reiten. Daran müssen sie sich dann auch messen lassen.

Es wäre etwas anderes, wenn sich die Leitende Körperschaft einmal hinstellte und sagte: «Liebe Brüder und Schwestern, ganz ehrlich: Wir wissen es grad nicht. Aber wir bitten euch, Geduld und Vertrauen zu haben.» Aber das tut die Leitende Körperschaft nicht. Sie gesteht sich keine Schwäche ein, sie sieht keine Fehler ein, sie entschuldigt sich nicht für die vielen Irrlehren, die sie über die Jahrzehnte verbreitet hat. Stattdessen veranstaltet sie Hexenjagden auf Menschen, die in der Bibel forschen. Stattdessen versucht sie, Kritiker mundtot zu machen. Stattdessen behauptet sie weiterhin:

> Der gesalbte «treue und verständige Sklave» versorgt getreu seinem Auftrag alle, die es wünschen, mit geistiger Speise, die immer genau zur richtigen Zeit kommt. – WTG[173]

> Außerdem sorgt er [der «treue und verständige Sklave»], so wie Gott es möchte, «zur rechten Zeit» für eine gehaltvolle geistige Speise. – WTG[174]

Die «rechte Zeit» ist immer eine Frage der Perspektive. Was das «Gehaltvolle» angeht, nun: Im Jahr 1953 hatte *Der Wachtturm* im Schnitt um die 220 000 Buchstaben. 60 Jahre später sind es nur noch knapp über 100 000. Noch eindeutiger ist der Rückgang bei der Begleitzeitschrift *Erwachet!*. Von knapp 180 000 Buchstaben in den Siebzigern sank der Buchstabendurchschnitt bis auf unter 30 000 im letzten Jahr.[175]

Nun macht weder eine Schwalbe einen Sommer, noch sagt die Menge der Buchstaben zwingend etwas über die inhaltliche Qualität. Vergleicht man aber Ausgaben aus meiner Jugend mit aktuellen Exemplaren, dann fällt eins auf: Der Inhalt spiegelt die Statistik wider. Die Leitende Körperschaft hat nicht mehr viel zu erzählen. Themen werden wiedergekäut, es gibt wenig Neues. Eigentlich steht immer wieder das Gleiche drin. Ist ja auch kein Wunder: Harmagedon hätte schon längst da sein müssen. Die Leitende Körperschaft hat nicht mehr viel im Köcher, außer Durchhalteparolen und einer zunehmenden Radikalisierung und Abschottung. Wenn man sich ein Buch oder einen *Wachtturm* oder irgendeine Lehre der Zeugen Jehovas anschaut, stellt man fest, dass das Ganze auf einem ziemlich simplen, aber sehr wirkungsvollen Baukastenprinzip basiert.

Wir basteln uns einen Wachtturm-Artikel.
Grundkurs für Anfänger. Modul 1.

Es ist ziemlich einfach, ein Wachtturm-Buch oder einen Wacht-turm-Artikel zu schreiben. Stelle dir mal vor, du bist die Leiten-de Körperschaft. Alles, was du brauchst, ist ein Thema, das du vermitteln möchtest. Ist es an der Zeit für «neues Licht»? Gibt es einen neuen weltlichen Trend, den du mit Argwohn beob-achtest? Mehren sich die Berichte von Aufsehern über gewisse Verhaltensmuster in den Versammlungen? Oder möchtest du einfach noch mal darauf hinweisen, dass es wichtig ist, dass Zeugen Jehovas eifrige Prediger sind? Die Möglichkeiten für einen Artikel sind unendlich. Hast du dein Thema gefunden, kannst du gleich loslegen.

Zuerst braucht das Ganze eine knackige Überschrift. Am besten eignet sich ein Ausschnitt aus einem Bibeltext – bis aufs Phrasenhafte gekürzt, aber dennoch verbindlich. Und natür-lich in Anführungsstrichen, damit das geübte Auge sofort er-kennt, dass es sich hierbei um ein Bibelzitat handelt. Es ist ein Vorteil, aber kein Muss, wenn dein Thema direkt aus dem Titel ersichtlich wird. In der Regel ist ein vager, jedoch reißerischer Titel am besten: Irgendetwas mit «Jehova» und einer Dringlich-keit, womöglich hinsichtlich des Predigtdienstes, Harmagedon oder zügellosem Wandel. Gut ist auch ein suggestiver Titel, der die Lektion, die du vermitteln möchtest, also die Lehren, die die Leser aus der Lektüre ziehen sollen, auf eine subtile Weise vor-wegnimmt. Im Prinzip ist der Titel aber nur fürs Layout wich-tig. Der durchschnittliche Zeuge Jehovas liest ohnehin alles, was vom «treuen und verständigen Sklaven» kommt. Du hast den einfachsten Job der Welt. Tipp: Hast du in der Überschrift ein Bibelzitat verwendet, kann es nicht schaden, die komplette Bibelstelle noch einmal zu wiederholen. Wiederholungen sind wichtig.

Dann reißt du dein Thema zunächst in ein oder zwei Absätzen an. Als Aufhänger kannst du Verschiedenes verwenden: die erwähnte Bibelstelle, eine Nachrichtenmeldung oder ein historisches Ereignis, eine Veranschaulichung oder die Königsdisziplin: das Testimonial. Das ist ein Begriff aus der Werbung und bezeichnet laut Wörterbuch eine in einem Prospekt o. Ä. abgedruckte, positive Zuschrift eines Kunden.[176] Übertragen auf deine Publikation, ist das meistens ein Erfahrungsbericht eines eifrigen Zeugen Jehovas.

Veranschaulichungen entfalten ihre größte Wirkung, wenn sie besonders dramatisch sind. Vergiss nicht: Jesus liebte Hyperbeln. Beispiel: Du möchtest veranschaulichen, wie wichtig es ist, dass Zeugen Jehovas Christi Führung (also deiner, sprich: der Leitenden Körperschaft) folgen? Wie wäre es mit dieser Metapher: «Wie wichtig ist es, den Fußstapfen Jesu zu folgen? Stellen wir uns vor, wir müssten mit einigen anderen ein Minenfeld überqueren und nur einer von uns wüsste, wie man da sicher durchkommt. Würden wir nicht zusehen, dass wir genau hinter ihm laufen, am besten direkt in seine Fußspuren treten? Als Christen werden wir nur sicher in der Zukunft ankommen, wenn Jesu Beispiel in allem für uns wegweisend ist. Das bedeutet, auf ihn zu hören, uns nach dem zu richten, was er sagt, und mit denen zusammenzuarbeiten, die ihn vertreten.»[177] Aus dieser Veranschaulichung nehmen deine Leser Folgendes mit: Die Welt außerhalb der Organisation ist wie ein

Minenfeld. Sie erreichen die Zukunft (= Paradies) nur, wenn sie auf Jesus und seine Vertreter (= Leitende Körperschaft) hören. So einfach funktioniert das Programmieren deiner Mitglieder.

Das Testimonial ist auch ein sehr beliebtes Stilmittel. Denn irgendein Zeuge Jehovas hat mit Sicherheit genau den Erkenntnisgewinn aus einer Erfahrung gezogen, den du vermitteln möchtest. Das weißt du, weil Älteste und Kreisaufseher regelmäßig ihre Berichte an die Wachtturm-Gesellschaft schicken. In deiner Datenbank gibt es leider keinen passenden Erfahrungsbericht? Kein Problem, dann saugst du dir eben etwas aus den Fingern. Schließlich haben die Protagonisten der Erfahrungsberichte ohnehin nie einen Nachnamen. Manchmal haben sie überhaupt keinen Namen. Sollte irgendjemand den Verdacht erheben, dein Bericht wäre fiktiv, so wird irgendein Zeuge Gott sei Dank in die Bresche springen und erklären, dass der Wahrheitsgehalt nichts zur Sache tut. Es geht um die Lektion. Du hast die besten Leser/-innen der Welt.

Nachdem du dein Thema erfolgreich eingeführt hast, kannst du dich der Beweisführung widmen. Ich meine, ich sage zwar «Beweisführung» – aber «Bestätigung der Erwartungshaltung der Leser/-innen» wäre der angemessene Begriff. Eine einseitige Bibelauslegung ist völlig ausreichend. Ein oder zwei Bibeltexte, die deine Prämisse untermauern, das ist alles, was du brauchst. Die Bibel wurde vor tausenden von Jahren geschrieben, niemand kann von dir erwarten, dass du zu jedem Sachverhalt, den du besprechen oder verbieten möchtest, eine absolute biblische Aussage findest. Sowieso ist eine Dialektik nicht erforderlich. Du kannst behaupten, was du willst. Schließlich unterläuft Menschen allzu gern der Bestätigungsfehler, auch bekannt als *confirmation bias*, eine Tendenz, die dafür sorgt, «dass die Überzeugung der Versuchspersonen jedes Mal erheblich zunahm, wenn sie ein Argument für ihre Position lasen, aber nur unwesentlich abnahm, wenn sie ein widersprechendes Argument lasen», wie man in einem Experiment herausfand.[178] Die meisten Menschen wollen nicht mit einer methodischen Wahrheitsfindung überfordert werden. Wir bevorzugen Informationen, die unsere Position verstärken. Wir bekommen unsere Wahrheiten gern vorgekaut.

Seit Rutherford, dem zweiten Präsidenten der Wachtturm-Gesellschaft, ist eigenständiges Denken Gott sei Dank nicht mehr gefragt. Nicht nur das: Du hast eigenständiges Denken in der Vergangenheit sogar offiziell verurteilt, sodass ohnehin niemand auf diese Idee kommt.[179] Deine Schäfchen, der Großteil zumindest, ziehen den richtigen Zirkelschluss: Da in den Wachtturm-Publikationen steht, dass du, die Leitende Körperschaft, Gottes Sprachrohr bist, muss alles, was in den Wachtturm-Publikationen steht, wahr sein – und wer das in Frage stellt, muss ein Abtrünniger sein, weil ja in den Wachtturm-Publikationen steht, dass Zeugen Jehovas, die die Leitende Körperschaft in Frage stellen, Abtrünnige sind. Clever. Das ist der *Kreislauf der Wahrheit* der Wachtturm-Gesellschaft. Ich habe dir das auf den Seiten 236 und 237 mal aufgezeichnet.

Thesen und Antithesen sollten möglichst vorsichtig eingesetzt werden, und auch nur da, wo das Gut-und-Böse-Schema klar erkennbar ist: Schöpfung oder Evolution, Blut oder kein Blut, christlich oder heidnisch. Da funktioniert das. Vermeide Überraschungen. Dass deine Bibelzitate oder Behauptungen die Synthese unterstützen, egal, wie sehr der Zusammenhang an den Haaren herbeigezogen ist, dient unter anderem auch dem Wohlgefühl deiner Leser/-innen, die das bekommen, was sie erwarten. Deine treuen Schafe aus ihrer Komfortzone zu reißen, ist das Letzte, was du willst. Versetze deine Leser/-innen in einen Zustand kognitiver Leichtigkeit – der Mensch neigt dazu, einfache und wiedererkennbare Aussagen für wahr zu halten. Das macht deine Jünger glücklich.

Falls du eingangs noch keinen Erfahrungsbericht eines Testimonials verwendet hast, wäre es jetzt Zeit für einen. Und falls doch: Was soll's, zwei Erfahrungsberichte sind besser als keiner. Gut wäre ein weltlicher Experte, der deine Sichtweise untermauert. Der weltliche Experte täuscht Aufgeschlossenheit vor. Es ist gut möglich, dass du keinen findest. Setze einfach deinen Joker ein, den namenlosen Experten. «Ein bekannter Rechtsgelehrter», «Ein berühmter Forscher», «Ein langjähriger Professor» – alles Trigger, die bei den Leserinnen und Lesern das wohlige Gefühl auslösen, dass die Bibel recht hat. Und wenn die Bibel recht hast, hast du recht.

Natürlich kann man heutzutage selten noch mit einem namenlosen Experten punkten. Du hast keinen Journalisten, Forscher oder Wissenschaftler von Weltrang zur Hand? Dann schaffe dir einfach einen eigenen «Experten» – Halbwissen ist immer noch Wissen. Schließlich weiß ja niemand so genau, was einen Experten wirklich ausmacht. Du hast einen Cousin, der ein halbes Semester lang das Thema studiert hat? Super. Es gibt einen irren Verschwörungstheoretiker, der die großen Kirchen auch nicht mag? Sehr schön. Es gibt sogar – Idealfall – einen Glaubensbruder, der was zu dem Thema sagen kann? Perfekt. Praxisbeispiel: In der *Erwachet!*-Ausgabe vom April 2014

Der Kreislauf der Wahrheit

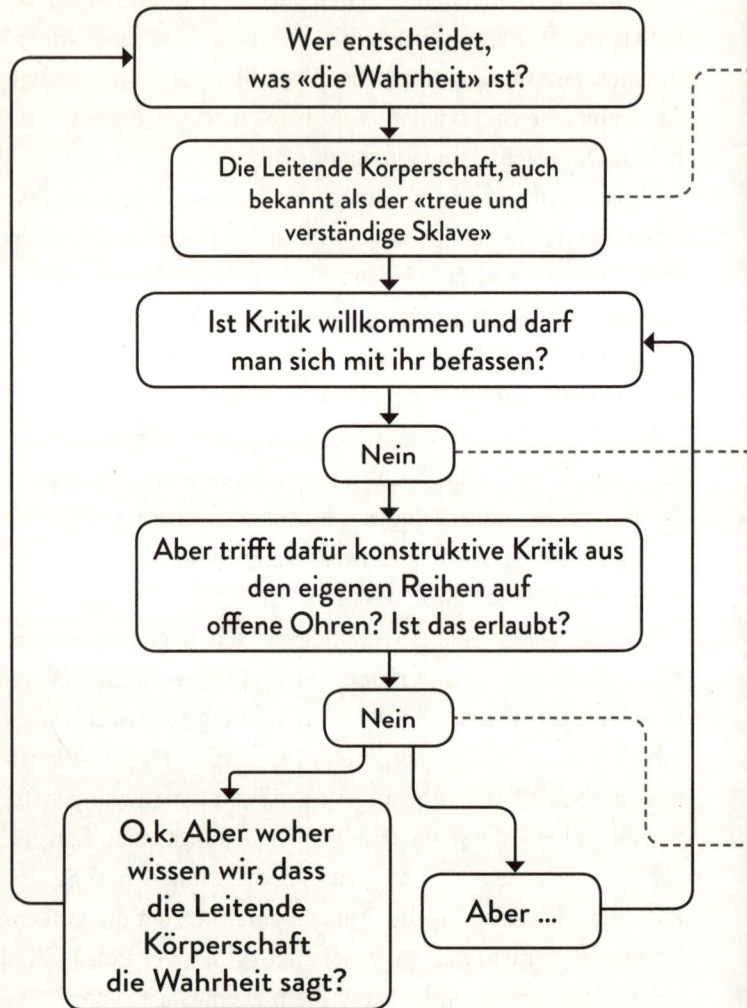

Wer entscheidet,
was «die Wahrheit» ist?

Die Leitende Körperschaft, auch
bekannt als der «treue und
verständige Sklave»

Ist Kritik willkommen und darf
man sich mit ihr befassen?

Nein

Aber trifft dafür konstruktive Kritik aus
den eigenen Reihen auf
offene Ohren? Ist das erlaubt?

Nein

O.k. Aber woher
wissen wir, dass
die Leitende
Körperschaft
die Wahrheit sagt?

Aber ...

Seit 1879 hatten sie auf den Seiten des Wachtturms die Wahrheit der Bibel über Gottes Königreich bekannt gemacht [...] Diesen «treuen und verständigen Sklaven» hat Christus, das Haupt der Christenversammlung, dazu gebraucht, alles zu verwalten, was auf der Erde mit seinem Königreich zu tun hat. Anleitung lässt er den gesalbten «Hausknechten» wie auch ihren Gefährten, den «anderen Schafen», durch eine Leitende Körperschaft zukommen.
Aus: Der Wachtturm, 15. September 2010

Es bringt nichts, die Argumente von Abgefallenen oder anderen, die Jehovas Organisation kritisieren, widerlegen zu wollen. Es wäre falsch, ja gefährlich, etwas von ihnen zu lesen, sei es auf Papier oder im Internet.
Aus: Der Wachtturm, 15. Mai 2012

Abtrünnige in unserer Zeit verraten die gleichen Wesensmerkmale wie der Teufel. Ihr Denken ist oft vergiftet von einer kritischen Haltung gegenüber einzelnen Personen in der Christenversammlung, gegenüber Ältesten oder gegenüber der Leitenden Körperschaft. [...] Wie ihr Vater, der Teufel, bekämpfen sie Menschen, die Jehova ergeben sind. Da ist es nur natürlich, dass Diener Jehovas nicht das Geringste mit ihnen zu tun haben wollen!
Aus: Der Wachtturm, 15. April 2009

Werden wir also Abtrünnigen zuhören, ihre Veröffentlichungen lesen oder uns im Internet mit ihren Websites befassen? Wer Gott und die Wahrheit liebt, wird das nicht tun. Abtrünnige sollten wir weder ins Haus lassen noch sie auch nur grüßen, denn dadurch würden wir an ihren bösen Werken teilhaben.
Aus: Der Wachtturm, 15. Januar 2006

Billigt es «der treue und verständige Sklave», wenn sich Zeugen Jehovas eigenständig zusammentun, um biblische Themen zu untersuchen und zu debattieren? Nein.
Aus: Unser Königreichsdienst, September 1997

Daher müssen wir unbedingt auf der Hut sein, wenn jemand, der unsere Zusammenkünfte besucht, uns in Diskussionen über persönliche Mutmaßungen hineinziehen oder etwas bekritteln will.
Aus: Der Wachtturm, 15. Dezember 2013

Um weiterhin zu dieser Bruderschaft zu gehören, meiden wahre Christen den Umgang mit Personen aus ihren Reihen, die Irrlehren fördern und Spaltungen hervorrufen.
Aus: Einsichten in die Heilige Schrift, Band 1

hast du stolz ein Interview mit Frédéric Dumoulin präsentiert, einem ehemaligen Atheisten und jetzigen Zeugen Jehovas, der «seit über zehn Jahren an der Universität Gent (Belgien) in der pharmazeutischen Forschung tätig» ist. Die Überschrift: «Ich bin überzeugt, es gibt einen Schöpfer.»[180] Ein Forscher, der dem Atheismus abgeschworen hat und Werbung macht für die Schöpfungsgeschichte! Ein publizistischer Coup, der deine Leser beeindruckte. Was sie natürlich nicht wussten: Frédéric Dumoulin war zum Zeitpunkt des Interviews weder Teil der akademischen Belegschaft der Fakultät, promoviert oder gar Doktorand, noch wusste er zwischen der Archigenese und der Evolution zu unterscheiden. Er war ein einfacher Assistent im Labor für Lebensmittelanalysen.[181] Aber das ist unwichtig. Indem du nicht jedes Detail preisgibst und Schlagwörter wie «Forschung» und «Universität» einbaust, erhält der Artikel für den durchschnittlichen Zeugen Jehovas einen akzeptablen wissenschaftlichen Anstrich. Das ist alles, was du erreichen willst.[182]

Eine andere Möglichkeit: Ein Experte, der in einem Wissensfeld tätig ist, das man eher nicht mit den Zeugen Jehovas in Verbindung bringen würde. Paranormale Phänomene, Evolution, Waffenindustrie. Vielleicht genießt dieser Experte unter echten Experten einen zweifelhaften Ruf oder er unterstützt Theorien, die kein bisschen mit deiner Lehre in Einklang zu bringen sind. Vielleicht ist er sogar die Sorte Mensch, vor dessen Umgang du deine Mitglieder warnen würdest, weil er sich mit dem Okkulten beschäftigt. So wie Daniel P. Mannix, unter anderem Biograph des Okkultisten Aleister Crowley. Mit der Lektüre seiner Bücher würden sich deine Jünger zweifellos Dämonen ins Haus holen, du würdest davon abraten. Was dich nicht davon abhält, ihn immer wieder namentlich zu zitieren, weil es dir in den Kram passt.[183] Ist ja auch wurscht. Solange die oder der Experte ein Zitat liefert, das deinem Zwecke dienlich ist, solange der Urheber des Zitates nicht so berühmt ist, dass der durchschnittliche Zeuge diese Scharade durchschaut, ist dir das recht.

Sehr wirksam ist es, an das Gewissen deiner Leser/-innen zu appellieren. Ohne weiteres lassen sich Zeugen Jehovas Schuldgefühle einreden, die sie zum Handeln zwingen. Praxisbeispiel: «Da ohnehin alles Jehova gehört, kann ihm zwar niemand etwas geben, was er nicht schon hätte, aber das Vorrecht, zu spenden, gibt seinen Anbetern Gelegenheit, ihre Liebe zu ihm zu beweisen.»[184] Für Zeugen Jehovas gilt die Formel *Jehova = Wachtturm-Gesellschaft*. Außerdem setzt du in dem Satz bewährte semantische Primer ein, also Wörter, die beim Rezipienten eine erwünschte Reaktion durch eine kognitive Verknüpfung hervorrufen. Priming bedeutet, dass unser Unterbewusstsein bei einem bestimmten Wort oder Ereignis einen Zusammenhang herstellt: ein anderes Wort, ein Gefühl oder ein Verhalten. In dem von dir geschaffenen assoziativen Netzwerk gibt es hunderte Primer; im Beispiel sind das Wörter wie *Vorrecht* und *Liebe*. Die Assoziationskette im Beispielsatz: Jehova (= Wachtturm-Gesellschaft) ist nicht auf Spenden von Menschen angewiesen, aber es ist ein Vorrecht, Jehova (= der Wachtturm-Gesellschaft) Geld zu spenden, weil wir dadurch unsere Liebe (= Loyalität) zu Jehova (= der Wachtturm-Gesellschaft) unter Beweis stellen. Welcher Zeuge Jehovas möchte das nicht? Also spenden alle fröhlich.

Zitate aus fremder Literatur sind wichtig. «Weltliche» Belege geben deinen Behauptungen einen wissenschaftlichen Anstrich. Leider sind fachliche Belege für deine Bibelinterpretation häufig Mangelware. Was uns zu deiner Paradedisziplin führt: Du reißt Zitate aus ihren Zusammenhängen oder zitierst gleich komplett falsch. Beispielsweise ist die Beweislage für die Behauptung, Jesus Christus sei an einem Pfahl statt an einem Kreuz gestorben, relativ dünn. Also improvisierst du. So lässt du in einem Zitat aus dem *Imperial Bible Dictionary* entscheidende Sätze weg, die deine Behauptung widerlegen würden.[185]

Die Sprache ist wie das Werkzeug eines Bildhauers. Aus einem groben Stein kannst du mit ein wenig Geschick vielleicht das erschaffen, was du dir wünschst. Gib dein Bestes, unsere Sprache bewusst einzusetzen. Unsere Sprache ist ein Geschenk Gottes: Indem wir sie nutzen, preisen wir ihn. Viele Menschen lassen sich leicht beeinflussen – nutze das aus. Bleibe vage (Beispiel: «Viele Menschen schätzen es sehr, dass wir anderen Bibelwissen vermitteln, und spenden für unser Werk»). Bleibe in der Aufforderung unspezifisch (Beispiel: «Jehova fordert uns auf, unser Bestes zu geben und uns nicht zurückzuhalten»), damit sich niemand ausgeschlossen fühlt. Wer deinen Artikel liest, findet Gottes Gefallen. Versuche, Behauptungen aufzustellen, die eine bekannte und geschätzte Emotion beim Leser auslösen (Beispiel: «Wer unsere Artikel liest, findet Gottes Gefallen»). Stelle kausale Zusammenhänge für deine Leser her (Beispiel: «Unsere Sprache ist ein Geschenk Gottes: Indem wir sie nutzen, preisen wir ihn» oder «Wenn wir uns an biblische Grundsätze halten, sind unsere Opfer Jehova ‹besonders annehmbar›, und wir können glücklich und zufrieden sein»), die sie in der Regel ohnehin nicht hinterfragen. Setze außerdem nachvollziehbare Veranschaulichungen ein, die deine Leser verstehen. Das hat Jesus schließlich auch gemacht! Veranschaulichungen schaffen mentale Bilder, auf die sich unsere Leser bei der Rezeption und Entscheidung stützen. Der Vergleich hinkt? Das ist nicht schlimm. Du suggerierst einfach die Möglichkeit einer Wahl, indem du unverbindlich bleibst. Damit beruhigst du etwaige Zweifler. (Beispiel: «Die Sprache ist wie das Werkzeug eines Bildhauers. Aus einem groben Stein können wir mit ein wenig Geschick vielleicht das erschaffen, was wir uns wünschen.»)

Hast du deine Lektion durch passende Bibelzitate, einen Erfahrungsbericht und einen Experten entsprechend untermauert, ist es durchaus ratsam, noch einen Bibeltext zu zitieren, der überhaupt keinen Zusammenhang mit deinem Thema hat. Das ist aber nicht schlimm. Deine Leser/-innen wollen eigentlich nur eines: Jehova Gott gefällig sein und ins Paradies kommen. Und daran erinnerst du sie. Gott sei Dank gibt es ausreichend Stellen in der Bibel, die daran erinnern, Gott glücklich zu machen. Also führst du ein entsprechendes Meta-Bibelzitat an, am besten einen Vers, der ihnen geläufig ist, den sie wiedererkennen. Und stellst auf diesem Wege erfolgreich die Verbindung her zwischen dem Befolgen deiner Anweisungen (= die Lektion) und einem erworbenen Gottesgefallen.

Setze unbedingt Ausrufezeichen in Zusammenhang mit Gemeinplätzen wie «Wir können wirklich dankbar sein!» oder «Stellen wir uns das einmal vor!» oder «Im Gegenteil!» oder «Freuen wir uns auf die große Drangsal!», oder «Nehmen wir diese Herausforderung freudig an!». Sei großzügig! Sei kreativ!

Den letzten Absatz beginnst du mit einer Wiederholung deiner Lektion. Es folgt eine generische Behauptung. Beliebt sind Phrasen wie «Wahre Christen werden alles tun wollen, um Jehovas Willen zu erfüllen», «Christen tun gut daran, im Sinn zu behalten, dass ...» oder «Ein wahrer Christ wird drauf achtgeben, Jehovas Maßstäbe zu achten». Es gibt so viele Möglichkeiten. Alle sind gut. Die generische Behauptung erfüllt einen ganz besonderen Zweck. Der Gottesgefallen ist ein wichtiger Schlüsselreiz für jeden Zeugen Jehovas. Durch den Meta-Bibeltext hast du deinen Leserinnen und auf diesen Reiz konditioniert. Der Zusammenhang des Begriffes «Wahre Christen» mit dem Wunsch nach Gottes Gefallen wird durch wiederholte Sensitivierung in deinen Artikeln eine Reaktion auslösen: die Umsetzung deiner Lektion.

Um diese Reaktion sicherzustellen, kommt zum Schluss dein wirksamstes Mittel zum Einsatz: der vergemeinschaftlichte Imperativ. Zwar machst du keinen Hehl draus, dass die Wissensvermittlung bei den Zeugen Jehovas immer nur von oben nach unten erfolgt. Nie andersherum. Zwar darf nur die Wachtturm-Gesellschaft bestimmen, wo die Reise hingeht, aber wir alle sind Zeugen Jehovas. Du lässt keinen Zweifel daran, dass alle im selben Boot sitzen. Zudem willst du natürlich den Eindruck erwecken, dass es keine Verbote gibt. Nur Verhaltensmaßregeln. Denen du selbst folgst. Deshalb ist das Wörtchen «wir» das Wichtigste in deinem Wortschatz. Nachdem du also mit der generischen Behauptung festgelegt hast, was wahre Christen tun würden, vermittelst du mit Hilfe des vergemeinschaftlichten Imperativs, was die Schlussfolgerung für jeden Christen sein muss. Praxisbeispiele: «Versuchen wir also unser Bestes, dies oder das zu machen», «Geben wir also niemals auf, dies oder das zu tun», «Geben wir dem Teufel keine Chance, dies oder das mit uns zu machen», «Denken wir doch ernsthaft unter Gebet darüber nach, wie wir möglichst viel für Jehova tun können».

Übrigens: Es kann nicht schaden, im Artikel an einer willkürlichen Stelle auf die Rolle des «treuen und verständigen Sklaven» hinzuweisen – Vertrauen ist gut, Kontrolle ist besser. In diesen Hinweis kannst du fast alle Bausteine einsetzen: Bibelzitat, vergemeinschaftlichter Imperativ, Ausrufezeichen, Testimonial. Beispiel: «Joaquin, ein fünfjähriger Verkündiger der guten Botschaft aus Mexiko, steht nach jeder Zusammenkunft am Literaturtisch, freudig dem neuen Wachtturm entgegensehend. Folgen wir seinem aufmunternden Beispiel! Vertrauen wir darauf, dass der ‹treue und verständige Sklave› uns mit geistiger Speise zur rechten Zeit versorgt. Zweifeln wir niemals daran!»

Das sind die wesentlichen Bestandteile des Basis-Sets. Du kannst die einzelnen Bausteine verschieben, weglassen oder doppelt verwenden. Viel mehr braucht man für den Anfang nicht. Eins noch, vielleicht: Es ist nie schlecht, immer wieder darauf hinzuweisen, dass «wahre Christen» treu ausharren, egal, wie lange Harmagedon auf sich warten lässt. «Wahre Christen» spekulieren nicht über das Datum und stellen auch nicht in Frage, dass Harmagedon kommen wird. Du solltest nicht im Entferntesten andeuten, dass der «treue und verständige Sklave» sich geirrt haben könnte!

Wir basteln uns eine Ideologie.
Kurs für Fortgeschrittene. Praxisbeispiel.

Nicht nur einzelne Artikel oder Wachtturm-Ausgaben oder Bücher lassen sich mit diesem Grundlagenwissen bauen. Das System birgt viel größeres Potenzial und lässt sich nach Wunsch skalieren. Unter Berücksichtigung einzelner oder aller Bausteine und via unterschiedlicher Publikationen könntest du so theoretisch über Jahre hinweg eine Ideologie aufbauen. Es geht darum, eine Idee einzupflanzen und sie wachsen und gedeihen zu lassen.

Stell dir einfach mal vor, du bist irgendwann Ende des letzten Jahrtausends zur traurigen Erkenntnis gelangt, dass das Internet keine vorübergehende Modeerscheinung ist. Sie ist eine Realität geworden, mit der du dich auseinandersetzen musst. Du erkennst zwar das große Potenzial des Internets in Bezug auf die Verkündung der guten Botschaft; viel größer erscheint dir aber die Gefahr, die von diesem neuen Informationsmedium ausgeht. Viel zu einfach wird es dem gemeinen Zeugen Jehovas werden, an Informationen zu kommen, die von Abtrünnigen stammen oder deine Botschaft und dein Lehrgebäude widerlegen könnten, sei es durch Fachliteratur oder gut recherchiertes Material von ehemaligen Zeugen Jehovas. Darüber hinaus können Zeugen Jehovas zukünftig weltweit, egal, wo sie sich befinden, jede erdenkliche Nachrichtenquelle, egal, woher sie stammt, lesen – auch jene, die negativ über uns berichten. Du weißt, dass es deine christliche Aufgabe ist, zu verhindern, dass treue Zeugen Jehovas durch solche Medien zum Straucheln gebracht werden und zu zweifeln anfangen.

Webseiten von abtrünnigen Zeugen Jehovas sind dabei das kleinste Problem: Die kannst du wie gewohnt offen und direkt verteufeln; schließlich hast du deine Leser/-innen bereits erfolgreich auf das Wort «abtrünnig» geprimt. Was aber mit Medien oder Quellen, die als seriös gelten? Diese direkt zu verteufeln, das wäre ein Schuss, der nach hinten losgehen könnte. In diesem Fall gilt es, vorsichtig und subtil vorzugehen.

Dein Ziel ist es also, das Internet über mehrere Jahre und Publikationen hinweg unauffällig in Verruf zu bringen und Zeugen Jehovas beim Surfen in eine mentale Bedrohungslage zu versetzen.

In der ersten Phase veröffentlichst du in Abständen verschiedene Artikel zum Thema Internet. Im Jahr 2000 erscheint in *Erwachet!* ein Artikel mit dem Titel *Junge Leute fragen sich: Wie kann ich verhindern, dass das Internet für mich zur Gefahr wird?* Um deine Leser/-innen abzuholen und ihnen das Gefühl zu vermitteln, sie würden einen ausgewogenen Artikel lesen, hebst du zunächst die Vorteile und positiven Aspekte des World Wide Webs hervor. Doch dann geht es direkt ans Eingemachte:

> Das Internet kann also sehr praktisch sein; es vermittelt einem möglicherweise aber auch das Gefühl, allein in einer Bibliothek zu sein, in der einem weder ein Bibliothekar noch sonst irgendjemand zusieht. Man kann darin herumsurfen, ohne sich beobachtet zu fühlen. Das ist unter Umständen eine der größten Gefahren. Wieso? Weil sehr viele Web-Sites verdorbenes Material anbieten, das den Glauben zersetzt. Auf diese Weise könnte das Internet für junge Christen eine Versuchung darstellen. Schließlich ist der Mensch von Natur

aus neugierig – ein Charakterzug, den Satan, der Teufel, von jeher ausnutzt. Zum Beispiel hat er die Neugier Evas ausgenutzt und sie ‹durch seine List verführt› (2. Korinther 11:3). – WTG[186]

Indem du aufgeschlossenes, neugieriges Surfen mit dem Sündenfall gleichsetzt, triggerst du bei Zeugen Jehovas die schlimmstmögliche Assoziation, eine Falle, in die kein Zeuge Jehovas tappen möchte: so naiv wie Eva zu sein und Satan dem Teufel auf den Leim zu gehen. Du suggerierst, dass diese Gefahr im Internet besteht. Diese Suggestion wirst du im Laufe der Jahre wiederholen. Dank des *Mere-Exposure-Effekts* wird diese Manipulation funktionieren – dazu gleich mehr.

Die «Hausfrauen»-Zeitschrift *Better Homes and Gardens* ist nicht gerade als Fachblatt für neue Technologien bekannt. Doch wenn sie dir ein so schönes und treffsicheres Zitat liefert wie: «Aber auch Pädophile, Trickbetrüger, Fanatiker und sonstige zwielichtige Gestalten gehen im Cyberspace um», kann dir das egal sein. Denn das Zitat liefert dir die Vorlage für eine generische Behauptung, was ein Zeuge Jehovas tun sollte, wenn er auf fragwürdigen Webseiten landet:

Es ist völlig klar, was ein Christ tun sollte: Die Site sofort verlassen und eventuell sogar den Browser schließen. – WTG[187]

Vier Jahre später ist es wieder Zeit für einen Artikelschwerpunkt zu den Gefahren des Internets. Titel diesmal: *Das Internet – Wie man die Gefahren meidet*. Der Beitrag erscheint sinnigerweise in der Rubrik *«Was sagt die Bibel? »* Deine Leser/-innen sind damit zu deinen Gunsten voreingenommen, wenn sie den

Beitrag lesen, weil: Das sagt ja die Bibel. Zwecks Variation verwendest du diesmal ein anderes Bild zur Veranschaulichung:

> Eine benzingetriebene Kettensäge leistet viel mehr als eine Handsäge, muss allerdings auch vorsichtiger gehandhabt werden. Mit dem Internet verhält es sich ähnlich: Es ist ein extrem leistungsfähiges und nützliches, gleichzeitig aber gefährliches Werkzeug, mit dem man vorsichtig umgehen muss. – WTG[188]

Ein wirkungsvolles *mentales Bild*, das du erzeugst. Du bleibst unverbindlich, um gerade dadurch eine Bedrohungslage zu erzeugen: «Doch das Öffnen der E-Mail <u>kann</u> eine Lawine unmoralischer Bilder auslösen, die sich kaum stoppen lässt.» Du sprichst eine Empfehlung aus: «Mancher ist angesichts der Risiken zu dem Schluss gekommen, es sei besser, die Finger ganz vom Internet zu lassen.»[189] Wer «mancher» ist? Das ist egal. Denn: Es gibt immer Leser/-innen, die das wörtlich nehmen und als Multiplikatoren dienen. Darauf baust du.

Über die Jahre wiederholst du das Eva-Gleichnis in verschiedenen Artikeln. Zum Beispiel im Zusammenspiel zwischen *vergemeinschaftlichtem Imperativ* und einer *generischen Behauptung*:

> Das erste Menschenpaar wurde abtrünnig, weil es dem Teufel zuhörte und seine Lügen nicht zurückwies. Werden wir also Abtrünnigen zuhören, ihre Veröffentlichungen lesen oder uns im Internet mit ihren Websites befassen? Wer Gott und die Wahrheit liebt, wird das nicht tun. – WTG[190]

1968 entdeckte der Psychologe Robert Zajonc den *Mere-Exposure-Effekt*. Ist man einem Reiz, einer Situation oder einer Behauptung immer wieder ausgesetzt, wird unsere Einstellung der Sache gegenüber durch die bloße Familiarität beeinflusst – positiv oder negativ. Indem du das Eva-Gleichnis mehrfach wiederholst, vermittelst du unterschwellig die Botschaft: Unbekümmertes Surfen ist fahrlässig und mit Evas Fehler vergleichbar. Evas Fahrlässigkeit im Garten Eden hatte fatale Folgen für die Menschheit. Unbekümmertes Surfen kann fatale Folgen haben. Wenn wir unbekümmert surfen, gehen wir ein Risiko ein, da Satan der Teufel Lügen und Fehlinformationen verbreitet. Wir können uns im Internet mit dem Teufel einlassen.

Im nächsten Artikel besetzt du den Themenkomplex Internet zunächst wieder positiv. Es geht immer darum, den Leserinnen und Lesern zu suggerieren, dass *sie* die Wertung treffen, nicht die Leitende Körperschaft. In der *Wachtturm*-Ausgabe vom 15. August 2011 bringst du also im Artikel *«Das Internet: Das globale Netz sinnvoll nutzen»* folgende Passage unter:

Doch schon gleich zu Beginn der Menschheitsgeschichte zeigte sich, dass die Gabe der Kommunikation auch missbraucht werden kann. Satan lieferte Eva völlig falsche Informationen. Eva glaubte ihm und leitete diese Informationen an Adam weiter – mit fatalen Folgen für die ganze Menschheit (1. Mo. 3:1–6; Röm. 5:12). – WTG[191]

Du erzeugst durch eine Veranschaulichung wieder ein *mentales Bild*: «Internetsuchmaschinen lassen sich mit einem Trupp Pilzsammler vergleichen, der unermüdlich sowohl essbare als auch giftige Pilze zusammensucht und sie uns dann vorsetzt.

Würde man da einfach zugreifen, ohne genau hinzusehen?» Du bleibst vage und stellst eine *generische Behauptung* auf: «Was nun? Ganz und gar aufs Internet verzichten? Für manche ist das vielleicht die beste Lösung.»[192] Einfach, aber wirkungsvoll. So hast du deine Leser/-innen so weit, dass du die Zügel ein wenig anziehen und eine latente Drohung aussprechen kannst:

Sei also keine «Internet-Eva». – WTG[193]

Mit ein bisschen Glück wird der Begriff «Internet-Eva» zu einem geflügelten Wort unter Zeugen Jehovas, eine fragwürdige Auszeichnung, mit der Glaubensgeschwister bedacht werden, die unpassende Webseiten verbreiten. Kein Zeuge Jehovas wird eine «Internet-Eva» sein wollen. Du hast dein Ziel erreicht: Deine Leserinnen sind erfolgreich darauf geprimt, in Zusammenhang mit dem Internet an Satan und den Sündenfall zu denken.[194]

Mittlerweile ist ein neues Jahrzehnt angebrochen. Websites, die die Fehler der Leitenden Körperschaft aufdecken, sprießen wie Pilze aus dem Boden. Du erfährst, dass sich immer mehr Zeugen mit diesen Inhalten auseinandersetzten. Gleichzeitig mehren sich negative Berichte über die Wachtturm-Gesellschaft in den Medien. Du musst etwas tun.

Es ist so: Der Versuch, deine Organisation gegen Angriffe aus dem Internet abzuschotten, ist eine fortlaufende Kampagne. 2012 veröffentlichtest du einen Studienartikel mit dem sehr suggestiven Titel *«Strahlen wir die Herrlichkeit Jehovas wider?»* Damit appellierst du an die niedersten Instinkte eines jeden

Zeugen Jehovas, dessen Wunsch das natürlich ist. Der entscheidende Abschnitt ist der folgende:

> Es bringt nichts, die Argumente von Abgefallenen oder anderen, die Jehovas Organisation kritisieren, widerlegen zu wollen. Es wäre falsch, ja gefährlich, etwas von ihnen zu lesen, sei es auf Papier oder im Internet. – WTG[195]

«... Oder anderen, die Jehovas Organisation kritisieren [...] im Internet.» Kritik, Jehova, Internet. Drei Primer, die bei treuen Zeugen Jehovas die entsprechende Assoziationskette auslösen. Und natürlich gaukelst du durch das unverbindliche «wäre» eine Freiwilligkeit vor. Dieses Prinzip setzt du in ähnlichen Artikeln fort.[196] Zum Beispiel im *Wachtturm* vom 15. Dezember 2013:

> Es ist damit zu rechnen, dass Menschen, die unter dem Einfluss des Teufels stehen, künftig noch hinterhältiger sein werden, besonders denen gegenüber, die für die wahre Anbetung eintreten. Mitunter finden sich in den Medien irreführende Behauptungen und glatte Lügen über Jehovas Diener und ihre Glaubensansichten. Unwahrheiten werden durch Schlagzeilen, Fernsehdokumentationen und Internetseiten verbreitet. Deshalb sind manche verwirrt und fallen leichtgläubig auf solche Lügen herein. – WTG[197]

Keiner deiner Jünger möchte leichtgläubig, eine «Internet-Eva» sein. Und du, die Leitende Körperschaft, gehst natürlich mit gutem Beispiel voran. Im *Jahrbuch* von 2011 berichtest du über die Arbeit der Schreibabteilung:

Zwar ist über das Internet eine Fülle von Informationen schnell und bequem zugänglich, doch wir verlassen uns bei unseren Nachforschungen weder auf Blogs noch auf nicht ausreichend belegte Webinhalte, die anonym oder von unqualifizierten Leuten verfasst wurden. So macht zum Beispiel die Online-Enzyklopädie Wikipedia in der englischsprachigen Ausgabe darauf aufmerksam, dass einige Artikel auf ihrer Website «bedeutsame Falschinformationen» sowie «einer Enzyklopädie unwürdige Inhalte und Vandalismus» enthalten. Und weiter heißt es: «Benutzer sollten sich dessen bewusst sein.» Die Schreibabteilung hält sich daher an Standardnachschlagewerke, an Artikel, die von anerkannten Experten verfasst wurden, und an Bücher aus angesehenen Verlagshäusern. – WTG[198]

Es ist völlig egal, dass du die Zitate aus ihrem Zusammenhang reißt, denn: Du hast dein Ziel erreicht. Jahrelang hast du den Zeugen Jehovas erzählt, dass sie Satan mittels des Internets zu verführen versucht. Du hast ihnen beigebracht, dass auf Internetseiten Kritik und Unwahrheiten über die Wachtturm-Gesellschaft verbreitet werden. Du hast ihnen gesagt, dass sie «Internet-Evas» sind, wenn sie den kritischen Behauptungen im Internet trauen. Und jetzt zitierst du Wikipedia selbst mit den Worten, dass ebendieser Wikipedia nicht immer zu trauen ist. Ein, wie man im Baseball sagt, Home Run. Wieso?

In der Wikipedia gibt es mindestens 16 deutschsprachige Artikel, die sich explizit mit den Zeugen Jehovas und der Wachtturm-Gesellschaft auseinandersetzen, und noch viel mehr, in denen sie vorkommen. In englischer Sprache gibt es weit über 50 Artikel. Von Artikeln in anderen Sprachen ganz zu schweigen. Fast alle Seiten befassen sich auch kritisch mit der Wachtturm-Gesellschaft und den Zeugen Jehovas und zitieren dabei seriöse Quellen. Treue Zeugen Jehovas, die sich mit diesen Artikeln auseinandersetzen, könnten anfangen, zu zweifeln. Doch durch deine jahrelange Kampagne gegen das Internet, seriöse Medien, Webseiten von Abtrünnigen und durch das Diffamieren der Wikipedia hast du deine Jünger erfolgreich sensitiviert.

Herzlichen Glückwunsch. Du hast die erfolgreichste Firewall der Welt gebaut.

Kein Blick hinter den Vorhang

So in etwa. So funktioniert das. Und darauf fallen Leute rein?, fragst du ungläubig. Ja, das kann ich bestätigen. Aus Erfahrung. Ich bin auf dieses System hereingefallen. Deine Verwunderung kann ich verstehen. Wenn man dahinter blickt, ist es erstaunlich plump und durchschaubar. Aber wenn man drinsteckt …

Es ist ja so: Man will ja *unbedingt*, dass es wahr ist. Man *will* glauben. Sonst war alles umsonst, hat man womöglich wertvolle Lebensjahre, Lebensjahrzehnte verschwendet. Dieser Gedanke ist für viele unerträglich. Wie mein Vater immer sagte: «Ours is not to reason why.» Nicht nachdenken – machen. So etwas kennt man ja nicht nur bei den Zeugen Jehovas.

———

Einer Gruppe Menschen werden sensationelle, fast schon unwahrscheinliche Renditen für ihre Investition versprochen. Sie überantworten ihr Erspartes einem Manager. Den ersten Anlegern werden Renditen ausgezahlt. Begeistert legen sie erneut ihr Geld an. Auch andere werden neugierig und möchten investieren. Diesmal bleibt die erhoffte Rendite aus. Der Manager vertröstet seine Investoren, er hält sie hin, vielleicht durch schicke Partys, vielleicht durch kleinere Auszahlungen. Er spielt die Anleger gegeneinander aus; wer murrt, wer zu kritische Fragen äußert, wird von den anderen Anlegern zur Vernunft gebracht. Doch immer mehr schöpfen Verdacht. Der Manager gibt vor, reinen Tisch zu machen, doch er bräuchte noch einmal eine Investition seitens der Anleger, um gewisse Dinge zu regeln, außerdem habe er eine sensationelle Anlagemöglichkeit aufgetan. Seine Anleger sind skeptisch, aber was sollen sie tun. Bereitwillig geben sie ihm erneut Geld, noch größere Summen, sie nehmen eine Hypothek auf ihr Haus auf, pumpen Verwandte und Freunde um Geld an, sie tun alles, weil sie nicht diejenigen sein wollen, die diese Chance verpassten. Und sie werden es wieder tun, immer und immer wieder werden sie ihm Geld geben, bevor es viel zu spät ist, bevor sie viel zu spät merken, dass sie einem Hochstapler aufgesessen sind. Irgendwann muss man doch mal Glück haben.

———

Ein Bibelforscher will das Datum des Weltuntergangs herausgefunden haben. Seine Jünger frohlocken. In freudiger Erwartung stürzen sie sich in den Missionsdienst, um so viele Menschen wie möglich zu retten. Das Datum verstreicht und nichts passiert. Ein paar wenden sich ab, aber die Mehrheit bleibt nicht nur dabei, nein, sie verdoppelt ihren Eifer, in noch freudigerer Erwartung der kommenden Ereignisse. Wieder passiert nichts, aber die Jünger sind beruhigt, denn es gibt neue Erkenntnisse:

Jetzt wisse man es mit Sicherheit. Die Jünger bleiben dabei, sie missionieren weiter, geben lukrative Jobs auf, verzichten auf Kinder, bleiben ledig, manche verkaufen gar Hab und Gut, um bereit zu sein für den Tag X. Der wieder nicht kommt. Manche schöpfen nun Verdacht, aber wer Kritik äußert, wird schnurstracks auf Linie gebracht oder rausgeschmissen. Es sind nicht viele, die überzeugt werden müssen. Die Mehrheit macht vorbehaltlos weiter. Irgendwann muss man doch mal Glück haben. Sie klammert sich an Versprechungen, die immer vager werden, aber sie bleiben Versprechungen, und man macht weiter, die erhoffte Rendite ist einfach zu verlockend, und wenn man jetzt, so kurz vor Toresschluss, alles hinschmiss, und dann würden die Versprechungen doch wahr, ja, da sähe man ziemlich blöd aus, oder. Oder? Irgendwann muss man doch mal Glück haben.

———

Als die Ratte das erste Mal den Hebel betätigte, erhielt sie eine Belohnung. Auch beim zweiten Mal. Das merkte sie sich. Beim dritten Mal jedoch fällt nichts aus dem Schacht. Auch beim vierten Mal nicht. Aber die Ratte gibt nicht auf. Sie drückt weiter. Den Hebel zu drücken, bedeutet eine Belohnung zu erhalten, das hat sie gelernt. Von den Misserfolgen lässt sie sich nicht abhalten. Irgendwann muss sie doch Glück haben.

Dieses Phänomen der operanten Konditionierung, das Burrhus Frederic Skinner am Beispiel der Ratte in der nach ihm benannten Skinner-Box erforschte, nennt man die intermittierende Verstärkung. Je seltener und unregelmäßiger die Verstärkung erfolge, erklärt Simone Rothgangel in ihrem Buch *Medi-*

zinische Psychologie und Soziologie, desto schwerer werde dieses Verhalten wieder abgebaut. Die intermittierende Verstärkung führe zu einem langfristigen Aufbau des Verhaltens.

Für mein Buch unterhielt ich mich mit dem Münchener Diplom-Psychologen Dieter Rohmann, der seit 30 Jahren im Bereich totalitärer Bewegungen aufklärend und beratend tätig ist. Unter anderem frage ich ihn, ob man bei den Zeugen Jehovas von einer Art Gehirnwäsche ausgehen könnte. Seine Antwort:

Man sollte nicht von Gehirnwäsche sprechen. Denn das trifft so nicht zu. Allerdings sollte man von Bewusstseinskontrolle sprechen. Diese beinhaltet die absolute Kontrolle des persönlichen Verhaltens, der Informationen, der Gedanken und der Emotionen eines Menschen durch eine fremdbestimmende, totalitäre Bewegung. Eine sogenannte Sekte beziehungsweise einen Kult. Gehirnwäsche funktioniert nur über einen äußerst kurzen Zeitraum. Das «Programm» hält nicht dauerhaft an. Bewusstseinskontrolle dagegen schon. Der wesentliche Unterschied ist wohl, dass die Bedeutung der Emotion im Kult (Bewusstseinskontrolle) sehr viel größer ist. Bei der Gehirnwäsche spielt Emotion kaum eine Rolle und ist deshalb flüchtig.

Im Diagnostischen und Statistischen Handbuch Psychischer Störungen (DSM-IV) der American Psychiatric Association gibt es unter *«Andere Klinisch Relevante Probleme»* die Kategorie V62.89 (Z71.8) Religiöses oder Spirituelles Problem. Aus der Kurzbeschreibung: «Beispiele sind belastende Erfahrungen, die den Verlust oder das Infragestellen von Glaubensvorstellungen nach sich ziehen, Probleme im Zusammenhang mit der Konvertierung zu einem anderen Glauben oder das Infragestellen spiritueller Werte, auch unabhängig von einer organisierten Kirche oder religiösen Institution.»[199] Vielleicht hat ein Glaube seine Kompetenz überschritten, wenn der Verlust oder das Infragestellen zu einem klinisch relevanten Problem wird.

———

Viele Jahre nach meinem Ausstieg begann ich, das System Wachtturm zu begreifen, erblickte ich endlich den Mann hinterm Vorhang. Aber so weit war ich noch lange nicht. Ich war noch ein Kind. Dass *das alles* nicht die Wahrheit sein könnte, diese Möglichkeit kam mir nicht in den Sinn. Und überhaupt: Ich hätte ohnehin nie einen Blick in das Buch von Raymond Franz oder einem anderen «Abtrünnigen» gewagt. Schließlich war es uns damals auch schon verboten, Literatur von «Abtrünnigen» zu lesen.[200]

Wir sollten bloß keine Zweifel zulassen, eine solche Neigung sollten wir bekämpfen. Ließen wir die Zweifel in unserem Herzen herumlungern, könnten sie schon bald anfangen zu «eitern», und das könnte unseren Glauben zerstören. Wir sollten uns mit unseren Zweifeln unbedingt an die Ältesten wenden, die uns helfen könnten, zu begreifen, dass unsere Zweifel unserem eigenen Stolz und falschem Denken geschuldet sein könnten. Wichtig sei, dass wir uns nicht über die Versammlung beschwerten oder unsere Unzufriedenheit zum Ausdruck brächten.[201]

Diese Bevormundung lassen sich mittlerweile nicht mehr alle gefallen. Die in ihrer Rhetorik und ihren schonungslosen Reformbestrebungen fast schon militante Züge tragende Splittergruppe von aktiven Ältesten rund um die Website *Bruderinfo* ist eine Gemeinschaft innerhalb der Zeugen Jehovas, die sich der Bibel stärker verpflichtet fühlt als der Organisation. Die Gruppe, allesamt bekennende Zeugen Jehovas, analysiert und deckt kompromisslos, aber immer konstruktiv auf, was ihrer Sicht nach in der Wachtturm-Gesellschaft alles falsch läuft. Die Autoren schreiben und agieren anonym, sozusagen *im Untergrund*, da ihnen der Ausschluss aufgrund von Abtrünnigkeit droht, weil sie «Gott, dem Herrscher, mehr gehorchen als den Menschen». Nicht nur das: Es wurde mir zugetragen, dass in einigen Versammlungen Zeugen Jehovas mit einem Gemeinschaftsentzug gedroht wurde, wenn sie sich mit der Website der dissidenten Zelle beschäftigten. Konstruktive Kritik ist nicht willkommen, auch dann nicht, wenn sie von eifrigen Mitgliedern stammt.

———

Ich weiß nicht mehr genau, wann meine Zweifel erstmals einsetzten. Was ich aber noch weiß: Die Lehre der Zeugen Jehovas war für mich sehr lange eine Tatsache. Während meiner Zeit bei den Zeugen Jehovas habe ich die Machenschaften der Leitenden Körperschaft nicht durchschaut, sind mir die eindeutigen Muster nicht aufgefallen. Natürlich stolperte ich manchmal über die seltsame Wachtturm-Sprache. Doch die erschreckende Wahrheit ist: Es gab eine Zeit in meinem Leben, da hätte dieses Hintergrundwissen keinen Unterschied gemacht. All das zu wissen, hätte vermutlich nichts geändert. Wie meine Eltern hätte ich die Verantwortung an mein eigenes Gottvertrauen delegiert, ich hätte den Fehler bei mir gesucht. Wie meine Eltern hätte ich der Leitenden Körperschaft zugestimmt, wäre überzeugt gewesen, dass ihr Verhalten in der Franz-Krise richtig gewesen war. Und ich hätte weitergemacht. Schließlich hatte ich im *Wachtturm*-Studium gelernt, dass es normal war, wenn ich die eine oder andere Entscheidung der Leitenden Körperschaft nicht nachvollziehen konnte. Den ersten Christen war es nicht anders ergangen. Ich durfte nicht vergessen: Jesus Christus steckte hinter diesen Entscheidungen, und selbst wenn uns verwirrte, was unter seinen Jüngern hier auf der Erde in der Organisation geschah – es hatte immer einen Grund und war im Einklang mit seinem Plan.[202]

«Ours is not to reason why.»

So hätte ich mir selbst die Franz-Krise schönreden können. So habe ich mir das ausbleibende Harmagedon schöngeredet. Und so haben sich meine Eltern vermutlich bis heute alles schöngeredet, was sie nicht verstehen.

Ich habe mich an das gehalten, was man mir sagte. Nicht immer, weil ich wollte oder weil ich es verstand. Sondern oft auch einfach nur, weil ich Angst hatte.

Kapitel 6

Das System Wachtturm, Teil 2

Fear of the Dark

Egal, was die Leitende Körperschaft sagte: Es gab eigentlich keinen Film, den wir Jugendliche nicht schauten. Egal, wie viel Blut vergossen, wie viel geflucht oder gevögelt wurde – wenn wir auf einen Film Lust hatten, schauten wir ihn an. Unsere Gewissen waren ziemlich flexibel. Es kam bloß darauf an, mit *wem* man ihn schaute.

Eigentlich gab es nur eine Sorte Film, auf die sich niemand von uns einließ: okkulte, spiritistische, satanische, dämonische Filme. Filme mit Geistern, Exorzismen, Beschwörungen. Von denen ließen wir die Finger. Wir wollten uns keine Dämonen ins Haus holen. Dämonen waren unser größter Albtraum:

Seit die bösen Engel «ihre ursprüngliche Stellung» [als Engel Jehovas] einbüßten, fördern sie als Komplizen Satans seine Interessen. Die Dämonen können sich seither nicht mehr materialisieren. Doch es gelingt ihnen, Männer und Frauen zu verschiedenen sexuellen Perversitäten zu verleiten. Dämonen sind auch damit beschäftigt, die Menschen durch Spiritismus wie durch Zaubersprüche, Wodu und Geistermedien zu täuschen. – WTG[203]

———

Ich hasse Achterbahnen. Wenn es sich vermeiden lässt, springe ich weder mit einem Fallschirm aus einem Flugzeug noch an einem Seil von einer Brücke. Horrorfilme müssen auch nicht sein. Ich habe gern meine Ruhe. Ich gehöre nicht zu den Menschen, die regelmäßig einen positiven Erregungsgipfel, sprich: den Kick suchen. Viele Menschen lieben den Adrenalinstoß. Nicht umsonst nennt man wagemutige Menschen häufig Adrenalinjunkies. Das ist überhaupt nicht meins.

Vor allem Geisterbahnen habe ich nie gemocht. Ich lebte ja in einer. Das von der Wachtturm-Gesellschaft erschaffene Universum ist voller heiliger Geister, Teufel und Dämonen. Die schaurigste Bibelgeschichte, die ich je las, war die von dem Mann im Land der Gerasener. Ich kannte sie aus einer Artikelreihe, in der das Leben und Wirken Jesu Christi kindgerecht aufgearbeitet wurde. In einer Folge ging es um einen armen Teufel, der Tag für Tag durch die Grüfte irrte, nackt und von Sinnen. Die Anwohner versuchten ihn zu fesseln, doch seine übermenschlichen Kräfte sprengten jede Kette. Nachts fiel er durch sein Geschrei und sein autoaggressives Verhalten auf. Der Mann war gleich von einer ganzen Horde Dämonen besessen, die sich «Legion» nannte und ihn tagein, tagaus quälte. Als Jesus auf ihn traf, bekamen es die Dämonen mit der Angst zu tun. Sie baten Jesus, sie nicht zu vertreiben. Was natürlich ein Dilemma war, weil Jesus sie ja schlecht in dem Mann lassen konnte, schließlich waren Dämonen Feinde. Die Dämonenbande schlug einen Kompromiss vor: In der Nähe weidete eine große Herde Schweine. Jesus möge die Dämonen von ihnen Besitz ergreifen lassen. Jesus dachte kurz nach. Es war das Jahr 1 nach Christus. Es würde noch knapp 1979 Jahre dauern, bis

PETA auftauchte. Bis dahin wäre er längst weg. Was soll's, dachte Jesus. Er schlug ein. Die Dämonen verließen den Mann, fuhren in die Schweine und brachten alle zweitausend dazu, sich von den nahen Klippen ins Meer zu stürzen. Wie es im Markus-Evangelium so schön heißt: «Und sie, eines nach dem anderen, ertranken im Meer.»[204]

———

Solche Geschichten bekamen wir Kinder regelmäßig zu hören. Und nicht nur solche: Unter den Brüdern und Schwestern kursierten die aberwitzigsten Schauermärchen. Mein Vater hatte eine ganze Reihe von urbanen Zeugen-Jehovas-Legenden auf Lager, von fliegenden Gegenständen über sich selbst öffnende Fenster bis hin zu Menschen mit akutem Kontrollverlust war alles dabei. Unter den Glaubensgeschwistern ging das weiter. Irgendwer kannte immer irgendwen, der irgendetwas «Spiritistisches», «Dämonisches», «Satanisches», Übernatürliches, Grusliges erlebt hatte. Ein Bruder habe sich ein Stephen-King-Buch gekauft und nachts habe das Licht geflackert. Im Predigtdienst sei man im Haus einer Wahrsagerin gelandet, und als man die Bibel aus der Tasche geholt habe, sei ein Wind durch die geschlossenen Räume gerauscht. Wiederholt wurde mir abgeraten, etwas auf dem Flohmarkt zu kaufen, schließlich kannte ich die Quelle nicht, ich könnte mir unfreiwillig die Dämonen ins Haus holen. Wenn man diesen oder jenen Song rückwärts abspielte, sei eine satanische Botschaft zu hören. Auf keinen Fall solle man Filme wie *Das Omen*, *Rosemaries Baby* oder *Der Exorzist* gucken, egal, ob vorwärts oder rückwärts, man fordere das Schicksal ja geradezu heraus. H. P. Lovecraft ging gar nicht, John Sinclair auch nicht und die Lektüre von Tolkien war etwas, worüber man öffentlich nicht sprach. «*Hotel California*» von den Eagles war eindeutig ein Song über das traute Heim Beelzebubs. Chris de Burgh habe bei einem Konzert angeblich anwesende Zeugen Jehovas aufgefordert, den Konzertsaal zu verlassen, damit er seine Gitarre von Geisterhand spielen lassen konnte. Manches war Gewissenssache und führte zu Diskussionen wie dem *Star-Wars-Star-Trek*-Dialog. Manche Dinge waren offensichtlich. Der Film *Ghostbusters*, zum Beispiel, allein schon der Titel, da gab es einfach keinen Spielraum. Und manchmal reichte die simple Möglichkeit einer versteckten Symbolik, um etwas zu verdammen. Wie beispielsweise im Film *E. T.* Ihm wurde unterstellt, eine Jesus-Christus-Allegorie zu sein. Aus mir unbekannten Gründen war das *nicht gut*, und Dinge, die *nicht gut* waren, konnten einem offenbar ebenso Dämonen ins Haus holen. Die Geschichten waren Legion wie der Dämon aus der Bibel, die Pointe jedoch immer dieselbe: Die Dämonen warteten nur darauf, uns zu quälen. Eigentlich hatten wir keine Chance.

———

Mein Vater führte ein Heimbibelstudium mit einem britischen Soldaten durch, der seinen eigenen Schnaps brannte, Mitglied der Freimaurer war und eine riesige Schallplattensammlung besaß. Ich war zu der Zeit noch ein Kind im Grundschulalter. Ein paar Mal nahm mein Vater mich zu den Bibelstudien mit. Als wir einmal ankamen, dröhnte aus der Wohnung des Soldaten laute Musik. Ich war fasziniert. Gebannt lauschte ich diesen wunderlichen Klängen, während wir uns auf sein Sofa setzten und unsere Bibeln hervorholten.

Ich hatte zuvor nie Heavy-Metal-Musik gehört. Ich hatte nur *von* ihr gehört, und zwar in den Zeitschriften der Wachtturm-Gesellschaft. Heavy-Metal-Musik, hatte es da geheißen, sei «satanisch», es gäbe gar Bands, die *Gottesmord* hießen, und angeblich habe ein Junge seine Mutter erstochen und sich anschließend umgebracht, nachdem er Heavy-Metal-Musik gehört hatte. Unschön.

Während uns der Soldat einen Tee zubereitete, hörte ich dieser wilden Musik zu und fand immer mehr Gefallen an ihr. Ganz besonders spannend fand ich das Cover der Schallplatten: ein lustiges Monster mit irren Augen und Knochenschädel, das mich irgendwie an die Dämonen-Fratzen aus den Publikationen der Wachtturm-Gesellschaft erinnerte, bloß freundlicher. Als der Soldat mit dem Tee zurückkehrte, begann ein neues Lied. Eine unheimliche Stimme erzählte von irgendeinem Verständnis und der Zahl eines gewissen wilden Tieres.[205] Und dann brach aus den Lautsprechern die Hölle los. Ich wurde ins Sofa gepresst. Genau *so* hatte ich mir immer den Start eines Flugzeugs vorgestellt.

Was das sei, wollte mein Vater wissen.

Die Bibel, sagte der Soldat und deutete auf die Bibel in meinem Schoß, das Zitat sei aus dem Buch der Offenbarung.

Nein, *das*, erwiderte mein Vater und zeigte auf die Lautsprecher.

Iron Maiden, sagte der Soldat, das sei Heavy Metal.

Ob er das bitte ausmachen könne, fragte mein Vater, wir würden *so etwas* nicht hören.

Doch das Kind war in den Brunnen gefallen. Ich hatte Heavy Metal gehört. Satanische Musik. Jetzt hatte ich mir ganz bestimmt einen Dämon eingefangen und würde meine Mutter erstechen. Ich blickte mich um. Überall waren Poster von Iron Maiden und von Heavy Metal. Überall war das Monster mit den irren Augen und dem Knochenschädel, das jetzt längst nicht mehr so freundlich wirkte. Das musste ein Dämon sein, schließlich hatte die Wachtturm-Gesellschaft mir gesagt, dass Heavy Metal dämonisch sei.

Und so kam es, dass der arme Eddie, das lustige Maskottchen der Band *Iron Maiden*, ganz ohne eigenes Verschulden zu meiner kindlichen Vorstellung eines Dämons wurde. Als wir nach dem Bibelstudium die Wohnung verließen, achtete ich darauf, dass kein Eddie in meine Predigtdiensttasche geklettert war. Auf dem Heimweg blickte ich mich ständig um, in der Angst, ein Eddie könnte irgendwo lauern. Und als wir zu Hause waren, kniete ich mich vor mein Bett und betete zu Jehova, er möge mich mit Eddie und allen anderen Dämonen verschonen, ich habe doch nicht absichtlich Dämonenmusik gehört, ich habe nichts dafür gekonnt.

———

In meiner kindlichen Naivität war ich dem Marketing der Zeugen Jehovas auf den Leim gegangen. Satan und seine Dämonen sind das liebste Schreckgespenst der Wachtturm-Gesellschaft. Was lustig ist, weil die Zeugen Jehovas nicht an die Hölle glauben. Dabei beschreibt die Wachtturm-Gesellschaft die gängige Vorstellung der Hölle als einen «von Dämonen bevölkerte[n] Ort».[206] Schon als Kind wusste ich: Es gibt keine Hölle. Man lehrte mich, dass die Dämonen stattdessen hinter jeder Ecke lauern könnten. Mit der Hölle konnte man uns natürlich keine Angst machen. Die Hölle war ja unser Alltag: ein von Dämonen bevölkerter Ort.

Man musste ständig auf der Hut sein, die Gefahr drohte überall. Man wusste nie so recht, wann der nächste Dämon auftauchen würde. Und wenn man erst mal einen im Haus hatte, wurde man den so schnell nicht wieder los. Man brachte mir bei: Religiösen Aberglauben gibt es bei den Zeugen Jehovas nicht. Abergläubisch sind nur die anderen, die von den falschen Religionen. Man brachte mir auch bei, dass es wichtig war, gewisse Dinge, Orte, Handlungen zu vermeiden. Allem, was «spiritistisch» sein könnte, aus dem Weg zu gehen, weil solche Dinge, Orte und Handlungen Portale in die Welt der Dämonen waren. Solch ein Portal wollte man einfach nicht öffnen.

Alles konnte ein Portal sein. Von Offensichtlichem wie einer Geisterbeschwörung mittels eines Ouija-Brettes bis hin zu etwas Banalem: ein Lied, ein Film, ein Buch. Selbst harmlose Dinge wie imaginäre Freunde oder Kuscheltiere, die zum Leben erwachen, normale Produkte der kindlichen Phantasie, bekamen so einen negativen, paranormalen, bedrohlichen Anstrich. Da der Teufel schon einmal durch eine Schlange gesprochen hatte, argumentierte ein besonders eifriger Bruder, sei es nicht auszuschließen, dass er auch andere Reptilien als Botschafter verwendete, oder warum konnten diese komischen Schildkröten reden?! Damit hatten sich dann auch die äußerst populären *Teenage Mutant Hero Turtles* für mich erledigt. Die Unbekümmertheit war weg. Nach und nach jagten mir solche Dinge immer mehr Angst ein. Selbst das harmlose Flaschendrehen hielt ich lange Zeit für ein dämonisches Spiel: Wie den Zeiger beim Ouija-Brett bewege ein Geist die Flasche, das war lange Zeit mein Irrglaube. Erst viel später begriff ich, dass es bloß eine Variante und Erweiterung des Spiels *Wahrheit oder Pflicht* war, ein Spiel, das ich sehr gern hatte, weil es viel zu lang die einzige Gelegenheit war, ein Mädchen zu küssen.

Manche Zeugen nahmen das ernster, andere weniger. Und einige vergaloppierten sich in ihrem inquisitorischen Eifer. Ich erinnere mich an ein besonders skurriles Erlebnis nach einem Kongress in der Kongresshalle in Möllbergen. Ich war noch ein Teenager und trug eine Baseballmütze, da meine Eltern meinen Bruder und mich zum freiwilligen Putzdienst angemeldet hatten und ich mich umgezogen hatte. Wir standen mit anderen Zeugen Jehovas am Auto herum, und ein besonders klugscheißender Glaubensbruder fragte mich im Beisein meiner Eltern, ob ich denn nicht wüsste, dass das Symbol auf meiner Baseballmütze dämonisch sei. Meine Eltern horchten auf. Doch bevor ich irgendetwas sagen konnte, lachten ihn die anderen Zeugen-Jehovas-Jugendlichen aus. Er sei ein Trottel, sagten sie. Das sei kein satanisches Symbol, das sei das Logo der New York Yankees!

Trotz solcher gelegentlichen Fettnäpfchen war für uns alle Konsens: Mit Okkultem spielte man nicht. Es war zu gefährlich. Dämonen betrachteten wir als reelle Gefahr. Als Mel Gibson *Die Passion Christi* drehte, wurde Hauptdarsteller Jim Caviezel vom Blitz getroffen, während er die Bergpredigt nachspielte. Und der hatte Jesus gespielt. Was würde erst passieren, wenn man mit dem Feuer spielte und Satan, Dämonen, Geister herausforderte? Sie waren sogar stärker als Jehovas Engel. In einer Zusammenkunft hatte ich die Geschichte von dem Engel gehört, der Daniel im babylonischen Exil eine Nachricht Gottes bringen sollte. Er verspätete sich. Warum?

> Als Erklärung, warum er nicht schon früher gekommen sei, sagte der Engel: «Der Fürst des königlichen Reiches Persien leistete mir einundzwanzig Tage lang Widerstand» (Daniel 10:2, 13). Wer war dieser «Fürst» von Persien? [...] Dieser feindliche «Fürst» von Persien kann nur ein Handlanger des Teufels gewesen sein, ein Dämon, der im Auftrag Satans den Bereich des Persischen Reiches kontrollierte. Der Engel Gottes sagte später, er würde noch ein zweites Mal gegen den «Fürsten von Persien» kämpfen müssen und auch gegen den «Fürsten von Griechenland», einen weiteren mächtigen Dämon (Daniel 10:20). [...] Es gibt tatsächlich unsichtbare «Weltbeherrscher», mächtige Dämonen, die sich unter der Herrschaft Satans, des Teufels, die Kontrolle über die Welt teilen. – WTG[207]

Das. War. Krass. Denn ich wusste auch, aus einer anderen Geschichte, dass ein einziger Engel Jehovas binnen eines Tages einmal über 180 000 Soldaten erledigt hatte. Wenn Jehovas mächtige Engel 21 Tage brauchten, um an einem Dämon vorbeizukommen, wie stark waren diese dann bitte erst? Wie viel waren 21 x 180 000? Ich wollte den Gedanken nicht zu Ende denken, aber ich wurde den Verdacht nicht los, mich für die falsche Seite entschieden zu haben.

———

Angst ist der Eckpfeiler der Zeugen-Jehovas-Lehre. Die Angst vor Harmagedon, vor einem schlechten Gewissen, vor einem allsehenden Gott; die Angst davor, Gott zu enttäuschen, das Paradies zu verpassen, sich einen Dämon einzufangen: all das hält einen Zeugen Jehovas auf Trab und ist der ständige Begleiter im Alltag.

Der amerikanische Pädagoge Steven Hassan entwickelte das BITE-Modell, anhand dessen sich das Gefahrenpotenzial einer Bewusstseinskontrollgruppe oder einer Sekte einschätzen lässt. BITE steht für «Behavior, Information, Thought und Emotional Control», zu deutsch: Verhaltens-, Informations-, Gedanken- und Gefühlskontrolle. Den Mitgliedern Angst einzuflößen, ist ein integraler Bestandteil der Gefühlskontrolle, die die Zeugen Jehovas ausüben. Als Zeuge Jehovas wird man auf unzählige Worte geprimt. «Paradies», «Gottes Liebe», «Organisation», «Versammlung» – alles Wörter, die eine positive Assoziation oder Handlung auslösen. Schlagworte wie «Satan», «Gefahr», «Teufel», «Böse», «Dämonen» oder «Sünde» hingegen, die in fast jeder Wachtturm-Publikation auftauchen, primen die Mitglieder darauf, stets wachsam und ängstlich zu bleiben, was wiederum dafür sorgt, dass man nah bei der Organisation bleibt. Im 2008 erschienenen, euphemistisch betitelten Buch *Bewahrt euch in Gottes Liebe* kommt das Wort «Satan» 88-mal vor, das Wort «Teufel» 39-mal. Jede Erwähnung löst bei den Leserinnen und Lesern eine entsprechende unterbewusste Reaktion aus.

Eine Broschüre der Wachtturm-Gesellschaft aus dem Jahr 1991, die zu meiner Zeit sehr populär und bei Drucklegung des Buches auf der englischen Homepage der Zeugen Jehovas noch immer zum Download verfügbar war, war in meiner Kindheit das Nonplusultra an Horrorliteratur, das in der Bibliothek eines jeden Zeugen-Jehovas-Haushalts zu finden war. Diese Publikation über Okkultismus war das Schrecklichste, was ich je in meiner Kindheit zu lesen bekam – ich war 10 Jahre alt, als sie veröffentlicht wurde. Neben den stereotypen Schauermärchen aus stereotyp dargestellten exotischen Ländern waren es vor allem die furchterregenden Illustrationen, die mich nächtelang verfolgten. Es fing mit dem Cover an, auf dem die Hexe von Endor angsterfüllt auf den Geist des toten Samuel starrt. Es ging innen weiter mit dem schwarzafrikanischen Mann mit den geweiteten Augen, der angsterfüllt den Geist seines toten Großvaters erblickt. Wenn ich im Bett lag, sah ich immer wieder die schauderhaften Dämonenfratzen, die auf Seite 11 der Broschüre diabolisch grinsend über Hiob schwebten; darunter eine weitere Illustration, die einen armen Kerl zeigte, der von Dämonen verrenkt und geviertelt wird. Das Gleiche galt für die grünen, aber nicht minder entsetzlichen Dämonenfratzen auf Seite 12, die Puppenspielern gleich mit ihren tanzenden Fingern einen Mann dazu brachten, seine Pistole abzufeuern. Auf derselben Seite las ich, dass Dämonen heutzutage die Menschen im Schlaf heimsuchen und ihnen Albträume bescheren. Wenn ich nachts nicht schlafen konnte, wusste ich so: Die Dämonen waren da.[208] Eddie hatte seine grünen Freunde mitgebracht.

Eine ständige akute Bedrohungslage. Das Gefühl zwischen zwei Loopings. Während das Flugzeug startet. Bevor der Serienkiller sich offenbart. Ein Leben, unterlegt mit der Musik aus Psycho. In Dauerschleife. Die amerikanische Psychologin Dr. Marlene Winell hat auf Basis der posttraumatischen Belastungsstörung das «Religious Trauma Syndrome» entwickelt.

Die Symptome ähneln sich. Man muss kein Psychologe sein, um das nachvollziehen zu können.

Stress in Maßen ist gesund. Er stärkt uns. Durch die Belastung entwickeln wir uns weiter. Auf Dauer jedoch zermürbt einen das Adrenalin wie jedes andere Suchtmittel.[209]

———

Manchmal frage ich mich, wie die Ältesten der Zeugen Jehovas mit einem Glaubensmitglied umgehen, das von den Symptomen einer Wahnvorstellung oder einer Psychose berichtet. Ich will gar nicht wissen, wie vielen Zeugen Jehovas medizinische und therapeutische Hilfe verwehrt blieb, weil man ihnen fälschlicherweise Dämonen andichtete. Zu meiner Zeit machte man keine Therapien. Ein Ältester sagte einmal in einem Vortrag: Kein Psychiater kann etwas, was nicht auch ein gutes Gebet hinbekommt.

An dieser Mentalität hat sich scheinbar nichts geändert. In einem internen Schulungsvideo der Wachtturm-Gesellschaft für Älteste, das ein Whistleblower innerhalb der Organisation der Seite jwsurvey.org zukommen ließ, wird eine Situation nachgestellt, in der eine kürzlich verwitwete Zeugin Jehovas ihre Ältesten um Rat bittet. Sie sei so einsam und wisse nicht weiter. Es ist offensichtlich, dass sie an einer schweren Depression leidet. Zwei Älteste besprechen vorab, wie sie vorgehen wollen. Sie einigen sich darauf, die Schwester zu ermuntern, weiterhin eine «Bewahrerin der Lauterkeit» zu bleiben (Wachtturm-Sprache für eine treue Zeugin Jehovas). Den Ältesten beichtet die Schwester dann im folgenden Gespräch Selbstmordgedanken; sie habe sogar darüber nachgedacht, sich in ihrer Garage an Autoabgasen zu ersticken. Normalerweise der Moment, in dem man den Rat gibt, sich umgehend professionelle Hilfe zu suchen. Aber *das hier* ist nicht normal. *Das hier* ist ein offizielles Schulungsvideo der Wachtturm-Gesellschaft und das Best-Practice-Beispiel für Älteste, mit Gemeindemitgliedern zu verfahren, die Selbstmordgedanken hegen: Schritt 1: Wir greifen zur Bibel. Schritt 2: Wir vergleichen die depressive Person mit Hiob und seinen Schicksalsschlägen. Und wenn ich Schicksalsschläge sage, meine ich: Der größte Teil der Familie tot, Firma futsch, Krankheiten ohne Ende – alles das Ergebnis einer ziemlich kranken Wette zwischen Gott und dem Teufel. Wir lernen: Ist jemand depressiv, ist es immer eine gute Idee zu erwähnen, dass andere manchmal auch traurig sind. Und als Bonus erinnern wir die Person daran, dass wir bloß ein Spielball Gottes willkürlicher Launen sind. Schritt 3: Wir ermahnen die schwer depressive Person, Suizidwünsche (oder, wie die Ältesten sie nennen: «wilde Gedanken») ähnlich wie unzüchtige Gedanken zu behandeln und einfach zu verwerfen. Manchmal ist es so simpel! Schritt 4: Bevor man die Garage abdichtet und den Zündschlüssel umdreht, ist es hilfreich, ein Mantra zu beten, wie beispielsweise: «Ich bin eine Bewahrerin der Lauterkeit! Ich bin eine Bewahrerin der Lauterkeit!» Zudem könne man ein bisschen in den Psalmen lesen, weil es ja ein offenes Geheimnis ist, dass bedeutungsschwangere Lyrik immer hilft, wenn man gerade überlegt, von einer Brücke zu springen. Dankbar nimmt die Glaubensschwester diese Ratschläge an. Und während sie in die Küche verschwindet, um Kekse zu holen, blickt einer der Ältesten gen Himmel und flüstert: «Danke, Jehova.»

Ja, das ist mein Ernst. Beziehungsweise ihr Ernst, der der Wachtturm-Gesellschaft. Das habe ich mir nicht ausgedacht. Und es ist nicht das einzige Beispiel für den fahrlässigen Umgang der Leitenden Körperschaft mit den Themen Angst, Depression und Suizid. In der *Erwachet!*-Ausgabe vom April 2014 mit dem Titel *Warum weiterleben? Drei Gründe für ein Ja zum Leben* behauptet die Wachtturm-Gesellschaft, Selbstmord sei bloß eine Frage der Einstellung, und empfiehlt:

> Steckt man in einer scheinbar ausweglosen Situation, kann es sein, dass man den Lebenswillen verliert. Doch es gibt da gute Hilfen. Gebet. Das Gebet ist nicht einfach eine psychologische Krücke. Es ist auch nicht der letzte Ausweg, wenn man nicht mehr weiterweiß. Beten ist eine Möglichkeit, Jehova Gott etwas zu sagen, und ihm liegen wir Menschen am Herzen. – WTG[210]

So stellt sich die Wachtturm-Gesellschaft erfolgreiche Suizidprävention vor. Dabei wäre professionelle psychologische Hilfe für Zeugen Jehovas dringend nötig. In meiner Jugend kannte ich eine Menge Zeugen-Jugendliche, die ernsthaft über Selbstmord nachdachten. Ich gehörte dazu. Schon 1990 berichtete Dr. Jerry Bergman in seinem Buch *Jehovah's Witnesses and the Problem of Mental Health* über Depression und Suizide unter Zeugen Jehovas. Erst Anfang 2014 tötete ein gläubiger Zeuge Jehovas in South Carolina seine beiden Kinder und seine Frau, dann richtete er sich selbst.[211] Bei einer Umfrage von jwsurvey.org gaben über 85 Prozent der Zeugen Jehovas an, Glaubensgeschwister zu kennen, die Selbstmord begangen haben. Der Initiator der Umfrage berichtet in einem Artikel gar von einem Telefonat, in dem ein aktiver Ältester zu Protokoll gab, dass jeder Fünfte in seiner Versammlung Antidepressiva nimmt.[212] Die Selbstdarstellung und das Selbstverständnis der Wachtturm-Gesellschaft verhält sich dazu diametral. Zeugen Jehovas sehen sich gern als «glückliches Volk», das in einem «geistigen Paradies» lebt und seine Erfüllung im Dienste Jehovas findet. Dieser Dienst aber hinterlässt Spuren: Angefangen beim Leistungsdruck im Predigtdienst über den schmalen Grat zwischen Erfüllung aller theokratischen Pflichten und der Ernährung der Familie bis hin zur Unsicherheit, wann die Belohnung in Form von Harmagedon und das irdische Paradies denn endlich kommt. Diesem Druck hält nicht jeder stand. Eine Reportage des SWR aus dem Jahr 2004 berichtet vom *Paradies in Ketten* bei den Zeugen Jehovas aufgrund von «psychologischem Druck, Isolation, Entmündigung». Die Reportage zitiert aus dem Abschiedsbrief eines Ex-Zeugen, der sich das Leben genommen hatte: «Die Zeugen Jehovas haben mein Leben zerstört. [...] Mein Leiden und die Qualen waren zu groß. Ich konnte sie nicht mehr ertragen und war völlig verzweifelt und erschöpft.»[213]

Die Wachtturm-Gesellschaft ist eine Leistungsgesellschaft. Dabei: Es passiert nie etwas. Es droht bloß ständig etwas vorzufallen. Man ist gezwungen, immer auf Trab zu sein, die Spannung wird künstlich aufrechterhalten. Ein ständiger Stresstest. Mit einer künstlich hergestellten Dringlichkeit in Bezug auf den Predigtdienst, Äsop'sche Wolf-Rufe, was Harmagedon betrifft und: Dämonen. Wenn ich ins Bett ging, ließ ich ein Licht an, weil ich nachts im Dunkeln nicht schlafen konnte.

Die Menschen erfanden die Götter, weil sie eine Erklärung suchten für die Dinge, die ihnen Angst machten.

So erkläre ich mir persönlich das Entstehen von Religionen: Als die Suche nach einer Erklärung. Für die Sonne, für den Regen, für den Hagel und den Sturm, für die Schuld und für die Sühne, für die Sterne und das Meer, für das Leben, für den Tod. Die Dinge, das stellten die Menschen bald fest, konnte man mit ein wenig Glück beeinflussen, wenn man oft und viel gen Himmel betete. Der Sturm verstummte, das Leben gedieh. Wenn die Ernte ausblieb, betete man, und meist folgten auf dürre Jahre fruchtbare. Die Menschen dankten den Göttern. Aus Angst, die Gunst der Götter zu verlieren, behielten die Menschen ihre neuen Rituale bei. Niemand konnte beweisen, dass es nicht die Götter waren, die den Sturm schickten, den Hagel warfen, das Leben schufen, die Schuld sühnten.

Sie vererbten die Götter an ihre Kinder. Die Kinder gründeten Familien, aus Familien wurden Stämme. Manchmal kämpften die Stämme gegeneinander, und mit den Menschen starb ihr Gott, während der Gott der Siegreichen mächtiger wurde. Irgendwann fragte ein Kind, wie das mit dem Gott gekommen war. Es war schon immer so gewesen, antworteten die Schamanen, solange man denken konnte. Wo das Wissen aufhört, beginnt der Glaube, sagte schon Aurelius Augustinus.

Die Angst hatte eine Sehnsucht nach Trost ausgelöst, und diesen Trost hatten viele Menschen in der Erfindung eines Gottes gefunden. Irgendwann begriff ein Mensch, dass die Angst und ihr Kind, der Glaube, eine mächtige Währung sind. Er begriff, dass der Glaube nichts anderes ist als ein Ort, an dem der Mensch seine Angst ablegt, damit er sich wieder seinem Leben zuwenden kann. Der Mensch erkannte, dass Gläubige danach streben, ihre Furcht *outzusourcen*, sie zu delegieren. Er beschloss, die Deutungshoheit über die Angst zu übernehmen. Er hatte begriffen, dass diese Deutungshoheit Macht bedeutete. Aus Gläubigen, die allein, im kleinen Kreis, sich gegenseitig in den eigenen vier Wänden Trost spendeten, war kein Profit zu schlagen. Und er schuf ein Haus, einen Ort der Begegnung, an dem Menschen, die im selben Gott Trost suchten, ihn finden konnten. An dem sie ihre Angst ablegen konnten. Aus der Trostspende wurde ein Trosthandel. Aus einem Haus wurden viele, aus vielen ein Imperium. Ein Imperium der Angst. Als das erste Haus des Glaubens gebaut wurde, dieser Moment, in dem aus einer Bewältigungsstrategie ein Geschäftskonzept, aus Trost eine Institution wurde; als ein Mensch begriff, dass Angst, Schuldgefühle und Trost eine wunderbare Dreiecksbeziehung bilden, dessen Zwillinge Macht und Kontrolle heißen, als aus der tröstlichen Vorstellung eines Gottes ein Damoklesschwert wurde, dieser Augenblick war der Ereignishorizont des Glaubens. Der Glaube hatte seine Unschuld verloren. Und es gab kein Zurück mehr.

———

Jeder Mensch ist auf der Suche. Der eine will Sicherheit, der nächste Ruhe, ein anderer Erlösung, fast alle einen Ort, an dem sie keine Angst haben müssen. Wenn man diesen Ort gefunden hat, möchte man ihn nicht verlassen. Das kann ein physischer Ort sein, es kann ein Mensch sein oder auch etwas, das nicht greifbar ist. Die Geburt des ersten Gottes geht vermutlich auf eine Frage zurück, die ein Mensch stellte, weil er unsicher war, Angst hatte, Antworten wollte. Fragen waren und werden immer das wichtigste Werkzeug gegen die Angst sein. Wer Fragen stellt, erhält eine Antwort. Jede Antwort wirft aber in der Regel eine neue Frage auf, die wiederum eine Antwort bereithält, die neue Fragen auslöst. So geht das immer weiter.

Es ist nachvollziehbar, irgendwann keine neue Frage stellen zu wollen. Unser Gehirn denkt dem Nobelpreisträger Daniel Kahneman zufolge in zwei Systemen: System Nr. 1 ist das unbewusste Denken, das via Emotion und schneller Aktivität impulsgesteuert agiert. Es kommt vor allem dann zum Einsatz, wenn wir reagieren müssen, zum Beispiel bei einer Gefahr. Es ist ein Relikt unserer evolutionären Vergangenheit, das uns schützte. System Nr. 2 geht logisch und bewusst vor, reflektiert und wägt ab. Wenn wir uns etwas bewusst überlegen, methodisch eine Entscheidung treffen oder Selbstkontrolle ausüben – das ist System Nr. 2 in Aktion. System Nr. 2 erfordert viel mehr Arbeit. Das Gehirn muss mehr Energie aufwenden. Weshalb der Mensch dazu neigt, sich bei Entscheidungen und im Leben generell bevorzugt auf System Nr. 1 zu verlassen, ohne die Informationen mit System Nr. 2 abzugleichen – das sogenannte Gesetz des geringsten Aufwands. Diese Faulheit kann unsere Intelligenz beeinträchtigen. Der Umkehrschluss ist nicht, dass man über weniger Intellekt verfügt; man ist bloß zu faul, ihn einzusetzen.[214] Ein Glaubenskonstrukt wie das der Wachtturm-Gesellschaft appelliert hauptsächlich an das System Nr. 1. Und weil es einfacher ist, intuitiver, reicht es vielen Menschen als Antwort. Das kann ich sogar ein Stück weit nachvollziehen. Solch ein Glaube ist vielleicht die emotionalere Interpretation der Welt. Und völlig legitim, wenn man sich freiwillig dafür entscheidet.

Der Glaube, so wie ich ihn bei den Zeugen Jehovas kennengelernt habe, ist das Ende aller Fragen. Der Glaube ist die Antwort auf alles, und sie ist absolut. Menschen fangen an zu glauben, weil sie Angst haben. Angst vor der Hölle, Angst vor dem Tod, Angst vor dem Versagen, Angst davor, in ein Flugzeug zu steigen, Angst, dass alles zerfällt, woran man hängt, Angst vor der Frau mit dem Kopftuch, Angst vor den Menschen, die das Kopftuch verbieten wollen. Der Glaube ist ein Fangnetz. «Religionen sind eine Ausgeburt der Angst», sagte Arthur C. Clarke, der Co-Autor des Films *2001: Odyssee im Weltraum*, einmal. «Sie sind die Antwort auf eine unverständliche und grausame Welt.» Pippa Norris und Ronald Inglehart definieren in ihrem Buch *Sacred and Secular: Religion and Politics Worldwide* die «existenzielle Sicherheit» als einen wichtigen, vielleicht den wichtigsten Faktor für den Erfolg von Religion. In vier weltweit durchgeführten Studien konnten sie nachweisen, dass Religion dort endemisch ist und Wachstum verzeichnen kann, wo diese existenzielle Sicherheit nicht gegeben ist; im relativ sicheren Westen ist der Atheismus dagegen unaufhaltsam auf dem Vormarsch. Religion nimmt dort zu, wo auch die Armut zunimmt. Das spiegelt sich in der Predigtdienstbilanz der Zeugen Jehovas wider.

———

Nicht jeder hat die Kraft, sich seinen Ängsten zu stellen. Nicht jeder will ein Leben lang Fragen stellen. Manche Menschen wollen einfach nur Trost. Menschen dürsten nach Sicherheit. Und der Glaube bedient genau dieses Bedürfnis, eine abschließende, absolute Antwort zu haben, die einem Sicherheit gibt. Und das ist völlig in Ordnung. Glaube ist in Ordnung. Spiritualität, wie auch der Skeptizismus, ist eine Entscheidung. Das eine muss das andere noch nicht mal zwingend in Frage stellen. Weil Glauben eine persönliche Sache ist. Solange der Glaube bloß Gegenstand eines persönlichen Bekenntnisses ist, geht es dem Menschen und seiner Umwelt gut. Wird der Glaube jedoch institutionalisiert, sind die Chancen groß, dass er sich zu einem totalitären System hin entwickelt. Weder gilt das für jede Religion oder Kirche, noch ist das eine alberne Verschwörungstheorie. Man fertige einfach eine Checkliste anhand der Merkmale des Totalitarismus und mache den Selbstvergleich mit einer Sekte seiner Wahl. Hannah Arendt sagte sinngemäß, das Ziel eines totalitären Systems sei nicht die Beschneidung einzelner Freiheiten. Sondern dem Menschen seinen Handlungsspielraum – und damit die «Wirklichkeit der Freiheit» – zu nehmen.

Irgendwann verstand ich das Wesen des Glaubens sowie seines Antipoden, des institutionalisierten Glaubens. Es war mir immer schwer gefallen, nachzuvollziehen, weshalb ich mich so lange in mein Schicksal gefügt, Harmagedon, Dämonen, heilige Geister für bare Münze genommen hatte, weshalb ich das Offensichtliche nicht hatte sehen wollen, die wohlwollend erdrückende Beweislast von mir geschoben hatte. Es fiel mir lange Zeit schwer, nachzuvollziehen, weshalb meine Eltern, gebildete Menschen, die neben der Bibel und dem *Wacht-turm* eine ganze Regalwand voller *National Geographic*-Magazine besaßen, ihren Glauben über unsere Beziehung stellten. Weshalb sie bis heute glauben, dass es so traurig wie folgerichtig ist, dass ich in Harmagedon sterben werde. Dabei ist es so einfach: Weil sie sich die Fragen, denen ich irgendwann nachging, selbst nie stellten. Ihr Glaube wog schwerer als jeder DNA-Test. Ich versuchte es mit Logik, sie konterten mit Überzeugung. Ich hatte ein Messer zu einer Schießerei mitgebracht. Vermutlich sind sie sich der Möglichkeit bewusst, dass sie sich irren. Aber sie nehmen das bisschen Böse für das bisschen Sicherheit gerne in Kauf. Der britische Kulturhistoriker Peter Watson, Autor des Buches *The Age of Atheists: How We Have Sought to Live Since the Death of God* hält Religion deshalb weniger für eine Neurose als eine psychologische Anpassung an unsere menschliche Bredouille, wie er in einem Interview feststellte. Religion sei eher ein soziologisches Phänomen als ein theologisches. «Viele Menschen suchen einen Psychotherapeuten auf der Suche nach Bedeutung auf, nicht weil sie eine Behandlung für eine psychische Erkrankung wünschen», sagt er. Er schließt daraus, dass die Psychologie der Religion den Rang abgelaufen hat.

———

Die Hörigkeit eines Zeugen Jehovas weist Parallelen zur Terror-Management-Theorie auf, die in den Achtzigern von S. Solomon, J. Greenberg und T. Pyszczynski entwickelt wurde. Diese Theorie beschäftigt sich mit einer irrationalen, lähmenden Angst vor dem Tod, die vom Selbsterhaltungstrieb ausgelöst wird.[215] Man wacht eines Morgens auf, stellt fest: Wir werden alle sterben, das habe ich nicht kommen sehen, o mein Gott. Man mag es nicht glauben, aber anscheinend ist das eine echte Sache. Um diese Panik zu bewältigen, setzen manche Menschen einen sogenannten «kulturellen Angstpuffer» ein: Sie überantworten ihr Heil den Wertevorstellungen einer Weltanschauung.

Auf das System Wachtturm angewendet, lässt sich die Terror-Management-Theorie vielleicht so adaptieren: Wird man über längere Zeit auf die Angst vor den fürchterlichen göttlichen Konsequenzen des eigenen Handels konditioniert, ist man empfänglicher für die autoritären Lehren der Wachtturm-Gesellschaft. Was unter anderem dazu führt, dass ich trotz schwerwiegender Zweifel jahrelang dabei bleibe; dass Eltern schweren Herzens, aber dennoch bereitwillig den Kontakt zu ihren andersdenkenden Kindern abbrechen.

———

Im Film *The Village* haben die Bewohner Angst, die vermeintliche Sicherheit ihres Dorfes zu verlassen. Das kleine Dorf Covington ist von einem dichten Wald umgeben, in dem fürchterliche Kreaturen hausen, die eine tödliche Bedrohung darstellen, so die Dorfältesten – eine Angst, die die Ältesten nur zu gern kultivieren. Denn so ist dafür gesorgt, dass die Bewohner *freiwillig* innerhalb der Grenzen des Dorfes bleiben.

Satan und seine Dämonen, weltliche Einflüsse und ihre Versuchungen, die Möglichkeit der sozialen Isolation sowie das ewige Streben nach Gottes Gunst und die damit einhergehende Angst, ihn zu enttäuschen, sind nur vier der «fürchterlichen Kreaturen», die Schreckgespenster, mit denen die Wachtturm-Gesellschaft sicherstellt, dass niemand ihr Dorf verlässt.

Die Schreckgespenster der Wachtturm-Gesellschaft kommen auch schon bei den jüngsten Mitgliedern zum Einsatz. Im Buch *Lerne von dem großen Lehrer* aus dem Jahr 2006, dessen Zielgruppe Kinder sind, wird immer wieder die Drohkulisse von Satan und seinen Dämonen aufgebaut:

Was sollten wir tun, wenn uns jemand zu etwas Schlechtem verleiten will? Sollten wir einfach nachgeben und etwas Verkehrtes tun? – Das würde Jehova Gott nicht gefallen. Aber weißt du, wer sich darüber freuen würde? – Ja, Satan, der Teufel. Satan ist Gottes Feind und er ist auch unser Feind. Wir können ihn nicht sehen, weil er ein Geist ist. Aber er kann uns sehen. – WTG[216]

Wer ähnelt dem kleinen Jesus oder den Vogeljungen, die die Mutter im Gras versteckt? Meinst du nicht auch, dass man dich mit ihnen vergleichen kann? – Es gibt jemand, der hinter dir her ist. Weißt du, wer? – In der Bibel wird Satan mit einem brüllenden Löwen verglichen, der uns fressen will. Genauso wie Löwen oft hinter kleinen Tieren herjagen, haben es Satan und seine Dämonen oft auf Kinder abgesehen (1. Petrus 5:8). – WTG[217]

Das sind Zitate aus einem Buch, das für Kinder bestimmt ist und heute noch zum Einsatz kommt. Die Bücher in meiner Kindheit waren noch schlimmer.

Doch die Frage, die man sich stellen muss, die ich mir immer wieder stellte, als ich noch dabei war: Wenn sie, wenn wir die

Wahrheit haben – warum mit Angst arbeiten? Warum braucht die Wachtturm-Gesellschaft Schreckgespenster?

———

Die Selbstwahrnehmung der Wachtturm-Gesellschaft ist freilich eine andere. Die Wachtturm-Gesellschaft betrachtet sich nicht als Sekte, die einen Zwang auf ihre Jünger ausübt oder Ängste schürt. Die Zeugen Jehovas fordern vordergründig dazu auf, Fragen zu stellen – solange man mit der vorgekauten Antwort zufrieden ist. Nachforschen ist erlaubt – solange man die vorgeschriebenen Werke dazu heranzieht. Skeptizismus ist erwünscht – solange er *die anderen*, die Muggles, betrifft. Henry Ford soll bei der Vorstellung des Model T gesagt haben, dass der Kunde den Wagen in jeder gewünschten Farbe haben könne, solange sie schwarz sei. Genau so fühlte es sich für mich an, ein Zeuge Jehovas zu sein.

Kognitive Dissonanzen entstehen bei Zeugen Jehovas sehr häufig, da sie laufend mit dissonanten Kognitionen konfrontiert werden, die sich aus der Wahrnehmung der Welt und dem Lehrgebäude der WTG ergeben. Diese Dissonanzen werden meist beseitigt, indem der einzelne Zeuge nach und nach die von der WTG subtil dargebotenen konsonanten Kognitionen hinzufügt (die dargebotene Literatur wiederholt die Lehre in unablässiger Weise, aber immer etwas nuanciert), dissonante Kognitionen allmählich verdrängt oder abwertet oder das bisherige Verhalten (als Nicht-Zeuge gelernte Verhaltens- und Erlebensweisen) einstellt.[218]

Die Beziehung zu meinen Eltern während Kindheit und Jugend (und mit Abstrichen über meinen Ausschluss hinaus) war eine klassische Doppelbindungskonstellation nach Gregory Bateson. Ich befand mich in einem Abhängigkeitsverhältnis. Echte Alternativen zu den durch meine Eltern bzw. die Wachtturm-Gesellschaft bestimmten Rahmenbedingungen gab es aus meiner Perspektive nicht oder kamen aufgrund der Konsequenzen nicht in Frage. Die Einhaltung der Gebote war überlebenswichtig; eine Zuwiderhandlung hätte Strafen oder gar meinen Tod in Harmagedon zur Folge gehabt. Kritik an den Rahmenbedingungen war nicht erlaubt und ein Ausweg schien mir unmöglich. Es war eine Wahl zwischen Pest und Cholera. Und ich war noch lange nicht dazu bereit, diese Bindungssituation aufzulösen.

Weil es zwischen all der Angst etwas gab, das jeder Mensch zu schätzen weiß. Weil die Wachtturm-Gesellschaft ein Belohnungssystem entwickelt hat, das Millionen Zeugen Jehovas auf Linic hält:

Hoffnung.

Hoffnungsschimmer

Hades war sauer. Äskulap hatte seine Kompetenzen überschritten. Er war zwar der Gott der Heilkunst, aber zu seinen Aufgaben zählte nicht, Menschen von den Toten aufzuerwecken. Hades, der Totengott, sah seine eigene Geschäftsidee gefährdet. Also verpetzte Hades den Missetäter bei Zeus, der keine Sekunde zögerte, Äskulap zu töten. Zeus hatte Angst, der Mensch könnte an der Unsterblichkeit gefallen finden. Dass sich eine Familie womöglich einfach über die Rückkehr eines geliebten Menschen gefreut und an etwaige Unsterblichkeiten keinen Gedanken verschwendet hatte, kam ihm nicht in den Sinn.

Ich weiß nicht, ob das eine wahre Geschichte ist. Wenn sie es ist: Krass. Wenn sie ein von Menschen geschaffenes Märchen ist, dann taugt sie mindestens als weiteres Glied in einer endlosen Beweiskette für das urmenschliche Streben nach ewigem Leben und der Überwindung des Todes.

Es ist ein schöner Gedanke, dass die Menschen, die von uns gegangen sind, zurückkehren. Keine Erinnerung kann einen Menschen ersetzen, auch wenn der Mensch desto stärker überzeichnet wird, je mehr die Erinnerung verblasst, egal, ob im Guten oder im Schlechten. Alle Menschen müssen sterben. Der Tod ist ein Teil des Lebens, genau wie der Wunsch, ihn zu überwinden. Genau wie der Wunsch, den geliebten Mensch zu behalten.

Niemals geht man so ganz, sang schon Trude Herr, irgendwas von mir bleibt hier. Die Unsterblichkeit der Seele ist längst nicht nur das Steckenpferd der Religionen; selbst die Pseudowissenschaftler gehen der Frage nach, was mit der Seele passiert, wenn der Körper, und die Redewendung kommt wohl nicht von ungefähr, *seinen Geist aufgibt*. Der deutsche Physiker Hans-Peter Dürr zum Beispiel oder sein amerikanischer Kollege Jack Sarfatti, der seine umstrittene Theorie auf dem Prinzip der Quantenverschränkung aufbaut: Zwei Teilchen, die zusammengehörten, bleiben auch nach der Trennung verbunden und kommunizieren miteinander, egal, wie weit und wie lang sie voneinander getrennt sind. Das betrachtet Sarfatti als Indiz dafür, dass die Seele nach dem Tod weiterexistiert. «Nichts geschieht im menschlichen Bewusstsein, ohne dass irgendetwas im Universum darauf reagiert. Mit jedem Gedanken, jeder Handlung beschreiben wir nicht nur unsere eigene kleine Festplatte, sondern speichern auch etwas im Quantenuniversum ab, das unser irdisches Leben überdauert», wird Jack Sarfatti zitiert, der, so Dietmar Dath in der *FAZ*, für einen richtigen Physiker zu viel spinne.[219]

Die Zeugen Jehovas würden Herrn Dath recht geben: Das ist Spinnerei. Jehovas Zeugen glauben nicht an die unsterbliche Seele. Was tot ist, ist tot. Ihrer Ansicht nach hat der Mensch keine Seele, er *ist* eine Seele. Folglich stirbt die Seele, wenn der Mensch stirbt.

Das muss es aber nicht gewesen sein. Ihr Gott hat vorgesorgt. Jehova wird Menschen vom Tod auferwecken, behaupten die Zeugen, und stützen sich dabei auf Apostelgeschichte 24:15: «Und ich habe die Hoffnung zu Gott, welche diese [Männer] auch selbst hegen, dass es eine Auferstehung sowohl der Gerechten als auch der Ungerechten geben wird.»

———

Ich erinnere mich an einen Abend, ich muss ungefähr achtzehn gewesen sein, wir waren mit einer Gruppe Zeugen-Jehovas-Jugendlicher unterwegs. Einer von uns hatte einen Führerschein, und wir saßen in seinem Auto. Wir nahmen eine Abkürzung über einen Waldweg. Unser Fahrer, der Klassenclown der Clique, lachte plötzlich laut, gab Gas und machte die Scheinwerfer aus. Auf einem Waldweg, mitten in der Nacht. Alle johlten und grölten, der Duft von Adrenalin und Angstschweiß füllte den Innenraum des Wagens. Der Fahrer fuhr immer schneller. Wir konnten nichts erkennen, vor uns war die Schwärze. Alle außer meiner Wenigkeit schienen Spaß zu haben. Ich brüllte den Fahrer an, er solle doch bitte bremsen oder zumindest das Licht wieder anmachen. Nach Sekunden, die wie Jahre schienen, knipste er die Scheinwerfer wieder an. Nur wenige Meter vor uns machte der Waldweg einen Knick nach rechts, vor uns war eine Wand aus Bäumen. Schreiend stieg er in die Eisen. Der Wagen kam ganz kurz vor der Baumwand zum Stehen.

Meine Freunde lachten sich kaputt. Ich schrie sie an. Der Fahrer drehte sich zu mir um und meinte achselzuckend:

«Was regst du dich auf? Was wäre denn schon passiert? Wir haben doch die Auferstehungshoffnung.»

——

Die Auferstehungshoffnung gibt es überhaupt erst deshalb, weil wir sterben. Die Bibel hat ihre ganz eigene Erklärung für unsere Unfähigkeit, ewig zu leben. Aufgrund ihrer Sünde nahm Jehova Gott den ersten Menschen ihre Vollkommenheit und strafte sie mit Sterblichkeit. Dieser Makel übertrug sich auf ihre Kinder und Kindeskinder, und jede Folgegeneration verlor auf diese Weise ein bisschen mehr von der angeblich ursprünglich perfekten menschlichen DNA, bis sich die maximale Alterserwartung bei ungefähr 120 Jahren einpegelte. So interpretieren zumindest manche Christen das 1. Buch Mose 6:3:

Danach sprach Jehova: «Mein Geist soll nicht auf unabsehbare Zeit dem Menschen gegenüber walten, da er ja Fleisch ist. Somit sollen sich seine Tage auf hundertzwanzig Jahre belaufen.»

Dass der Gerontologe Leonard Hayflick eine nach ihm benannte Grenze der Zellerneuerung entdeckte, die bei Organismen den programmierten Zelltod einleitet, wodurch wir altern und spätestens nach rund 120 Jahren sterben, betrachten Kreationisten als Beleg dafür, dass die Bibel von Gott inspiriert sein muss. Vielleicht waren die Bibelschreiber auch einfach nur sehr gute Beobachter ihrer Umwelt.[220] Die Bibel widerspricht sich ohnehin selbst, da Moses die noch heute gültige durchschnittliche Alterserwartung in den Psalmen festhielt: «Die Tage unserer Jahre an sich sind siebzig Jahre; und wenn sie zufolge besonderer Kraft achtzig Jahre sind, geht ihr Drang doch nach Ungemach und schädlichen Dingen; denn es wird bestimmt schnell vorübergehen, und hinweg fliegen wir.»[221]

—

So oder so: Die Vorstellung, ewig zu leben oder zumindest von den Toten zurückzukehren, fasziniert die Menschen nicht erst seit *Twilight* und *The Walking Dead*. Siebzig oder achtzig Jahre, bis wir *hinwegfliegen*, das reicht vielen nicht. Diese Unzufriedenheit macht sich die Wachtturm-Gesellschaft zunutze. Jehovas Zeugen wissen, dass Menschen Angehörige, die sie verloren haben, vermissen. Die Aussicht, von den Toten in ein irdisches Paradies aufgeweckt zu werden, die sogenannte *Auferstehungshoffnung*, ist das Alleinstellungsmerkmal der Zeugen Jehovas und gleichzeitig das Haupt-Incentive ihres Bonusprogramms. Im Paradies, nach Harmagedon, wird Jehova alle Menschen, die gestorben sind, von den Toten auferwecken.

Natürlich nicht *alle*. Jehova wird schon ganz genau gucken, wer eine zweite Chance erhält. Hitler? Eher nicht. Wobei, wer weiß das schon. Die Zeugen Jehovas sagen selbst, dass sie nicht mit Sicherheit wissen, wer das Glück haben wird.

> Die Bibel beantwortet uns nicht alle Fragen, die wir in Bezug auf die Auferstehung bestimmter verstorbener Personen haben mögen. Wir können aber überzeugt sein, dass Gott, der alle Tatsachen kennt, unparteiisch vorgeht, dass er Recht walten lässt, gemildert durch Barmherzigkeit, die seinen gerechten Maßstäben entspricht. – WTG[222]

Jehovas Zeugen gehen allerdings davon aus, dass sie zu den glücklichen Auserwählten gehören, die nicht nur Harmagedon überleben werden, sondern die Aussicht genießen, ihre toten Verwandten in der Auferstehung in die Arme schließen zu dürfen. Deshalb folgen sie auch gern dem strengen Verbot der Leitenden Körperschaft, auf Bluttransfusionen zu verzichten. Halb so schlimm, das Kind zu opfern, wenn man weiß, dass es ohnehin wieder von den Toten auferweckt wird. Und das ist auch der Grund, weshalb jeder Zeuge Jehovas *für die Wahrheit* alles über sich ergehen lässt, bis hin zu Folter und Tod: Die Auferstehungshoffnung ist *das* Belohnungssystem der Wachtturm-Gesellschaft.

Es gab bei uns zu Hause ein Spiel, bei dem jeder reihum sagen sollte, welche biblische Figur er in der Auferstehung treffen und was er sie fragen wolle. Ich kann mich nicht erinnern, wen ich genannt habe, aber ich kann mir gut vorstellen, dass ich irgendwann auf Elisa gekommen bin, den Propheten, der einen Haufen frecher Blagen zur Strafe von Bären verspeisen ließ. Ich hätte mich gerne über diese Episode ausgetauscht.

Eine Zeit lang war ich ein großer Fan von Elisa. Es gab da in der Nachbarklasse so ein Arschlochkind.

Die Lehre von der Auferstehung begleitete die Zeugen Jehovas von Anfang an. Bloß über den Zeitpunkt dieses Wunders war man sich nie so einig. Judge Rutherford, der zweite Präsident der Wachtturm-Gesellschaft, war so sehr davon überzeugt, die Auferstehung noch zu erleben, dass er sein Haus, *Beth Sarim* genannt (i. e. Das Haus der Fürsten), unter anderem David, Gideon, Barak, Simson, Joseph und Samuel überschrieb – ja, genau *den* Davids, Gideons, Baraks, Simsons, Josephs und Samuels. Die Namen der alttestamentarischen Fürsten sind sogar in der Besitzurkunde des Hauses zu finden, das bis zum heutigen Tage in San Diego steht. Judge Rutherford glaubte wirklich, die verstorbenen Herren würden zu seinen Lebzeiten irgendwann durch die Haustür gestolpert kommen.[223]

———

Was ich mich persönlich immer gefragt habe, ist Folgendes. Es ist ja so: Zeugen Jehovas dürfen erneut heiraten, wenn a) ihr Partner Ehebruch begeht und sie sich scheiden lassen, b) sie Ehebruch begehen, bereuen, nicht ausgeschlossen werden, ihr Partner sich aber von ihnen scheiden lässt oder c) ihr Partner stirbt. Das ist also die Prämisse: Du bist Zeuge Jehovas. Deine Frau ist gestorben. Du heiratest erneut. Harmagedon. Die Auferstehung geht los. Während du mit deiner neuen Frau an der Hand zwischen den Leichenbergen der Ungläubigen flanierst, triffst du plötzlich auf deine wiederauferweckte tote Ehefrau. Mit der du dich am Totenbett noch über die Auferstehungshoffnung unterhalten hast; du sagtest, dass sie sich nicht grämen soll, sie käme ja wieder, und sie sagte, dass die Auferstehung das war, was ihr in der ganzen Zeit Kraft gegeben hatte, bevor sie die Augen schloss. In Vorfreude darauf, ihren geliebten Ehemann in die Arme zu schließen, kämpfte sie sich durch die Ruinen der Erde, beseelt davon, endlich im Paradies zu sein, belohnt für ihre Gottestreue und den Verzicht auf eine lebensrettende Bluttransfusion, aber was müssen ihre wachen Augen sehen? Ihr Mann in den Armen dieser blöden Glaubensschwester, die auch schon zu Lebzeiten ein wenig zu oft mit ihm in den Predigtdienst hatte gehen wollen. Blöde Situation, irgendwie. Wie wird das geregelt? Hat der wiederauferstandene Partner einfach Pech? Muss sich der Mann zwischen der alten und der neuen Frau entscheiden? Kann er beide nehmen? Heiratet man überhaupt noch, oder wird der Sexualtrieb und die Fortpflanzung abgeschafft, weil jetzt eh alle ewig leben und die Erde sonst zu voll würde? Und: Was ist mit Tieren? Würde mein Haustier auch zurückkommen?

Abgesehen davon, dass ich mich auch als Kind stets schon gewundert habe, dass Jehovas Zeugen überhaupt nochmal heiraten, wenn Harmagedon doch vor der Tür steht, waren das im Prinzip meine Fragen zum Thema Auferstehungshoffnung. Niemand konnte sie mir zufriedenstellend beantworten. Meine Eltern nicht, die Ältesten nicht, der *Wachtturm* nicht.

«Ours is not to reason why», bekam ich zu hören. Konsens unter vielen Zeugen Jehovas war aber: Wir müssen auf Gott vertrauen.

Wenn das mal kein Deus ex Machina ist.

Kein Plan

Jedes Mitglied der Zeugen Jehovas, das ich kannte, zweifelte ab und an. Jeder zweifelte mindestens einmal an der Leitung des «treuen und verständigen Sklaven» oder an Sinn und Unsinn mancher Verbote oder ob Harmagedon überhaupt noch kommen wird. Wenn man sich darüber austauschte, wie man dazu kommen konnte, mit der Leitenden Körperschaft und der Wachtturm-Gesellschaft im Reinen zu sein und weiterzumachen, war die Antwort fast immer dieselbe: Gottvertrauen. Und natürlich die Hoffnung, im Paradies ewig leben zu dürfen und die toten Liebsten wiederzusehen. Diese Hoffnung treibt Millionen von Menschen Tag für Tag an, an deiner Haustür zu klingeln, Beschimpfungen über sich ergehen zu lassen und auf dem OP-Tisch zu verbluten. Sie vertrauen ihr Leben bedingungslos älteren Herrn in Brooklyn an, deren Job es ist, eine Illusion zu verwalten.

Bauernfängerei ist dafür vermutlich die richtige Bezeichnung. Ich bin überzeugt, dass der Großteil der Leitenden Körperschaft selber glaubt, was sie lehrt. Sie sind ebenso Verführte, Opfer der Umstände wie der gemeine Zeuge Jehovas. Viele sind selbst *in der Wahrheit* geboren worden, aufgewachsen in diesem Morast aus irreführender Bibelexegese und moralischer Besitzstandswahrung. Zwar wissen sie womöglich, dass ihr Lehrgebäude marode ist, Unstimmigkeiten aufweist oder schlichtweg falsch ist. Aber stellen sie nur einen Baustein dieses Kartenhauses in Frage, so fällt alles zusammen. Ihr Unterbewusstsein weiß es, aber sie können es nicht zugeben. Weil das, was man ihnen – genau wie mir und allen Zeugen Jehovas – versprochen hat, noch nicht eingetreten ist und keine Anstalten macht einzutreten. Es sind hundert Jahre vergangen, seitdem die sogenannten «letzten Tage» begonnen haben sollen. Und Harmagedon ist noch immer nicht da.

Persönlich glaube ich, dass die Leitende Körperschaft mittlerweile ziemlich ratlos ist und mit allen Kräften versucht, das Kartenhaus vor dem Einsturz zu bewahren. «Wenn aber ein Blinder einen Blinden leitet, so werden beide in eine Grube fallen», sagte schon Jesus.[224] Insofern ist der Titel dieses Doppelkapitels irreführend. Das *System Wachtturm* ist nicht das Produkt eines «evil Mastermind». Da steckt nur bedingt ein System hinter. Das ist kein Plan. Es ist ein Irrlichtern durch den eigenen Wahnsinn. Eine Operation mit Flickzeug am offenen, schwer kranken Herzen; die missratene Evolution einer ursprünglich – vermutlich – gut gemeinten Idee. Ich glaube nicht, dass die Leitende Körperschaft als Gremium – Einzelpersonen ausgenommen – wirklich irgendwem Angst einjagen oder unterdrücken möchte. Genauso wenig ist sie unschuldig. Ich glaube, dass Menschen in einer Führungsposition keine Alternative zu Psychoterror sehen, egal wie subtil er ist, wenn man seinen Jüngern nichts mehr zu bieten hat, nicht mehr weiter weiß. Wenn man Angst um den Erhalt der eigenen Macht hat. Unabhängig davon, mit wie viel Demut man diese Macht ausübt oder welche Götter einen beauftragt haben sollen. Im Film *The Dark Knight* gibt es einen schönen Dialog. Staatsanwalt Harvey Dent sagt: «Wenn der Feind vor den Toren stand, schafften die Römer die Demokratie ab und bestimmten einen Mann zum Schutz der Stadt. Und es galt nicht als Ehre, sondern als Dienst am Volk.» Rachel Dawes erwidert:

«Harvey, der letzte Mann, den die Römer zum Schutz der Republik berufen haben, war Caesar, und der hat seine Macht nie wieder abgegeben!»

——

In den vergangenen Jahrzehnten wurde immer wieder deutlich, dass die Leitende Körperschaft nicht weiß, was sie tut. Sie hat in der Vergangenheit immer wieder von einem Moment auf den anderen Prinzipien über den Haufen geworfen, die davor jahrelang Gültigkeit besessen hatten. So musste mein Onkel noch als Totalverweigerer des Wehrdienstes ins Gefängnis; meine gleichaltrigen Freunde hingegen durften stattdessen einen Zivildienst ableisten.

Nun erwähnte ich in einem früheren Kapitel, dass ich es begrüße, wenn sich ein Glaube zum Positiven weiterentwickelt. Aber es gibt einen großen Unterschied zwischen Innovation und fahrlässiger Planlosigkeit, die im Zweifel Menschenleben kosten kann. Das tragischste Beispiel für das Schleudertrauma der Wachtturm-Politik ist die berüchtigte Mexiko-Malawi-Affäre.

Im Abschnitt «Schlechter Einfluss» des Kapitels *Jehova schaut zu* habe ich die brutale Verfolgung angerissen, der Zeugen Jehovas in Malawi ausgesetzt waren.[225] Der Grund für die Verfolgung war recht einfach: In Malawi gab es ein Gesetz, das den Bürgern vorschrieb, eine Mitgliedskarte der führenden Partei zu kaufen, auf der ein Abbild des Präsidenten, Dr. H. Kamuzu Banda, prangte. Die Zeugen Jehovas weigerten sich, weil sie die Wachtturm-Gesellschaft gelehrt hatte, dass sie kein «Teil der Welt» sein sollten. Und eine Partei-Mitgliedskarte verletze die christliche Neutralität. Eine solche Karte mache einen laut Leitender Körperschaft zu einem «Teil der Welt».[226]

Diese Haltung rächte sich: Die Zeugen Jehovas wurden grausam verfolgt, viele vergewaltigt, verstümmelt und umgebracht. Nun rechtfertigt nichts auf dieser Welt die Verfolgung von Menschen, die einem bestimmten Glauben angehören oder sich weigern, politisch aktiv zu werden. Es ist traurig, was mit den armen Glaubensgeschwistern der Zeugen Jehovas in Malawi passiert ist. Doch deren tragisches Schicksal ist in einem hohen Maß der Unentschlossenheit und der Planlosigkeit der Wachtturm-Gesellschaft geschuldet. Zum einen, weil es in der Bibel genügend Beispiele für gottesfürchtige Menschen gibt, die politisch aktiv waren: Der berühmte Joseph hatte sogar ein politisches Amt inne.[227] Das Politikverbot der Wachtturm-Gesellschaft stand also auf sehr wackligen Füßen. Zum anderen, weil die mexikanischen Glaubensgeschwister der Zeugen Jehovas in Malawi einige Jahre zuvor einer sehr ähnlichen Herausforderung gegenübergestanden hatten: Junge Männer brauchten eine sogenannte «Cartilla»-Karte, die ihnen die Teilnahme am Militärdienst bescheinigte, um einen Reisepass beantragen oder den Führerschein machen zu können. Da einige junge Zeugen wegen ihrer Weigerung, den Militärdienst anzutreten, im Gefängnis gelandet waren, bat die Wachtturm-Führung in Mexiko die Leitende Körperschaft in Brooklyn um Rat. Der ließ nicht lange auf sich warten: Als wollten sie sich um die Definition des Wortes *Doppelmoral* bewerben, erlaubte die Leitende Körperschaft den mexikanischen Zeugen Jehovas, die Behörden zu bestechen (!), um auf diesem Weg ohne absolvierten Militärdienst eine «Cartilla» zu erlangen – was sie rein technisch zu Reservisten der mexikanischen Armee machte. Und was normalerweise zu einem Rechtskomitee führt – genau wie der Tatbestand der Bestechung. Aber die Leitende Körperschaft befand, dass diese Tatsache kein Hindernis darstellte. Doch als in Malawi unzählige Zeugen Jehovas zu Tode geprügelt und gefoltert wurden, entschied die Leitende Körperschaft, dass es die christliche Neutralität verletze, würden sie, um ihre Haut zu retten, ein schnödes Stück Papier erwerben.[228]

Das denke ich mir alles nicht aus. Dieser Sachverhalt ist anhand von Protokollen und Briefen gut dokumentiert.[229] Trotzdem findet man bis heute seitens der Leitenden Körperschaft kein einziges Wort des Bedauerns ob dieses fatalen Missmanagements, das zu einer unfassbaren Verschwendung menschlichen Lebens führte. Es grenzt an Hohn, dass die Wachtturm-Gesellschaft ausgerechnet die missionarischen Erfolge während dieser Zeit der Verfolgung hervorhebt und zynisch schlussfolgert: «Er [Jehova] segnete sie in dieser außergewöhnlich schwierigen Zeit.»[230]

Im Dritten Reich weigerte sich die Mehrheit der Zeugen Jehovas, sich dem Unrechtsregime der Nazis zu beugen. Weder zeigten sie den Hitlergruß noch gingen sie an die Front. Für ihren friedlichen Widerstand wurden viele mit einem grausamen Tod in den Konzentrationslagern bestraft. Der Mut der Zeugen Jehovas in den KZ ist erstaunlich. Dagegen wirkt die Wankelmütigkeit des damaligen Glaubensführers, des Präsidenten der Wachtturm-Gesellschaft Judge Rutherford, wie ein Schlag ins Gesicht seiner standhaften Jünger. In einem persönlichen Brief an Adolf Hitler, dessen Echtheit mir durch das Holocaust Memorial Museum in Washington schriftlich bestätigt wurde, versuchte die Gesellschaft, die Gemeinsamkeiten zwischen der NSDAP und der Wachtturm-Gesellschaft herauszustellen:

> Das Brooklyner Präsidium der Watch Tower-Gesellschaft ist und war seit jeher in hervorragendem Masse deutschfreundlich. In gleicher Weise hat sich das Präsidium unserer Gesellschaft in den letzten Monaten nicht nur geweigert, an der Gräuelpropaganda gegen Deutschland teilzunehmen, sondern hat sogar dagegen Stellung genommen, wie dies auch in der beigefügten Erklärung unterstrichen wird durch den Hinweis, dass die Kreise, welche diese Gräuelpropaganda in Amerika leiteten (Geschäftsjuden und Katholiken), dort auch die rigorosesten Verfolger der Arbeit unserer Gesellschaft und ihres Präsidiums sind. [...] Auf der Konferenz wurde festgestellt, dass in dem Verhältnis der Bibelforscher Deutschlands zur nationalen Regierung des Deutschen Reiches keinerlei Gegensätze vorliegen, sondern dass im Gegenteil – bezüglich der rein religiösen, unpolitischen Ziele und Bestrebungen der Bibelforscher – zu sagen ist, dass diese in völliger Übereinstimmung mit den gleichlaufenden Zielen der nationalen Regierung des Deutschen Reiches sind. – WTG[231]

Zwar geht die Wachtturm-Gesellschaft in ihrer Chronik offen mit der Tatsache um, dass es diesen Brief gab; über den genauen Inhalt lässt sie ihre Leser/-innen allerdings im Unklaren.[232] Ich wusste bis zu meinem Ausstieg davon nichts. Genausowenig wie von den antisemitischen Inhalten, die die Wachtturm-Gesellschaft in den zwanziger und dreißiger Jahren wiederholt veröffentlichte.[233] Konfrontiert mit dem Inhalt dieses Briefes, argumentieren Zeugen Jehovas häufig mit der «theokratischen Kriegführung». Nur: Wenn die Gesellschaft beim Versuch, die

Organisation vor größerem Schaden zu bewahren, sich derart an Hitler anbiedern durfte, warum blieb diese Möglichkeit den einfachen Zeugen Jehovas verwehrt, als es um ihr Leben ging? Ich habe größten Respekt vor dem Mut der Zeugen Jehovas im Dritten Reich. Trotzdem komme ich nicht umhin zu vermuten, dass ihr Opfer vielleicht unnötig war.

Die Wachtturm-Gesellschaft übernimmt ohnehin nicht die Verantwortung für das Leid der Menschen, die aufgrund ihrer Loyalität zur selbsternannten Organisation Gottes verfolgt oder getötet werden. Stattdessen wird die Verantwortung delegiert:

> Einige von ihnen haben sogar ihr Leben für den Glauben gelassen. Es ist natürlich nicht anzunehmen, dass hinter all unserem Leid Satan persönlich steckt. Das eine oder andere Problem könnte sogar auf unsere eigenen Fehler oder die ererbte Unvollkommenheit zurückzuführen sein (Galater 6:7). – WTG[234]

Wenn die Wachtturm-Gesellschaft von «uns» spricht, meint sie eigentlich ihre Leser/-innen. Nicht sich selbst. Dass das Problem womöglich hausgemacht ist, das würde die Leitende Körperschaft niemals zugeben. Sie muss es ja auch nicht. Die Leitende Körperschaft kann sich nun mal der bedingungslosen Treue der Mehrheit der Zeugen Jehovas sicher sein – sogar bis in den Tod. Denn: Zeugen Jehovas «fühlen sich geehrt, dass sie unter ihrer Aufsicht wirken dürfen.»[235] Auch, wenn diese «Aufsicht» in grausamer Verfolgung mündet. Damit folgen sie ja nur dem Vorbild der ersten Christen. Über deren Reaktion auf eine unpopuläre Entscheidung sagt der *Wachtturm*:

Obwohl dieser Beschluss die Verfolgung wahrscheinlich erst recht anheizen würde, standen treue Christen voll und ganz hinter dieser biblisch fundierten Entscheidung (Apg. 16:4, 5).[236]

Dass Ähnliches von den heutigen Jüngern erwartet wird, springt einem aus den Zeilenzwischenräumen regelrecht ins Gesicht. Raymond Franz fragt in diesem Zusammenhang, «ob grausame Verfolgung und körperliche Misshandlungen durch Gegner für sich allein schon ein Beweis dafür sind, dass jemand sein Gewissen an die erste Stelle setzt, oder ob er das nicht möglicherweise einfach deshalb auf sich nimmt, weil er den Lehren und Geboten einer Organisation folgen will und weiß, dass ihm bei einem Verstoß strenge disziplinarische Folgen drohen.»[237] Aus Erfahrung würde ich sagen: Eher Letzteres, aber da kann ich natürlich nur für mich selbst sprechen. So oder so wird sich kaum ein treuer Zeuge Jehovas beschweren. Schließlich hat der «treue und verständige Sklave» solchen Beschwerden mit seinem vergemeinschaftlichten Imperativ einen Riegel vorgeschoben:

> Wir wollen bestimmt nie etwas sagen oder tun, was letztlich respektlos gegenüber der Sklavenklasse wäre, durch die Jehova heute Anleitung übermittelt (4. Mo. 16:1–3). Stattdessen wollen wir dankbar dafür sein, dass wir sie unterstützen dürfen, und uns eng an ihre Anleitung halten. – WTG[238]

Die Wachtturm-Gesellschaft wird nicht müde, die freiwillige Natur der Treue ihrer Gefolgschaft zu betonen. Zumindest das Ausmaß der Freiwilligkeit darf in Frage gestellt werden, wenn die Mitglieder einer christlichen Organisation nachhaltig darauf konditioniert werden, dass Ungehorsam gegenüber der Leitenden Körperschaft mit Ungehorsam gegenüber Jesus Christus gleichzusetzen ist.[239] Wenn impliziert wird, dass das Überleben in Harmagedon von der bedingungslosen Unterstützung jener Männer abhängt.[240]

> Jesus lässt uns ebenfalls Jehovas Stimme hören, wenn er die Versammlung durch den «treuen und verständigen Sklaven» anleitet (Mat. 24:45). Wir dürfen Gottes Führung und Leitung nicht auf die leichte Schulter nehmen, denn unser ewiges Leben hängt von unserem Gehorsam ab (Heb. 5:9). [...] Wir müssen uns dort hinbegeben, wo der Geist Jehovas ist. Wie wir wissen, ist er zum Beispiel bei unseren Zusammenkünften. Viele Diener Jehovas haben eine persönliche Katastrophe vermieden, weil sie in den Zusammenkünften auf Jehova gehört haben.[241]

Wie freiwillig ist eine Entscheidung, wenn das eigene Leben, wenn ewiges Leben auf dem Spiel steht?

«Keine Unterwerfung ist so vollkommen wie die, die den Anschein der Freiheit wahrt. Damit lässt sich selbst der Wille gefangennehmen», sagte schon unser Freund Rousseau. Das ist das gefährliche Erfolgsgeheimnis der Bewusstseinskontrolle: die Illusion der Freiwilligkeit. Man betrachtet die Beeinflusser als Freund und öffnet sich so der Manipulation. Man glaubt, man träfe eine eigene Entscheidung. Dabei ist man über einen längeren Zeitraum sozial und emotional derart beeinflusst worden, dass die eigene Skepsis und Entscheidungsfähigkeit «abgeschaltet» sind. Man ist völlig überzeugt, frei entschieden zu haben, den eigenen Willen der Organisation überantwortet zu haben.

—

Wer innerhalb der Organisation doch mal Zweifel hegt, muss einfach mehr Gottvertrauen haben. Schließlich gibt es eine Hoffnung. *Die* Hoffnung.

Ich erinnere mich an meine Mutter, die mit belegter Stimme erzählte, wie sehr sie sich darauf freue, im Paradies ihre Eltern wiederzusehen. Ich hatte Freunde, die mit glänzenden Augen davon berichteten, ihren Vater wiederzusehen. Ich war auf Beerdigungen von Zeugen Jehovas, bei denen die Auferstehungshoffnung der einzige Trost war. Eine Frau in unserer Versammlung hatte ihr ganzes Leben im Predigtdienst verbracht; trotz multipler Sklerose und unerträglicher Schmerzen versuchte sie Monat für Monat ihre 70 bis 80 Stunden abzureißen, weil man ihr versprochen hatte, dass Jehova nach Harmagedon «jede Träne von ihren Augen abwischen [würde], und der Tod wird nicht mehr sein, noch wird Trauer, noch Geschrei, noch Schmerz mehr sein».[242]

Jeanne Mills überlebte das grausige Ende der People's-Temple-Sekte. Auf einem Anwesen in Guyana, das man nach dem Sektengründer Jim Jones *Jonestown* nannte, starben am 18. November 1978 bei einem als Massensuizid getarnten Massaker 911 Menschen. Jeanne Mills wird mit Worten zitiert, die sich auf so gut wie jede Bewusstseinskontrollgruppe anwenden lassen:

Wenn dich die nettesten Personen, die du je gekannt hast, der liebevollsten Gruppe Menschen vorstellen, die du je getroffen hast, und ihr Anführer die inspirierteste, fürsorglichste, mitfühlendste und verständnisvollste Person ist, die du je erlebt hast, und wenn du dann noch herausfindest, dass das Anliegen der Gruppe etwas ist, von dem du nie zu hoffen gewagt hättest, dass es möglich sein könnte – wenn alles, was du dort findest, zu schön scheint, um wahr zu sein, ist es vermutlich genau das: zu schön, um wahr zu sein. Gib niemals deine Bildung, deine Träume und Ziele auf, um einem Regenbogen hinterherzujagen.

Ein Jahr später wurden Jeanne Mills und ihre Familie auf mysteriöse Weise ermordet.

Ich habe mit Zeugen Jehovas gesprochen – ich war ja lange Zeit selbst einer von jenen –, die freimütig zugaben, diese Hoffnung auf ein Paradies sei der einzige Antrieb, der ihnen half, weiterzumachen, trotz aller Widrigkeiten, trotz einer Hoffnung, die sich nicht erfüllte. Das waren Menschen, echte Menschen, die von einem Unternehmen mit religiösem Anstrich belogen wurden, belogen werden, bis heute. Über sieben Millionen Menschen vertrauen diesem Unternehmen und werden von ihm um wertvolle Lebensjahre betrogen. Vertrauen diesem Unternehmen ihr Leben und ihre Hoffnungen an. Verbreiten diese Hoffnung im Auftrag dieses Unternehmens. Verbreiten diese Lüge, diesen Mythos. Weil sie daran glauben. Weil man ihr Vertrauen erschlichen hat. Das Unternehmen, das diesen Mythos pflegt, das Millionen von Menschen falsche Hoffnungen macht, heißt Wachtturm-Gesellschaft. Zu Risiken und Nebenwirkungen lesen Sie dieses Buch oder richten Ihre

Beschwerde an: The Governing Body of Jehovah's Witnesses, 25 Columbia Heights, Brooklyn, New York 11 201–2483, United States of America, Telefon: +1 71 85 60 50 00.

———

Die Leitende Körperschaft sieht sich selbst gern als Diener von Gottes Volk. Doch ihre Halbwertszeit ist abgelaufen. Der oben wiedergegebene Dialog aus *The Dark Knight* endet mit einem Eingeständnis Harvey Dents: «Man stirbt als Held oder lebt so lange, bis man selbst der Böse wird.» Vermutlich kommt das auf den Blickwinkel an.

Den größten Teil meiner Kindheit und Jugend war ich fest davon überzeugt, dass sie die Guten waren. Ich hatte die Verbote, die Verhaltensmaßregeln, die Ängste, die Hoffnung, die Konsequenzen, sämtliche Normen und Maßstäbe der Wachtturm-Gesellschaft internalisiert. Sie waren Teil meiner Persönlichkeit geworden, sodass ich bei allem, was nicht wachtturmkonform war, Schuld- und Schamgefühle empfand, selbst, wenn ich es mit mir selbst vereinbaren konnte. Ich war ein Wachtturm-Junge, von den sauber frisierten Haarspitzen bis zu den Sohlen meiner Lackschuhe, die ich im Königreichssaal trug. Genau, wie ich davon überzeugt war, dass die Leitende Körperschaft mit allem recht hatte, war ich überzeugt, dass meine Bestimmung darin lag, Teil dieser Organisation zu sein, vor allem: zu bleiben. Egal, was die Stimmen in meinem Kopf auch sagten. Nur so hätte ich eine Chance zu überleben, glaubte ich. Denn:

Stell dir nur einmal vor, du würdest die schützende Umgebung der Christenversammlung verlassen. Was würde wohl aus dir werden?

Viele wissen noch genau, wie leer und sinnlos ihr Leben war, ehe sie die Wahrheit annahmen. Schon bei dem Gedanken daran läuft es ihnen kalt den Rücken herunter (Joh. 6:68, 69). Wenn du weiter engen Kontakt mit deinen Glaubensbrüdern hältst, bleibst du in Sicherheit und findest Schutz vor dem Kummer und dem Elend in Satans Welt. Tu dich mit ihnen zusammen und besuche regelmäßig die Zusammenkünfte. – WTG[243]

Ich wollte diesen Schutz, ich wollte diese Sicherheit. Die Welt außerhalb der Organisation, sie faszinierte mich, aber sie war gleichermaßen einladend wie furchteinflößend. Sie war verlockend, diese Welt, aber dort draußen kannte ich mich nicht aus. Hier, bei Jehova, wusste ich wenigstens, woran ich war. Meine Verlustaversion war zu groß – der Mensch fürchtet Verluste mehr, als dass er Gewinne schätzt. Solange der Leidensdruck noch nicht die kritische Masse erreicht hat, ist man selten bereit, etwas zu ändern.[244]

———

Wenn andere Zeugen Jehovas über ihr Verhältnis zu Gott berichteten, dann verwendeten sie immer ein Wort: Liebe. Ich spürte Gott nicht. Ich hatte keine persönliche Beziehung zu Jehova, so wie mein Vater, der sie häufig in eindringlichen Worten beschrieb. Anders als Gideon hatte ich auch noch nie so richtig Gottes Präsenz in meinem Leben gespürt. Aber er musste ja da sein. Oder? Ich meine, sonst hatte das Ganze doch keinen Sinn. Oder?

Realer und vor allem näher als Jehova war mir in meiner Jugend zum Beispiel das Ensemble der Fernsehserie *Friends*. Es stellte für mich eine Art Ersatzfamilie dar; ich freute mich mit den Figuren, ich litt mit ihnen, ich hing an ihnen. Das Projizieren einer realen Beziehung auf eine fiktive Erscheinung nennt man parasoziale Interaktion.[245] Dem Fernsehen gelingt die Illusion einer ‹face-to-face›-Beziehung zwischen Zuschauern und Schauspielern. Auch das Gebet, die Zwiesprache mit Jehova ist eine parasoziale Interaktion. Mein Vater, Gideon und ich hatten offenbar eine Menge gemeinsam.

Wenn ich an Gott dachte, dann hatte ich Angst. Angst, dass er sah, was ich nachts im Dunkeln tat; dass er mich in Harmagedon vernichten würde; dass er mich für das bestrafte, was ich offensichtlich war: ein Sünder. Ich glaubte an Gott, ich *wollte* an ihn glauben, ich *musste* an ihn glauben, weil, obwohl ich Angst vor ihm hatte. Weil ich hoffte, dass er mächtiger war als das, was angeblich schlimmer war: Satan.

Also tat ich das, was man von mir erwartete, das, was ich für richtig hielt, das, was mir die Eintrittskarte in den *Panic Room* Jehovas und ins Paradies bescheren sollte.

Ich ließ mich taufen. Ich war vierzehn Jahre alt.

———

Der Saal ist verschlossen. Ich drücke auf die kleine Klingel neben der Tür. Während der Zusammenkünfte ist die Klingel im Versammlungsraum abgestellt. Wenn jemand klingelt, leuchtet hinten am Pult, wo die Beschallungstechnik gesteuert wird, ein Licht auf. Ein weiteres meiner Vorrechte: am «Mikrophontisch» sitzen zu dürfen, wie wir die Steuerungsanlage nennen. In den anderen Räumlichkeiten, wie dem Konferenzraum im ersten Stock, kann man die Klingel ganz normal hören. Einer meiner Ältesten öffnet die Tür. Er lächelt mich an. «Willkommen, Bruder», sagt er und reicht mir die Hand. Willkommen, Bruder. Das habe ich schon mal gehört. Sechs Jahre muss das jetzt her sein. Der Witz ist: Wenn ich mich gar nicht erst hätte taufen lassen, wäre alles halb so wild.

———

Kapitel 7
Eine Jugend mit Jehova

Taufe

In unserer Versammlung gab es nicht viele Kinder. Mein Bruder und ich, ein paar andere. Die paar anderen, das waren zum Beispiel die Kinder einer alleinerziehenden Mutter, die ihr Bestes tat, vorbildliche Zeugen Jehovas heranzuziehen. Sie scheiterte auf niedrigem Niveau. Ihre Jungs waren nett, ich erinnere mich gern an die beiden. Sie begleiteten ihre Mutter immer nur, weil sie das wollte. Richtig Lust hatten sie nicht auf die Zusammenkünfte im Königreichssaal. Das hatten wir gemeinsam. Ich hätte es bloß nie zugegeben.

So galten sie nicht als die beste Gesellschaft für mich. Ich sollte mich lieber mit anderen vorbildlichen Zeugen-Jehovas-Kindern umgeben, sagten meine Eltern. Unserem Zeugen-Jehovas-Symbolkind Gideon zum Beispiel: Jungs wie Gideon und ich hatten eine tolle Zeugen-Zukunft vor sich. Wir sollten die typischen männlichen Karrierestationen durchlaufen: ungetaufter Verkündiger, Taufe, Dienstamtgehilfe, die Vorstufe zum Ältestenamt, dann das Ältestenamt, wer weiß, später vielleicht sogar Kreisaufseher. Uns stand die Welt des Wachtturms offen, weil wir das Glück hatten, Penisse zwischen den Beinen herumzutragen.

———

Taufen lassen kann sich jedoch jedes Geschlecht. Wichtigstes Aufnahmekriterium ist dabei der Eifer. Ein potenzieller Täufling muss beweisen, dass er ein eifriger Zeuge Jehovas ist. Eifer zeichnet sich durch ein gottgefälliges Verhalten aus, auch dann, wenn niemand außer Jehova zuschaut; durch ein Leben, in dem nachweislich der Dienst für Jehova im Mittelpunkt steht; und durch ein hohes Engagement im Predigtdienst. Darüber hinaus kann man Eifer beweisen, indem man pfiffige Antworten auf die Frage gibt, ob man «geistige Ziele» hat.

«Geistige Ziele» sind alle Ziele, die nichts mit der Realität zu tun haben. Ziele, die mit theokratischen Dingen zu tun haben. Abitur machen, um später studieren zu können? Kein geistiges Ziel. Sich um einen Ausbildungsplatz bewerben, damit man später einen Halbtagsjob annehmen kann, um mehr Zeit im Predigtdienst zu verbringen? Sehr geistiges Ziel. Vorbildlich, junger Padawan.

Wächst man unter Zeugen Jehovas auf, wird man schon als Kind dazu ermuntert, sich geistige Ziele zu setzen. Um Gottes Hilfe zwecks Erreichen dieser geistigen Ziele soll man beten. Und am besten man redet mit seinen Glaubensgeschwistern über seine geistigen Ziele, um auch diese zu ermuntern, geistige Ziele zu formulieren.

Ein geistiges Ziel, erzählte mir mein Vater, könnte beispielsweise sein, um eine Ausbildungsstelle zu beten, die es mir ermöglichte, mehr Zeit im Predigtdienst zu verbringen. Ein geistiges Ziel, erzählte mir meine Mutter, könnte beispielsweise sein, mal wieder zum Friseur zu gehen, ich sehe schon ganz und gar weltlich aus. Ein geistiges Ziel, erzählte mir ein Ältester, nachdem er mir zur Einschulung gratuliert hatte, könnte beispielsweise sein, die ganze Schule wissen zu lassen, dass ich Zeuge Jehovas bin. Meine persönlichen Ziele verhielten sich diametral dazu.

Eine Zeitlang nannte ich als geistiges Ziel, Bethelit zu werden. Deswegen wollte ich mich auch taufen lassen. Bethelit, so nennen sich Menschen, die in Bethel arbeiten und Mitglied der sogenannten «Bethel-Familie» sind. So wie mein Onkel und meine Tante. Bethel, so nennt man die Landeszentralen der Zeugen Jehovas: große Klöster mit angeschlossener Druckerei, in der alle Bücher und Zeitschriften der Zeugen Jehovas produziert werden. Betheliten widmen ihr Leben 24 Stunden am Tag dem Dienste Gottes.

Nicht, dass es je mein geistiges Ziel gewesen wäre, Gott 24 Stunden am Tag zu dienen. Aber in meiner naiven, kindlichen Weltsicht glaubte ich, dass es in einer geschlossenen Umgebung, wie sie das deutsche Bethel in Selters war, einfacher sein würde, Zeuge Jehovas zu bleiben. Es gab keine Ablenkungen, keine «weltlichen» Menschen.

Um nach Bethel zu kommen, musste man sich um einen Platz im *Weltweiten Orden der Sondervollzeitdiener der Zeugen Jehovas* bewerben. Dafür gibt es ein vierseitigen Vordruck.[246] Anzugeben sind Daten wie die Nationalität, der Beziehungsstatus, welche Sprachen man beherrscht, ob man Schulden hat und über welche beruflichen Fähigkeiten man verfügt. Ausführliche Angaben zur gesundheitlichen Situation sind erwünscht. Außerdem soll man Auskunft geben, ob man bereits einmal einem Rechtskomitee gegenübersaß oder gar ausgeschlossen war; ob man in einer homosexuellen Beziehung lebte, und falls ja: bitte ausführlich erklären; ob man Musik hört oder Filme schaut, die für einen Christen unangemessen sind; ob man pornographisches Material konsumiert; ob man schon mal ein Kind missbraucht hat, und wenn ja: wann; wie viel Zeit man im Predigtdienst verbringt, und falls die Zahlen nicht gut sind: warum; und natürlich, ob man fest daran glaubt, dass der «treue und verständige Sklave» Gottes Werkzeug für das Bereitstellen «geistiger Speise» ist. Des Weiteren muss die Dienstabteilung der örtlichen Versammlung ebenfalls umfassend Auskunft geben über persönliche Angelegenheiten des Bewerbers sowie eine Einschätzung zur Glaubwürdigkeit der gemachten Angaben.

Das wusste ich alles nicht. Ich kannte Bethel nur von unseren Besuchen bei meinem Onkel und bei meiner Tante. Bethel war jedes Mal ein Abenteuer. Es fühlte sich besonders an. Und ich wollte da mitmachen. Wenn ich ein geistiges Ziel hatte, dann war es das.

———

Im Nachhinein war der von mir gezeigte Eifer weniger meinem Glauben geschuldet als einem Wettbewerb zwischen Gideon und mir. Ich hatte nur Kinder wie Gideon als Maßstab, und es fühlt sich in der Retrospektive wie ein Wettrüsten um die Gunst der Eltern, der Ältesten, der Versammlung, des Kreisaufsehers an. Das begann mit dem Krieg der Textmarker und setzte sich beim Erklimmen der Karriereleiter fort. Mein Glaube war nur ein klitzekleiner Teil des Ansporns. Denn auch wenn ich lange Zeit an die Lehren der Zeugen Jehovas glaubte, so war es weniger aus Überzeugung und Hingabe als aus ängstlicher Unterwerfung. Gleichermaßen hatte der Eifer, den ich an den Tag legte, weniger mit meinem Aberglauben zu tun als mit meinem Wunsch, die Bundeszeugenspiele in unserer Versammlung zu gewinnen. Und natürlich spielte auch das, was ich Woche für Woche lernte, keine geringe Rolle, wie beispielsweise das, was ich in meinem Kinderbuch gelesen hatte:

> Willst du wie Jesus sein? – Willst du das tun, was die Männer und Frauen, die an Jesus glaubten, getan haben? Willst du dich taufen lassen? – Wenn du das tust, wirst du damit Gott sagen, dass du ihn liebst. Du wirst ihm sagen, dass du ihm dein Leben lang dienen willst. Ich hoffe bestimmt, dass du das tust. Dann wird Gott sich sehr freuen. – WTG[247]

Ich weiß nicht mehr, ob sich Gideon oder ich zuerst taufen ließ, aber es passierte höchstwahrscheinlich kurz nacheinander. Ich war vierzehn Jahre alt, als ich meinen Eltern mitteilte, dass ich gedachte, mich taufen zu lassen. Ich bekam die erwartete Reaktion: feuchte Augen, Kloß im Hals, Umarmungen. Ich war zufrieden. Ich hatte die Erwartungen meiner Eltern erfüllt. Mehr wollte ich doch gar nicht.

———

Warum ich mich ausgerechnet mit vierzehn taufen ließ, weiß ich nicht mehr. Ich kann mich nicht erinnern, wie die Entscheidungsfindung genau aussah. Aber so wie ich mich kenne, habe ich vermutlich gedacht, dass mir das doch niemand abnähme, wenn ich mich früher taufen ließe. Und wenn ich erst später getauft würde, hätte Gideon gewonnen. So etwas in der Richtung wird es wohl gewesen sein. Ach ja, meine Mutter hatte sich, wenn ich mich recht entsinne, auch mit vierzehn taufen lassen. Vielleicht spielte das eine Rolle.

Es lief folgendermaßen ab: Nachdem ich meinen Eltern meinen Wunsch mitgeteilt hatte, ging ich zu den anderen Ältesten und erzählte ihnen, dass ich mich taufen lassen wollte. Sie nahmen meinen Wunsch erfreut zur Kenntnis und machten einen Termin mit mir aus. An mehreren Abenden gingen sie eine Art Test mit mir durch. Die Testfragen waren dem Anhang des Buches *Organisiert, unseren Dienst durchzuführen* entnommen. Im Prinzip ging es darum, zu prüfen, ob ich wusste, worauf ich mich einließ – ich sollte mich Gott (sprich: der Wachtturm-Gesellschaft) hingeben und ihm (sprich: der Wachtturm-Gesellschaft) von ganzem Herzen dienen. Der Fragenkatalog umfasste Themen wie die Rolle von Kindern in der Familie (= immer den Eltern gehorchen), ob es eine Ausnahme gibt, in der Zeugen Jehovas nicht auf das Gesetz achten sollten (= wenn es in Konflikt mit der Bibeltreue gerät, wir erinnern uns an die «theokratische Kriegsführung»), welchen biblischen Prinzipien Folge zu leisten war (= Hurerei sollte man tunlichst vermeiden) und dass man von der Umwelt unter Umständen gemobbt werden könnte, weil man ein Zeuge Jehovas war. Die meisten Antworten kannte ich ohnehin, schließlich war ich schon vierzehn Jahre dabei. Aber auch sonst hätte ich ohne weiteres bestehen können. Ich hatte mich anhand meiner eigenen Ausgabe des Buches auf die Fragen vorbereiten dürfen. Völlig sinnfrei, wie ich fand. Erst viel später begriff ich, dass diese Prüfung bloß eine Alibifunktion hatte: Niemand soll ernsthaft davon abgehalten werden, der Organisation beizutreten. Wen man hat, den hat man.

Offensichtlich bestand ich die Eignungsprüfung, denn die Ältesten teilten mir mit, dass ich die Erlaubnis hätte, mich auf dem nächsten Kongress taufen zu lassen. Will man sich als Zeuge Jehovas taufen lassen, ist *der nächste Kongress* sehr wichtig. Auf Kongressen der Zeugen Jehovas, anlässlich derer sehr viele Versammlungen und Gäste zusammenkommen, um einen bis drei Tage rhetorische, theokratische Bespaßung über sich ergehen zu lassen, steht ein Taufbecken. Es ist unter normalen Umständen die einzige Gelegenheit, sich taufen zu lassen. Schließlich sollen möglichst viele Menschen bezeugen, dass man sich der Wachtturm-Gesellschaft überantwortet hat. Die Massentaufen der Zeugen Jehovas sind der Höhepunkt eines jeden Kongresses.

Wir Jungs mochten die Taufe, weil es eine willkommene Gelegenheit war, nasse Glaubensschwestern in Badeanzügen zu bewundern, ohne dass man als Spanner gebrandmarkt wurde. Wir wurden regelrecht dazu ermuntert, der Taufe beizuwohnen. Freilich hegten unsere Eltern die Hoffnung, das Erlebte würde uns ein Ansporn sein. Es kam ihnen wohl kaum in den Sinn, dass der Anblick halbnackter, nasser Mädchenkörper nur eins anspornte: unsere Hormone.

1996 wurde Jan Philipp Reemtsma für 32 Tage entführt, Take That lösten sich auf, die Einfuhr britischen Rindfleisches in die Europäische Union wurde verboten, und ich ließ mich mit vierzehn Jahren in einem Kongresssaal in Berlin taufen.

Nach der sogenannten Taufansprache, in der hochemotional und mit viel Pathos auf die neuen Segnungen (sprich: Verpflichtungen) eines sogenannten Täuflings hingewiesen wurde, mussten sich alle Taufanwärter erheben. Das ist bei

Kongressen immer die Stelle, in der entweder ein begeistertes Raunen oder ein enttäuschter Seufzer durch das Publikum geht, abhängig davon, wie viele Taufanwärter aufstehen.

Wir standen also auf. Bei dem Kongress war die Reaktion des Publikums eher verhalten, weder enttäuscht noch begeistert. Das Einzige, was ich hörte, waren die vor Stolz platzenden Brustkörbe meiner Eltern. Der Redner stellte zwei Fragen, die wir beide laut und deutlich mit «Ja» beantworteten, was das Publikum mit Applaus quittierte. Danach wurden wir getauft. Auf der Bühne. Vor allen Zuschauern. Ich hatte mir ein T-Shirt angezogen, ich war vierzehn Jahre alt, schwer pubertär und mir meiner körperlichen Unvollkommenheit sehr bewusst. Es war ganz einfach: Mit der rechten Hand sollte ich meine Nase zuhalten, mit der linken an meinen rechten Arm greifen. Der Täufer packte mich, tauchte mich kurz unter, und der Spuk war vorbei. Ich war offiziell ein Zeuge Jehovas.

———

Die Fragen, die wir laut und deutlich mit «Ja» beantworteten, lauteten:

1) «Hast du auf der Grundlage des Opfers Jesu Christi deine Sünden bereut und dich Jehova hingegeben, um seinen Willen zu tun?»

2) «Bist du dir darüber im Klaren, dass du dich durch deine Hingabe und Taufe als ein Zeuge Jehovas zu erkennen gibst, der mit der vom Geist geleiteten Organisation Gottes verbunden ist?»

[Das ist übrigens recht interessant: Man gibt sich Jehova hin, schwört aber gleichzeitig einen Eid auf die «Organisation Gottes», also die Wachtturm-Gesellschaft. Daran lässt die Leitende Körperschaft keinen Zweifel:

> Darüber hinaus schließt Loyalität gegenüber Gott auch Loyalität gegenüber seiner Organisation ein. – WTG[248]

Was das für den Einzelnen bedeutet, stellt sie ebenfalls klar:

> Bald werden alle, die Jehova gegenüber loyal sind, auf einer paradiesischen Erde leben können. – WTG[249]

> Sind wir nicht froh, dass wir heute zu einer Organisation gehören, die genauso entschlossen ist, an Gottes gerechtem und liebevollem Weg zur Rettung des Menschen festzuhalten? – WTG[250]

> Wenn wir uns indes von Jehovas Organisation zurückziehen, können wir nirgendwo sonst Rettung erlangen und echte Freude finden. – WTG[251]

Warum das interessant ist? Weil die Wachtturm-Gesellschaft auch sagt:

> Wir können uns an keiner Form neuzeitlichen Götzendienstes beteiligen – handle es sich um Gesten, durch die Bilder oder Symbole verehrt werden, oder darum, einer Person oder einer Organisation Rettung zuzuschreiben (1. Korinther 10:14; 1. Johannes 5:21). – WTG[252]

Sprich: Gerade indem Zeugen Jehovas der Wachtturm-Gesellschaft gegenüber loyal sind und ihr vertrauen, ihnen den Weg der Rettung zu weisen, beteiligen sie sich an einem neuzeitlichen Götzendienst – eigentlich ein absolutes No-Go für Zeugen Jehovas. Mit den Widersprüchlichkeiten und Rissen im Lehrgebäude der Wachtturm-Gesellschaft könnte man ganze Bücher füllen.]

Wie gesagt: Ich kann nicht behaupten, dass ich nicht wusste, worauf ich mich einließ. Ich hatte auf die Frage, ob ich mir darüber im Klaren war, dass ich mit der Organisation Gottes (sprich: die Wachtturm-Gesellschaft) verbunden sei, mit «Ja» geantwortet.

Ich war vierzehn Jahre alt, ein Alter, in dem Jugendliche das Recht haben, ihren Glauben selbst auszusuchen. Und das Recht hatte ich in Anspruch genommen. Ich hatte öffentlich einen Eid geleistet. Weil ich es wollte. Ich wollte mich taufen lassen. Ich werde nicht lügen und etwas anderes behaupten.

Was ich heute jedoch mit Sicherheit sagen kann: Ich habe es aus den falschen Gründen getan. Nicht, um Gott näherzukommen. Nicht aus Überzeugung. Sondern aus einer mir gegenüber an den Tag gelegten Erwartungshaltung, die zentnerschwer auf meinen Schultern lastete. Als ich die leuchtenden Augen meiner Eltern sah, als sie mich in ihre Arme schlossen, als ich Gideons so anerkennenden wie auch neidischen Blick sah – in dem Augenblick meinte ich zu wissen, dass es richtig gewesen war, mich taufen zu lassen. Mir brach ein Stein aus meinem Herzen und fiel.

«Willkommen, Bruder!»

Was die Zeugen Jehovas zu meiner Zeit auszeichnete – also, wovon die Zeugen Jehovas zu meiner Zeit glaubten, dass es sie auszeichnete –, war die Tatsache, dass es keine Kleinkindtaufe gab. Nur wer einem Ältestenkomitee beweisen konnte, dass er oder sie aus freien Stücken und mit entsprechendem Wissen Jehovas Diener werden wollte, wurde zur Taufe zugelassen. Natürlich konnte da auch mal ein achtjähriges Kind dabei sein. Das war aber die Ausnahme.

Die Zeiten sind vorbei. Die Kleinkindtaufe gibt es nach wie vor nicht. Aber die Definition dessen, was einen mündigen Zeugen Jehovas ausmacht, wird immer mehr ausgeweitet und verklärt. Die Leitende Körperschaft der Zeugen Jehovas zieht die Zügel an und ermuntert Eltern in Ansprachen dazu, ihre Kinder mehr und früher unter Druck zu setzen. So gibt es Aufzeichnungen von Reden von Mitgliedern der Leitenden Körperschaft, in denen sie mit Aussagen zitiert werden wie (ich gebe die englischsprachigen Aussagen im Wortlaut wieder):

«Wir zwingen sie nie, aber *das* lassen wir uns nicht gefallen.»
– Anthony Morris III, Mitglied der Leitenden Körperschaft, in Bezug auf berechtigte Zweifel eines als Beispiel angeführten Jugendlichen, der sich zu jung für eine Taufe fühlte, aber sofort einwilligte, nachdem seine Eltern gedroht hatten, ihn nicht den Führerschein machen zu lassen. Wenn Kinder alt genug sind, nachdenken zu können, so der Tenor der Ansprache und die latente Drohung, sollten sie zur Taufe geführt werden, weil sie Harmagedon nicht allein aufgrund der Tatsache überleben werden, dass sie im Schlepptau

der Eltern durch die Endzeit gelotst werden. Was ich da heraushöre: Kinder, die selbständig reden und denken können, werden nicht ins Paradies kommen, wenn sie ungetauft sind.[253]

«Es gibt Dinge im Leben, die getan werden müssen, egal, ob man möchte oder nicht.»
– David Splane, Mitglied der Leitenden Körperschaft, der selber keine Kinder hat, erklärt den Anwesenden in seiner Ansprache, dass man Kindern in Bezug auf die Taufe und ein Leben als Zeuge Jehovas nicht die Entscheidung überlassen sollte, was gut für sie ist. Als Vergleich wird ausgerechnet ein Ferienjob bei McDonald's angeführt, bei dem die Eltern es dem Kind auch nicht überlassen würden, ob es morgens aufsteht und zur Arbeit geht oder nicht. Das Fazit dieses Vergleichs, der nicht mehr hinken kann, weil er beim Spielen mit Chinaböllern alle Gliedmaßen verloren hat und im Rollstuhl sitzt: «Wenn ihr das für einen Big Mac tun würdet, möchtet ihr es nicht erst recht tun, wenn das ewige Leben eures Kindes auf dem Spiel steht?»[254]

«Eltern, seid bitte nicht passiv – lenkt eure Kinder aktiv gen Taufe.»
– Gerrit Lösch, Mitglied der Leitenden Körperschaft[255]

Je früher man die Kinder einfängt, desto besser. Das scheint die neue Strategie der Leitenden Körperschaft zu sein. In der internen Studienausgabe des *Wachtturms* vom Juni 2011 wird ein 12-jähriger Täufling als Beispiel hervorgehoben; das Kind auf den Symbolfotos ist erkennbar noch ein Kind, so wie im gesamten Artikel immer von einem «Kind» die Rede ist. Dazu schreibt die Wachtturm-Gesellschaft unter der Überschrift

«Kann sich unser Kind schon taufen lassen?»:

> Viele Eltern sehen die Taufe ihrer Kinder als wichtigen Schritt, der aber ein gewisses Risiko birgt – vergleichbar damit, den Führerschein zu machen. Doch geht man mit der Taufe und dem heiligen Dienst wirklich ein Risiko ein? Die Bibel antwortet mit Nein, denn in Sprüche 10:22 heißt es: «Der Segen Jehovas – er macht reich, und keinen Schmerz fügt er ihm hinzu.» [...] Dem wahren Gott zu dienen bringt jede Menge Zufriedenheit und Glück. Satans Welt dagegen hält jede Menge Sorgen und Probleme parat. Diesen Gegensatz sollten Eltern ihren Kindern deutlich vor Augen führen (Jer. 1:19).
> – WTG

«Ein gewisses Risiko» ist ein ziemlich zynischer Euphemismus für den Umstand, dass man nicht ohne Weiteres von seiner Entscheidung zurücktreten kann: zumindest nicht ohne das Risiko, sein gesamtes soziales Umfeld inklusive Eltern, Partner, Kinder zu verlieren. Einen Führerschein kann man zurückgeben, ohne dass Schlimmeres passiert. Die Taufe bei den Zeugen Jehovas nicht. Der Führerscheinvergleich hinkt nicht, er ist längst umgefallen.

———

Ja, meine Taufe war freiwillig, mir hat niemand eine Pistole an den Kopf gehalten, das ist eine Tatsache. Eine Tatsache ist es aber auch, dass mich niemand objektiv über meine Optionen aufgeklärt hat. Es war keine informierte Entscheidung auf Basis eines Kenntnisstandes, der alle Möglichkeiten umfasste. Es war eine Entscheidung, die ich traf, weil es das war, was man machte, wenn man in dem Leben aufgewachsen ist und nichts anderes kennt.

Ich war vierzehn. Ich wollte meinen Eltern gefallen. Sie hatten mir den oben zitierten Gegensatz vor Augen geführt. Aber ich kannte nur die eine, ihre Seite. Ich kannte nur die Geschichte der Zeugen Jehovas, wie sie mir vorgekaut worden war. Ich kannte nur die Sicht auf die Welt, die mir die Brille bot, die man mir aufgesetzt hatte. Ich hätte genauso gut in den Kulissen von Fox News aufwachsen können. War ich mir mit meinen vierzehn Jahren dieses «gewissen Risikos», dass ich aufgrund meiner Taufe irgendwann meine Familie und alle, die mir nahestanden, verlieren würde, vollends bewusst? Ich glaube nicht. Kennt man zu einem Medikament keine Alternative, glaubt man, leiden zu müssen, wenn man darauf verzichtet; man verschwendet keine Zeit an einen Beipackzettel. Man überfliegt ihn höchstens. Vielleicht muss ich anhand eines kurzes Exkurses erklären, was ich meine:

Wie ein Zeuge Jehovas entsteht

1) Er oder sie wird hineingeboren.
2) Oder eben nicht. Kehren wir kurz an den Anfang des Buches zurück. Zeugen Jehovas stehen vor deiner Tür. Nur, dass du dich diesmal auf ein Heimbibelstudium mit den Zeugen Jehovas einlässt. Einmal die Woche kommt dein Besucher für ein bis zwei Stunden vorbei. Jedes Mal, bevor ihr mit dem Studium beginnt, redet ihr über deine Familie, über seine Familie, über die Gesundheit, die Arbeit, Fußball. Er will

wissen, ob du eine Frage hast. Manchmal hast du eine. Sie wird jedes Mal zu seiner Zufriedenheit beantwortet, und weil er sich freut, freust du dich auch. Einmal sprichst du ihn auf einen Zeitungsbericht an, in dem es um die Zeugen Jehovas geht. Er lächelt und sagt, dass man nicht alles glauben soll, was in den Medien steht. Außerdem seien die Zitate der Wachtturm-Gesellschaft aus dem Zusammenhang gerissen, da fehle doch eindeutig der Kontext. Er behauptet, dass die Bibel vorhergesagt hätte, dass so etwas passieren würde, dass die Medien den wahren Glauben angreifen würden, und dass dies ein Beweis dafür wäre, dass das Ende nah sei. Er zeigt dir einen Bibeltext. Zufällig hat er einen Artikel aus dem *Wachtturm* zu diesem Thema in seiner Tasche.[256] Du bist beeindruckt. Das, was ihr macht, heißt Heimbibelstudium. Dir fällt nicht auf, dass ihr gar nicht die Bibel studiert, sondern ein Buch der Wachtturm-Gesellschaft, das wiederum die Bibel zitiert. Oft fehlt eindeutig der Kontext. Es fällt dir nicht auf, weil ihr sehr oft in der Bibel nachschaut. Häufig fragt er dich, wie du den Bibelvers interpretieren würdest. Du bist unsicher und schaust in das Buch der Wachtturm-Gesellschaft. Du liest einen Abschnitt vor. Er lächelt und nickt. Du bist zufrieden. Du studierst jetzt schon seit knapp sechs Monaten die Bibel. Dir gefällt, was du lernst. Es gibt keine Hölle, das ist beruhigend. Einen Himmel zwar auch nicht, zumindest für dich nicht; aber dafür ein Paradies. Das hört sich gut an. Die Toten werden wiederauferstehen, Gott wird alle Krankheiten abschaffen, wir werden ewig leben. Das hört sich noch besser an. Dir gefällt der Gedanke, dass wir nicht von den Affen abstammen, sondern von einem liebevollen Gott erschaffen wurden; dass Gott einen Plan hat; dass das Leben nicht bloß eine Aneinanderkettung von Zufällen ist, sondern Teil von etwas viel Größerem, einem universellen Konflikt. Dir gefällt der Gedanke, einen Unterschied machen zu können. Dem Ganzen einen Sinn geben zu können. Zwar hat dir dein Studienleiter erklärt, weshalb du diese oder jene DVD wegwerfen und warum du mit diesem oder jenem Hobby aufhören solltest, um Jehova gefallen zu können. Aber das ist bloß ein kleiner Preis angesichts dessen, was man dir verspricht: ewiges Leben. Was ist schon eine DVD gegen ewiges Leben? Mittlerweile besuchst du regelmäßig die Zusammenkünfte im örtlichen Königreichssaal. Du wurdest schon beim ersten Mal von den Ältesten persönlich per Handschlag begrüßt; mittlerweile kennst du ihre Namen und bist mit ihnen per du. Selbst die Kinder der Zeugen Jehovas freuen sich, dich zu sehen. Alle freuen sich, dich zu sehen. Und du freust dich auch. Der starke emotionale Zusammenhalt imponiert dir. Als du krank bist, bringt dir eine Familie aus der Versammlung Essen vorbei. Als es wegen deiner häufigeren Königreichssaalbesuche Unstimmigkeiten mit deiner Familie gibt, teilen deine neuen Glaubensgeschwister einen aufmunternden Bibeltext mit dir. Du hast das Gefühl, nie mehr allein sein zu müssen. Du hast dich daran gewöhnt, ein paar Mal die Woche in den Königreichssaal zu geben. Es gibt deiner Woche einen Rahmen, das findest du gut, es gibt keinen Leerlauf mehr. Früher hattest du das Gefühl, in der Woche zu schwimmen. Jetzt weißt du, woran du bist. Die neue Routine gefällt dir. Mit deinem «geistigen Vater» – so nennst du deinen Studienleiter scherzhaft, weil er sich selbst einmal scherzhaft so bezeichnet hat, weil er dich ja Jehova näherbringt –, mit deinem «geistigen Vater» warst du sogar schon einmal im Predigtdienst. Du warst furchtbar aufgeregt. Eigentlich ist dieses Predigen überhaupt nicht deins. Aber in einer Publikation der Wachtturm-Gesellschaft hast du gelesen: «Für echte Christen hat es daher schon immer mit der Loyalität gegenüber Gott zu tun, sich am Predigtdienst zu beteiligen, ja sie betrachten es als grundlegendes Erfordernis ihres Glaubens.»[257] *Loyalität gegenüber Gott*, das sind schwerwiegende Wörter. Du möchtest gern ein *echter Christ* sein. Also überwindest du deinen inneren Schweinehund und klingelst an der Tür. In deiner Tasche ist ein leeres Notizbuch. Fast ein Jahr ist vergangen, seitdem die Zeugen Jehovas das erste Mal vor deiner Tür standen. Du trägst deinen besten Anzug und die Krawatte, die du dir extra für diesen Anlass bei Peek & Cloppenburg gekauft hast. Du stehst neben anderen Taufkandidaten in der ersten Reihe. Der Redner spricht zwei Glaubensbekenntnisse vor, die ihr lauthals und gut hörbar für die Tausende Zeugen Jehovas im Publikum mit «Ja» beantwortet. Weil du an deine Frau denkst, die nicht da ist, weil sie sauer ist, weil du jetzt so viel Zeit mit diesen Zeugen verbringst, weil du an deine Kinder denkst, die keine Lust haben auf den Königreichssaal und lieber bei der Mutter bleiben, weil du an deinen Sorgerechtsstreit denkst und hoffst, dass Jehova dir vor Gericht beisteht, fällt dir nicht auf, dass du dich mit der öffentlichen Abgabe deines Glaubensbekenntnisses nicht nur Jehova Gott hingegeben, sondern auch gegenüber der Wachtturm-Gesellschaft, der vom «Geist geleiteten Organisation Gottes» einen Treue-Eid geleistet hast. Du bist dir nicht bewusst, welche Konsequenzen dein Bekenntnis für deine zwischenmenschlichen Beziehungen und für dein Leben haben wird. Alles, was du siehst, sind die strahlenden Gesichter, alles, was du fühlst, sind die Schulterklopfer, alles, was du realisierst, ist der freundlich dreinblickende Mann, der dich im Wasserbecken mit den Worten begrüßt: «Willkommen, Bruder!» oder «Willkommen, Schwester!»

Herzlichen Glückwunsch. Du bist jetzt Zeuge Jehovas.

———

Der Unterschied zwischen dir und mir? Man hat in meinem Fall nur halb so viel Überzeugungsarbeit leisten müssen. Wenn man jemanden überzeugen möchte, der die Alternativen kennt, muss man sich sehr viel Mühe geben. Wenn man die unerwünschten Möglichkeiten in den prägenden Jahren von Anfang an verteufeln oder gar ausschließen kann, ist es nicht besonders schwierig. Zumal ich immer nur mit halbem Ohr hinhörte und erfolgreich auf Anker wie «Harmagedon», «Sünde» oder «Dämonen» konditioniert worden war. Ich habe den Beipackzettel bloß überflogen. Mit dir ist man ihn Punkt für Punkt durchgegangen. Zugegeben, es war kein objektiver Arzt, der dir zur Seite stand, sondern der Pressesprecher des Pharma-Unternehmens. Aber dennoch. Ich hatte nicht so recht einen Überblick über die Risiken und Nebenwirkungen dessen, worauf ich mich einließ.

Zunächst änderte sich nach meiner Taufe ja auch nicht viel. Kleinigkeiten: Wenn mein Vater nicht da war, ergab sich die wunderliche Situation, dass ich noch zu jung war, ein Familienbibelstudium zu leiten, und meine Mutter zu sehr Frau, um es in meiner Anwesenheit ohne Kopfbedeckung zu tun. Ich wurde von der Bühne mit «Bruder Nachname» angesprochen. Ich durfte als Vertreter des männlichen Geschlechts in der Versammlung Vorrechte übernehmen. Und als getaufter «Bruder» und dazu erstgeborener Sohn von ehemaligen Missionaren und einem berühmten Ältesten war ich jetzt offiziell eine gute Partie für alle heiratswilligen Mädchen.

Fünf Mädchen. Und ein Junge.

Mein geistiges Ziel, nach Bethel gehen zu wollen, gab ich in dem Moment auf, in dem ich mich das erste Mal *so richtig* in ein Mädchen verliebte. Ich hatte zuvor nie über eine Heirat nachgedacht, weil ich wusste, dass es für ledige Männer einfacher war, nach Bethel zu kommen. Deshalb war die Ehe immer ein sehr vages Konzept geblieben. Aber als ich mich das erste Mal *so richtig* in eine Glaubensschwester verknallte, stellte ich fest, dass das Zölibat nicht so meins wäre.

Mädchen hatte ich davor schon gemocht. Sehr sogar, und immer wieder. «Mädchen werden mal dein Untergang sein», sagte meine Mutter später einmal.

———

Das erste Mal verknallte ich mich in der Grundschule. Sie war in meiner Klasse und ich verknallte mich, weil sie mit mir geredet hatte. Ich war ein genügsames Kind. Als sie in den Ferien war, schrieb sie mir einen Brief. Er endete mit dem Postscriptum «Ich und du, du und ich, kurz gesagt: Ich liebe dich». Meine Eltern lasen den Brief und amüsierten sich. Sie meinten es nicht böse. Ich schämte mich trotzdem.

Das zweite Mal verknallte ich mich in ihre beste Freundin. Aber die fand die Rabauken in unserer Klasse viel interessanter, und ich verlor schnell das Interesse, weil es mir zu mühsam war.

Das dritte Mal verknallte ich mich in ein Mädchen aus unserer Versammlung. Sie war Amerikanerin italienischer Herkunft und ungefähr in meinem Alter. Unsere Familien waren befreundet. Manchmal besuchten wir sie, manchmal besuchten sie uns. Ich mochte ihren großen Bruder, weil er Michael-Jackson-Kassetten hatte. Und weil ich ihren großen Bruder mochte, mochte ich sie auch. Sie durfte auch bei uns übernachten, auf einer Matratze auf dem Boden, zwischen dem Bett meines Bruders und meinem. Als mein Bruder einmal nicht im Zimmer war, zeigte sie mir ihr *Untenrum* und ich ihr meins. Danach sprachen wir sehr lange Zeit nicht mehr miteinander. Irgendwann zog ihre Familie weg.

———

Auf den Kongressen gab es einen Jungen, ungefähr in meinem Alter. Er war ein kleiner Rabauke. Ich mochte ihn, weil ich gern ein Rabauke gewesen wäre, und er mochte mich aus welchen Gründen auch immer. Wir stifteten uns gegenseitig zu zivilem Ungehorsam an. In einer Kongresspause trafen wir uns auf dem Klo und sperrten uns ein. Dann zogen wir unsere Hosen herunter und berührten gegenseitig unsere Penisse und Hintern. Es fühlte sich seltsam, lustig an, wir fanden es seltsam, lustig.

Ich glaube, wir hatten beide mehr erwartet. Wir lachten und zogen unsere Hosen wieder hoch. Vielleicht hatten wir kurz geglaubt, uns möglicherweise ein bisschen mehr zu mögen, aber dem war wohl doch nicht so. Wir trafen uns in den folgenden Jahren immer wieder auf Kongressen. Verknallt haben wir uns nie, und wir redeten nie wieder über dieses Erlebnis.

——

Das vierte Mal verknallte ich mich in der sechsten Klasse in ein Mädchen von meinem Gymnasium. Ich fragte sie, ob sie mit mir gehen wolle. Sie wollte. Also gingen wir miteinander. Während des Unterrichts schrieben wir Briefe. In den Pausen küssten wir uns verschämt. Meine Mutter entdeckte die Briefe, als sie meine Jacke waschen wollte. Sie befragte mich, ob ich verliebt sei, ob ich überhaupt wüsste, was Liebe sei. Ich fühlte mich nicht ernst genommen und schämte mich ein bisschen. Ich warf die Briefe weg. Mit dem Mädchen bin ich dann trotzdem weiter gegangen. Einmal wollten wir ins Kino. Aber ich durfte nicht mit. Meine weltlichen Klassenkameraden seien *schlechte Gesellschaft*, sagten meine Eltern. Unsere Beziehung musste sich auf die Schule beschränken.

Dann hatten wir eines Tages einen Vortrag. Der Redner zitierte einen Bibeltext:

> Lasst euch nicht in ein ungleiches Joch mit Ungläubigen spannen. Denn welche Gemeinschaft besteht zwischen Gerechtigkeit und Gesetzlosigkeit? Oder welche Teilhaberschaft hat Licht mit Finsternis?[258]

Die Schlussfolgerung des Redners: Ein Zeuge Jehovas, der eine Beziehung zu einer weltlichen, ungläubigen Person eingehe, lasse sich in ein ungleiches Joch spannen. Das würde Jehova sehr unglücklich machen.

Ich bekam Panik. Jehova war mir in dem Augenblick egal. Der sah alles. Das Kind war also schon in den Brunnen gefallen, da war Hopfen und Malz verloren. Aber meine Eltern! Ich fand den Gedanken, meine Eltern könnten von meiner Beziehung zu einer Ungläubigen erfahren, viel schlimmer! Ich glaube, meine völlig verquere Logik war: Wenn meine Eltern etwas nicht wussten, wusste es Jehova auch nicht so richtig. So sah meine Bewältigungsstrategie aus.

Die nächsten Monate litt ich Todesängste. Ich fürchtete, dass meine Eltern etwas herausfinden könnten. Jeden Tag auf dem Nachhauseweg sprach ich Stoßgebete. Drei Mal. Ich habe sie immer drei Mal aufgesagt, immer das gleiche Mantra: «Bitte, Jehova, mach, dass Mama und Papa es nicht herausfinden.» Irgendwann hatte ich es nämlich versehentlich zwei Mal gesagt, und da ich aus der Schule wusste, dass minus und minus plus ergaben, also aus negativ und negativ positiv wurde, habe ich es ein drittes Mal gesprochen, damit die Aussage negativ blieb. Deshalb habe ich dieses Gebet sicherheitshalber immer drei Mal aufgesagt, immer wieder, bis ich nach Hause kam. Ich wollte unbedingt verhindern, dass meine Eltern von der Beziehung zu dem Weltmädchen erfuhren. Sie wären enttäuscht gewesen, malte ich mir aus, und sie hätten mir gesagt, dass Jehova von mir enttäuscht sei. Und wenn meine Eltern es sagten, dann, dann war es real. Das wollte ich nicht. Dieser Gedanke machte mir Angst. Deshalb sprach ich die Stoßgebete.

In der Psychologie kennt man den Begriff des «magischen Denkens». Wenn eine Person der festen Überzeugung ist, ihre Gedanken oder Handlungen könnten andere Ereignisse beeinflussen oder verhindern, spricht man vom magischen Denken. Das kann zuweilen psychotisch sein. Diplom-Psychologe Dieter Rohmann dazu: «Dieses ‹magische Denken› ist ja durch die Sozialisation von klein auf indoktriniert worden. Nach dem Motto: ‹Jehova sieht alles› fühlt man sich permanent als ‹gläserner Mensch› und ist permanent schuldig. Dieses Instrumentarium von Schuld und Angst nutzt die Leiterschaft von sogenannten Sekten, um Mitglieder gefügig zu halten und zu lenken. Funktioniert wunderbar.»

Und das stimmt. Es funktionierte wunderbar. Manchmal frage ich mich, ob Religion oder der religiöse Glaube an sich nicht bloß Euphemismen sind für eine besonders perfide Form der Psychose.

Meine Eltern fanden es nie heraus. Zumindest sprachen sie mich nicht drauf an. Ich weiß nicht mehr, ob ich oder sie Schluss machte. Auf jeden Fall war es irgendwann vorbei.

———

Das fünfte Mal verknallte ich mich mit siebzehn. Sie war vierzehn und eine getaufte Zeugin Jehovas in der Nachbarversammlung in der Nachbarstadt. Wir hatten gemeinsame Freunde. So lernten wir uns kennen. Es war Liebe auf den ersten Blick. Sie war bildhübsch, hörte die richtige Musik und trug Cordhosen. Ich war hin und weg. Als bekannt wurde, dass wir «miteinander gingen», trafen sich ihre Eltern und meine Eltern zu einer Lagebesprechung. Es wurden Richtlinien aufgestellt. Wenn wir miteinander ausgingen, war immer einer unserer Eltern dabei und passte auf, dass wir keine Unmoral begingen. Wir durften nicht allein ins Kino, nicht allein in den Predigtdienst, nicht allein auf dem Zimmer bleiben, ohne dass die Tür offen blieb. Immerhin: Auf den Kongressen durften wir nebeneinander sitzen, und wenn sich unsere Hände während des Singens der Königreichslieder trafen, gab es vorwurfsvolle Blicke. Nach drei Monaten war das Ganze aus.

Ich war siebzehn Jahre alt, und jedes Mal, wenn sie meine Hand berührte, bekam ich eine Erektion. Sie war erst vierzehn. Ihre Eltern hatten gesagt, dass sie frühestens mit siebzehn heiraten dürfte. Und wenn ich etwas mit ihr aus dieser Erektion machen wollte, dann *mussten* wir heiraten.

Kein Sex vor der Ehe.

Kein Sex vor der Ehe.

Kein Sex vor der Ehe.

Das hängt in blinkender Neonschrift im Zimmer jedes Teenagers jeder Zeugen-Jehovas-Familie.

Drei Jahre. Drei Jahre Erektion. Das würde ich niemals durchhalten. Ich mochte sie sehr, aber ich musste trotzdem Schluss machen. Nicht, dass die Erektionen danach wesentlich verschwanden. Aber ohne das Mädchen neben mir war es leichter, in den schwachen Momenten an Jehova zu denken. Wenn man an Jehova dachte, ging die Erektion weg, das hatte ich gelernt. In der Praxis musste man zu anderen Mitteln greifen.

Schnufti

Ich wurde von meinem Vater aufgeklärt. Glaubt er. Ein oder zwei Jahre, bevor mein Vater ein wissenschaftliches Buch aufklappte und mir den Querschnitt eines Penis und einer Vagina zeigte, hatte Özgür in der Grundschule lang und breit berichtet, wie es sich anfühlte, ein Mädchen «zu bumsen», während ein halbes Dutzend Jungs mit großen Augen und Beulen im Schritt gespannt zuhörten. Ich wusste also schon längst Bescheid. Schließlich hatte auch schon in mein Leben die Sexualität Einzug gehalten.

Im Bibelbuch Maleachi liest man im dritten Kapitel und zehnten Vers: «‹Stellt mich bitte darin auf die Probe›, hat Jehova der Heerscharen gesprochen, ‹ob ich euch nicht die Schleusen der Himmel öffnen und tatsächlich Segen über euch ausschütten werde, bis kein Bedarf mehr ist.›» Ich bin mir nicht sicher, ob dieser Vers so gemeint war, aber kurz vor der Aufklärung durch meinen Vater waren die Schleusen der Himmel geöffnet und Segen über mich ausgeschüttet worden. Beziehungsweise in meine Schlafanzughose. Ich war eines Nachts aufgewacht und hatte die Sauerei entdeckt. Was ich ebenso entdeckt hatte, war die Tatsache, dass der Sauerei recht himmlische Wonnen vorausgegangen waren. Und dass man nicht zwingend auf Jehova angewiesen war, die Schleusen des Himmels öffnen und den Segen ausschütten zu lassen. So wurde ich zum himmlischen Schleusenwärter. Und Bedarf, Bedarf war immer.

Als hätte er meine Gedanken lesen können, klappte mein Vater das Buch zu und sprach mit mir über Masturbation. Er erklärte, dass es etwas völlig Natürliches sei, eine Erektion zu haben. Es sei auch völlig natürlich, sich anfassen zu wollen, um sich zu erleichtern. Allerdings sei das falsch. Es sei falsch, lernte ich, selber die himmlischen Schleusen zu öffnen und Segen über mich auszuschütten. Er öffnete die Bibel und erzählte mir von Onan, den Gott bestraft hatte. Er holte das Buch *Fragen junger Leute – Praktische Antworten* aus dem Regal und schlug das Kapitel *«Selbstbefriedigung: Wie kann ich damit aufhören?»* auf. Ich hätte entgegnen können, dass das ja gar nicht meine Frage gewesen war, außerdem hätten die Wachtturm-Gesellschaft und ich unterschiedliche Definitionen von «praktischen Antworten». Aber wenn mir das erst jetzt, beim Schreiben dieses Buches einfällt, kann man sich ein ungefähres Beispiel meiner Schlagfertigkeit machen. Gemeinsam lasen wir in diesem Kapitel:

> Wie bereits erwähnt, löst Selbstbefriedigung oft Schuldgefühle aus, sodass du, wie es in 2. Korinther 7:11 ausgedrückt wird, «in gottgemäßer Weise traurig» bist. – WTG[259]

Bis zu diesem Zeitpunkt hatte ich weder Schuldgefühle gehabt, noch war ich auf «gottgemäße Weise» traurig gewesen. Es hatte sich gut angefühlt, Schleusenwärter zu sein. Jetzt fühlte ich mich beschissen. Bevor er mir auf die Schulter klopfte und meine Aufklärung beendete, las mir mein Vater aus dem Buch Hebräer das Kapitel 4, Vers 13 vor:

> Alle Dinge sind nackt und bloßgelegt vor den Augen dessen, dem wir Rechenschaft zu geben haben.

Ich erinnere mich, dass ich ins Badezimmer eilte, um mich zu übergeben. Alle Dinge waren nackt und bloßgelegt vor Gott! Wenn die Bibel recht hatte – und sie hatte recht, das stand ja in der Bibel selbst drin, dass die Bibel recht hatte –, hatte Gott aus dem Himmel JEDES! MAL! zugeschaut, wenn ich in meiner Kindheit untenrum nackt die Schleusen öffnete. Er hatte zugesehen, wie ich bei Bedarf dafür gesorgt hatte, dass Segen ausgeschüttet wurde. Oh. Mein. Gott.

———

Aber es half alles nichts. Masturbation, das hatte ich nun endgültig gelernt, war falsch. Warum genau es falsch war, konnte mir mein Vater nicht erklären. Die Bibel auch nicht. Ich: «Warum?» Mein Vater: «Ours is not to reason why.» Ich: «O.k.»

Vielleicht war es keine Sünde im eigentlichen Sinne, zumindest keine unvergebbare, anscheinend.[260] Aber wenn man extra dazuschreiben musste, dass es keine «unvergebbare» Sünde war, hieß es ja im Umkehrschluss, dass es eine vergebbare Sünde war. Also *doch* eine Sünde. Es war zum Heulen. Sünden waren nicht gut. Adam und Eva hatten eine Sünde begangen und waren aus dem Paradies vertrieben worden.

Die Lügen der Eltern meiner Klassenkameraden verblassten angesichts des mir drohenden Schicksals. Man hatte angeblich nur tausend Schuss frei, sagten die anderen Eltern, aber das war nicht so schlimm, rechnete ich mir aus; wenn ich mir die Munition gut einteilte und aufpasste, würde genug für die Ewigkeit im Paradies überbleiben, schließlich war Harmagedon nicht mehr so weit weg. Dass Wichsen blind machte, war auch kein unlösbares Problem, da die Bibel versprach, der Blinde würde im Paradies wieder sehen. Die Lügen der anderen Eltern waren also kalkulierbare Risiken. Mein Problem war: Ich hatte gelernt: Wenn ich zu oft wichste, käme ich vielleicht nicht ins Paradies. Und das, das wäre der Supergau. Blind, Munition verballert und dann auch noch der Tod in Harmagedon. Das Leben war ungerecht. Zu jeder Tages- und Nachtzeit hatte ich eine Erektion. Und ich sollte nichts machen, außer zu Jehova beten und die Schleusen Schleusen sein lassen? Eine Lösung musste her, so viel war klar.

————

Ich hatte einen Teddy, der ungefähr einen halben Meter groß war. Ein Geschenk meines Onkels, der in der deutschen Zentrale der Zeugen Jehovas arbeitete. Der Teddy hieß Schnufti. Ich hatte ihn bekommen, als ich noch ganz klein war. Den Namen hatte ich mir selbst ausgesucht. Eines Tages fiel mir auf, dass Schnufti ein Loch hatte. Im Schritt. Ich fühlte mit meinem Finger nach. Schnufti fühlte sich innen drin weich an. Sehr weich. Sehr, sehr weich.

Wenn ich die Hände nicht benutzte, redete ich mir ein, wäre es technisch gesehen keine Masturbation. Mein Vater hatte ausdrücklich von «selbst anfassen» gesprochen. Und ich hatte nicht vor, mich anzufassen. Ich delegierte die Aufgabe des Schleusenwärters an Schnufti. Und er lernte schnell.

In den nächsten Monaten bumste ich Schnufti so oft ich konnte: Nach der Schule, vor der Schule, vor dem Schlafengehen, wenn ich nachts aufwachte und einen Ständer hatte, wenn ich morgens aufwachte und einen Ständer hatte, wenn ich Hausaufgaben machte und, huch, Ständer, wenn ich mit den Hausaufgaben fertig war und, huch, Ständer, wenn der Ständer wieder weg war und huch, Ständer. Schnufti erwies sich als treuer, diskreter Freund. Vor allem seine inneren, saugfähigen Werte wusste ich zu schätzen. Mein Lebensmotto zu der Zeit: «Alles raus, was keine Miete zahlt.»

Ich bekam mit der Zeit dennoch ein schlechtes Gewissen, aus so vielen Gründen. Die Schleier des Selbstbetrugs lüfteten sich so rasch, wie ich mich selbst befriedigte. Es war ja *irgendwie doch* Masturbation. Und Masturbation wurde einfach nicht gern gesehen. Im *Süddeutsche Magazin* wird über ein junges Zeugen-Jehovas-Mädchen berichtet, die den Ältesten ihre Masturbation beichtet: «Das Komitee deckte auf, dass sie täglich masturbierte – für die Zeugen Jehovas eine ‹widerliche Praxis›, die mit detaillierter Ratgeber-Literatur bekämpft wird. ‹Klar, dass du dauerspitz bist›, habe einer der Ältesten zu dem verängstigten Mädchen gesagt.»[261] Ich wollte auf keinen Fall, dass mir jemand so etwas sagt. Und überhaupt, mir machte beim Masturbieren zunehmend das bipolare Emotionsspektrum zu schaffen. Von himmelhoch jauchzend bis zu Tode betrübt innerhalb weniger Sekunden – kaum war der Segen ausgeschüttet worden, verflog die Wonne, das machte einen einfach fertig. Und dann auch noch der Gedanke, dass Gott ... Ich weiß nicht, ob manche Menschen das Wissen erregt, Gott schaue einem Popcorn mampfend zu, während man den Schaft poliert – mich auf jeden Fall nicht. Das Erlangen hormoneller Glückseligkeit artete langsam in Stress aus. Währenddessen konnte ich den Gedanken gut ausblenden. Aber danach schlug die Erkenntnis mit voller Härte zu. Ein Kreislauf der Scham.

Zum anderen war Schnufti ein männlicher Bär. Und Homosexualität war eine Sünde, das wusste ich. Gott sah ja, wie wir uns «nackt und bloßgelegt» aneinander rieben. Jetzt hatte ich zu allem Überfluss auch noch den armen Schnufti mit reingezogen. Am Ende hatte die Wachtturm-Gesellschaft recht, und Masturbation löste *wirklich* Homosexualität aus![262] Das musste aufhören.

———

Ich entwickelte eine neue Technik. Ich schloss mich im Badezimmer ein und dachte an eine nackte Frau meiner Wahl. Ich klemmte die Erektion zwischen meine Oberschenkel und wackelte so lange hin und her, bis ich ohne Hände erreicht hatte, was ich erreichen wollte. Ja, ich hatte meine Hände nicht benutzt. Technisch war es keine Masturbation. Aber mit der Zeit hatte ich aufgrund der Reibungskräfte mit Hautreizungen an Stellen zu kämpfen, an denen man bevorzugt mit nichts zu kämpfen haben möchte. Und ein schlechtes Gewissen hatte ich trotzdem. Jede Nacht, vor dem Schlafengehen, stieß ich ein Stoßgebet gen Himmel:

«Bitte, Jehova, mach', dass Mama und Papa nicht herausfinden, dass ich masturbiere.»

Drei Mal. Jedes Mal. Jede Nacht. Schlimmer war fast nur Schnuftis trauriger, eifersüchtiger Blick, der mich noch heute manchmal in meinen Träumen verfolgt.

Kongress

Natürlich bekam ich bei meiner Geburt einen biblischen Vornamen. So wie sehr, sehr viele Zeugen-Jehovas-Kinder meiner Generation. In manchen Versammlungen traf man auf eine Auswahl der kleinen Propheten samt allen Aposteln. Selbstverständlich gab es auch normale Vornamen. Aber viele Eltern griffen zur Bibel, blätterten, bis jemand «Stopp» sagte, und zeigten dann mit geschlossenen Augen auf einen Vers. Herzlichen Glückwunsch, dein Name soll sein jetzt und für immerdar Maher-shalal-hash-baz. Gesundheit.

Niemand, den ich kannte, hieß Maher-shalal-hash-baz.[263] Oder Pele-joez-el-gibbor-abi-ad-sar-shalom. Zeugen Jehovas lassen ihre Kinder vielleicht lieber sterben, als ihnen Blut zu geben, aber sie hassen sie nicht. Ein Name wie Hephzibah war da schon das höchste der Gefühle. Heutzutage wäre das alles kein Problem. Aber in den Achtzigern und Neunzigern gab es noch keine Brooklyn Beckhams, keine Suri Cruises, keine Phinnaeus Walter Roberts, keine Delphine Malou Connors. Der extravaganteste Name war River Phoenix, und der starb, bevor er eine nennenswerte Vorreiterrolle spielen konnte. Man fiel auf dem Schulhof auf, wenn man Hadassa hieß. Oder Tabitha. Oder Mischael-Sarim. Außer, natürlich, bei den Zeugen Jehovas.

Ich war also auch so ein Hineingeborener mit biblischem Vornamen. In der Schule stach ich heraus. Das nervte. Dadurch, dass ich weder Weihnachten noch Geburtstage feierte und auch nicht mit auf Klassenfahrt durfte, war ich ohnehin schon verhaltensauffällig. Ich hätte lieber einen ganz normalen, langweiligen deutschen Vornamen gehabt. Einmal erzählte ich einem der Ältesten unserer Versammlung davon. Ich war ein halbes Jahr zuvor eingeschult worden. Er hörte geduldig zu. Dann zeigte er mir einen oder zwei Bibeltexte, die mich irgendwie trösten sollten. Dafür wäre es von Vorteil gewesen, dachte ich, wenn sie irgendwie einen Bezug zu meinem Problem gehabt hätten. Er gab mir den Rat, dass ich meinen biblischen Vornamen als Chance begreifen sollte, informell Zeugnis geben zu können. Mein Name sei ein Türöffner für die gute Botschaft. Ich solle in einem Gebet mit meiner Sorge an Gott herantreten, er würde mir schon helfen. Am nächsten Tag ging ich wieder zur Schule. Ich wurde noch ein, zwei Mal aufgezogen in den nächsten Jahren. Ich vermied es so gut es ging, die gute Botschaft zu erwähnen.

Einen Vorteil hatte diese Namenspraxis. Anhand der Vornamen konnte man ganz gut erkennen, wer «in der Wahrheit» aufgewachsen und wer (oder wessen Eltern) Konvertit(en) war(en). Das war deshalb wichtig, weil man als Zeugen-Jehovas-Jugendlicher dazu ermuntert wurde, «nur im Herrn» zu heiraten.[264] Aber «im Herrn» war nicht gleich «im Herrn». Schließlich konnte man selbst «im Herrn» eine schlechte Partie erwischen. Also sollte man bei einem potenziellen Ehepartner auch noch auf den Eifer, theokratische Ziele und Verhaltensweisen achten. Ein biblischer Vorname war da schon mal eine gute Voraussetzung – zumindest, wenn man die Angebetete den Eltern vorstellte. Schließlich ließ ein biblischer Vorname auf eine langjährige Zeugen-Jehovas-Tradition der Familie schließen. Außer sie hieß Sarah. Da konnte man sich nicht so sicher sein, ob man nicht eine Konvertitin erwischte, denn zusätzlich zu den Eltern mit Zeugen-Jehovas-Hintergrund, die ihr

Kind Sarah nannten, gab es in meiner Generation genügend weltliche Eltern, die den Namen Sarah gewählt hatten. Grob geschätzt hieß jedes dritte Zeugen-Jehovas-Mädchen in meiner Generation Sarah. Auf großen Kongressen musste man glatt durchnummerieren.

———

Die verschiedenen Kongresse stellten Höhepunkte im Wachtturm-Kalender dar. Im Frühjahr, im Sommer und im Herbst gab es jeweils einen Kongress. Im Frühjahr und im Herbst trafen sich ein gutes Dutzend Versammlungen in einem Veranstaltungszentrum der Wachtturm-Gesellschaft. Im Sommer jedoch trafen sich doppelt oder drei Mal so viele Versammlungen in einer Mehrzweckhalle oder einem Fußballstadion zum sogenannten Bezirkskongress.[265] Dieser *große Kongress*, wie wir ihn auch nannten, war immer ein großes Abenteuer, weil man anders als bei den *kleinen Kongressen* nicht zu Hause schlief – sondern in einem Hotel oder in einer Jugendherberge oder auf einem Zeltplatz. Die Kongresse waren unsere Klassenfahrt.

Vor dem großen Sommerkongress ging meine Mutter mit mir zu C&A, um einen neuen Anzug zu kaufen. Das war gar nicht so einfach, vor allem nicht, als ich in meiner Wachstumsphase war. Meine Arme machten, was sie wollten, von meinen Beinen ganz zu schweigen. Mein Körper kam überhaupt nicht hinterher. Ich wechselte wöchentlich meine Konfektionsgröße. Mit ein bisschen Glück hielt mein Anzug drei Tage Kongress durch.

Die großen Kongresse gingen nämlich über drei Tage, von Freitag bis Sonntag. Meine Mutter schrieb einen Brief an die

Schule, damit ich freitags frei bekam und wir schon am Donnerstag anreisen konnten. Jeden Tag gab es von zehn bis siebzehn Uhr Ansprachen, Ansprachen, Ansprachen. Manchmal war es schön, aber meistens langweilte ich mich und kritzelte in meinem Notizbuch herum. Das lange Sitzen war ätzend. Wenn ich unruhig wurde, gab es einen bösen Blick von meiner Mutter. Meinen Vater habe ich während der Kongresse nur Abends oder auf der Bühne gesehen. Er war ein hohes Tier und hatte immer etwas zu tun. Andere Zeugen-Jehovas-Kinder bewunderten meinen Bruder und mich, weil unser Vater auf der Bühne stand.

Da sich der englischsprachige Bezirk über ganz Deutschland erstreckte, war der große Kongress häufig die einzige Gelegenheit, Freunde aus dem Süden wiederzusehen. Überhaupt freute ich mich in meiner Kindheit auf die großen Kongresse, wenn vermutlich auch nicht aus den gewünschten Gründen: Es war nicht die Ausschüttung der *geistigen Speise*, die mich reizte; dass es bei diesen Kongressen im Wesentlichen um geballte Indoktrination auf engstem Raum in kürzester zeitlicher Abfolge ging, war mir schon damals bewusst. Trotzdem gehörten die großen Kongresse zu den Dingen bei den Zeugen Jehovas, an die ich mich bis heute am liebsten zurückerinnere.

Vermutlich war es eine willkommene Abwechslung zum sonst drögen Wachtturm-Alltag. Dabei war der Kongress selber selten abwechslungsreich. Das Programm der Kongresse muss man sich ein bisschen wie ganztäglichen biblischen Frontalunterricht vorstellen. Tausende Menschen sitzen adrett gekleidet, sauber frisiert und mit zurückhaltendem Geschmeide behängt in Sitzreihen und lauschen andächtig Ansprachen, Symposien und Darbietungen. Die Themen: Jehova, unsere Loyalität zu Jehova, Harmagedon, wie wir Harmagedon dank unserer Loyalität zu Jehova überleben könnten, der Predigtdienst, wie der Predigtdienst unsere Loyalität zu Jehova beweist, warum der Predigtdienst dringend ist, warum wir wissen, dass Harmagedon um die Ecke auf uns wartet, warum es wirklich nicht mehr lange dauern kann, die Leitende Körperschaft, unsere Loyalität zur Leitenden Körperschaft, warum wir unbedingt auf die Leitende Körperschaft hören sollten, Harmagedon. Durchhalteparolen, neue Verhaltensmaßregeln, wiedergekäute alte Verhaltensmaßregeln, Predigtdienst-Einsatzregeln für uns Gotteskrieger und Bibelexegese gaben sich die Klinke in die Hand. Drei Tage lang. Wir wurden auf den Kampf gegen Satan eingeschworen, zu mehr Eifer animiert, ein Gemeinschaftsgefühl wurde gefördert und gefordert; wir gegen die anderen, gegen den Rest der Welt – das war das Fazit und das schweißte zusammen. Egal, wie viele Zweifel man im Alltag hatte, nach diesen drei Tagen schienen sie nebensächlich, waren kaum wahrnehmbar. Zu diesem Wir-Gefühl trugen auch die im Kollektiv gesungenen Königreichslieder vor, während und am Ende des Programms bei. Wer einmal in einem Fanblock im Fußballstadion stand, weiß, welche vereinende, aufputschende Wirkung im Chor gesungene Lieder haben können. Die Fans des FC Liverpool haben ihr *You'll never walk alone*; wir hatten derer viele, und wenn wir nach drei Tagen am Ende des Kongresses beim letzten Lied lauter als sonst sangen, dann hatte nicht nur ich Gänsehaut. Wir gegen den Rest der Welt: Das war nicht nur ein Spruch, das war unser Lebensgefühl. Zumindest für drei Tage.

———

Das Programm ging jeden Morgen um halb zehn los und endete gegen 17 Uhr. Der Aufbau der Ansprachen ähnelte sich meistens; sie wurden offensichtlich mit Hilfe der gleichen Bausteine wie die Artikel und Publikationen gebastelt. Aufgelockert wurden sie ab und an durch Live-Testimonials, die auf die Bühne gebeten wurden. Erfahrungsberichte von echten Zeugen Jehovas waren ein ganz besonders wichtiger Bestandteil der Ansprachen auf einem Kongress, da man im Gegensatz zu den vage gehaltenen, vermutlich erfundenen in den Zeitschriften schlecht widersprechen konnte. Meistens folgten sie auf den Teil einer Ansprache, der hervorhob, wie man sich als wahrer Christ, sprich: Zeuge Jehovas zu verhalten/zu predigen/Beziehungen zu führen/Freizeit zu gestalten/etc. hatte. Um auch dem letzten Zuhörer deutlich zu machen, dass die Leitende Körperschaft wirklich nicht zu viel von ihren Schäfchen verlangte, baute man Testimonials in die Ansprachen ein. Im Vorfeld des Kongresses lotete der Redner aus, ob es in seinem Versammlungskreis Glaubensgeschwister gab, die eine Erfahrung im Predigtdienst/Privatleben/in der Schule/auf der Arbeit/mit einem Mitglied des anderen Geschlechts/etc. gemacht hatten, die ungefähr das veranschaulichte, was seine Ansprache zu vermitteln versuchte. Diese wurden dann eingeladen, auf der Bühne vor tausenden gespannten Zuhörern zu berichten, was sie so erlebt hatten. Meistens lief es in diesen Erfahrungsberichten darauf hinaus, dass ein Kollege/Schulkamerad/ungläubiges Familienmitglied/irgendein Fremder etc. eine Zeitschrift/klugscheißende Belehrung/ein Bibelstudium etc. angenommen hatte oder aber, viel, viel besser, der oder die Berichtende für seinen Glauben gehänselt/gefeuert/verprügelt etc. worden war und deshalb ein ganz besonders beispielhafter Märtyrer-Zeuge Jehovas war. Als Zuhörer nahm man den Mummenschanz natürlich für bare Münze, zeigte sich tief bewegt und klatschte im Anschluss Beifall.

Noch mehr Beifall klatschte man, wenn es eine neue Publikation gab. *Wachttürme* und *Erwachet!* gab es jeden Monat, aber ein neues Buch, das war etwas Besonderes. Um eine neue Publikation wurde im Vorfeld von allen Seiten immer ein Riesenbrimborium gemacht. Die großen Kongresse sind die Apple Special Events der Wachtturm-Gesellschaft. Die Identität des neuen Buches war das bestgehütete Geheimnis. Schon Wochen vorher, wenn in einer Zusammenkunft in der Heimatversammlung das Programm des großen Kongresses vorgestellt wurde, rätselte man anhand ihrer meist sehr dramatisch klingenden Titel, im Rahmen welcher Ansprache das neue Buch veröffentlicht und worum es wohl gehen würde. Außer unsere Familie hatte es dank unserer Verwandten im Hauptquartier schon vorher erfahren. Dann ging es auf dem Kongress nur noch darum, während der Ansprache den richtigen Moment abzupassen, um Freunden einen feixenden Blick zuzuwerfen, die mir natürlich nicht geglaubt hatten. Im Anschluss an die Buchvorstellung, die frenetisch beklatscht wurde, war meistens Schluss mit dem Programm, und die Besucher stürmten den Literaturtisch, um ein Exemplar zu erwischen. In offiziellen Propagandavideos der Wachtturm-Gesellschaft sieht man häufig euphorische Menschen, die vor Freude weinend mit dem neuen Buch herumwedeln, als sei die Wachtturm-Publikation wichtiger als die Bibel. Ganz so pathetisch wie in den Videos der Gesellschaft habe ich es selbst nie erlebt. Aber man hat sich schon sehr darauf gefreut. Immerhin war es eine schöne Abwechslung zum ansonsten recht eintönigen Kongressalltag.

Da war das Bibeldrama noch das Aufregendste an der ganzen Veranstaltung. In einem knapp halbstündigen Stück führten Laiendarsteller zu einem Playback eine Pantomime auf, die meistens in der Jetztzeit mit einer aus Wachtturm-Sicht brenzligen Alltagssituation begann, woraufhin dramatische Musik aufschwang und andere, als Israeliten verkleidete Laiendarsteller die Bühne betraten und eine biblische Anekdote nachspielten, die zufälligerweise genau jene Alltagssituation spiegelte. Zwischendurch wuselten unverkleidete Ordner über die Bühne und stellten hier einen Pappmaché-Felsen auf, dort eine Palme, um uns Zuschauer gekonnt in den antiken Nahen Osten zu entführen. Am Ende katapultierten uns diese Ordner wieder in die Jetztzeit, wo die Laiendarsteller der brenzligen Alltagssituation stellvertretend für uns Zuschauer dank der biblischen Anekdote eine wichtige Lektion gelernt hatten.

Ich habe mich als Kind immer auf das Bibeldrama gefreut. Ich fand das Drama super. Die Lektionen waren nebensächlich, ich genoss das Spektakel und die Geschichte. In meiner Kindheit gab sich die Wachtturm-Gesellschaft allerdings auch etwas mehr Mühe: Die Produktionen waren anspruchsvoller, die Narration ausgefeilter und die Botschaft subtiler. Tatsächlich konnte man in den früheren Produktionen auch einfach die Geschichte genießen, ohne das Gefühl zu haben, von einem Moses mit angeklebtem Bart und einem Geschirrtuch über dem Kopf getadelt zu werden. Doch je älter ich wurde, desto plumper gingen die Autoren der Stücke ans Werk. Das Bibeldrama wurde mit jedem Kongress kürzer und weniger spektakulär, bis es irgendwann nur noch eine seltsame Travestie aus erhobenem Zeigefinger und Provinztheater war, und vor allem das Einzige, das uns davon abhielt, *endlich* in die Pause zu gehen. Denn je älter ich wurde, desto mehr Bedeutung bekam die große Mittagspause.

Schließlich waren die großen Kongresse in meiner Jugend die einzige und größte Datingplattform für Zeugen-Jehovas-Jugendliche.

Der rote Punkt

Der Wecker klingelte an einem Kongressmorgen für gewöhnlich gegen sieben, damit noch genug Zeit blieb für die Morgentoilette und ein leichtes Frühstück. Weil mein Vater das Vorrecht hatte, am Programm mitzuwirken, mussten wir immer sehr früh am Veranstaltungsort sein. Nach dem Frühstück band ich mir eine Krawatte um, schlüpfte in mein Sakko und befestigte mein Namenskärtchen am Revers.

Alle Zeugen Jehovas, die einen großen Kongress besuchten, trugen solch ein Namenskärtchen, das wir Kongress-Plakette oder auch Hundemarke nannten. In der oberen Hälfte war das Motto der Veranstaltung zu finden, darunter zwei Felder: Name und Heimatversammlung. Eine große Hilfe, wenn man herausfinden wollte, wie ein Mädchen hieß. Das andere Geschlecht entwickelte sich mit der Zeit zum wichtigsten Beweggrund, den großen Kongress zu besuchen.

———

Ich habe mich auf jedem Kongress neu verknallt. Manchmal sogar an jedem Kongresstag. Mehrmals. Leider eskalierte das junge Glück in der Regel relativ einseitig. Was meistens daran lag, dass mein Schwarm nichts von meinen Frühlingsgefühlen wusste. Weil ich ihn nie ansprach. Jehova, in seiner unendlichen Güte, hatte mich mit einer ähnlich unendlichen Schüchternheit gesegnet. Es war mir rätselhaft, wie es zu Beziehungen zwischen zwei Menschen kommen konnte, die sich vorher nicht kannten. Während andere Jungs in Anwesenheit von Mitgliedern des anderen Geschlechts souverän lächelten und eloquent Konversation pflegten und generell selbstsicher ihren Charme spielen ließen, stand ich daneben und bestaunte das Schauspiel mit offenem Mund. Ich hatte nicht die geringste Ahnung, wie man das machte, ein Mädchen anzusprechen. Entsprechend eklektisch fiel mein Plan aus. Mein Verständnis von Flirten war, die Angebetete in der Mittagspause des großen Kongresses unauffällig zu verfolgen und hinter einer Säule, einem Busch oder einem korpulenten Glaubensbruder aus dem Hinterhalt ehrfürchtig anzustarren, in der Hoffnung, sie würde sich irgendwann umdrehen, mir in die Augen schauen und wie von Jehovas heiligem Geist und seiner Zauberhand spontan in Liebe zu mir entflammen. Jahr für Jahr gab es angeblich unzählige Fälle von spontaner menschlicher Selbstentzündung, hatte ich gehört, warum sollte das also nicht auch metaphysisch möglich sein? Einmal drehte sich ein Mädchen tatsächlich um. Sie erblickte mich, wie ich da stand und sie mit offenem Mund und einem dümmlichen Gesichtsausdruck anstarrte, und aus völlig unerfindlichen Gründen lächelte sie mich an. Ich schaute weg. Weiter hatte mein Plan nicht gereicht.

Es war ein Trauerspiel. Was das andere Geschlecht betraf, sah ich einfach kein Land. Dabei wäre es so einfach gewesen: Jeder Zeuge Jehovas trug eine Kongressplakette, auf der gut sichtbar der Name stand. Dazu waren die Jugendlichen auf dem Kongress außergewöhnlich aufgeschlossen, was das Kennenlernen betraf. Schließlich saßen alle im selben Boot: Es war mehr oder weniger Vorschrift, «im Herrn» zu heiraten. Wir hatten noch kein Facebook, kein Myspace, es gab noch nicht mal Internetforen. Wir waren auf die Kongresse und ihre Mittagspausen angewiesen. So war es kein Wunder, dass die meisten Jugendlichen die Kongresse nutzten, um eine Person des anderen Geschlechts kennenzulernen. Außer mir. Wie der Glöckner im Schatten von Notre Dame von Zinne zu Zinne, hüpfte ich von Säule zu Säule meinen Schwärmen hinterher, immer einen Schritt zu spät, um bloß nicht aufzufallen. Dabei war das eigentlich alles, was ich wollte: meiner Angebeteten auffallen. Doch es sollte nicht sein. Und so saß ich Jahr für Jahr auf dem Heimweg am letzten Kongresstag mit großem Liebeskummer auf der Rückbank des Familienautos und verzweifelte an meinem Schicksal. Zum Glück hielt der Liebeskummer nie lang an. Und auf jedem Kongress tröstete ich mich mit der nächsten aus der Ferne Angebeteten über die vorherige hinweg.

———

Das Befolgen der Anweisung, «nur im Herrn» zu heiraten, garantierte allerdings nicht, dass jede Ehe, die «im Herrn» geschlossen wurde, tatsächlich «im Herrn» war. «Nur im Herrn» zu heiraten, schloss nicht alle Menschen mit ein, die sich christlich positionierten. «Nur im Herrn» bedeutet nach Auslegung der Wachtturm-Gesellschaft: Angemessene potenzielle Ehepartner sind ausschließlich jene, die sich als Zeugen Jehovas identifizieren. Sprich: keine Katholiken, keine Protestanten, keine Freikirchler, schon gar keine Moslems oder, Gott behüte, Atheisten. Diese Anweisung ist auch nicht etwa dafür da, um Beziehungen zu vereinfachen, wie es offiziell häufig dargestellt wird, da religiöse Mischehen, oder «geteilte Haushalte», wie wir sie intern nannten, eine Beziehung aufgrund unterschiedlicher Moral- und Wertvorstellungen angeblich verkomplizieren.[266] Schließlich gab es, auch in meinem Bekanntenkreis, eine Menge «geteilter Haushalte», die trotz aller Unterschiede von gegenseitigem Respekt und Harmonie geprägt waren. Und wenn es Komplikationen gab, gingen sie überwiegend von der Zeugen-Seite aus. Nein, wie immer ging es einzig und allein um die Einheit der Organisation.

Dass die großen Kongresse immer mehr zu einem amourösen Wochenmarkt mutierten, lag aber nicht allein an der Vorgabe, einen Partner *in der Wahrheit* zu finden. Die Wachtturm-Gesellschaft verbietet Sex vor der Ehe. Wer unverheiratet oder mit einer anderen Person als seinem Ehepartner den Geschlechtsakt vollzieht, riskiert einen Gemeinschaftsentzug. Das *Ältestenbuch* der Wachtturm-Gesellschaft regelt den Straftatbestand des unehelichen Geschlechtsverkehrs, oder *Hurerei*, wie es umgangssprachlich bei uns hieß:

Unter *pornéia* versteht man sowohl den natürlichen als auch den widernatürlichen unsittlichen Gebrauch der Genitalien in unzüchtiger Absicht. An der unsittlichen Handlung muss außerdem noch eine Person (männlich oder weiblich) oder ein Tier beteiligt sein.

Eine freiwillige Beteiligung daran macht schuldig und erfordert die Bildung eines Rechtskomitees. Unter *pornéia* fällt nicht flüchtiges Berühren der Genitalien, wohl aber deren absichtliche Reizung. Oral- und Analverkehr sowie die gegenseitige absichtliche Reizung der Genitalien nicht miteinander Verheirateter sind *pornéia*. *pornéia* erfordert weder Hautkontakt noch Geschlechtsverkehr (wie das Eindringen des Penis in die Vagina oder den After) noch einen Orgasmus. – WTG[267]

Selbst das bloße Übernachten bei einer Person des anderes Geschlechts kann zu einem Rechtskomitee führen.[268]

Es ist dies der vergebliche Versuch, die schwierige Gratwanderung zu schaffen zwischen totaler Regulierungswut und der Vortäuschung von Alltäglichkeit, indem immer wieder ausdrücklich die natürliche Gottgegebenheit der Sexualität, die bloß nicht überbewertet werden sollte, betont wurde, was aber erst recht zu einer krassen Überbewertung von Sex führte, der uns ein völlig verzerrtes Bild geschlechtlicher Wonnen bescherte. Man konnte fast den Eindruck gewinnen, dass Sex in all seinen Spielarten und theoretischen Befassungsmöglichkeiten das Kernthema der Wachtturm-Gesellschaft war. In jedem Vortrag wurde die unmoralische Welt mit ihren heimtückischen Versuchungen hervorgehoben, in jedem zweiten Vortrag die Vorteile der Keuschheit und Ehelosigkeit, in jedem dritten ein besonders ausgeschmücktes Beispiel für den massiven Verfall der Sitten in der Unterhaltungsindustrie. In einem vertraulichen Vier-Augen-Gespräch erzählte mir ein Ältester, als berichtete er gerade live von der Ostfront, von solch verabscheuungswürdigen sexuellen Praktiken wie Oral- oder Analverkehr. Er sagte tatsächlich «verabscheuungswürdig». Das Gespräch ließ ihn äußerst aufgewühlt zurück.

Und immer wieder: Kein Sex vor der Ehe. In dieser aufgeladenen Atmosphäre wurde Sex zum Heiligen Gral und die Ehe die Waffe unserer Wahl. Was dazu führte, dass viele Zeugen Jehovas sehr jung und viel zu früh heirateten, um endlich Sex haben zu dürfen.[269]

Selbstverständlich «nur im Herrn». Manchmal nahm das erschreckende Ausmaße an: Ich war einmal auf einer Hochzeit eines Zeugen-Jehovas-Pärchens. Er war Mitte dreißig, sie süße sechzehn Jahre alt. Sie heirateten mit dem Einverständnis ihrer Eltern. Mitglieder ihrer Versammlung erzählten mir unter der Hand, dass er bereits einige Zeit Torschlusspanik hatte, weil er niemanden abbekam. Beide verband, dass sie Bedürfnisse hatten. Also heiratete man.

Die häufigste Frage, mit der man konfrontiert wurde, wenn man eine Freundin hatte: Wann heiratet ihr? Wechselnde Beziehungen wurden nicht gern gesehen. Die Wachtturm-Gesellschaft warnt: «Junge Leute, die nach Lust und Laune Beziehungen anfangen und wieder beenden, üben im Grunde genommen schon mal für ihre spätere Scheidung.»[270] Und Scheidungen werden bei den Zeugen Jehovas noch weniger gern gesehen.[271]

———

In eine Glaubensschwester verknallte ich mich relativ hartnäckig. Und mit *hartnäckig* meine ich: Drei Jahre lang, jeweils drei Kongresstage. Sie war groß und schlank und wunderschön und kanadisch und hatte lange, schwarze, lockige Haare. Meine Esmeralda. Wie sie wirklich hieß, weiß ich nicht mehr. Sarah, vermutlich. Ich wusste nicht viel über sie, außer, dass sie in einem Bibeldrama ein böses Mädchen gespielt hatte (genau mein Beuteschema) und älter war als ich. Um einige Jahre älter als ich. Sie hätte sich aus rechtlicher Sicht das Einverständnis meiner Eltern einholen müssen, wenn ich sie hätte heiraten wollen; selbst Weltmenschen hätten mit der Stirn gerunzelt, hätten wir heiraten wollen. Mit ein bisschen Phantasie waren wir im selben Alter; zumindest hatten wir dieselbe Zahl. An zweiter Stelle. Nur, dass sie eine 2 vorne hatte. Aber das waren Details, mit denen ich mich nicht lange aufhielt.

Das Alter war mir im Prinzip egal. Auf lange Sicht würde es sich ohnehin auszahlen. Schließlich hatte ich gelernt, dass Jehova uns im Paradies vom Alterungsprozess befreien würde. Nicht nur das: Das Fleisch aller, die schon alt waren, würde frischer sein als in der Jugend und sie würden zurückkehren zu den Tagen ihrer Jugendkraft.[272] Deswegen hielt ich bei seeehr, sehr viel älteren, ledigen Glaubensschwestern immer die Augen offen nach Fotos aus ihrer Jugend; man musste perspektivisch denken, man durfte sich nicht von den Falten, dem Winkfleisch und den Altersflecken täuschen lassen, man musste die Feste feiern, wie sie fielen, und zwischenmenschliche Blindgänger wie ich mussten flexibel sein. Nicht zu vergessen, dass sie frischer sein würden als in der Jugend. Das musste man im Hinterkopf behalten. Da würden die souverän lächelnden und eloquent konversierenden Jungs ganz schön blöd gucken, nach Harmagedon.

Aber das war nur Plan B. Schließlich war nicht ganz klar, wann Harmagedon genau kommen würde. Und ich hatte es mir schon ein wenig in den Hinterkopf gesetzt, mein erstes Mal noch in *diesem* «gegenwärtigen System der Dinge» zu erleben. Ohne Falten oder Altersflecken. Für Plan B war immer noch genügend Zeit, während wir Königreichslieder singend durch die Feuer, die Blitze, die Explosionen an der sich auftuenden und alles verschluckenden Erde gen Paradies vorbeiliefen.

Ich disponierte um. Wenn ich schon nicht das Mädchen ansprach, dann musste es mich ansprechen. Diese Erkenntnis half mir zunächst nicht weiter; noch weniger, als ich das Flirten beherrschte, wusste ich, wie ich solch ein Wunder bewerkstelligen sollte. Ich beneidete die Jungs, die in den Bibeldramen mitspielten und nach den Vorstellungen von Mädchen umzingelt waren. Bibeldramadarsteller hätte man sein müssen! Doch ich würde niemals Bibeldramadarsteller werden, weil es im südlichen Kreis der englischsprachigen Zeugen Jehovas in Deutschland eine Bibeldrama-Lobby gab, die das Bibeldrama immer an die gleichen Versammlungen vergab. Also musste etwas anderes her. Etwas, mit dem ich auffiel, und das in etwa meinen Fähigkeiten entsprach.

Also bewarb ich mich beim Kongress-Sicherheitsdienst.

———

Der Kongress-Sicherheitsdienst hatte schon immer eine Anziehungskraft auf mich ausgeübt. Die Brüder, die das Vorrecht hatten, im Kongress-Sicherheitsdienst zu arbeiten, mussten nämlich nicht so tun, als konzentrierten sie sich auf das Programm. Im Kongress-Sicherheitsdienst durfte man sich nicht nur während des Programms ablenken lassen, man musste es sogar. Denn es war die Aufgabe des Kongress-Sicherheitsdienstes, nach verdächtigen Personen Ausschau zu halten und dafür Sorge zu tragen, dass niemand während der dreitägigen Anbetung Jehovas zu Schaden kam. In der Vergangenheit hatte es auf Kongressen wiederholt Bombendrohungen oder Verrückte gegeben, die die Bühne stürmten. Also gab es Mitarbeiter des Kongress-Sicherheitsdienstes, die vor der Bühne saßen und den Blick ins Publikum schweifen ließen. Es gab Mitarbeiter, die zwischen den Stuhlreihen patrouillierten und nach verdächtigen Gegenständen Ausschau hielten. Es gab Mitarbeiter, die im Foyer und den Gängen patrouillierten oder sogar außerhalb des Veranstaltungsortes! Während des Programms! Da es mir außerordentlich schwerfiel, mich drei Tage lang acht Stunden auf den biblischen Frontalunterricht zu konzentrieren, wusste ich, dass ich für diesen Freiwilligendienst geradezu prädestiniert war.

Wie es der Zufall wollte, war der Koordinator des Kongress-Sicherheitsdienstes ein Freund der Familie. Er war Ältester in der Nachbarversammlung. Ich kannte ihn seit meiner Kindheit. Ich fragte ihn, ob die Möglichkeit bestünde, Teil seines Teams zu werden. Aus meiner Sicht gab es keinen besseren Freiwilligendienst bei den Zeugen Jehovas. Man durfte während des Programms in den Katakomben herumlaufen, ohne dass irgendjemand böse guckte. Man konnte die Gedanken schweifen lassen, weil die glasigen Augen für Beobachter genauso gut bedeuten konnten, man schaue wachsam in die Ferne. Nicht zuletzt sparte man Sitzfleisch: Nie wieder acht Stunden Interesse vortäuschen müssen. Ich ballte die Faust in der Tasche und hoffte, dass die vier, fünf Liegestütze, die ich an jenem Morgen gemacht hatte, helfen würden. Schließlich war ich nicht unbedingt aus dem Stoff gemacht, aus dem Epen Helden schnitzen. Ich hatte dünne, schlackernde Arme und den Brustkorb eines Erdmännchens. Niemand hätte vor mir Angst. Aber das war scheinbar kein Ausschlusskriterium. Bevor ich Pele-joez-el-gibbor-abi-ad-sar-shalom sagen konnte, war ich eingestellt. Das hatte ich mir schwieriger vorgestellt.

Vor meinem ersten Einsatz briefte uns der Koordinator. Im Prinzip war es einfach: Augen offenhalten und Verdächtiges melden. Zu *Verdächtigem* zählten unter anderem herrenlose Gepäckgegenstände, Personen, die äußerlich nicht einem Zeugen Jehovas entsprachen und während des Programms in den Gängen herumliefen, sowie bekannte Ausgeschlossene und Abtrünnige. Offiziell hieß es, wir sollten sie ansprechen, weil wir uns freuten, dass sie da waren und ihnen helfen wollten, sich in dieser unangenehmen Situation wohlzufühlen. Inoffiziell ging es wohl eher darum, dass die Kongressleitung befürchtete, irgendein frustrierter Ex-Zeuge Jehovas könnte eine Szene machen. So kam es, dass wir Brüder vom Sicherheitsdienst die einzigen Nicht-Ältesten waren, die mit Ausgeschlossenen offiziell sprechen durften. Ansonsten gab es nur wenige Anweisungen: Im Falle einer Gefahr nicht selbst eingreifen, sondern den Koordinator zu Rate ziehen oder gleich die Polizei rufen und niemals die Konfrontation mit einem Angreifer suchen. Schade. In meinen Tagträumen hatte ich mich schon einen Angreifer, der mit erhobenem Messer auf den Redner zusteuerte, mit einem Bodycheck aus dem Verkehr ziehen sehen. Danach war ich aufgestanden, hatte mein Sakko abgeklopft und den wartenden Mädchen der Reihe nach meine Telefonnummer aufgeschrieben.

«Ja, bitte?», unterbrach der Koordinator sein Briefing, weil ich aufgezeigt hatte.

«Und was», fragte ich, «wenn ein Angreifer mit einem Messer auf den Redner zurennt, und ich der Einzige bin, der zwischen dem Redner und dem Messer steht? Ist es dann nicht meine Pflicht, die Konfrontation zu suchen?»

«Warum sollte ein Angreifer mit einem Messer auf den Redner zulaufen? Das ist hier noch nie passiert.»

«Rein hypothetisch», hakte ich nach. «Nehmen wir an, er ist fast an der Bühne. Keine fünf Meter trennen ihn vom Redner. Er schwingt ein Messer. Der Redner ist starr vor Angst. Wäre es da nicht geradezu verantwortungslos, erst zu dir ans andere Ende des Kongresssaales zu laufen, um Meldung zu machen?»

«Es hat noch nie ...»

«Rein hypothetisch.»

«Rein hypothetisch», sagte Bruder Koordinator, «habe ich deiner Mutter das Versprechen gegeben, dass du keinen Quatsch machst, während du für mich arbeitest, also wirst du das schön bleiben lassen. Nicht nur hypothetisch.»

Ich gab auf. Diese Möglichkeit, die Aufmerksamkeit des anderen Geschlechts zu wecken, fiel also flach. Mir blieb immer noch der rote Punkt.

Der rote Punkt war nichts anderes als ein kreisrunder, kleiner roter Klebepunkt, den man sich auf die Kongressplakette klebte. Dieser rote Punkt war das Erkennungszeichen des Kongress-Sicherheitsdienstes. Das wusste ich, seitdem ich fünf oder sechs Jahre alt gewesen war und meinen Vater gefragt hatte, was der rote Punkt bedeutete. Seit dem Tag war es mein Traum gewesen, einmal selbst im Kongress-Sicherheitsdienst zu arbeiten. Ich würde den roten Punkt mit Stolz und angemessener Würde tragen und sein Vermächtnis ehren.

Ich liebte den roten Punkt. Kaum trug ich ihn, löste sich mein Buckel in Wohlgefallen auf. Ich fühlte mich wie ein verdammter Cowboy, wie ein Agent der CIA, wie ein Man in Black. Ich brauchte meine Mutter nicht mehr, die mir sagte, ich solle mich grade hinstellen. Das machte ich ganz von selbst. Stolz wie ein Pfau schritt ich durch die Gänge des Saales. Mit festem Blick suchte ich den Horizont nach hypothetischen Messermännern ab, allzeit bereit, doch einzugreifen, falls es die Situation erforderte. Und zu guter Letzt hatte ich auch ohne Hauptrolle im Bibeldrama einen Job ergattert, zu dem Mädchen bewundernd aufschauen würden. Oder der sie zumindest veranlasste zu fragen, was es mit dem roten Punkt auf sich habe. Dieser rote Punkt, stellte ich mir vor, wäre endlich der Mädchenmagnet, den ich mir immer gewünscht hatte. Jetzt würde alles gut. Oder?

Machen wir es kurz: Niemand sprach mich auf den roten Punkt an. Es interessierte niemanden. Und warum auch? Überall, wohin ich schaute, liefen stattliche junge Herren mit roten Punkten herum. Ich war offensichtlich nicht der Einzige, der kein ausdauerndes Sitzfleisch hatte.

Aber immerhin konnte ich nun auch während des Programms vor der Bühne sitzend meinen Blick ins Publikum schweifen lassen und meine Angebetete ehrfürchtig anstarren.

Das wächst sich raus

Ich wurde älter. 15, 16, 17. Meine Jugend verschwand, das Erwachsensein dämmerte, und mehr und mehr spürte ich die Last der Verantwortung auf meinen Schultern. Wie der Staatssklave, der den römischen Feldherrn während des Triumphzuges immer wieder an seine Sterblichkeit erinnerte, flüsterte mir die Erwartungshaltung meiner Eltern und der Versammlung regelmäßig zu, dass es an der Zeit sei, endlich erwachsen zu werden. Ich war ein getaufter männlicher Zeuge Jehovas. Mein Vater war lange Jahre Versammlungskoordinator gewesen, der vorsitzführende Aufseher, wie es früher hieß; meine Eltern waren weitgereiste Missionare mit tadellosem Leumund, sie hatten gar unter dem legendären Präsidenten Nathan H. Knorr gedient; mein Onkel und meine Tante arbeiteten im deutschen Zweigbüro in Selters. Die Welt des Wachtturms stand mir offen. Ich konnte alles werden, was ich wollte. Also versuchte ich es. Ich bewarb mich um Vorrechte und bekam sie. Zunächst durfte ich während der Publikumsbeteiligung in den Zusammenkünften das Mikrophon herumreichen. Später bekam ich die Aufgabe, das Technikpult zu betreuen. Zu guter Letzt übertrug man mir die Verantwortung für den Literaturtisch. Meine Laufbahn war angerichtet. Wie *Mensch-ärgere-dich-nicht*-Felder galt es, vorherbestimmte Lebensstationen abzuklappern: Dienstamt, Ältestenamt, Redner auf dem Großen Kongress.

Ich hatte das Gefühl, dass jeder in meinem Umfeld wusste, was für mich das Beste war. Nur ich nicht. Klar, irgendwie wollte ich schon Dienstamtgehilfe werden, und später Ältester. Aber nicht, weil ich Jehova mit allem, was ich hatte, dienen wollte. Zum einen wollte ich es werden, weil ich wusste, dass das von mir erwartet wurde. Zum anderen, weil ich dachte, dass es gut für mich wäre. Dass ich dann endlich etwas erreicht hätte. Dass man dann endlich zufrieden sein würde mit mir. Mein ganzes Leben hatte ich gelernt: Dass ich glücklich war, war nicht wichtig. Hauptsache, ich machte Jehova glücklich. War Jehova erst mal befriedigt, würde das eigene Glück schon folgen. Das hatte ich gelernt, bloß erlebte ich diesen Automatismus in der Praxis selber nie.

Fairerweise muss ich sagen, dass meine Eltern mir nie die Pistole auf die Brust setzten, was einen bestimmten Karriereweg in der Organisation angeht. Ich erinnere mich konkret daran, dass meine Mutter wiederholt zum Ausdruck brachte, dass es nicht so wichtig sei, ob ich Ältester würde oder Pionier. Sie würden mich trotzdem lieben, solange ich Jehova und der Organisation treu bliebe. Das wäre alles, was sie, meine Eltern, von mir erwarteten. Es war nett gemeint, ohne jeden Zweifel. Und trotzdem erinnere ich mich an ein Gefühl der Bedrängung, das Gefühl, dass sich meine Brust zusammenzieht, dass ich flüchten möchte angesichts dieser Worte. Weil ich mir was anderes wünschte. Weil ich mir wünschte, aus dem Mund meiner Eltern zu hören, dass sie mich bedingungslos lieben und zu mir stehen würden, dass wir eine Familie bleiben würden, selbst dann, wenn ich Jehova und der Organisation nicht treu blieb. Wenn ich mich für einen anderen Lebensweg entschied. Weil dieser Lebensweg einfach nichts für mich war.

Das hätte ich ihnen gern gesagt. Manchmal lag es mir auf der Zunge. Aber dann blickte ich in ihre Augen und sah, dass hinter allen nett gemeinten Worten doch eine Erwartungshaltung steckte; dass meine Eltern sich doch ein wenig ausmalten, welchen Weg ich gehen würde. Vielleicht war es weniger, dass sie etwas von mir erwarteten, als dass sie sich etwas für mich erhofften. Und das Letzte, was ich wollte, war, ihre Hoffnung zu enttäuschen. Das waren Worte, die ich im Laufe meiner Kindheit und Jugend einige Male in verschiedenen Varianten aus dem Mund meiner Eltern hörte und nicht wieder hören wollte: «Du hast uns enttäuscht.»

———

Diese Worte sind selten böse gemeint. Was beim Kind jedoch als Botschaft ankommt, wenn man ihm sagt, dass es einen enttäuscht hat, wenn man es fragt, ob es weiß, was es seinen Eltern «damit» antut, ist: «Liebes Kind, warum hast du nicht an meine Gefühle, meinen Stolz, meine Erwartungen, meine Hoffnungen gedacht, bevor du eine Entscheidung getroffen hast? Warum ist mein Wohlergehen als Elternteil nicht in deinen Entscheidungsfindungsprozess eingeflossen?»

Ich glaube, vielen Eltern ist gar nicht bewusst, wie viel Last sie ihren Kindern mit diesen Worten aufbürden. Und sie gehören zu den Worten, die sich Eltern tunlichst verkneifen sollten. Der Vorwurf, das Kind habe mit seiner Entscheidung den Eltern etwas angetan, ist vielleicht dann gerechtfertigt, wenn das Kind gegenüber seinen Eltern gewalttätig wird, egal, ob körperlich oder emotional. Aber davon rede ich nicht. In den meisten anderen Fällen tut ein Kind seinen Eltern nichts. Es lebt einfach.

Wenn dein Kind nicht den Lebensweg einschlägt, den du vorgesehen hast, hat es dich nicht enttäuscht. Es lebt einfach.

Im Vorwurf der Enttäuschung und des Etwas-Antuns schwingt noch ein weiterer Subtext mit: «Du bist undankbar». Irgendwo zwischen Zellteilung und der Familienministerin Kristina Schröder haben irgendwann im Zeitstrahl der Menschheitsgeschichte die ersten Eltern die selbständigen Entscheidungen ihrer Kinder mit Undankbarkeit verwechselt. Diese Überzeugung hat sich leider Gottes bis heute hartnäckig gehalten. Ein Irrtum, der aus der ebenso irrigen Vorstellung resultiert, Eltern hätten einen Anspruch auf ihre Kinder und ihre Entscheidungen. Das ist natürlich riesengroßer Quatsch.

Das Leben ist verrückt. Es ist verrückt, dass wir hier sind. Dass ich dieses Buch schreibe. Dass du es liest. Ich bin bloß hier, weil mein Vater genau in dem Augenblick in meiner Mutter gekommen ist, in dem er tatsächlich gekommen ist. Eine Sekunde früher oder später, und mich gäbe es nicht. Vielleicht gäbe es niemanden. Oder jemand anderen. Aber nicht mich. Es war einfach der richtige Augenblick. Und diesen Augenblick, diesen einen entscheidenden Augenblick zwischen meiner Mutter und meinem Vater konnte es nur geben, weil meine vier Großeltern ebenfalls genau im richtigen Moment im gleichen Bett waren und das taten, was sie taten. Und auch sie waren nur da, weil meine acht Urgroßeltern zufälligerweise den richtigen Augenblick erwischt haben.

Wenn unsere Vorfahren eine einzige Entscheidung anders getroffen hätten, einen einzigen Zeitpunkt anders gewählt hätten, wenn unsere Großväter beim ersten Date vielleicht doch den schlechten Scherz gerissen hätten, der ihnen auf der Zunge lag, wären unsere Großmütter aufgestanden und gegangen. Und sie hätten nie geheiratet. Und sie hätten nicht miteinander geschlafen, im richtigen Augenblick. Und wir wären nicht hier. Es ist der pure Zufall, dass wir, so wie wir konfiguriert sind, hier sind.[273] Es ist ein unglaublicher Zufall, dass du genau dieser Mensch bist; dass du genau dieses Kind hast. Und es ist verdammt großes Glück. Aus Glück hat sich noch nie ein Anspruch abgeleitet. Das sollte man nicht vergessen.

Ich war noch nie Vater, ich hatte noch nie ein Kind. Aber ich war mal ein Kind, kann also zumindest aus dieser Warte mitreden. Ich weiß, was es heißt, die Erwartungen, die Hoffnungen von Eltern erfüllen zu wollen und es nicht zu schaffen. Ich weiß, was es heißt, wenn Eltern einem sagen, dass sie enttäuscht sind, dass man ihnen etwas *damit* angetan hat: mit dem eigenen Leben, mit den eigenen Entscheidungen, mit den eigenen Fehlern. Und es tut verdammt weh. Es lastet wie die ganze Welt auf den Schultern.

Ich verstehe sehr gut, dass man traurig ist, wenn das Kind eine falsche Entscheidung trifft. Es tut bestimmt weh. Aber das ist und sollte nicht das Problem des Kindes sein. So wie ich es sehe, ist es ein Vorrecht, ein Kind zu haben, aber man besitzt es nicht. Es ist eine Leihgabe, die man anvertraut bekommt, 18 Jahre pflegen soll, bis es bereit ist, hinauszuziehen. Auf diesem Weg muss und darf jedes Kind jeden Fehler machen. Und als Mutter, als Vater darf man sich verletzt fühlen. Man darf auch enttäuscht sein. Aber gegenüber dem Kind ist es besser, in dem Fall aus seinem Herzen eine Mördergrube zu machen. Denn Erwachsene können mit Schmerzen besser umgehen als Kinder. Vor allem muss das Kind nicht mit den Schmerzen seiner Eltern umgehen, es ist ein Kind, es hat früh genug eigene Sorgen. Und einer der größten Schmerzen, eine der größten

Sorgen, die man als Kind empfinden kann, ist der Stein, den einem Eltern mit ihrer Enttäuschung noch tiefer ins Herz rammen. Der Stein, der einem eigentlich vom Herzen fallen sollte, wenn man Eltern hat.

Ich halte nichts davon, Kinder steril aufwachsen zu lassen, vor der echten Welt da draußen und all ihrem Übel beschützen zu wollen. Aber wenigstens zu Hause sollte es wie beim Fangen ohne jeden Zweifel ein *Otte*, *Freio*, *Wupp*, *Leo* oder *Aus* geben, also einen natürlichen Schutzraum, in dem einem nichts passiert. Es ist doch so: Das Kind wird diese Vorwürfe noch oft genug hören. Von Lehrern, Ausbildern, Vorgesetzten, Professoren, Freunden, Ehepartnern. Von der ganzen Welt. Ich als Vater würde mir nichts Sehnlicheres wünschen, als diese eine Ausnahme im Leben meines Kindes zu bilden. Denn das Kind tut nichts, enttäuscht nicht. Es lebt einfach.

———

Ich würde jene Worte der Enttäuschung bald wieder hören, unterbewusst war mir das längst klar. Aber ich war noch nicht bereit dazu. Ich wollte so gern den Erwartungen gerecht werden, die Hoffnungen erfüllen, jene meiner Eltern, jene der Ältesten und auch jene der Glaubensgeschwister in unserer Versammlung, die mich hatten aufwachsen sehen. Ich wollte ein eifriger, aufrechter Zeuge Jehovas werden. Dazu gehörte, dass ich die eine konkrete Erwartung, die meine Eltern an mich hatten, umsetzte: keine akademische Laufbahn zu wählen, sondern eine traditionelle Ausbildung, die es mir ermöglichen würde, genügend Zeit für die Organisation zu haben und eine Familie zu ernähren. Wer in meiner Versammlung den Wunsch äußerte, zur Uni zu gehen, riskierte, sozial und theokratisch ausgegrenzt zu werden. Ich wusste, würde ich studieren, hätte ich in dieser Versammlung so gut wie keine Chance mehr, Ältester zu werden. Wer studierte, das war das vorherrschende Verständnis unter meinen Glaubensgeschwistern, bewies, dass er nicht Jehova an die erste Stelle in seinem Leben setzte. Meine Eltern waren mit Anweisungen der Wachtturm-Literatur groß geworden, die von höherer Bildung abrieten, weil Harmagedon *bald* kommen würde.[274] In meiner Jugend gab es die bereits zitierte Broschüre *Jehovas Zeugen und die Schule*. Sie legte fest, wie wir als Zeugen Jehovas zu einer akademischen Laufbahn zu stehen hatten:

> Obwohl jugendliche Zeugen Jehovas an einer guten Schulbildung interessiert sind, streben sie nicht nach Prestige oder einer angesehenen Stellung. Ihr wichtigstes Lebensziel ist, Gott auf wirkungsvolle Weise zu dienen. [...] Wenn sie ihre Ausbildung abgeschlossen haben, möchten sie eine Arbeit aufnehmen, die es ihnen gestattet, sich auf ihren Hauptberuf, den christlichen Dienst, zu konzentrieren. – WTG[275]

Also pfiff ich auf die Oberstufe und ein Studium, verließ nach der zehnten Klasse das Gymnasium und machte eine klassische Ausbildung. Darüber ärgere ich mich bis heute.

———

An der Einstellung der Wachtturm-Gesellschaft gegenüber höherer Bildung hat sich indes bis heute kaum etwas geändert. In dem Artikel «*Was ist das Erfolgsgeheimnis im Leben?*» aus dem

Jahr 2011 spielt die Leitende Körperschaft wie so oft mit den Schuldgefühlen ihrer Gefolgschaft und unterstellt Zeugen Jehovas, die eine akademische Laufbahn verfolgen, durch die Blume mangelndes Gottvertrauen.[276] Aber natürlich ist der «christliche Dienst» nicht der einzige Grund, weshalb von höherer Bildung abgeraten wird. Einer wissenschaftlichen Studie der Europäischen Kommission kann man entnehmen, dass mit zunehmender Bildung der Grad der Religiösität in der EU abnimmt.[277] Oder in den Worten der Wachtturm-Gesellschaft:

> Doch nicht wenige, die diesen Bildungsweg einschlagen, finden letztendlich ihren Kopf mit schädlichen weltanschaulichen Ideen und Meinungen vollgestopft. [...] Ist es nur Zufall, wenn in Ländern mit vielen Akademikern der Gottesglaube einen absoluten Tiefstand erreicht hat? – WTG[278]

Nein, liebe Wachtturm-Gesellschaft, das ist kein Zufall. Schon Wilhelm Busch sagte: «Wer in Glaubensfragen den Verstand befragt, kriegt unchristliche Antworten.» Diese «schädlichen weltanschaulichen Ideen» nennt man Bildung. Vor ihr hat die Leitende Körperschaft offensichtlich große Angst. In seinem Buch *Der Herr ist kein Hirte – Wie Religion die Welt vergiftet* erzählt Christopher Hitchens:

> Die Religion entstammt der menschlichen Vorgeschichte, in der niemand – nicht einmal der mächtige Demokrit, der zu dem Schluss gelangt, dass alle Materie aus Atomen besteht – auch nur den Hauch einer Ahnung davon hatte, was passierte. Sie kommt aus der lärmenden und verängstigten Kindheit unserer Spezies und entspringt dem

infantilen Versuch, unseren Drang nach Wissen und kindliche Bedürfnisse wie das nach Trost und Bestätigung zu stillen. Heute weiß schon das jüngste meiner Kinder mehr über die natürliche Ordnung als irgendein Religionsgründer, und vielleicht haben sie deshalb auch – dieser Zusammenhang lässt sich allerdings nicht einwandfrei nachweisen – so wenig Interesse daran, ihre Mitmenschen in die Hölle zu schicken.

Die Anti-Haltung der Leitenden Körperschaft spiegelt sich in der Demographie der Glaubensgemeinschaft wider. 19 Prozent der amerikanischen Zeugen Jehovas haben noch nicht einmal einen High-School-Abschluss, während gerade mal 6 Prozent einen College-Abschluss vorweisen können; auf höhere Bildung bezogen liegen die Zeugen Jehovas in den USA weit unter Landesdurchschnitt.[279] Auch dem Webtraffic-Analysedienst Alexa zufolge haben die Besucher der offiziellen Wachtturm-Homepage jw.org überwiegend keinen College-Abschluss.[280] Das verwundert kaum, angesichts von Ratschlägen wie jenen in einem Artikel mit der Überschrift *Ihr Eltern – was für eine Zukunft wünscht ihr euren Kindern?*:

Universitäten und andere Hochschulen sind bekannt für Drogen- und Alkoholmissbrauch, Unmoral, Betrug, erniedrigende Streiche und Ähnliches. [...] Zu dem schlechten Umfeld gesellt sich der Druck von Vorbereitungen auf den Unterricht und von Prüfungen. [...] Wie bedauerlich, dass manche eine Hochschule besucht und dann wegen der zeitlichen und kräftemäßigen Anspannung ihren Glauben aufgegeben haben! [...] Eltern und Kinder sollten lieber eine Ausbildung erwägen, die für eine theokratische Laufbahn nützlich ist, als sich für Fächer zu entscheiden, die auf den Besuch einer Universität ausgerichtet sind. [...] Verglichen mit den Positionen und den Vorteilen, die die Welt anbietet, ist der Vollzeitdienst für Jehova als Laufbahn bestimmt der sicherste Weg zu einem freudigen, zufriedenen Leben. – WTG[281]

Ich persönlich kann den letzten Satz nicht bestätigen.

———

Ich wurde achtzehn. Noch immer hatte sich eine meiner Hoffnungen nicht erfüllt. Noch immer spürte ich Jehova nicht, noch immer wartete ich auf meinen Erweckungsmoment. Genauso wenig, wie man plötzlich doch Zwiebeln mochte, wenn man achtzehn wurde, fühlte ich mich jetzt Jehova näher. Ich wusste noch immer nicht, was es bedeutete, Zeuge Jehovas zu sein. Mit zehn, mit elf Jahren hatte ich das erste Mal Zweifel verspürt, an diesem Leben, an meinem Platz in diesem Glauben. Und ich hatte sie immer wieder verdrängt, verjagt, gehofft, dass sich das rauswächst, je älter man wird. Ich hatte die Hoffnung gehabt, dass das Erwachsenwerden, dass das Hineinwachsen in ein Zeuge-Jehovas-Dasein kein Prozess, sondern ein Moment sein würde. Dass ein Schalter umgelegt würde und fertig. Aber als ich achtzehn wurde, spürte ich, dass mich das Leben enttäuschte. Meine Hoffnung wurde nicht erfüllt.

Ich folge dem Ältesten die Treppe hoch. Wir müssen in eines der oberen Stockwerke des Königreichssaales, dorthin, wo die Konferenzräume sind. Es ist ein relativ großes Gebäude mit zwei großen Versammlungssälen mit jeweils knapp 150 Sitzplätzen, einem großen Foyer, kleineren Besprechungsräumen sowie zwei Wohnungen. Es ist der größte Königreichssaal in unserer Stadt, ein Neubau, der unseren alten Königreichssaal ersetzte. Ich lasse meine Hand über die Wände fahren. Wände, die ich mit hochgezogen habe. Das haben sich die Jugendlichen selbst aufgebaut, mir geht diese Songzeile von Tocotronic durch den Kopf. Sie passt so gut, nicht nur, weil das dazugehörige Musikvideo zum Teil in und um meine Heimat Gibraltar spielt. Tatsächlich haben wir Jugendliche das hier wirklich selbst aufgebaut. In einem der besten, in einem der letzten Sommer meines bisherigen Lebens.

Kapitel 8
Ist in einer Beziehung mit Jehova, und es ist kompliziert

Es war ja nicht alles schlecht

Wir benötigten einen neuen Königreichssaal. Also bauten wir
ihn.

———

Seit 1909 ist die Wachtturm-Gesellschaft in Brooklyn beheima-
tet. Zu Spitzenzeiten war sie dort im Besitz von knapp 40 Ge-
bäuden. 2004 begann die Gesellschaft einzelne Immobilien zu
verkaufen und nahm auf diesem Weg bisher über 400 Millionen Dollar ein. Ende 2013 blieben der Wachtturm-Gesellschaft
noch 18 Gebäude. Auch diese kommen jetzt nach und nach unter den Hammer. Immobilienmakler schätzen, dass die Wachtturm-Gesellschaft insgesamt über 1 Milliarde Dollar mit dem
Verkauf einnehmen wird.[282]

Der Grund für den Verkauf: Die Wachtturm-Gesellschaft
verlegt ihren Hauptsitz vor die Tore von New York. Nun würde man meinen, dass es angesichts des ja wohl sehr bald ein-
setzenden Harmagedon dringlichere Unternehmungen gäbe,
als neue Räumlichkeiten zu bauen – vor allem angesichts der
Tatsache, dass man im Besitz einer eigenen «Vatikan-Stadt» in
bester Lage einer der aufregendsten Städte der Welt ist. Gibt es
etwa Zweifel? Obwohl die Leitende Körperschaft vor einiger
Zeit in einem seltenen Moment erfrischender Aufrichtigkeit

zugab, nicht zu wissen, was Gottes Pläne seien, sei sie weiterhin guter Hoffnung, dass Harmagedon bald komme. «Und wenn die große Drangsal unsere [Bau-]Pläne unterbricht? Wunderbar! Einfach wunderbar!», wurde der mittlerweile verstorbene Guy Pierce in einer Ansprache zitiert.[283] Geschätzte Baukosten der neuen, knapp 100 Hektar großen Weltzentrale in Warwick: 10 bis 20 Millionen Dollar. Die Kosten sind deshalb so gering, weil die Wachtturm-Gesellschaft die meisten ihrer Gebäude von freiwilligen Helfern bauen lässt.

Freiwillige Helfer sind das Rückgrat der Wachtturm-Organisation. Angefangen bei den knapp 8 Millionen Mitgliedern weltweit, die sich freiwillig am Missionsdienst beteiligen, über die Mitarbeiter in den zahlreichen Zweigbüros, die eine geringe Aufwandsentschädigung für ihre ehrenamtliche Leistung bekommen, bis hin zu den Helfern, die weltweit unter Leitung der regionalen Baukomitees an der Konstruktion der Königreichssäle beteiligt sind – ohne diese Menschen wäre das Werk der Zeugen Jehovas funktionsuntüchtig. Ein Werk, das nicht nur die Verbreitung der guten Botschaft umfasst. Aus meiner Erfahrung kann ich sagen, dass die Zeugen Jehovas versuchen, das Prinzip der christlichen Nächstenliebe wirklich zu leben. So halfen die Baukomitees 2002 nach der Oderkatastrophe in vielen Gemeinden mit, Häuser wiederaufzubauen – auch jene von Nicht-Zeugen Jehovas.[284] Generell sind die Zeugen Jehovas sehr schnell mit Hilfsmaßnahmen zur Stelle, wenn es Katastrophen gibt. In Deutschland gibt es für diesen Zweck den eingetragenen Verein *Humanitäres Hilfswerk der Zeugen Jehovas e. V.* Weltweit werden Hilfsmaßnahmen von der Zentrale in Brooklyn aus koordiniert; die finanziellen Mittel stammen aus den freiwilligen Spenden der Mitglieder. Dass die Wachtturm-Gesellschaft ihr humanitäres Engagement in aufwendigen Promo-Videos zur Schau stellt und im Rahmen der Hilfsmaßnahmen ihrem Predigtdienstwerk nachgeht, ist naheliegend – zum einen können sie die Imagepflege gebrauchen, zum anderen stehen sie mit der Nutzung dieser Synergie-Effekte in bester christlicher Tradition. Bei aller berechtigten Kritik an der Wachtturm-Gesellschaft möchte ich dem durchschnittlichen Zeugen Jehovas auf keinen Fall sein aufrichtiges Anliegen, helfen zu wollen, absprechen.

Denn eines muss man den Zeugen Jehovas fairerweise lassen: Ich habe in diesem Ausmaß selten ein solch selbstloses Engagement erlebt und einen derartigen Zusammenhalt gespürt. In meiner Versammlung war jeder für jeden da. Brauchte jemand eine Mitfahrgelegenheit, erhielt er sie. Erkrankte jemand, wurde er gepflegt. Gab es einen finanziellen Engpass, sprang jemand ein. Ging es jemandem nicht so gut, konnte man davon ausgehen, dass sich Glaubensgeschwister untereinander absprachen, wer wann ihn besuchen und kochen würde. Niemand wurde im Stich gelassen. Zeugen Jehovas sind mehrheitlich sehr hilfsbereite, ehrliche Menschen. Man kann sich kaum bessere Nachbarn oder Mitarbeiter wünschen.

Das mag jetzt vielleicht im Widerspruch zu früheren Passagen stehen und im Hinblick auf das folgende Kapitel verwundern. Man darf jedoch nicht vergessen: Die negativen Facetten der Glaubensgemeinschaft der Zeugen Jehovas sind in der Mehrheit systeminduziert. Sie sind in erster Linie das Produkt der repressiven Beschaffenheit der Dachorganisation – nicht die Frucht der Menschen, die in ihr organisiert sind. Dass der einzelne Zeuge Jehovas natürlich die Verantwortung für seine Taten trägt, steht außer Frage.

Aber vielleicht ist aus meiner bisherigen Erzählung deutlich geworden, dass man es hier mit Verführten zu tun hat. Zeugen Jehovas sind keine bösen Menschen. Sie sind Menschen wie du und ich, die das Beste aus ihrem Leben machen möchten. Und es ist traurig, dass sie dieses Leben ausgerechnet einem totalitären Unternehmen unter dem Deckmantel einer Kirche überantwortet haben.

> Offenbar ist die Solidarität in einer Gemeinschaft umso größer, je teurer, anstrengender und gefährlicher die Opfer sind, die ihr Glauben den Gruppenmitgliedern abverlangt.[285]

Dass es diesen lobenswerten Zusammenhalt folglich nur gibt, solange man der Organisation loyal ist, nun, das ist eine andere Geschichte, zu der wir sehr bald kommen.

Zunächst stand etwas anderes an. Ein Saalbau. Dank eines mysteriösen Fehlers in der Matrix, den ich mir nur mit Quantenphysik erklären kann, wird Bielefeld seit Jahrhunderten von nennenswerten Hochwassern, Erdbeben und Vulkanausbrüchen verschont, sodass wir selten auf humanitäre Hilfe angewiesen waren. Anfang des neuen Jahrtausends benötigten wir jedoch einen neuen Königreichssaal. Also rückte das regionale Baukomitee an und zeigte uns, allen voran der Polier, wie man das so macht. Und wir machten gerne mit.

———

Der Bau des neuen Königreichssaales in meiner Heimatstadt ist in Retrospektive die schönste Zeit, die ich bei den Zeugen Jehovas hatte. Ein halbes Jahr lang verbrachte ich jedes Wochenende mit meinen Freunden auf dem Bau. Wir fingen morgens um sieben an und arbeiteten bis in die Abendstunden. Egal, ob es schneite, ob es regnete oder die Sonne vom Himmel brannte: Wir waren da.

Eigentlich hasse ich körperliche Arbeit. Ich bin gern zu Hause, und wenn ich es mir leisten kann, bezahle ich jemanden, der die handwerklichen Dinge in unserer Wohnung erledigt. Ich habe auch nie gern im Matsch herumgewühlt. Aber vom ersten Tag an, als ich das Fundament im strömenden Regen mit Teer bestrich, über die hunderte Liter Speis, die ich anrührte, und die Meter Mauer, die ich legte, bis zur Einweihung, als meine Freunde und ich mit stolzgeschwellter Brust das Haus betraten, das wir gebaut hatten, gab ich alles und machte alles, was mir der Polier auftrug. Ich habe buchstäblich um mein Leben gebaut. Ich glaube, ich bildete mir damals ein, ich könnte *es* wiedergutmachen. Ich hatte *deswegen* ein verdammt schlechtes Gewissen. Also verbrachte ich meine Wochenenden auf dem Bau, von morgens um sieben bis abends um sechs. Mit jedem Stein, den ich verlegte, und jedem Nagel, den ich schlug, versuchte ich ein bisschen Abbitte zu leisten. Bis der Polier «Feierabend» rief.

Und dann machten wir ein Bier auf.

Die Großzügigkeit einer weltweiten Bruderschaft

Wie finanziert die Wachtturm-Gesellschaft das alles, das Predigtwerk, die Missionare, die Zweigbüros und, allen voran, die Königreichssäle? Ganz einfach: durch freiwillige Spenden.

Ich wurde nie gezwungen, Geld zu spenden. In meinen zwanzig Jahren bei den Zeugen Jehovas hat die Wachtturm-Gesellschaft, wenn es hoch kommt, fünfhundert Euro von mir bekommen. Wenn es hoch kommt. Der wahrscheinliche Betrag, an den ich mich nicht mehr erinnere, dürfte weit darunter liegen. Meine Eltern spendeten jeden Monat einen Fixbetrag per Dauerauftrag. Zusätzlich warfen sie immer wieder mal was in den Spendenkasten im Königreichssaal und in die großzügig verteilten Spendenboxen auf den Kongressen. Außerdem unterstützten sie Kreisaufseher, die unsere Versammlung besuchten, mit einer kleinen persönlichen Spende. Ich glaube, das ist recht repräsentativ für das Spendenverhalten der Zeugen Jehovas. Es gibt keine Pflichtabgabe, keinen *Zehnten*. Alle Spenden erfolgen auf freiwilliger Basis.

Gibt man in der frei verfügbaren Online-Bibliothek der Wachtturm-Gesellschaft wol.jw.org das Wort «spenden» in der Suche ein, erhält man in der Literatur der Zeugen Jehovas zwischen dem Jahr 2000 und heute circa 330 Ergebnisse für diesen Begriff. Darunter sind Artikel mit einschlägigen Titeln wie «*Großzügiges Geben macht glücklich*», «*Spenden, das Freude macht*», «*Lerne, freigebig zu sein*»; aber auch subtilere Beiträge wie «*Unterstützer der wahren Anbetung – damals und heute*», in denen es dann irgendwann natürlich auch um die freiwillige Unterstützung der Zeugen Jehovas geht. Und das waren nur Artikel aus dem Zeitraum zwischen 2000 und 2003, als ich noch Zeuge Jehovas war.

Die Wachtturm-Gesellschaft bittet offiziell nicht um Spenden und bettelt auch nicht. Sie macht lediglich auf die Möglichkeit einer freiwilligen Spende aufmerksam. In ihrer liebenden Güte weist die Leitende Körperschaft häufig darauf hin, dass man sich durch eine Spende als wahrer Christ auszeichnet und Jehovas Gunst erlangen kann:

> Viele legen Geld beiseite oder planen eine bestimmte Summe ein, die sie zur Förderung des Königreichswerks in die Spendenkästen einwerfen. – WTG[286]

> Der Apostel Paulus stellte zum Thema Spenden einen Grundsatz auf. (Lies 1. Korinther 16:1, 2.) Unter Inspiration regte er die Brüder in Korinth an, nicht abzuwarten, was am Ende einer Woche übrig bleibt, sondern gemäß ihren Möglichkeiten schon zu Beginn der Woche etwas zurückzulegen. Wie im ersten Jahrhundert planen auch heute Brüder und Schwestern im Voraus, ihren Verhältnissen entsprechend großzügig zu geben (Luk. 21:1–4; Apg. 4:32–35). [...] Viele Menschen leben in Ländern, wo das Leben von Not und Armut geprägt ist. Unsere Organisation versucht, dem Mangel der Brüder dort «abzuhelfen» (2. Kor. 8:14). Doch selbst ärmere Brüder sind dankbar, etwas geben zu dürfen. Jehova freut sich, wenn auch Arme gern geben (2. Kor. 9:7). In einem sehr armen afrikanischen Land haben Brüder einen kleinen Teil ihres Gartens abgesteckt und nutzen die Einkünfte aus dem Verkauf der Ernte zur Unterstützung des Königreichswerks. Im selben Land sollte ein dringend benötigter Königreichssaal gebaut werden, und die Brüder und Schwestern

am Ort wollten unbedingt mithelfen. Allerdings fiel der Bau mitten in die Pflanzzeit. Doch das hielt sie nicht von ihrem Vorhaben ab. Tagsüber arbeiteten sie am Königreichssaal und abends bepflanzten sie ihre Felder. Was für eine Opferbereitschaft! Jehova schätzt diese Gebefreudigkeit. – WTG[287]

Bestimmt wird Jehova auch weiterhin Menschen, die ihn mit ihren «wertvollen Dingen» ehren wollen, bewegen, sein Königreich zu unterstützen, damit sein Wille geschieht (Sprüche 3:9). – WTG[288]

In den Jahren 2000 bis 2013 entdeckt man in unterschiedlichen Publikationen der Wachtturm-Gesellschaft immer wieder denselben Infokasten. Manchmal heißt er *«WIE MAN DAS KÖNIGREICHSWERK UNTERSTÜTZEN KANN»* und manchmal heißt er *«WIE EINIGE DAS KÖNIGREICHSWERK GROSSZÜGIG UNTERSTÜTZEN»*. Der Inhalt ist immer der gleiche. Der Kasten klärt Jahr für Jahr darüber auf, wie man mit Barspenden, Schenkungen, bedingten Schenkungen, Versicherungen, Stiftungen und Testamenten der Wachtturm-Gesellschaft Geld geben kann. Mittlerweile kann man auf der offiziellen Homepage der Zeugen Jehovas via Kreditkarte spenden. Auf den Kongressen stehen elektronische Spendenterminals, da man als Zeuge Jehovas eher selten große Bargeldbeträge mit sich herumführt – ein knappes Jahrzehnt, nachdem die Wachtturm-Gesellschaft in der Zeitschrift *Erwachet!* über eine «wachsende Zahl kanadischer Kirchen» berichtet hatte, die Bankautomaten und «Spendenumschläge mit der Möglichkeit der automatischen Abbuchung oder der Zahlung per Kreditkarte» bereitstellen.[289]

In der *Jehovas-Wille*-Broschüre wird erklärt:

Vor über hundert Jahren wurde in der zweiten Ausgabe des Wacht-turms (engl.) ausdrücklich erklärt, dass wir Jehova als unseren Un-terstützer sehen und deshalb «nie bei Menschen um Unterstützung zu bitten oder zu betteln» brauchen – und das hat sich bis heute nicht geändert. – WTG[290]

Wie so häufig, liegt das vermutlich im Auge des Betrachters. Im Frühjahr 2014 wurde in allen Versammlungen ein Brief der Leitenden Körperschaft vorgelesen, in dem die Zeugen Jehovas in gewohnt blumiger Sprache auf die finanziellen Bedürfnisse der Wachtturm-Gesellschaft aufmerksam gemacht werden.

Gegenwärtig werden weltweit über 13 000 Königreichssäle und 35 Kongresssäle benötigt. [...] Wir sind zuversichtlich, dass dank Jehovas Segen und der Großzügigkeit unserer weltweiten Bruder-schaft auch die neue Finanzierungsmethode für den Bau von Kon-gress- und Königreichssälen zu einem Erfolg wird. – WTG[291]

Abgesehen davon, dass wir ja bereits wissen, dass die Wacht-turm-Gesellschaft dank ihrer freiwilligen Unterstützer fast aus-schließlich Materialkosten bei ihren Bauvorhaben haben dürf-te: Die Gesamtzahl der Versammlungen der Zeugen Jehovas hat sich weltweit von 2012 auf 2013 um 2104 erhöht, von 2011 auf 2012 um 2316 Versammlungen.[292] Das macht in zwei Jah-ren um die 4500 neue Versammlungen. Im Durchschnitt teilen sich zwei bis drei Versammlungen einen Königreichssaal. Auf Basis dieser Zahlen wäre es interessant zu erfahren, wie die Lei-tende Körperschaft den angeblichen, äußerst fraglichen Bedarf von 13 000 neuen Königreichssälen rechtfertigt. Oder dient die

Zahl bloß als Lockmittel für eine größere Spendenbereitschaft? Schließlich ist das nicht die einzige Ungereimtheit in diesem Brief, in dem die Versammlungen auch erfuhren:

> Es ist nicht mehr nötig, dass Versammlungen Darlehen bzw. Finanzierungshilfen zurückzahlen. [...] Stattdessen können nun alle Versammlungen mittels Resolution den Bau von Kongress- und Königreichssälen weltweit durch monatliche Spenden aus der Versammlungskasse unterstützen. – WTG

Wie großzügig von der Wachtturm-Gesellschaft, dass Darlehen gestundet werden. Und da Spenden freiwilliger Natur sind, konnte jetzt jede Versammlung nach bestem Wissen und Gewissen selbst entscheiden, wie und in welcher Höhe sie an die Wachtturm-Gesellschaft spendet. Was der gemeine Zeuge Jehovas allerdings nicht erfuhr: Der besagte Brief enthielt noch zwei weitere Seiten, die nicht für die Versammlungen bestimmt waren, sondern ausschließlich für die Ältestenschaft. Und in diesem Postskriptum, das weder vorgelesen noch ausgehängt werden sollte, wird ziemlich genau definiert, wie sich die Wachtturm-Gesellschaft die freiwillige Spendenbereitschaft zukünftig vorstellt:

> Die Ältesten von Versammlungen, die gegenwärtig Darlehen bzw. Finanzierungshilfen zurückzahlen, empfehlen wahrscheinlich eine Resolution *mindestens* [Hervorhebung NICHT durch mich] in der Höhe der gegenwärtigen Rückzahlung ihres Darlehens bzw. Finanzierungshilfe. – WTG

Im Klartext bedeutet das: Versammlungen, die sich für den Bau ihres neuen Königreichssaales Geld von der Wachtturm-Gesellschaft geliehen hatten, müssen dieses Darlehen nicht zurückzahlen. Stattdessen wird erwartet, dass diese Versammlungen eine monatliche Spende leisten, die mindestens der Höhe der Rate entspricht. Der Unterschied: Darlehen haben eine feste Laufzeit. Freiwillige Spenden nicht. Ziemlich clever, liebe Wachtturm-Gesellschaft, das muss man euch lassen.

Kurze Erinnerung: Was behauptete die Wachtturm-Gesellschaft? Ach ja, richtig: «Vor über hundert Jahren wurde in der zweiten Ausgabe des Wachtturms (engl.) ausdrücklich erklärt, dass wir Jehova als unseren Unterstützer sehen und deshalb ‹nie bei Menschen um Unterstützung zu bitten oder zu betteln› brauchen – und das hat sich bis heute nicht geändert.»

Im Postscriptum desselben Briefes findet man zum Ende hin noch eine Empfehlung für Versammlungen, die vernünftig wirtschaften und Rücklagen gebildet haben – oder, wie die Leitende Körperschaft es nennt: überschüssiges Versammlungsgeld.

Was sollte mit überschüssigem Versammlungsgeld geschehen, das bereits existiert oder sich künftig ansammelt? In Versammlungen, die ein Guthabenkonto beim Zweigbüro nutzen, sollten die Ältesten den Bestand prüfen und entscheiden, ob das Geld in voller Höhe oder teilweise für das weltweite Werk und/oder den Bau von Kongress- und Königreichssälen weltweit gespendet werden kann […] Von Zeit zu Zeit kann die Ältestenschaft auch den Bestand der Versammlungskasse überprüfen und überlegen, ob überschüssiges Geld als Spende an das Zweigbüro weitergeleitet werden kann. Eine

Spendenempfehlung kann der Versammlung in Form einer einmaligen Resolution vorgelegt werden. – WTG

Ein zweiter Brief[293], der kurz darauf folgte, beseitigte alle Zweifel: Die Versammlungen werden angehalten, pro Königreichssaal nicht mehr als 5000 Dollar als Reserve für anfallende Kosten zu behalten – das «überschüssige Versammlungsgeld» sollte an die Wachtturm-Gesellschaft *gespendet* werden.

Die Wachtturm-Gesellschaft, genauer gesagt die *Watch Tower Bible & Tract Society of Pennsylvania*, soll 1998 gemäß Bilanz über 700 Millionen Dollar an Eigenkapital besessen haben.[294] Der U. S. Securities and Exchange Commission zufolge hielt die Wachtturm-Gesellschaft 2002 einen Anteil von 5,51 Prozent an einem Fonds des J. P. Morgan Mutual Fund Trust – im Wert von 93 Millionen Dollar. Erhält die Wachtturm-Gesellschaft von jeder ihrer weltweit über 113 000 Versammlungen durchschnittlich nur 500 Dollar «überschüssiges Versammlungsgeld» (und das ist konservativ gerechnet; einige Versammlungen dürften kleine Vermögen horten), erwartet sie ein Geldregen von weit über 50 Millionen Dollar. Durch den Verkauf ihrer «Vatikan-Stadt» in Brooklyn könnte sie zudem insgesamt 1 Milliarde Dollar einnehmen.

Die Wachtturm-Gesellschaft scheint recht behalten zu haben: Jehova hat die Menschen ganz offensichtlich dazu bewegt, ihn mit ihren «wertvollen Dingen» zu ehren. Ich bezweifle, dass sich Mitglieder der Leitenden Körperschaft persönlich bereichern. Genauso wenig glaube ich, dass das ganze Geld für Königreichssäle gebraucht wird.

Das Gewissensgefälle

Zu den vielen Dingen, die meine Eltern richtig gemacht haben, zählt, dass sie nie den Konsum von Alkohol verteufelten. Mein erstes Bier trank ich im Beisein meines Vaters. Da war ich elf Jahre alt und sehr neugierig. Es schmeckte mir nicht. Es sollte zwei Jahre dauern, bis ich mich wieder an diese Materie herantraute.

Tatsächlich ist das ein Missverständnis, dem ich immer wieder begegne: der Glaube, dass Zeugen Jehovas keinen Alkohol trinken dürfen. Das stimmt nicht. Im Gegenteil:

> Wein und andere alkoholische Getränke gehören wie der Pflanzenwuchs, das Brot und das Öl zu Gottes vorzüglichen Gaben. [...] Gegen «ein wenig Wein» ist nichts einzuwenden; Alkoholmissbrauch ist dagegen ein schwerwiegendes Problem (1. Timotheus 5:23). – WTG[295]

Man muss also differenzieren: Ob man Alkohol trank oder nicht, war jedem selbst überlassen. Bloß übertreiben sollte man es nicht, denn:

> Verherrlicht man Gott, wenn man große Mengen Alkohol konsumiert? Ein Christ sollte nicht in dem Ruf stehen, viel zu trinken. Denn dadurch würde er Jehova nicht verherrlichen, sondern Schmach auf seinen Namen bringen. – WTG[296]

Die Trunkenheit gehört zu den Straftatbeständen, die die Bildung eines Rechtskomitees, das über einen möglichen Gemeinschaftsentzug zu entscheiden hat, erfordern. Allerdings nur, wenn man sich ständig betrinkt oder wenn man sich «betrunken hat und dadurch in Verruf gekommen ist», wie es im *Ältestenbuch* so schön heißt. Das ist Wachtturm-Sprech für: Du Trottel hast dich im Beisein von anderen Zeugen betrunken, die nicht die Klappe halten können. Denn im *Ältestenbuch* heißt es unter dem Punkt *«Trunkenheit»* weiter: «Wenn jemand einem Ältesten bekennt, zu Hause einmal so viel getrunken zu haben, dass er betrunken war, und er dadurch nicht in Verruf gekommen ist, genügt es vielleicht, dass ihn der Älteste nachdrücklich ermahnt.»[297] Aus eigener Erfahrung kann ich bestätigen, dass dies in der Praxis meistens bedeutete: Solange du dich nicht allzu dumm anstellst und die Ältesten nichts erfahren, kannst du mit Alkohol machen, was du willst. In manchen Versammlungen bedeutete es sogar: Alles, was im Beisein von Ältesten passiert, woran sie womöglich sogar teilnehmen, ist in Ordnung. Das galt freilich nur für vergleichsweise harmlose Missetaten wie Trunkenheit oder schlimme Musik; schwerere Schandtaten wie vorehelicher Geschlechtsverkehr oder Abtrünnigkeit waren durch diesen *Modus Vivendi* nicht abgedeckt.

Man könnte es Doppelmoral nennen; ich bevorzuge es, diesen Umstand als *Gewissensgefälle* zu bezeichnen.

Indem die Wachtturm-Gesellschaft viele offene Fragen und Sachverhalte auf das Gewissen des Einzelnen abwälzt, entsteht eine interessante Dynamik, die man in allen gesellschaftlichen Gruppenkonstellationen beobachten kann, die ich aber nirgends stärker erlebt habe als innerhalb der Organisation der Zeugen Jehovas: Jedes einzelne Mitglied der Zeugen Jehovas hat einen persönlichen Gewissenskanon, einen

Katalog an Wertvorstellungen und Maßstäben, der von der Literatur der Leitenden Körperschaft, diffuser Zeugen-Jehovas-Folklore und Ratschlägen von Ältesten sowie persönlichen Ansichten anderer Zeugen Jehovas geprägt ist. Die Bibel spielt dabei als Maßstab die geringste Rolle, da zuallererst die Interpretation und Ansichten des «treuen und verständigen Sklaven» ausschlaggebend sind und danach der bereits erwähnte Grad der Empörung anderer. Eine persönliche Entscheidungsfindung anhand der Bibel selbst wird bekanntlich missbilligt. Dieser faserige Flickenteppich eines Gewissens jedes Einzelnen trägt wiederum zum Gruppenkanon, dem Kollektivgewissen der Familie, der Clique oder des Freundeskreises bei. Jede noch so kleine Gruppe beeinflusst gleichermaßen das Kollektivgewissen der Versammlung. Je mehr Versammlungen in einer Stadt interagieren, desto stärker passen sich wiederum die Maßstäbe und Wertvorstellungen einzelner Gruppen und Invididuen aneinander an – oder geraten in Konflikt zueinander.

Du musst dir die Organisation der Zeugen Jehovas als einen Kosmos vorstellen. Jedes Mitglied der Zeugen Jehovas ist entweder ein Planet oder ein Mond. Zurückhaltendere Persönlichkeiten kreisen als Monde im Schlepptau stärkerer Persönlichkeiten, sprich: Planeten, um eine Gruppe Sterne – der Ältestenrat der Versammlung, die ihrerseits ein Sonnensystem darstellt. Jedes Land ist eine Galaxie an Sonnensystemen, die in ihrer Gänze die weltweite Organisation der Zeugen Jehovas bilden: den Kosmos des Wachtturms. Diesem Kosmos stülpt man ein einheitliches Regelwerk über, ohne zu berücksichtigen, dass jede Galaxie ihre eigenen Gebräuchlichkeiten hat, von den Sonnensystemen und einzelnen Planeten ganz zu schweigen. Was für dieses Sonnensystem funktioniert, muss woanders nicht automatisch praktikabel sein. Wenn man sich nun das Gewissen als Anziehungskraft vorstellt, dann darf man sich den Wachtturm-Kosmos nicht als sauber aufgeteiltes Universum mit eigenen Umlaufbahnen für jeden Planeten denken. Sondern als wild durcheinandergewürfelten Galaxienhaufen, wo sämtliche Anziehungskräfte aneinander reißen und zerren.

So erlebte ich, dass es auf regionaler Ebene städteübergreifend zu stillschweigenden Übereinkünften christliche Maßstäbe betreffend kam, man also fast von dem Gewissenskanon einer ganzen Region sprechen konnte. Gleichermaßen war zu beobachten, dass einzelne Versammlungen innerhalb einer Stadt höhere Maßstäbe für sich beanspruchten und so unter der Hand als Spießer oder Spielverderber galten, während jene die anderen Versammlungen misstrauisch bis abfällig beäugten. Von dem Gewissensgefälle zwischen verschiedenen Ländern ganz zu schweigen. Denn was in Deutschland beispielsweise noch als angemessenes Zeugen-Verhalten zwischen Mitgliedern verschiedener Geschlechter betrachtet wird, konnte unter Umständen in Brasilien den Tatbestand der *pornéia* erfüllen. Oder aber dort, wo ein Vergleich angebracht wäre, werden von oben willkürlich verschiedene Maßstäbe angesetzt – siehe Mexiko und Malawi.

Dieser Automatismus fiel mir bereits zu meiner aktiven Zeit auf. Ich erinnere mich an eine großartige Zeugen-Jehovas-Party in einem Freibad im Münsterland, auf der der Alkohol in solch breiten Strömen floss, dass man nach Mitternacht angetrunkene Älteste mit noch angetrunkeneren Jugendlichen beim

Nacktbaden beobachten konnte, während ich in der eigenen Versammlung schon wegen meiner Schlaghose schief angeschaut wurde, die ich in meiner Hippiephase trug. Eines hatten wir aber alle gemeinsam: Am Sonntag saßen wir, egal ob verkatert oder ausgeschlafen und nüchtern, im Königreichssaal, lauschten der Ansprache und beteiligten uns brav am Wachtturm-Studium.

Auf dieses Gefälle angesprochen, konnte mir kein Ältester eine zufriedenstellende Antwort geben, die über «Wir sind alle nur unvollkommene Menschen und müssen auf den treuen und verständigen Sklaven vertrauen» hinausging, also: «Ours is not to reason why.» Dabei halte ich dieses Gewissensgefälle für ein ernsthaftes Problem. Die Schattenseiten waren nicht zu übersehen, führte das Gewissensgefälle in manchen Fällen doch zu einer sozialen Ausgrenzung innerhalb der Gemeinschaft der Zeugen Jehovas: Weil man den entweder zu hohen Maßstäben des Gruppengewissens nicht gerecht werden konnte, oder weil die Vorstellungen der Gruppe sehr niedrig ansetzten und dem persönlichen Gewissen zuwiderliefen. In beiden Fällen habe ich am eigenen Leib, als Opfer wie auch als Täter, wiederholt eine antagonistische Gruppendynamik erlebt, die nicht selten die Grenzen zum Mobbing überschritt. Im Zweifel beugte man sich dem Gruppenzwang und stellte sich lieber den Gewissensbissen. Dabei sind zwischenmenschliche Nickeligkeiten und Petzerei noch das kleinere Übel. Im Extremfall geht aufgrund dieser Politik, wie in Malawi geschehen, der ganze Zirkus zuungunsten der treuherzigen armen Schweine an der Basis auf die schlimmstmögliche Art und Weise koppheister.

Ein Problem, das hausgemacht ist: Wie ich bereits in einem anderen Kapitel bemerkte, täuscht man durch solche Gewissensentscheidungen, wie die Wachtturm-Gesellschaft das Delegieren der Verantwortung euphemistisch bezeichnet, eine gewisse Freiwilligkeit vor. Vielleicht ist dieser Umstand auch einfach der Tatsache geschuldet, dass die Leitende Körperschaft oftmals überhaupt nicht weiß, was sie der Basis sagen soll, die nach Anleitung dürstet. Warum? Raymond Franz erklärte in seinem Buch, dass die Bibel in den Sitzungen der Leitenden Körperschaft selten eine Rolle spielte, weil es bei der Besprechung von drängenden Fragen «in einer großen Zahl von Fällen um Dinge ging, zu denen die Bibel nichts sagt».[298] Der Verdacht liegt nahe, dass die Leitende Körperschaft seit Jahrzehnten mehr oder weniger durch ein halbseidenes, äußerst wackliges Konstrukt aus Bibelexegese und improvisiertem Regelwerk irrt. Folge: Man saugt sich im Zweifel etwas aus den Fingern, wie in der Blutfrage oder Geburtstage betreffend. Oder man überlässt es dem Einzelnen. In der Praxis aber führt diese Inkonsequenz leider zu einer Verunsicherung der Basis, die eben in einem Gewissensgefälle münden kann, das wiederum in manchen Fällen zu schmerzhafter Ausgrenzung oder Denunziantentum führte.

Um die Gläubigen trotz seelischer Nöte bei der Stange zu halten, kontrolliert ein weltweites Aufsichtssystem das Privatleben der Mitglieder. Ärzte, Krankenschwestern, Rechtsanwälte müssen gemäß internen Sektenrichtlinien («Wir müssen Gott, dem Herrscher, mehr gehorchen als den Menschen») ihre Schweigepflicht brechen und ernste Sünden melden, Kinder ihre Eltern denunzieren. «Die haben überall ihre Spione», sagt ein Aussteiger. Sünden von Jüngern werden protokolliert, Erkenntnisse über Abtrünnige gespeichert und bei Bedarf an die Weltzentrale der Sekte in New York übermittelt. Die «Leitende Körperschaft», im New Yorker Stadtteil Brooklyn ansässig, steuert die weltweite Überwachung. «Selbst wenn ein Sünder sich im brasilianischen Urwald verstecken würde, wäre er für den internationalen Apparat der Gesellschaft nicht verschwunden», sagt ein Aufseher.[299]

20 Jahre nach diesem *Spiegel*-Artikel hat sich daran nicht viel geändert. Die Wachtturm-Gesellschaft nordet ihre Jünger weiterhin darauf ein, ihre eigenen Glaubensgeschwister im Auge zu behalten – jeder, der nicht hundertprozentig auf Linie ist, könnte ein Feind der Wahrheit sein.[300] Als ich noch dabei war, wurde durch die Blume impliziert, dass die Sünde eines Einzelnen Konsequenzen nicht nur für ihn haben könnte, sondern für sein gesamtes Umfeld – ich lernte, dass Jehova einer Versammlung seinen Segen entzog, wenn sie Sünde in ihren Reihen tolerierte. Auch deshalb wurden Rechtskomitees gebildet: um die Versammlung zu schützen, so hieß es.

Es bedarf keiner eindeutigen Verbote, glaubt die Wachtturm-Gesellschaft, um die Kontrolle über ihre Schäfchen zu haben. Und nimmt in Kauf, dass in vielen Gruppen an der Basis aufgrund der Verunsicherung, die man dem Gewissensgefälle zu verdanken hat, eine latente Atmosphäre der Paranoia und Verbitterung vorherrscht. Weil man nicht immer weiß, woran man ist. Und vor allem: mit wem. Ich weiß, wovon ich rede. Nicht selten habe ich nach einer Party gehofft, niemand möge *davon* Wind bekommen. Und ich rede von Partys, auf denen nur Zeugen Jehovas waren.

In Retrospektive hätte es im Anschluss an fünf von zehn Abenden in Gesellschaft von Zeugen-Jehovas-Jugendlichen unweigerlich mindestens eine Ältestenbesprechung, wenn nicht einen Hirtenbesuch oder, in manchen Fällen, gar ein Rechtskomitee geben müssen. Irgendetwas ist immer vorgefallen, was gemäß dem *Ältestenbuch* unter «dreistes, zügelloses Verhalten» fiel oder einer schwereren Missetat entsprach. Ich glaube, wir haben damals eine ganze Menge ausgeblendet. Sonst hätten wir von dem ganzen schlechten Gewissen ein Burn-out gekriegt.

Aber eigentlich, von außen betrachtet, waren das bloß die gelegentlichen, jedoch umso zwangsläufigeren Eskapaden einer ausgebremsten Jugend. Der Versicherungsvertreter, der einmal im Jahr an Karneval den inneren Helmut Berger evoziert.

Der Begriff *Eskapade* ist dem französischen Wort für Seitensprung entlehnt. Wir redeten uns jedes Mal ein, dass das alles nicht so schlimm gewesen sei. Aber unsere von der Wachtturm-Gesellschaft indoktrinierten Gewissen sagten uns etwas anderes. Wir hatten Gott hintergangen.

In Sprüche 3:32 heißt es: «Wer auf Abwegen geht, ist für Jehova etwas Verabscheuungswürdiges.» Jehova ist es also zuwider, wenn jemand nach außen hin gehorsam ist, aber im Geheimen sündigt. So jemand mag andere eine Zeitlang geschickt hinters Licht führen, doch Jehovas Allmacht und Gerechtigkeit garantieren dafür, dass jemand, der «Übertretungen zudeckt, ... kein Gelingen haben» wird (Spr. 28:13; lies 1. Timotheus 5:24; Hebräer 4:13). – WTG[301]

Aschermittwoche waren keine schönen Tage. Zum Glück hielten sie nicht an, zum Glück ist ein Gewissen dehnbar. Ich meine, was sollten wir denn auch machen? Einfach herumsitzen, unsere Jugend verstreichen lassen und auf das Ende warten? Dieses Paradies-Ding war ja genau genommen eine Lotterie, kein Karma-System, in dem man großartig punkten konnte:

> Allerdings können wir uns die Rettung nicht verdienen, ganz gleich, welche Werke wir verrichten. Ewiges Leben ist eine Gabe von Gott durch Jesus Christus und kein Lohn für unsere Werke. – WTG[302]

Ich will nicht lügen: Meine Freunde und ich, wir waren verdammt beschissene Zeugen Jehovas. Wir waren das, wovor meine Eltern mich immer gewarnt hatten: schlechte Gesellschaft.

———

Meinen ersten Alkohol-Absturz erlebte ich mit Zeugen Jehovas. Mein erstes Pornoheft kaufte ich in Gesellschaft von Zeugen-Jehovas-Kumpels. Mein erstes Gras rauchte ich im Beisein anderer Zeugen Jehovas. Da war ich 14.

Ich hatte einen guten Freund in der Nachbarstadt, der um einiges älter war als ich. Wie meine gleichaltrigen Freunde, mit denen ich ihn besuchte, war auch er Zeuge Jehovas. Wir schlugen vor, in einen Techno-Club zu gehen, in dem ein ziemlich bekannter DJ auflegen sollte. Unser älterer Freund bezweifelte, dass wir Minderjährigen in den Club hineinkämen. Wir konnten unser Glück kaum fassen, als uns die Türsteher durchwinkten. Wir tanzten bis halb sieben in der Früh. Dann tranken wir bei ihm zu Hause einen Kaffee, banden uns eine Krawatte um und fuhren zum Königreichssaal, wo eine Predigtdienstbesprechung stattfand. Wir behaupteten, wir würden miteinander in den Predigtdienst gehen. Nach der Besprechung fuhren wir nach Hause und legten uns schlafen. Da war ich 15.

Meine beste Freundin und ich, wir fuhren auf einen bewaldeten Hügel, wo man unsere Heimatstadt übersah. Im Gepäck hatten wir eine Flasche Wodka. Der Tankstellenbesitzer hatte sie uns tatsächlich verkauft. Wir konnten unser Glück kaum fassen. Sie war in der Nachbarversammlung. Wir hatten uns über einen gemeinsamen Freund kennengelernt, der sie mit in eine Disco geschmuggelt hatte, in die wir Zeugen-Jehovas-Jugendlichen in Bielefeld regelmäßig gingen, weil sie nicht die Aura eines «Nachtclubs» hatte und von unseren Eltern und den Ältesten stillschweigend geduldet wurde. Sie und ich verstanden uns auf Anhieb. Auf dem Hügel tranken wir Brüderschaft und plauderten über Gott und die Welt. Als Nächstes erinnere ich mich daran, dass wir auf dem Boden lagen und uns übergaben. Irgendwie schafften wir es den Hügel hinunter und nach Hause. Am nächsten Tag brachte mich mein Vater zu ihrer Wohnung, wo ich mich bei ihrer Mutter entschuldigen sollte. Da war ich 16, sie 14.

Einmal im Jahr trafen sich ganz viele Jugendliche aus ganz vielen Versammlungen der Zeugen Jehovas auf einem Campingplatz am Edersee, der von einem Zeugen-Jehovas-Paar geführt wurde. Ich durfte, obwohl es sich um einen Ausflug unter Zeugen Jehovas handelte, lange Zeit nicht mit. Diese Wochenenden waren für ihre Ausschweifungen berüchtigt. Ich wünschte mir, dass die Gerüchte wahr waren. Einer meiner Freunde aus der Nachbarversammlung, der ein paar Jahre älter war und ein Dienstamt inne hatte, musste extra bei meinen Eltern vorstellig werden und versichern, dass er aufpassen würde, dass nichts Schlimmes passierte. Unter der Bedingung durfte ich mit. Es wurde ein Wochenende voller Ausschweifungen: Der Alkohol floss in Strömen, und wir Zeugen-Jehovas-Jugendlichen flogen fast vom Zeltplatz. Immerhin: Ich schrieb mir eine Stunde informelle Predigtdienstzeit gut, weil ein Freund und ich einer Gruppe Weltmädchen erzählt hatten, dass wir Zeugen Jehovas waren, bevor wir besoffen mit ihnen herumknutschten. Da war ich 17.

Wir fuhren mit sechs Jungs aus verschiedenen Versammlungen im Stadtgebiet in zwei Autos in den Urlaub nach Dänemark. An einem Auto hing ein Anhänger. Der Anhänger war bis oben vollgepackt mit Bier und Spirituosen. Keine fünf Minuten nach unserer Ankunft gab es bereits den ersten Schwerverletzten. Beim Spielen mit einer Softair-Pistole wurde einer von uns ins Auge getroffen. Sein Augenlicht kehrte erst nach einer Woche komplett zurück. Die ersten drei Tage des Urlaubs waren wir durchgehend betrunken. Und nackt. Im Whirlpool, in der Sauna oder mit Socken über unseren Penissen durch das Haus tollend. In der örtlichen Disco versuchten wir Mädchen kennenzulernen. Ich traf Camilla. Wir knutschten rum. Sie gab mir ihre Nummer. Leider nicht ihre richtige, wie sich nach einem Anruf am nächsten Tag herausstellte. Nach anfänglichem Spott stellten wir einvernehmlich fest, dass ich *immerhin* rumgeknutscht hatte. Drei Viertel des Anhängers tranken wir in den zwei Wochen selbst, den Rest verkauften wir mit großem Gewinn an den Vermieter unseres Ferienhauses. Da war ich 18.

——

Im Prinzip konnte man machen, was man wollte. Es gab bloß zwei Hürden, ach, was sage ich: Berge. Man musste die Urangst vor Jehova, der Wachtturm-Gesellschaft und den Konsequenzen, also den eigenen Aberglauben überwinden, sowie das lodernde Feuer des brennenden Gewissens so weit unter Kontrolle halten, dass man sich an den Rauch in der Lunge gewöhnte, ohne abzufackeln und einzuknicken. Der Glaube konnte Berge versetzen. Es hing ganz davon ab, welcher Glaube stärker war: der, der schob oder der, der festhielt.

Der größte und wichtigste Trick jedoch: sich nicht erwischen lassen.

———

Im Sommer nach Dänemark, in der Woche, in der die Sängerin Aaliyah starb, fuhren wir zu viert nach Ungarn an den Balaton. Wir hatten einen Königreichssaal gebaut, wir hatten uns den Urlaub verdient. Unsere Eltern erinnerten uns daran, die örtliche Versammlung ausfindig zu machen. Wir sagten «ja, ja» und fuhren los. Wir verbrachten die Tage im Wasser, betrunken und glücklich. Abends gingen wir in die örtliche Disco, und einige von uns versuchten ihr Glück mit Touristenmädchen. Sie hatten selten Glück. Wir waren deutsch, laut und betrunken. Am vorletzten Abend ließen wir es langsamer angehen. Wir setzten uns auf ein paar Steine, die am Strand lagen, und schauten auf den friedlichen Plattensee hinaus.

Sie müssten mal mit mir reden, sagten meine Freunde. Ach ja, erwiderte ich gedankenverloren. Etwas Ernstes, sagten sie.

Ich erstarrte. Ich wusste genau, was jetzt kommen würde.

Man hätte mich gesehen, sagten sie. Die Frau eines Ältesten, die Mutter eines meiner besten Zeugen-Jehovas-Freunde hätte mich gesehen.

Mit einem Weltmädchen.

Hand in Hand.

Doppelleben

Wir fuhren jeden Tag mit der gleichen Straßenbahn zur Schule. Es war mein letztes Jahr am Gymnasium. Ich war 16, sie war ein oder zwei Jahrgangsstufen unter mir. Ich beobachtete sie aus der Ferne, jedes Mal, wenn ich in die Tram einstieg. Ich mochte ihr Gesicht, ihre Haare, ihre Mofa-Jacke aus den siebziger Jahren. Ich wusste nicht, wie sie hieß, wie alt sie war, ich wusste noch nicht einmal, in welcher Klasse sie war. Ich verknallte mich ein bisschen. Aber ich traute mich nicht, sie anzusprechen. Also fuhren wir weiter jeden Tag mit der gleichen Straßenbahn zur Schule. Sie bemerkte mich nie.

Dann verließ ich die Schule und begann meine Ausbildung zum Mediengestalter für Digital- und Printmedien. Ich dachte, ich würde sie nie wiedersehen. Sie blieb eine kleine Schwärmerei, an die ich mich gern erinnerte, wenn ich wegen eines anderen Mädchens Liebeskummer hatte.

Zwei Jahre später, ich hatte kurz zuvor meinen Führerschein gemacht, sah ich sie in einem Irish Pub wieder. Ich war nie der Typ, der Mädchen einfach anquatschte. Aber seit kurzem wusste ich, dass einer meiner besten Freunde in ihrer Klasse war – ich hatte sie anhand seiner Beschreibungen wiedererkannt. Mit dieser Information konnte man arbeiten. Ich nahm all meinen Mut zusammen und sprach sie an. Ein paar Wochen später waren wir ein Paar.

———

Obwohl unsere Beziehung von Anfang an unter keinem guten Stern stand, hatten wir eine schöne gemeinsame Zeit. Es gab nur ein Problem. Sie war ein «Weltmädchen». Gemeinsam hatten wir, dass wir miteinander schlafen wollten. Uns unterschied, dass ich es nicht durfte. Anfangs waren wir so verliebt, dass wir durch den verklärten Blick rosaroter Brillengläser nicht wahrhaben wollten, dass das zu einem Problem werden könnte. Ich erinnere mich, wie ich mir die Situation innerlich zurechtbog:

«Wir dürfen nicht miteinander schlafen.»

«Aber wenn wir verheiratet sind, schon. Vielleicht heiraten wir ja.»

«Dafür müsste sie eine Zeugin Jehovas sein. Sie will aber keine werden, das hat sie mir gesagt.»

«Aber vielleicht ändert sich ihre Meinung, je mehr und je länger wir uns lieben.»

Ihre Meinung würde sich nicht ändern. Und ich spielte zwar ab und an, in den dunklen Ecken meines Bewusstseins, mit dem Gedanken, *was wäre, wenn*: Was wäre, wenn ich kein Zeuge Jehovas mehr wäre? Es blieb aber bei diesen Gedankenspielen. In der Serie *True Detective* heißt es einmal in etwa: «Wenn das Einzige, wodurch ein Mensch anständig bleibt, die Erwartung auf eine göttliche Belohnung ist, dann ist dieser Mensch ein opportunistisches Arschloch.» Ich weiß nicht, ob ich ein Arschloch war. Ein Opportunist? So gesehen: In jedem Fall.

Unsere Beziehung hielt fast ein Jahr. Es war ein sehr schönes Jahr, aber auch ein stressiges. Um es mal so zu sagen: Wenn du für die CIA arbeitest und ein Angebot erhältst, heimlich für den russischen Geheimdienst zu spionieren, lass es sein. Wenn das Leben als Doppelagent auch nur annähernd so anstrengend ist, wie als Zeuge Jehovas eine heimliche Beziehung zu einem Weltmädchen zu führen, lass es sein.

———

Bis auf meine weltlichen Kumpels und einige, sehr wenige ausgewählte Freunde unter den Zeugen Jehovas wusste niemand von dieser Beziehung. Und meine Mutter. Irgendwie war sie daraufgekommen. Sie fand es nicht gut; kein bisschen, um genau zu sein. «Mädchen werden dein Untergang sein», sagte sie. Aber sie behielt mein Geheimnis für sich. Sie erzählte den Ältesten in der Versammlung nie etwas davon, das rechne ich ihr hoch an. Schließlich wäre meine «Wachtturm-Karriere» fürs Erste beendet gewesen, hätten die Ältesten von meiner Beziehung zu einer *Ungläubigen* Wind bekommen.

Auch wenn man nicht dafür ausgeschlossen wurde, eine Beziehung mit einer *Weltlichen* zu haben, so hätte es trotzdem Konsequenzen in Form von Sanktionen gegeben: Ich hätte meine Vorrechte in der Versammlung verloren, ich wäre auf unbestimmte Zeit für kein Dienstamt in Frage gekommen, und im schlimmsten Falle wäre ich *bezeichnet* gehalten worden. *Bezeichnet* gehalten zu werden bedeutet, mehr oder minder öffentlich an den Pranger gestellt zu werden:

Manchmal ist es nötig, jemanden bezeichnet zu halten, der zwar keine schwere Sünde treibt, die ein Rechtsverfahren erfordern würde, aber auf unverschämte Weise die theokratische Ordnung missachtet. [...] Beispiel: Jemand bezeichnet halten, weil er mit einem «Ungläubigen» geht: Zuerst sollten die Ältesten den Unordentlichen ermahnen und versuchen, ihm zu helfen. Beharrt er auf einem Verhalten, das Unruhe schafft oder das andere übernehmen könnten, ist ein warnender Vortrag angebracht. – WTG[303]

Dieser «warnende Vortrag» würde der Versammlung dann klar machen, dass der «Unordentliche», dessen Verhalten angeprangert wurde, bezeichnet war. Das *Ältestenbuch* erklärt auch, wie man diesen Status wieder los wird:

Wenn sich ein Unordentlicher wegen seiner Handlungsweise schämt und sich ändert und die Ältesten das erkennen, kann jeder Älteste für sich entscheiden, mit ihm wieder Umgang zu haben. Daran erkennt die Versammlung, dass er nicht mehr bezeichnet gehalten wird. – WTG[304]

Bezeichnet gehalten zu sein, bedeutete also, kein Günstling der Ältestenschaft zu sein. Ein Embargo, das im schlimmsten Falle zu einer temporären sozialen Ausgrenzung innerhalb der Versammlung führte. Und sie kann völlig absurde Ausmaße annehmen, wie die Geschichte der neuzeitlichen «Hexenjagd von Salem» zeigt:

Rochelle Sevier ist Ende 40 und gebürtige Jüdin. Obwohl ihre Großmutter großen Wert auf das Begehen jüdischer Feiertage legte, wurde Rochelle nie von ihren Eltern in eine bestimmte religiöse Richtung gedrängt; auch dann nicht, als ihre Eltern mit den Zeugen Jehovas studierten, als Rochelle noch ein Kind war. Im Rahmen eines Interviews für mein Blog indub.io erzählte mir Rochelle ihre Geschichte: Auf der Suche nach dem Sinn des Lebens beschäftigte sie sich als Erwachsene mit ihrem jüdischen Erbe, fand aber weder im Tempel noch im Studium der Tora Erfüllung. 2011 begann sie dann ein Studium mit den Zeugen Jehovas. Sie saugte alles auf, was sie im Rahmen ihres Heimbibelstudiums lernte. Mit ihrer Bibellehrerin, der Frau des örtlichen Versammlungskoordinators, traf sie sich zwei Mal die Woche und besuchte alle Zusammenkünfte der örtlichen Versammlung in Salem, Massachusetts, sowie jeden Kongress. Rochelle war das, was sich alle Zeugen Jehovas wünschen: eine Bibelstudentin wie aus dem Bilderbuch, die perfekte Anwärterin auf eine baldige Taufe. Doch dann öffnete Rochelle, wie sie es im Gespräch ausdrückte, die «Büchse der Pandora». Sie entdeckte Ungereimtheiten und begann, Fragen zu stellen. Ihre Mentorin, eine Bibellehrerin und Verkündigerin der Zeugen Jehovas, reagierte mit «Empörung und Verachtung». Rochelle zeigte ihr die Quellen für ihre Fragen, bat um Diskussion und Aufklärung. Doch die einzige Antwort, die sie erhielt, war die Unterstellung, die fraglichen Umstände seien erlogen und manipuliert. Rochelle brach das Bibelstudium mit der Zeugin Jehovas ab. Später gestand ihre Mentorin, sie mit ihrer Reaktion nicht verletzt haben zu wollen; ihr sei es einzig und allein darum gegangen, ihr eigenes Verhältnis zu Jehova zu «schützen». Doch dann erzählte Rochelle ihrer ehemaligen Bibellehrerin in einer Kurznachricht von dem geheimen Postskriptum des ominösen «Spendenbriefs», über den wir bereits sprachen.

Einige Tage später hielt ein Ältester im örtlichen Königreichssaal in Salem eine Ansprache außer der Reihe. Einem Instinkt folgend, zeichnete Rochelle den Vortrag auf. Sie konnte kaum glauben, was sie hörte: Der Älteste warnte vor nicht näher beschriebenen Personen, die die Bibel studierten, jedoch der Abtrünnigkeit anheimgefallen waren, nicht «von unserer Art» waren und Lügen über die Leitende Körperschaft und die Ältesten verbreiteten. Diese Personen seien vielleicht schon gute Bekannte und hätten sogar längere Zeit die Bibel studiert. Trotzdem sei jeder Umgang mit diesen Abtrünnigen zu vermeiden. Schließlich habe man das, was man im Heimbibelstudium lerne, fraglos zu akzeptieren, sonst öffne man sich dem Teufel. Eine solche Person stelle dem Ältesten zufolge für die Versammlung eine vergleichbare Gefahr dar wie die Frau aus einer «True Crime»-Fernsehsendung, die ihre Ehemänner mit Frostschutzmittel vergiftet hatte. Der «warnende Vortrag» nannte keine Namen, aber für Rochelle Sevier lässt der zeitliche und inhaltliche Zusammenhang keinen Zweifel daran, dass sie gemeint war. Die Ältesten *bezeichneten* sie mit diesem Vortrag in aller Öffentlichkeit als Abtrünnige, obwohl sie keine getaufte Zeugin Jehovas war, und nur, weil sie kritische Fragen gestellt hatte. Und das ausgerechnet in Salem, dem Ort der historischen Hexenprozesse aus dem 17. Jahrhundert.

Wenn selbst Nichtmitglieder so behandelt werden, kann man sich vorstellen, welche Auswirkung die *Bezeichnung* auf einen getauften Zeugen Jehovas hat. Vor solchen Strafmaßnahmen hatte ich Angst.

———

In einem *Wachtturm*-Artikel mit der Überschrift *«Jehova hasst Treulosigkeit»* wird anhand eines biblischen Beispiels aus alter Zeit davor gewarnt, die «Heiligkeit Jehovas» zu entweihen.

> Sie hatten «die Tochter eines fremdländischen Gottes als Braut in Besitz genommen». Anders ausgedrückt, einige Israeliten – die ja schließlich einer Jehova hingegebenen Nation angehörten – hatten Personen geheiratet, die nicht Jehova anbeteten. [...] Wie Gott darüber dachte, wenn jemand einen Ungläubigen heiratete, kommt in Maleachi 2:12 zum Ausdruck: «Jehova wird jeden, der das tut, ... wegtilgen.» Daher werden Christen aufgefordert, «nur im Herrn» zu heiraten (1. Korinther 7:39). – WTG[305]

Im nächsten Absatz räumt die Wachtturm-Gesellschaft zwar ein, dass ein Zeuge Jehovas vermutlich nicht «weggetilgt» werden würde, weil er eine weltliche Person heiratete; eigentlich ist dieses dramatische Bibelzitat in diesem Zusammenhang also völlig übertrieben und überflüssig. Aber die Wachtturm-Gesellschaft macht selten etwas ohne einen triftigen Grund. Sie war sich in diesem Fall der abschreckenden Wirkung bewusst und setzte sie gezielt ein.

Wie ernst es der Wachtturm-Gesellschaft mit der «Empfehlung» ist, Ehepartner nur unter ihresgleichen zu suchen, beweist auch ein Abschnitt im *Ältestenbuch*, in dem einem potenziellen Kandidaten die Eignung für ein Dienst- oder Ältestenamt abgesprochen wird, wenn er Kenntnis hatte von einer Beziehung zwischen einem Mitglied der Zeugen Jehovas und einer «ungläubigen» Person.[306] Ich kann mir vorstellen, dass dies der Grund ist, weshalb meine Mutter weder meinem Vater noch den anderen Ältesten von meiner «Unordentlichkeit» erzählte.

Wir verbrachten unsere Zeit meistens bei ihr zu Hause oder an Orten, wo ich davon ausging, auf keine anderen Zeugen Jehovas zu treffen: in Clubs, in denen alternative Musik gespielt wurde, auf Partys ihrer Klassenkameraden, in der Wohnung ihres Vaters. Mit der Ausrede, bei einem Berufsschulklassenkameraden zwecks Prüfungsvorbereitung zu übernachten, schaffte ich es einmal, eine ganze Nacht bei ihr zu verbringen. Als meine Eltern einmal im Urlaub waren, schliefen wir sogar bei mir.

Sex, der über Zärtlichkeiten hinausging, gab es keinen. Mein Gewissen bereitete mir auch so schon schlaflose Nächte. Nach jedem Besuch sprach ich auf der Heimfahrt Stoßgebete. Drei Mal. Ich habe sie immer drei Mal aufgesagt, immer das gleiche Mantra: «Bitte, Jehova, mach, dass die Ältesten es nicht herausfinden.» Es war ein ständiges Katz-und-Maus-Spiel. Auf ewig würde es nicht gutgehen.

———

Und es ging nicht gut. Ich wurde unvorsichtiger. Immer öfter zeigte ich mich mit ihr in der Öffentlichkeit. Ich ließ es darauf ankommen. Ich glaube nicht, dass ich erwischt werden wollte. Dafür machte mir diese Vorstellung einfach zu viel Angst. Ich hatte das Doppelleben satt. Die Situation zerrte an meinen Nerven. Es machte mich fertig, auffliegen zu können. Es machte mich fertig, dass sie in Harmagedon sterben würde. Es machte mich fertig, nicht mit ihr schlafen zu dürfen. Und ich will gar nicht erst wissen, wie es ihr damit ging. Es kam immer häufiger vor, dass ich die halbe Nacht bei ihr verbrachte. Nachdem ich jedes Mal um Sackhaaresbreite eine Sünde verpasst hatte, fuhr ich in aller Herrgottsfrühe nach Hause, zog mich um und fuhr zur Baustelle des neuen Königreichssaales, wo ich meinen Frust beim Speis-Anrühren oder beim Mauer-Legen abarbeitete, in der verzweifelten Hoffnung, mit jedem Meter Mauer, den ich legte, könnte ich meine Sünde, eine Beziehung mit einem Weltmädchen, wiedergutmachen.

Wochenlang ging das so.

————

Und dann fuhren meine Zeugenfreunde und ich nach Ungarn. Wir feierten eine Woche lang, tranken Alkohol in Strömen und frönten dem Nichtstun. Es war ein wunderbarer Urlaub, bis zu jenem Abend, an dem meine Freunde mich mit meiner weltlichen Beziehung konfrontierten.

Man habe mich gesehen, sagten sie. Die Frau eines Ältesten, die Mutter einer meiner Zeugen-Jehovas-Freunde habe mich gesehen.

Mit einem Weltmädchen.

Hand in Hand.

In dem Augenblick wusste ich, dass es nichts bringen würde, zu leugnen. Ich räumte die Beziehung ein. Ich hörte mir an, was sie mir zu sagen hatten. Sie zitierten die Bibel, erinnerten an irgendetwas, das in irgendeinem Vortrag gesagt worden war, appellierten an mein Gewissen, an unsere Freundschaft, an meine Liebe zu Jehova. Doch zwischen all den gut gemeinten Zeilen schimmerte unverhohlen eine Drohung durch: Ich müsse mit ihr Schluss machen, sonst sähen sie sich gezwungen, mit den Ältesten zu sprechen. Ich mache ihnen keinen Vorwurf. Sie sagten, dass sie mir helfen wollten, dass sie sich um mich sorgten, um mein geistiges Wohl, um mein Verhältnis zu Jehova, um mein Schicksal in Harmagedon. Ich glaubte ihnen. Ihre Sorge war aufrichtig, das spürte ich.

Ich hatte gewusst, dass dieser Moment kommen würde. Ich hatte den bloßen Gedanken daran, dass diese Beziehung nicht von Dauer sein würde, sein konnte, immer wieder von mir geschoben. Aber irgendwo war ihr und mir immer klar gewesen, dass es eine Liebe auf Zeit war. Ein ungleiches Joch. Und im Nachhinein glaube ich zu wissen, dass wir dieses ungleiche Joch mit jedem Monat, den wir zusammen waren, immer stärker spürten. Es belastete uns beide. Wir liebten uns aufrichtig, daran habe ich keinen Zweifel. Aber als ich nach dem Urlaub nach Hause kam und mit ihr Schluss machte, spürte ich bei ihr neben all der Traurigkeit die gleiche Erleichterung wie bei mir selbst. Wir trennten uns freundschaftlich. Und bei der nächsten Gelegenheit suchte ich die Frau des Ältesten auf, die mich gesehen hatte, und erzählte ihr davon. Sie nickte zufrieden. Ich war fein raus.

———

Mein Doppelleben war gut ausgegangen für mich. Das lag unter anderem auch an der unfreiwilligen Zwei-Klassen-Gesellschaft, die ich unter Zeugen Jehovas erlebt habe. Als Kind eines Ältesten hatte man es definitiv leichter. Man profitierte von den Vorschusslorbeeren, wenn es um Vorrechte oder Privilegien ging. Und man hatte als Ältestenkind gewissermaßen einen Diplomatenpass. Man genoss im Gegensatz zu Jugendlichen, die keinen Ältesten zum Vater hatten, eine gewisse Immunität. Solange man es nicht übertrieb und es vor allem nicht einem allzu großen Publikum bekannt wurde, konnte man häufiger und größere Scheiße bauen, ohne dass es nennenswerten Ärger gab. Oder man bekam, wie in meinem Fall, eine Warnung. Ich bin mir sicher: Hätte mein Vater nicht seinen tadellosen Leumund besessen, wäre er nicht ein angesehener Ältester gewesen, unsere Familie innerhalb der Versammlungen nicht so gut vernetzt – man hätte mich direkt verpfiffen. Es war geradezu paradox: Während man als Ältestenkind manchmal den Nachteil hatte, sich aufgrund der Stellung des Vaters besonders vorbildlich verhalten und einen Status quo aufrechterhalten zu müssen, gereichte einem dieser Umstand in anderen Situationen zum Vorteil.

Das führte mir ein Erlebnis mit einer sehr guten Freundin aus einer Nachbarversammlung vor Augen. Eines Tages erzählte sie mir, verheult und aufgelöst, von den wiederholten Wutausbrüchen und cholerischen Anfällen ihres Vaters. Davon, dass er ihre Mutter und sie geschlagen habe, immer wieder. Und dass sie mit den Ältesten gesprochen hätten, aber niemand würde ihnen glauben, vor allem ihr nicht, weil sie noch eine Jugendliche war. Ich fragte, weshalb die Ältesten nichts taten, und sie sagte mir, dass ihr Vater ihnen widersprach und behauptete, sie würden lügen. Sie war völlig verzweifelt: Es gab niemanden, der etwas tat. Und ich, ich tat das Letzte, was ein guter Freund in solch einem Augenblick tun sollte: Ich verteidigte das Verhalten der Ältesten.

———

Im Ältestenbuch *Hütet die Herde Gottes* wird klar geregelt, wie bei einer Missetat vorzugehen ist und wann ein Rechtskomitee gebildet werden muss, das über die Sanktionen, die bis zu einem Gemeinschaftsentzug reichen können, entscheidet. Auf Seite 71 heißt es im Abschnitt «*Beweise für eine Missetat*»:

> Selbst wenn jemand eines schweren Vergehens beschuldigt wird, sollte erst dann ein Rechtskomitee gebildet werden, wenn die Missetat nachgewiesen worden ist. Was kann als Beweis akzeptiert werden? – WTG

Unter den Beispielen ein paar Zeilen später dann auf Seite 72:

> Es muss zwei oder drei Augenzeugen geben, nicht lediglich Personen, die wiedergeben, was sie gehört haben. Gibt es nur einen Zeugen, kann rechtlich nichts unternommen werden (5. Mo. 19:15; Joh. 8:17). [...] Die Zeugenaussage eines Jugendlichen oder eines Kindes kann berücksichtigt werden; es ist Sache der Ältesten, festzustellen, ob sie glaubhaft ist. – WTG

Wutausbrüche und Gewalttaten sind genauso ein Grund für die Bildung eines Rechtskomitees wie die Vernachlässigung der Familie. Aber meiner Freundin zufolge scherte sich kein Ältester trotz mehrfacher Anklage um die Angelegenheit. Sie war noch eine Jugendliche, und es gab nur die Mutter als aus Ältestensicht «glaubhafte Zeugin». In Rechtsfällen, die intern geregelt werden, zu wenig. Die Wachtturm-Gesellschaft zieht die Justiz äußerst ungern hinzu, wie dem *Ältestenbuch* auf Seite 133 zu entnehmen ist:

In 1. Korinther 6:1–8 rät Paulus eindringlich davon ab, Brüder wegen persönlicher Streitigkeiten, die mit Hilfe von Ältesten beigelegt werden sollten, vor Gericht zu bringen. – WTG

Die Wachtturm-Gesellschaft ist eine straff theokratisch strukturierte Organisation, die sich schlussendlich nur Jehova verpflichtet fühlt. Ein Gottesstaat mit eigenem Rechtssystem, in dem Älteste die Vorgaben der Leitenden Körperschaft vollstrecken. Für dieses Amt muss man keine besonderen Voraussetzungen erfüllen. Älteste rekrutieren sich aus Reihen der Laien, wie man es in der katholischen Kirche ausdrücken würde. Sie haben keine professionelle seelsorgerische Ausbildung, in der Regel keinerlei therapeutische Fähigkeiten, kein theologisches Studium, das über die Wissensbildung des durchschnittlichen Zeugen Jehovas hinausgeht. Häufig sind sie Familienväter mit einem weltlichen Vollzeitjob, die das Ältestenamt als Nebentätigkeit zusätzlich zu Beruf und Familie und den ganz normalen theokratischen Verpflichtungen wie Versammlungsbesuch, Studium und Predigtdienst ausüben. Die einzige Voraussetzung, die man erfüllen muss, um ein Ältester in einer Zeugen-Jehovas-Versammlung zu werden: ein vorbildlicher Zeuge Jehovas sein. Und männlichen Geschlechts. Und das sind dann die Männer, die Ratschläge erteilen und Gericht halten sollen über Glaubensgeschwister in Fragen, die von Trunkenheit über Ehestreitigkeiten bis hin zu Missbrauch reichen.

Manchmal artet diese Amateur-Seelsorge in eine Horrorshow für die Beteiligten aus. Die renommierte britische Tageszeitung *The Independent* berichtet von einem außergewöhnlichen Vorfall in einer Versammlung in Manchester: An drei aufeinanderfolgenden Rechtskomiteeverhandlungstagen sollen mehrere Frauen, die alle Opfer von Kindesmissbrauch durch dasselbe ehemalige Versammlungsmitglied geworden waren, durch Älteste ausführlich zu den Einzelheiten der Tat befragt worden sein. Den *Manchester Evening News* zufolge sei diese Befragung die Bedingung dafür gewesen, dass der bereits verurteilte Sexualstraftäter ausgeschlossen würde. Die Ältesten hätten zudem wissen wollen, ob die Frauen, zur Tatzeit zwischen fünf und zehn, die Übergriffe «ermutigt» oder gar «genossen» hätten. Zuvor hätten die Ältesten mit ihnen einen Bibeltext über die Konsequenzen des Ablegens eines falschen Zeugnisses besprochen. Am dritten Verhandlungstag sei dann sogar der Täter anwesend gewesen. Ihm sei das Recht zugestanden worden, seine Opfer persönlich zu allen Details seines Verbrechens auszuquetschen. Diese Tortur hatten die Frauen bereits vor Gericht durchstehen müssen, wo auch die Ältesten anwesend gewesen waren. Die Frauen hatten bereits ausgesagt. Es gab schlichtweg keinen für Außenstehende nachvollziehbaren Anlass für diese zusätzliche interne Befragung. Eine Sprecherin der britischen *Charity Commission*, einer Behörde, die gemeinnützige Organisationen überwacht, verurteilte den Vorfall aufs schärfste. Die Zeugen Jehovas bestreiten laut *Manchester Evening News* nicht, dass besagte Verhandlungen stattfanden, bei denen ein Kinderschänder seine Opfer «in die Mangel» nehmen durfte (auf englisch: «Convicted paedophile allowed to grill his victims at Jehovah's Witness meeting»). Ein Sprecher der Wachtturm-Gesellschaft erklärte aber diesbezüglich, man beschütze verurteilte Täter nicht und die Ältesten nähmen ihre Verantwortung ernst, die «Herde zu hüten».[307]

Wie heißt es einmal so schön im *Wachtturm*:

> Die Liebe des Christus wird besonders durch die Ältesten, die Hirten, in die Versammlung getragen. Er kann diese «Gaben in Form von Menschen» veranlassen, zu trösten, zu ermuntern oder nötigenfalls zu ermahnen. – WTG[308]

Listen, obey and be blessed.

Auch in Finnland geriet dieses interne Rechtssystem Anfang 2014 in das Blickfeld der Öffentlichkeit, als eine Bürgerrechtsgruppierung das Vorgehen der Zeugen Jehovas kritisierte. Die finnische Justizministerin Anna-Maija Henriksson äußerte sich eindeutig dazu: Es gebe keinen Platz für zwei Rechtssysteme. Kein Trost für Zeugen Jehovas, die intern keine Hilfe erfahren. Das *Ältestenbuch* lässt da keine zwei Meinungen zu:

> Lässt jemand in dieser Sache Gottes Wort außer Acht, kann sich das auf seine Vorrechte in der Versammlung auswirken. – WTG

Frauen konnten zwar keine Vorrechte verlieren. Aber Hilfe konnten sie intern ohne eine Lobby offensichtlich nicht erwarten. Die Ältesten wollten im Falle meiner Freundin nicht tätig werden. Die *Zwei-Zeugen-Regelung* ist bindend: «Gibt es nur einen Zeugen, kann rechtlich nichts unternommen werden.» Diese Regelung, die bis heute gilt, basiert auf zwei Bibelversen. Der eine Vers ist aus dem Alten Testament, dessen Verhaltensmaßregeln für Christen angeblich nicht mehr bindend sind, der andere ist eine Empfehlung. Kein Gebot. Trotzdem wird die *Zwei-Zeugen-Regelung* ausnahmslos angewandt.

Ich wusste damals bereits von dieser Zwei-Zeugen-Regelung und verteidigte sie. Und das war das Letzte, was die Freundin gebraucht hatte.

Es zerreißt mir heute das Herz, wenn ich daran denke, dass sie einen Freund suchte, der ihr in ihrer Verzweiflung beistand, und ich ihr die kalte Schulter zeigte. Ich schäme mich dafür. Ich hätte ihr glauben sollen, anstatt einfach das nachzubeten, was man mir vorgesagt hatte.

Ich war ein Sittich.

Man mag sich gar nicht ausmalen, welche Auswirkung die *Zwei-Zeugen-Regelung* im Falle ganz anderer Kaliber als häuslicher Gewalt haben kann.

Schonfrist

Die Wochen nach der Trennung vom Weltmädchen waren furchtbar. Die anfängliche Erleichterung, dem Versteckspiel ein Ende bereitet zu haben, wich allmählich dem Verdacht, womöglich einen Fehler gemacht zu haben. Aber ich glaube, ich hatte Jehova nicht für sie verlassen können. Solch eine Entscheidung sollte man niemals für einen anderen Menschen treffen. Eine solche Hypothek hat niemand, erst recht keine Beziehung, verdient. Entscheidungen wie diese sollte man für sich selbst treffen. Ich ließ die Erkenntnis, mich der falschen Verbindlichkeiten entledigt zu haben, nicht bewusst

Fuß fassen. Sie lümmelte auf der Rückbank meines Unterbewusstseins herum und fragte, wann wir endlich da seien, während ich versuchte, sie zu ignorieren und eine Umleitung fuhr. Ich wollte, konnte es mir nicht eingestehen. Nie zuvor war ich so kurz davor gestanden, die Zeugen Jehovas zu verlassen.

———

Vielleicht hatten meine Eltern diese Zweifel schon früh gespürt. Irgendwann, ich war noch minderjährig gewesen, baten meine Eltern ein junges Ehepaar, das in unserer Versammlung als Pioniere diente, sich ein wenig um meinen Bruder und mich zu kümmern. Drei oder vier Jahre lang holten sie uns jeden Mittwochabend ab und nahmen uns mit in den Predigtdienst. Den Predigtdienst hasste ich, aber die beiden mochte ich. Sie waren freundliche Menschen, die ein aufrichtiges Interesse an meinen Bruder und mir hatten. Sie waren Pioniere, Zeugen Jehovas mit Vorbildfunktion, Zeugen Jehovas, die im Predigtdienst vorangingen und das «Werk» vorantrieben, und dennoch hatte ich den Eindruck, mich bei den beiden mehr fallen lassen zu können als bei meinen Eltern. Ich habe sie immer der «Spionage» im Auftrag meiner Eltern verdächtigt, vielleicht fälschlicherweise; aber ich konnte mich nicht des Eindrucks erwehren, dass sie meinen Eltern regelmäßig über meinen Geisteszustand Bericht erstatteten – in diesem Fall steht Geisteszustand für mein Engagement für die Wachtturm-Gesellschaft.

Diesen Umstand nutzte ich häufig zu meinem Vorteil aus, indem ich das Pionierehepaar mit Informationen fütterte, von denen ich wusste, dass meine Eltern sie hören wollen würden.

Ich weiß nicht, ob mein Verdacht berechtigt war. Ich hätte es den beiden nie übel genommen. Für mich war das ja Alltag, dass man gewissermaßen überwacht wurde. Und für mich war es ebenso selbstverständlich, dass dies geschah, weil alle Beteiligten das Beste für einen wollten. Sie hatten meine Zukunft im Sinn: Sie wollten, dass ich ins Paradies komme. Was ich mit Sicherheit sagen kann: Von den regelmäßigen Predigtdienstabenden mit dem Pionierehepaar erhofften sich meine Eltern einen guten Einfluss auf uns Kinder. Vielleicht hat es eine Zeit lang geholfen, aber es hatte bloß eine homöopathische Wirkung, die mit der Zeit verflog.

———

Natürlich hatte ich schon immer Zweifel an den Lehren gehabt, mit Widersprüchlichkeiten gehadert, mit Ungereimtheiten gekämpft. Immer wieder hielt ich Zwiesprache mit mir selbst.

«Also, Misha, sämtliche Probleme auf dieser Welt existieren, weil Gott eine beleidigte Leberwurst ist?»

«Nee, Misha, das kannste so jetzt auch nicht sagen. Immerhin ging es um seine Souveränität. Sein verlauster Enkel Satan hatte seine Autorität in Frage gestellt.»

«Stimmt. Nichts sagt lauter Autorität als tausende Jahre Sippenhaft für die gesamte Menschheit.»

«Polemik. Jehova hatte etwas zu beweisen. Und in seiner liebenden Güte hat er seinen Sohn auf die Erde geschickt, um für uns zu sterben. Schließlich war der Mensch unvollkommen und musste errettet werden. Jehova meint, dass wir eine zweite Chance verdient haben. Ist das nicht toll?»

«Hm.»

«Da weißte auch nicht mehr, was du sagen sollst, richtig?»

«Warte. Pass auf. Stell dir vor, Aldi stellt fest, dass sie einen mangelhaften Pudding in den Regalen haben. Was, meinst du, passiert?»

«Aldi startet eine Rückrufaktion und zerstört die Ware.»

«Möglich. Vielleicht lassen sie den Pudding auch erst mal stehen und warten ab. Und je nachdem, ob der Pudding einen Menschen krank macht oder nicht, kommt er ins Puddingpara-dies oder stirbt im Puddingharmagedon.»

«Nee, das ist Quatsch.»

«Eben. Aldi liefert in jedem Fall einen neuen Pudding aus.»

«Hm.»

«Und deshalb ist die Erlösungshoffnung völliger Quatsch. Warum sollte ein allmächtiger Schöpfer seinen Fehler nicht so-fort ausbessern? Zumal es ja nur zwei Exemplare seiner Schöp-fung gab. Da wäre es doch ein Leichtes gewesen zu sagen, huch, na ja, Fehler passieren, machen wir es einfach neu.»

«Hm.»

«Ich glaube, dieses Dilemma war den ersten Christen auch bewusst. Also haben sie ihren ehemaligen Anführer zu Gottes Sohn befördert und die Erlöserhoffnung in die Bibel geschrie-ben.»

«Aber ... aber ... Was, wenn es kein Pudding ist, sondern ein Auto, Oldtimer, Liebhaberobjekt, dein Ein und Alles. Das wür-dest du ja dann doch nicht einfach wegschmeißen und statt-dessen einen Prius kaufen, nur weil es rostet.»

«Stimmt. Das Auto, das würde ich reparieren, so bald wie möglich. Ich würde versuchen, das Auto umgehend zu retten und den Rost zu entfernen. Und zwar sofort. Ich würde nicht abwarten und das Auto immer weiter rosten lassen und hoffen, dass das Auto von selbst einsieht, dass Rost scheiße ist. Warum dieser Umweg mit tausenden Jahren Leid und Jesu Tod?»

«Weil Gott Liebe ist.»

«Wenn wir Menschen es verdient haben, gerettet zu werden und Gott Liebe ist, warum muss man an einer völlig verwirrenden Schnitzeljagd über mehrere tausend unzusammenhängende Buchseiten teilnehmen, um sie zu bestehen? Wenn Gott die Menschen so sehr liebt, warum hat er es nicht einfacher gemacht, gerettet zu werden? Warum druckt er des Rätsels Lösung nicht auf Großflächenplakate? Warum spielt er Spielchen?»

«Aber Misha, die Leitende Körperschaft sagt, dass ...»

«Moment, Misha, ich habe da noch eine Frage. Dieser Baum, von dem Adam und Eva nicht essen sollten.»

«Der Baum der Erkenntnis von Gut und Böse?»

«Genau der. Woher sollten Adam und Eva wissen, dass sie nicht von ihm essen durften?»

«Weil Jehova es ihnen verboten hatte.»

«Das ist richtig. Aber die würden ja erst, *nachdem* sie vom Baum der Erkenntnis gekostet hatten, wissen, was gut und was böse ist.»

«Und?»

«Sie konnten also gar nicht wissen, dass es böse ist, vom Baum zu essen.»

«Aber Jehova hatte gesagt ...»

«Schon klar. Aber wenn Adam und Eva ohne den Baum der Erkenntnis nicht wissen konnten, was gut und was böse ist, dann konnten sie auch nicht wissen, dass es böse wäre, Jehovas Verbot zu missachten. Genaugenommen ist es also ziemlich ungerecht, dass sie bestraft wurden.»

«Aber ... aber ... aber Misha, die Leitende Körperschaft sagt, dass ...»

So ging es in meinem Kopf hin und her, ewig und drei Tage lang. Aber diese Zweifel waren zweitrangig. Das waren theologische Fragen. Nirgendwo stand geschrieben, dass man mit ein, zwei inhaltlichen Bedenken im Gepäck nicht ins Paradies kam.

Vielmehr beschäftigte mich, ob ich solch ein Leben führen könnte; es quälten mich die Fragen, ob ich einen Platz in diesem Glauben hätte, langfristig. Ob ich als Zeuge Jehovas mein Glück finden könnte.

Das waren existenzielle Fragen. Und sie waren kriegsentscheidend.

———

Ich glaubte nicht mehr an Jehova. Ich spreche nicht von seiner Existenz. Ich glaubte nicht mehr an *uns*, an ihn und an mich und an eine gemeinsame Zukunft. Mit dem Glücksspielverbot hatte ich bei den Zeugen nie ein Problem, da es mich ohnehin nie reizte. Ich bin kein Spieler. Ich weiß gern, woran ich bin. Und ich glaube, das unterschied mich von vielen Zeugen Jehovas. Zeugen Jehovas sind Spieler. An Jehova zu glauben, bedeutet, auf ein Pferd zu setzen, das man noch nie hat rennen sehen. Gottvertrauen, so nannten sie es immer. Ich fühlte mich für dumm verkauft, als spiele Gott mit mir. Ich habe nie verstanden, was daran falsch sein soll, einen Gottesbeweis zu wollen. Warum sollte ich ohne einen entsprechenden Gegenwert in Vorleistung treten? Ich hasse Spielchen. Warum musste ich Gottvertrauen haben? Warum gab Gott *mir* keinen Vertrauensvorschuss?

Jehova und ich, wir waren im Herbst unserer Beziehung angekommen. Eigentlich, eigentlich war ich technisch gesehen mit 18 raus. *Die Wahrheit* war klinisch tot in mir. Ich war in den meisten Zusammenkünften nur noch körperlich anwesend, ein Zeuge zum Schein, meine Aktivitäten ein reines Lippenbekenntnis. Ich machte, was man von mir erwartete. Mehr nicht. Mit achtzehn hatte ich meine erste schwere Lebenskrise: Welchen Sinn hatte das Ganze, wenn ich nicht an ihn glaubte? Dann war alles, alles umsonst gewesen.

Einmal, auf dem Weg zu meiner weltlichen Freundin, versuchte ich, das Ganze sauber zu beenden. Im letzten Moment brach ich den Versuch ab und heulte, weinte mir die Augen aus, schrie, schlug Luftlöcher. Ich konnte nicht mehr. Diese Regeln nicht, dieses Leben nicht. Ich zweifelte nicht an *der Wahrheit*. Ich war überzeugt, dass die Zeugen Jehovas die wahre Religion waren. Eigentlich tat das nichts zur Sache. Weil ich gleichermaßen überzeugt war, dass *ich* falsch war. Ich dachte ans Paradies, und an die trostlose Zukunft: Was sollte ich da? Ich fühlte mich in diesem Leben schon nicht wohl. Und solch ein Leben in alle Ewigkeit? Das konnte ich nicht. Aber sterben, sterben konnte ich auch nicht und wollte ich nicht.

Ich schaute um mich. In der Versammlung, auf den Kongressen. Überall Glaubensgeschwister, die zufrieden schienen, glücklich mit ihrem Leben, mit einer Zukunft als Zeuge Jehovas. Das war nicht ich, so sehr ich es versuchte. Ich haderte, mit vielem, mit den starren Regeln, der Gesellschaft, Jehova, aber vor allem: mit mir.

Mein Selbstmordversuch war ein Weckruf gewesen, ein Weckruf an mich selbst. Tot sein, das war auch nicht das, was ich wollte. Also beschloss ich, in den sauren Apfel zu beißen und weiterzumachen. Denn auch wenn mir immer mehr die Kraft fehlte, ein guter Zeuge Jehovas zu sein, und auch wenn ich nicht sterben wollte: eins konnte ich noch weniger. Meinen Eltern in die Augen schauen und sagen: Ich will kein Zeuge Jehovas mehr sein. Das konnte ich nicht. Noch nicht. Obwohl ich immer mehr Zweifel spürte, obwohl sie in mir brannten wie das Sod hinterm Brustbein, mich immer wieder aufstoßen ließen, versuchte ich, dagegen anzukämpfen, indem ich mich noch tiefer in das theokratische Leben stürzte.

Ich habe mich oft gefragt, weshalb – neben dem Umstand, dass ich Angst hatte und mir noch das gewisse Quäntchen Mut fehlte, den entscheidenden Stein aus dem Jenga-Turm zu ziehen – *die Wahrheit* in meinem 18. Lebensjahr eine kurze Wiedergeburt erlebte.

———

Im Wachtturm vom 1. April 2004 schreibt die Wachtturm-Gesellschaft im Artikel mit der Überschrift *Widerstehe dem Geist einer sich verändernden Welt*:

Ein Schiff, das vom Kurs abkommt, verfehlt sein Ziel. Achtet der Kapitän nicht aufmerksam auf Wind und Strömung, kann sein Schiff schnell am sicheren Hafen vorbeitreiben und auf Felsen auflaufen. Achten wir nicht aufmerksam auf die kostbaren Wahrheiten in Gottes Wort, könnten wir leicht von Jehova wegdriften und im Glauben Schiffbruch erleiden. [...] Meist werden die Betreffenden ganz allmählich in etwas verwickelt, was sie davon ablenkt, Gottes Wort Aufmerksamkeit zu schenken. Fast unmerklich driften sie in die Sünde ab. Wie ein schlafender Kapitän wachen sie erst auf, wenn es zu spät ist. – WTG

Die Metapher des Abgleitens, des Ins-offene-Meer-Hinausdriftens wurde immer dann bemüht, wenn es darum ging, Zeugen Jehovas daran zu erinnern, dass sie immer wachsam bleiben mussten. Und sie hatten recht: Ich glitt immer weiter hinaus, allmählich, nahezu unbemerkt von mir selbst, ohne dass es irgendjemand mitbekam. Ich hatte mein Doppelleben perfektioniert.

Und dann platzten mitten in meine hilflose Verzweiflung zwei Ereignisse und zogen mich ans Ufer zurück.

In New York stürzten die Zwillingstürme ein, und plötzlich war alles anders. Harmagedon, so schien es, stand vor der Tür. Und plötzlich bekam ich theokratische Torschlusspanik. An jenem Abend ging ich zum ersten Mal aus völlig freien Stücken in den Königreichssaal.

Ein paar Wochen später, ich hatte mich aus Jehovas Sicht wieder einigermaßen gefangen, stürzte ich auf einer Zeugen-Jehovas-Party mit einem Mädchen aus der Nachbarversammlung ab. Kurz darauf waren wir ein Paar. Ich glaube schon, dass wir uns aufrichtig mochten. Dennoch war es eher aus einem Pflichtgefühl heraus, gepaart mit dem Wunsch, endlich miteinander schlafen zu dürfen, dass ich ihr nach einem Jahr Beziehung einen Antrag machte. Ich war mittlerweile zu Hause ausgezogen, wohnte in meiner eigenen, unserer zukünftigen gemeinsamen Wohnung.

Hochzeiten sind unter Zeugen Jehovas eine große Sache. Es ist für viele die einzige «legale» Möglichkeit, sich unter Gleichgesinnten einen leichten, unauffälligen Rausch anzutrinken – Älteste drücken auf Hochzeiten für gewöhnlich zwei Augen zu. Es ist für viele die einzige «legale» Möglichkeit, zu Musik, die auch in weltlichen Clubs gespielt wird, zu tanzen und das Gefühl einer Disco zu erleben. Und außerdem gibt es kostenloses Essen – dem ist niemand abgeneigt.

Unsere Hochzeit sollte relativ groß werden. Wir mieteten einen großen Saal, luden hundert bis zweihundert Freunde und Verwandte ein und bastelten selbstgemachte Einladungen. Wir würden am Vortag standesamtlich heiraten, aber die Nacht trotzdem getrennt voneinander verbringen, weil wir erst mit Gottes Segen, den wir bei einer öffentlichen Ansprache im Königreichssaal empfangen würden, unsere Ehe vollziehen wollten.

Tja, das Vollziehen der Ehe. Darum heiratete man ja schließlich. Und das wussten alle anderen ebenfalls. Ich hatte große Angst davor, das erste Mal nach meiner Hochzeitsnacht in den Königreichssaal zu gehen. Alle würden wissen, dass wir das erste Mal miteinander geschlafen hatten. Ich würde mit Sicherheit ein Sexgesicht haben, dachte ich. Ich malte mir aus, dass mich alle mit einem «Ihr habt gevögelt»-Blick anschauen würden. In meinen Albträumen brach die ganze Versammlung in einen «Ihr habt gevögelt»-Chor aus. Das waren buchstäblich meine Sorgen.

Doch es sollte nicht sein.

Einen Monat vor der Hochzeit lösten wir im gegenseitigen Einvernehmen unsere Verlobung auf. Drei Monate später wurde mir die Gemeinschaft der Zeugen Jehovas entzogen. Ich wurde am 16. Dezember 2003 ausgeschlossen.

———

Ich werde häufig gefragt, ob es diesen einen Moment gab. Diesen einen Augenblick der Erleuchtung, in dem ich wusste: Ich möchte hier raus. Den gab es nicht. Es war ein jahrelanger Prozess. Denn eins kann ich mit Sicherheit sagen: Noch lange, nachdem ich ausgeschlossen worden war, glaubte ich, dass die Zeugen Jehovas *die Wahrheit* hatten.

Ich zweifelte nicht am Glauben; in all den Jahren, die ich ein Zeuge Jehovas war, und auch dann noch, als ich keiner mehr war, hatte ich immer nur an meinem Platz in ihm gezweifelt, hatte ich doch im *Wachtturm* gelernt, dass Zweifel in meinem eigenen Stolz und falschem Denken begründet lagen.[309] Meine Verlobte war der Anker gewesen, der mich vom weiteren Abgleiten bewahrt hatte. Als sie weg war, hielt mich nicht mehr viel. Mit jedem Tag begriff ich ein bisschen mehr, dass ich *das* nicht konnte: ein Zeuge Jehovas sein.

———

So war jener Abend, als ich *sie* traf, ganz bestimmt nicht der Abend, an dem ich beschloss, kein Zeuge Jehovas mehr zu sein. Es war mit Sicherheit weder für sie noch für mich die große Liebe. Auch war ich in Bezug auf das andere Geschlecht schon in brenzligeren Situationen gewesen, in denen es sowohl mit Zeugen-Jehovas- als auch mit Weltmädchen «zum Streicheln der Brüste oder zu leidenschaftlichem, erotischem Umarmen, Liebkosen und Küssen» gekommen war, wie das *Ältestenbuch* in seiner gewohnt blumigen Art die «weniger schwerwiegenden Unreinheiten» beschreibt, bei denen nicht zwingend gleich ein Rechtskomitee gebildet werden muss.[310]

Was ich aber mit Sicherheit sagen kann: An jenem Abend traf ich bewusst die Entscheidung, es darauf ankommen zu lassen. Nicht die Notbremse zu ziehen. Weiterzumachen, wo ich bisher aufgehört hatte. Es fühlte sich richtig an.

Und was die Konsequenzen betraf, die sich aus meiner Missetat ergeben würden, nun, ich war nicht bloß bereit, mit ihnen zu leben. Sie waren mir höchst willkommen. Meine Mutter hatte sich geirrt. Mädchen würden nicht mein Untergang gewesen sein. Sondern meine Rettungsleine.

Also schlief ich mit ihr.

Am Tisch im Konferenzraum im Königreichssaal sitzen drei Älteste aus meiner Versammlung. Sie schauen mich freundlich und erwartungsvoll an. Ich begrüße sie und setze mich. Ob ich damit einverstanden bin, wenn wir die Rechtskomitee-Verhandlung mit einem Gebet beginnen lassen, fragt einer der Ältesten. Ich nicke und senke meinen Kopf, nervös auf Jehovas Fallbeil wartend.

——

Kapitel 9
Goodbye, Jehova!

Die Rechtskomitee-Verhandlung

Du musst es dir folgendermaßen vorstellen.

Vielleicht sitzen sie schon am Tisch in einem Konferenzraum in deinem Königreichssaal: drei Älteste aus deiner Versammlung, die dich freundlich und erwartungsvoll anschauen. Du begrüßt sie und setzt dich. Sie werden fragen, ob du damit einverstanden bist, wenn sie die Rechtskomitee-Verhandlung mit einem Gebet beginnen lassen. Du bist natürlich einverstanden, warum solltest du auch nein sagen. Bei diesem Verhör gibt es keine Guter-Cop-Böser-Cop-Situation. Am Tisch sitzen nur gute Cops. Sie wollen dein Bestes.

> Gewöhnlich streitet jemand vor Gericht alles ab, bis nachgewiesen wird, dass er schuldig ist. Bei einer Gerichtsverhandlung geht es zuerst einmal darum, der Strafe zu entgehen. In einer Rechtskomitee-Verhandlung dagegen wird von dir erwartet, eine Schuld offen und ehrlich zuzugeben, weil das Ziel ist, dein Verhältnis zu Jehova wiederherzustellen. – WTG[311]

Einer der Ältesten erklärt dir und den anderen Anwesenden, dass ihr hier seid, weil du gestanden hast, eine sexuelle Beziehung mit einem weltlichen Mädchen zu führen. Die Ältesten wollen dir helfen, erklärt er dir, und dann lädt er dich ein, deine Bibel aufzuschlagen und einen Vers vorzulesen, vielleicht Sprüche 28:13 oder Jakobus 5:14, 15:

> Ist jemand unter euch krank? Er rufe die älteren Männer der Versammlung zu [sich], und sie mögen über ihm beten und [ihn] im Namen Jehovas mit Öl einreiben. Und das Gebet des Glaubens wird dem sich nicht wohl Fühlenden zum Heil sein, und Jehova wird ihn aufrichten. Und wenn er Sünden begangen hat, wird ihm vergeben werden. – WTG[312]

Die Ältesten werden dich immer noch freundlich anschauen und dir noch einmal versichern, dass sie nur das Beste für dich wollen. Sie werden dich für deine Entscheidung und deinen Mut loben, dich an die Ältesten gewandt zu haben. Da ein Geständnis vorliegt, müssen keine Zeugen vorgeladen werden, aber sie bitten dich, noch einmal kurz zusammenzufassen, was genau vorgefallen ist.

> Das Komitee sollte zunächst ermitteln, was geschah und wie der Beschuldigte eingestellt ist. Dazu muss man taktvoll geschickte Fragen stellen. Das Rechtskomitee sollte sorgfältig vorgehen, aber – besonders bei sexuellem Fehlverhalten – nicht nach unnötigen Einzelheiten fragen. – WTG[313]

Du erzählst den Ältesten, was passiert ist; dass du ein weltliches Mädchen trafst; dass ihr im Bett gelandet seid; dass ihr miteinander geschlafen habt. Die Ältesten werden freundlich schauen und dich für deine Offenheit loben. Vielleicht lest ihr gemeinsam einen oder zwei Bibelverse, um dir deutlich zu machen, weshalb das, was du getan hast, in Jehovas Augen falsch ist. Sie fragen dich, ob es bei dieser einen Nacht geblieben ist.

Niemand wird automatisch ausgeschlossen, doch könnte jemand so tief in Sünde versunken sein, dass er bei der Rechtskomiteeverhandlung nicht erkennen lassen kann, dass er ausreichend bereut. Dann muss ihm die Gemeinschaft entzogen werden; so wird ihm Zeit eingeräumt, seine Reue zu beweisen. – WTG[314]

Du erzählst ihnen von den anderen Abenden; dass es nicht nur eine Nacht war, sondern viele; dass es jetzt schon ein paar Wochen so geht; dass ihr ein Paar seid, offiziell zusammen und so. Sie werden dir aufmerksam zuhören, während du deine Sünden runterspulst, und zwischendurch nicken und verständnisvoll gucken, nicht mehr ganz so freundlich, aber immer noch verständnisvoll, und barmherzig, ja, vor allem barmherzig.

Die Rechtskomiteemitglieder sagen dem Beschuldigten, dass sie ihm helfen möchten, und versuchen, ihm die Befangenheit zu nehmen. Sie hören gut zu und deuten nicht an, zu welcher Entscheidung sie tendieren. Sie dürfen den Beschuldigten niemals grob behandeln, sondern sollten freundlich und respektvoll sein, auch wenn er streitsüchtig ist. – WTG[315]

Die Ältesten lesen dir noch einen Bibelvers vor, vielleicht aus der Apostelgeschichte Kapitel 5, oder einen passenden Abschnitt aus dem *Wachtturm*. Die Luft im Raum ist zum Schneiden. Und du spürst, wie sich dein Körper anspannt, wie dir schwindlig wird, du spürst, wie deine Hände zu schwitzen beginnen, dein Mund trocken wird; du spürst, dass es so weit ist, dass der Moment gekommen ist, in dem du ein für alle Mal Farbe bekennen und dein Team wählen musst.

Und die Ältesten, sie werden dich fragen, ob du bereit bist, dich für Jehova und gegen das Weltmädchen zu entscheiden. Ob du bereit bist, die Beziehung umgehend zu beenden. Ob du die Tat bereust. Ob du deine Missetat aufrichtig bereust, werden sie wissen wollen.

Und sie werden dich anschauen, erwartungsvoll anschauen, Hoffnung in den Augen, geballte Fäuste unterm Tisch. Kurz verschwimmt alles vor deinem Auge, deine Zunge klebt an den unmöglichsten Stellen in deinem Mund, du hast das Bedürfnis, dich zu räuspern, aber es fühlt sich unpassend an, also schluckst du den Frosch herunter, entwirrst deine Zunge und schaust auf.

Im Griechischen werden für «bereuen» zwei Verben gebraucht. Das erste bezeichnet eine Sinnesänderung oder eine Änderung des Standpunkts. Das zweite drückt ein Gefühl des Bedauerns aus. Bei Reue geht es somit um ein tiefes Bedauern wegen eines gestörten Verhältnisses zu Jehova und der Schande, die man auf seinen Namen und sein Volk gebracht hat, sowie um den aufrichtigen Wunsch, Jehova wieder zu gefallen. Die schlechte Handlungsweise wird von ganzem Herzen abgelehnt, als abstoßend empfunden und gehasst. – WTG[316]

Ob du die Beziehung beenden wirst und bereit bist, Früchte der Reue zu zeigen, werden dich die Ältesten fragen. Du sagst:

«Nein.»

Du spürst, wie die Luft lautlos explodiert. So langsam es dir möglich ist, lässt du dich nach hinten in die Stuhllehne fallen, erschöpft, erschlagen, erleichtert. Es ist raus, endlich raus, du hast es ausgekotzt, ausgetragen, es zur Welt gebracht, das, was dir schon so lange auf der Zunge lag, aber nicht hinauswollte, nicht hinausgelassen wurde.

Und um dich herum: Stille. Du blickst in fassungslose Gesichter. Vor Schreck geweitete Augen werden zurückstarren, die Münder offen und sprachlos. Es werden Sekunden vergehen, viele Sekunden, und dann wird einer der Ältesten nach deiner Hand greifen, er wird sie drücken, fest drücken, du wirst dich später genau dran erinnern, weil es dieser Schmerz war, der dich in den Raum zurückholte und ihre verzweifelten Einwirkungen bemerken ließ.

«Bist du dir sicher? »

«Ja. »

«Bist du dir wirklich sicher? Du weißt, welche Konsequenzen fehlende Reue hat. Bist du dir über die Konsequenzen im Klaren? »

«Ich bin mir über die Konsequenzen im Klaren. »

Nachdem das Rechtskomitee versucht hat, ihm zu helfen, und ihn angehört hat, kann es ihn bitten, den Raum zu verlassen, und die Angelegenheit besprechen. – WTG[317]

Du wirst hinterher nicht mehr genau wissen, wie lange du im Nebenraum gewartet hast, ob du gesessen oder gestanden hast, die Hände in den Taschen oder nicht, ein Blick aus dem Fenster oder nervös blinzelnd. Sie werden dich nach einer gefühlten Ewigkeit wieder hereinbitten. Du setzt dich zu ihnen.

Jeder Fall ist anders gelagert. Das Rechtskomitee sollte alle Besonderheiten und mildernden Umstände berücksichtigen. Der Missetäter könnte z.B. Irgendwann missbraucht worden sein. Mildernde Umstände entschuldigen zwar nicht die Missetat. Sie zu berücksichtigen hilft jedoch dem Rechtskomitee, den Missetäter und seine Reaktion besser zu verstehen. Es gibt allerdings keine Grundlage für Barmherzigkeit, wenn Früchte der Reue fehlen. – WTG[318]

Keiner schaut mehr freundlich. Sie blicken dich ernst an, und du siehst, wie der Älteste, der rechts außen sitzt, zu weinen beginnt. Ein gestandener Mann, fünfzig vielleicht, weint, und du würdest am liebsten alles zurücknehmen, ihm zuliebe, damit er nicht mehr weint, aber das geht nicht. Er kann dir nicht in die Augen blicken, er kann den Gedanken nicht ertragen, dass das hier wirklich gerade passiert. Er kennt dich seit deiner Kindheit, alle kennen dich seit deiner Kindheit, sie kennen deine Eltern, deinen Bruder, sie wissen, welche Fußballmannschaft du magst, was deine Träume sind, wo du gern deine Ferien verbringst, sie haben dich aufwachsen sehen – und jetzt, jetzt sehen sie dich sterben.

Wenn keine echte Reue zu erkennen ist, wird der Missetäter ausgeschlossen. Das Komitee unterrichtet ihn davon und versucht, ihm klar zu machen, wie er als Ausgeschlossener die Zeit nutzen kann, um wieder in ein gutes Verhältnis zu Jehova zu kommen. Es könnte mit ihm Bibeltexte wie 2. Korinther 7:10, 11 und Hebräer 12:5–7 besprechen. Das Rechtskomitee sollte freundlich und positiv sein und ihm versichern, dass Vergebung möglich ist, wenn er wirklich bereut. – WTG[319]

Die Ältesten werden dir mitteilen, dass du sieben Tage Zeit hast, Berufung einzulegen. Aber das wirst du nicht. Du wirst den Ältesten zum Abschied die Hand geben, du wirst den Königreichssaal verlassen und erst draußen, an der frischen Luft, wieder ausatmen. Die Ältesten werden alle Unterlagen zusammentragen, eine detaillierte Zusammenfassung schreiben, das Formular S-77 ausfüllen und dem deutschen Zweigbüro in Selters vom Vorfall berichten. Noch am selben Abend unterrichten sie deine Eltern, das erspart dir den Anruf.

Am nächsten Tag fährst du zu deiner Familie. Du fährst den Weg, als wäre es das letzte Mal. Du biegst in die Straße ab, in dem das Haus steht, in dem du aufgewachsen bist, in dem du so viele Jahre gelebt hast. Das Haus, in der alles enden wird. Nach diesem Abend wird nichts mehr so sein wie vorher. Die Verhandlung vor dem Rechtskomitee war der leichte Teil des Ganzen. Die Konfrontation mit deinen Eltern macht dir dagegen Angst. Deine Eltern sind blass vor Trauer, gebeugt vor Schmerz. Das wolltest du nicht, dass sie so traurig sind, denkst du und beißt dir auf die Lippen, während sie Dinge sagen wie *Warum?, Wieso?, Was haben wir falsch gemacht?* Nichts, möchtest du rufen, ihr habt nichts falsch gemacht. Ich bin es, der falsch war, der falsch war in diesem Glauben. Aber du sagst nichts. Sie fragen dich, ob sie es wert war. Und du musst dir ein Lachen verkneifen, weil sie es einfach nicht verstehen. Und weil du nicht den Mut hast, ihnen die Wahrheit zu sagen. Es wird ein halbes Jahrzehnt vergehen, bis du ihnen offen und ehrlich mitteilst, dass du nicht an die Wachtturm-Gesellschaft glaubst, ein ganzes, bis du endlich aussprichst, was ihr an jenem Abend vielleicht alle schon geahnt hattet: Du bist ein Abtrünniger, ein religiöser Dissident. Geistig krank. An diesem Abend jedoch bist du bloß ein Sünder, der nicht bereit ist, Reue zu zeigen. Es ist das Einfachste für dich und das Erträglichste für sie. Was du erst viel später begreifen wirst: Es gab einen simplen Grund, weshalb du so lange dabeigeblieben bist, weshalb du so lange ein Doppelleben gemeistert und dem Druck standgehalten hast. Weshalb dir all die Jahre der Mut für diesen Schritt gefehlt hat. Weil du so lange wie nur möglich etwas von deinen Eltern haben wolltest. Weil du gewusst hast, dass du deine Familie verlierst, wenn du gehst. Dass alles anders wird. Du wirst den Großteil deines sozialen Umfelds von einem Tag auf den anderen verlieren. Deine Familienangehörigen werden nur noch sporadisch, deine besten Freunde überhaupt nicht mehr mit dir reden. Es wird sein, als hättest du nie existiert. Und wenn du zufällig mal jemandem von früher über den Weg läufst, wird das Lächeln gequält, das Schweigen betreten sein. Du wirst begreifen, dass du nicht der Einzige bist, der unter der «liebevollen Vorkehrung» des Gemeinschaftsentzuges zu leiden hat. Wenigstens das habt ihr noch gemeinsam.

Zum Abschied nehmen dich die Gummiarme deiner Eltern in den Arm, und deine Mutter sagt, dass sie dir jetzt nicht mehr die Wäsche machen kann. Eine Woche später, in der nächsten Zusammenkunft, wird ein Ältester auf die Bühne klettern, er wird langsam und mit Würde zum Pult schreiten, er wird das Standmikro mit einem dem Anlass angemessenen Umstand zurechtrücken, und alle werden wissen, dass jetzt etwas Schlimmes kommt. Weil immer etwas Schlimmes kommt, wenn ein Ältester für eine außerordentliche Bekanntmachung auf die Bühne steigt. Deine Glaubensgeschwister, die dich seit deiner Kindheit kennen, alle kennen dich seit deiner Kindheit, sie kennen deine Eltern, deinen Bruder, sie wissen, welche Fußballmannschaft du magst, was deine Träume sind, wo du gern deine Ferien verbringst, sie haben dich aufwachsen sehen, sie alle werden die Luft anhalten. Und dann wird der Älteste kurz und knapp deinen vollen Namen sagen, und bekanntgeben, dass du kein Zeuge Jehovas mehr bist.

Du bist kein Zeuge Jehovas mehr.

Die liebevolle Vorkehrung des Gemeinschaftsentzuges

Randall Watters war einige Jahre lang Mitglied der Bethel-Familie in der Wachtturm-Weltzentrale in Brooklyn und erlebte die Hexenjagd rund um Raymond Franz hautnah mit. Watters übertrug die acht Methoden für eine langfristige Gedankenkorrektur, sprich: Bewusstseinskontrolle, die der prominente Psychiater Robert Jay Lifton in seinem Buch *Thought Reform and the Psychology of Totalism: A Study of «Brainwashing»* definiert hatte, auf Religionsgemeinschaften. Anhand folgender Merkmale könne man herausfinden, ob man es mit einer Bewusstseinskontrollgruppe, sprich: Sekte, zu tun habe:

1) Milieukontrolle: Reguliert die Gruppe Beziehungen zur Außenwelt sowohl des Einzelnen als auch der Allgemeinheit, und muss man einer höheren Instanz gegenüber Rechenschaft ablegen?

2) Mystische Manipulation: Glaubt die Organisation, Gottes Wirken in Gestalt der eigenen Gruppe und ihren Taten zu erkennen? Sind im Selbstverständnis der Gruppe die eigenen Ziele denen der Außenwelt überlegen?

3) Beichte: Wird vom Einzelnen das Offenlegen seiner Missetaten erwartet, auch, um die Reinheit der Gruppe zu bewahren?

4) Selbstheilung durch Reinheit: Soll sich der Einzelne an die Werte der Gruppe anpassen? Wird die Welt in ein Schwarz/Weiß-, Gut/Böse-Schema eingeteilt und ist man böse, wenn man sich nicht der Gruppe unterwirft?

5) Aura einer heiligen Wissenschaft: Sind Kritik und Zweifel an dem Lehrgebäude und dem Regelwerk der Organisation untersagt und mit Sanktionen verbunden?

6) Überladene Sprache: Hat die Gruppe eine eigenes, befremdliches Vokabular? Gibt es Begriffe, die in der Form eines Totschlagargumentes die Welt in ein binäres System einteilen, wie beispielsweise «weltlich» für Menschen, die nicht zur Organisation gehören?

7) Doktrin über die Person: Stehen Prinzipientreue und das Wohl der Gruppe über dem Wohl und den Interessen des Einzelnen? Wird die Doktrin regelmäßig angepasst, um Veränderungen Rechnung zu tragen?

8) Verschonte Existenz: Werden Andersdenkende von der Gruppe verbannt? Glaubt die Gruppe, errettet zu werden,

und ist sie überzeugt, dass Außenstehende schlechtere Chancen haben?

Beantwortet man einige dieser Fragen mit Ja, stehen die Chancen nicht schlecht, dass man es mit einer Gruppierung zu tun hat, die Bewusstseinskontrolle – in voller Absicht oder unbewusst – über ihre Mitglieder ausübt.

Auch der bereits erwähnte Pädagoge und Sektenforscher Steven Hassan baute mit seinem BITE-Modell auf Liftons Methoden auf. So gehört für ihn zur emotionalen Kontrolle der Ausschluss aus der Gruppe als Drohmittel. In der überladenen Sprache der Wachtturm-Gesellschaft nennt man diese Sanktion die «liebevolle Vorkehrung» des Gemeinschaftsentzuges.[320] Die Ältesten einer Versammlung würden natürlich selten öffentlich, beispielsweise gegenüber der Presse, zugeben, dass sie eine Rechtskomitee-Verhandlung führen, die zu einem Ausschluss führen kann. Die Ältesten werden von der Leitenden Körperschaft angewiesen, bei etwaigen Anfragen folgende Auskunft zu geben:

Als ernannten Geistlichen gilt die Sorge der Ältesten dem Wohl aller Zeugen Jehovas, so wie einem Hirten seine Herde am Herzen liegt. Die Verschwiegenheit ist die Grundvoraussetzung aller seelsorgerischen Tätigkeit. Das erleichtert es Hilfesuchenden, sich an die Ältesten zu wenden, weil sie nicht befürchten müssen, dass etwas von dem, was sie ihnen sagen, später preisgegeben wird. Deshalb äußern wir uns nicht darüber, ob Älteste gegenwärtig jemandem aus der Versammlung Hilfe leisten oder es früher getan haben. – WTG[321]

Warum setzt die Wachtturm-Gesellschaft bei Missetätern die «liebevolle Vorkehrung» des Gemeinschaftsentzugs ein? Zwei Zitate:

> Gegenüber Jehova loyal zu sein wirkt sich zum Guten aus: Sich an die biblische Verfahrensweise zu halten, reuelosen Missetätern die Gemeinschaft zu entziehen und die Betreffenden zu meiden, wirkt sich zum Guten aus. So wird die Reinheit der Versammlung erhalten. – WTG[322]

> Es wird verhindert, dass Schmach auf den heiligen Namen Jehovas kommt, und der gute Ruf seines Volkes wird gewahrt (1. Petrus 1:14–16). Außerdem werden Gottes Maßstäbe hochgehalten und die Versammlung bleibt geistig rein. – WTG[323]

Dieses Zitat ist sehr interessant, verrät es doch eine ganze Menge über eines der wahren Motive des Gemeinschaftsentzugs: Rache. In ihrem Essay *Das Streben nach Vergeltung* untersucht die Wissenschaftsjournalistin Alexandra Rigos die Gruppendynamik der wohl «düstersten und destruktivsten Regung, zu der Menschen fähig sind» und liefert eine mögliche Erklärung dafür, dass die Wachtturm-Gesellschaft Menschen ausschließt, die ihr nicht genehm sind:

> Das Hauptmotiv jeder Racheaktion ist, für Gerechtigkeit zu sorgen und seine Würde wiederzuerlangen. Und in den meisten Fällen löst weniger ein konkreter Schaden den Wunsch nach Vergeltung aus als vielmehr die mit der Tat verbundene Kränkung [...] Sie hält menschliche Gemeinschaften zusammen. [...] Menschen sind hoch-

soziale Wesen, die normalerweise nur in der Gruppe zu überleben vermögen. Und sie sind darauf angewiesen, dass alle Mitglieder der Gemeinschaft kooperieren und sich an die Regeln des Zusammenlebens halten. [...] Der im menschlichen Hirn verwurzelte Rachetrieb hat sich demnach womöglich deshalb entwickelt, weil er ein machtvolles Instrument ist, widerspenstige Gruppenmitglieder zu disziplinieren. Allein das Wissen darüber, dass Regelverstöße geahndet werden, reicht oft bereits, um Menschen zu Wohlverhalten zu motivieren. Und die erschreckende Tatsache, dass Rache mitunter exzessiv ausarten kann, dass ihr etwas Unberechenbares innewohnt, erhöht die Abschreckungswirkung noch. [...] Vor die Wahl gestellt, ziehen [Menschen] es offenbar sogar vor, sich einer Rache praktizierenden Gemeinschaft anzuschließen.[324]

Es ist ein ausgemachter Treppenwitz, dass ausgerechnet die Evolution, einer der Todfeinde des Wachtturm-Lehrgebäudes, dabei hilft, die «liebevolle Vorkehrung» des Gemeinschaftsentzugs menschlich einzuordnen.

———

Im eben zitierten *Wachtturm* wird noch ein weiterer Grund für den Gemeinschaftsentzug genannt: «Ein reueloser Missetäter kann dadurch zur Vernunft kommen.» Und wie soll der «reuelose Missetäter» zur Vernunft gebracht werden? Durch soziale Isolation, wie man diesem ziemlich repräsentativen Best-Practice-Beispiel im *Wachtturm* entnehmen kann:

Robert war fast 16 Jahre ausgeschlossen. In dieser Zeit hielten sich seine Eltern und Geschwister strikt und loyal an die biblische Anweisung, mit Missetätern keinen Umgang zu haben, ja sie nicht einmal zu grüßen. Robert ist vor einigen Jahren wieder aufgenommen worden und macht gute Fortschritte. Wird er gefragt, warum er nach so langer Zeit wieder zu Jehova und seinem Volk zurückgekehrt ist, verweist er auf die Haltung seiner Familie. Er erklärt: «Wären meine Angehörigen auch nur ein bisschen mit mir zusammen gewesen, sagen wir, um bei mir kurz mal nach dem Rechten zu sehen, hätte mir allein dieses bisschen genügt. Mein Wunsch nach Gemeinschaft wäre wahrscheinlich nicht so stark geworden, dass er mich veranlasst hätte, zu Jehova zurückzukehren.» – WTG[325]

In verblüffender Aufrichtigkeit zeigt die Wachtturm-Gesellschaft in dieser Passage ihr wahres Gesicht: Ehrliche Reue spielt gar nicht eine so große Rolle. Man hofft vielmehr darauf, dass der Ausgeschlossene sich so einsam fühlt, dass er von selbst wieder zurückkommt; schließlich hat man durch die jahrelange Milieukontrolle vorgesorgt, dass der Missetäter kaum Anschluss in der «Welt» findet. Die Literatur der Wachtturm-Gesellschaft ist voll mit Erfolgsgeschichten emotionaler Erpressung:

Nachdem ein Bruder und seine leibliche Schwester auf einem Kreiskongress einen Vortrag gehört hatten, wurde ihnen bewusst, dass sie sich gegenüber ihrer Mutter, die woanders lebte und seit sechs Jahren ausgeschlossen war, anders verhalten mussten. Der Bruder rief sofort nach dem Kongress seine Mutter an, versicherte ihr, dass er sie liebe, und sagte ihr anschließend, dass er und seine Schwester nicht mehr mit ihr sprechen würden, es sei denn, wichtige Familienangelegenheiten würden dies erfordern. Kurz darauf fing seine Mutter an, Zusammenkünfte zu besuchen, und schließlich wurde sie wieder aufgenommen. Auch ihr ungläubiger Mann begann zu studieren und ließ sich im Laufe der Zeit taufen. – WTG[326]

Menschen leiden unter sozialer Ausgrenzung, und im Hirn wird dieser Schmerz chemisch verstärkt. Die Folge: Scham, weil wir unsere sozialen Grundbedürfnisse nicht erfüllen können. Man verliert den Glauben an den eigenen Wert. Da einem Liebe und Beziehung entzogen werden, kommt man zur Überzeugung, sie auch nicht verdient zu haben. Man gesteht sich selbst nicht mehr einen grundsätzlichen, unbedingten Wert zu – «die anderen, sie werden schon recht haben». Und so entsteht ein innerer Kreislauf der Scham. Also versucht man alles, um diese Liebe zurückzugewinnen – und wenn das bedeutet, in den Schoß der Kirche zurückzukehren, die einen hinausgeworfen hat.[327]

Dieses System funktioniert, leider Gottes. Immer und immer wieder. Dem Diplom-Psychologen Dieter Rohmann zufolge sind Schuldgefühle, Perspektivlosigkeit und das Gefühl, überflüssig und wertlos zu sein, häufige Symptome bei Menschen, die eine sektenähnliche Gruppierung verlassen oder aus ihr ausgeschlossen werden.

———

Wie drückte es Calvin Rouse, Anwalt der Wachtturm-Gesellschaft, noch mal aus? Ach ja: «Die Zeugen Jehovas sind wie die katholische Kirche eine hierarchisch strukturierte Religion, die von oben nach unten regiert wird.»[328] Erinnerst du dich an dieses sowie an das folgende Zitat?

> Darüber hinaus schließt Loyalität gegenüber Gott auch Loyalität gegenüber seiner Organisation ein. – WTG[329]

Wenn die Leitende Körperschaft unter solchen Voraussetzungen etwas empfehlen würde, dann hätte es vermutlich mehr Gewicht als eine unverbindliche Empfehlung. Man könnte es vermutlich fast schon als Gebot interpretieren.

Vergegenwärtigt man sich die Struktur der Organisation, verwundert es kaum, dass Zeugen Jehovas mehrheitlich die Sanktionen des Gemeinschaftsentzuges respektieren. Als ich selber noch aktiver Zeuge Jehovas war, habe ich einige hautnah miterlebt. Wir haben die Weisung, den Kontakt zu Ausgeschlossenen zu meiden, sehr ernst genommen. Unser eigenes Leben hing ja davon ab. Wir hatten Angst, Jehovas Gunst zu verlieren, wenn wir auch nur den kleinsten, harmlosen Kontakt zu unseren ehemaligen Glaubensgeschwistern pflegten. Das sind die Nachteile der Gruppendynamik, die ansonsten für den großen Zusammenhalt unter Zeugen Jehovas sorgt: Der Trost, den wir aus dem Umstand zogen, Teil dieser exklusiven Gruppe zu sein, führte gleichermaßen zu einem Abwerten Andersdenkender – vor allem, wenn es Personen waren, die unserer Gruppe den Rücken gekehrt hatten.[330]

Dabei hat die Wachtturm-Gesellschaft in der Vergangenheit wiederholt dementiert, dass ihren Mitgliedern der Kontakt zu Ausgeschlossenen und Aussteigern verboten ist. Als Rick Fenton, Sprecher der Wachtturm-Gesellschaft, von einer Zeitung auf diesen Sachverhalt angesprochen wurde, sagte er: «Jedem Zeugen Jehovas steht es frei, seine Gefühle zum Ausdruck zu bringen und Fragen zu stellen. Ändert jemand seine Ansichten über biblische Lehren, die er einst schätzte, erkennen wir sein Recht an, gehen zu dürfen.»[331]

Und Rick Fenton hat recht. Niemand wird ernsthaft daran gehindert, die Gemeinschaft der Zeugen Jehovas zu verlassen. Er dementiert aber auch nicht, dass der Kontakt zu Ausgeschlossenen gemieden wird. Der australische Psychologe und Sektenexperte Raphael Aron bezeichnet in einem Medienbericht die Praxis der Zeugen Jehovas, einzelnen Mitgliedern die Gemeinschaft zu entziehen, als «drakonisch, grausam und gefühllos». Die Zeugen Jehovas seien nach außen hin gutmütig; potenziellen Neulingen würden sie allerdings Informationen vorenthalten. Informationen wie die «liebevolle Vorkehrung» des Gemeinschaftsentzuges, beispielsweise. Die Reaktion der Zeugen Jehovas in Australien? Laut einem Sprecher, dem Anwalt Vincent Toole, sei das Kontaktverbot im Rahmen des Gemeinschaftsentzuges (engl. Shunning) ein «Mythos».[332]

Ist es das? Auf der offiziellen Homepage der Zeugen Jehovas und der Wachtturm-Gesellschaft erklären sie unter der Frage *«Brechen Sie den Kontakt zu ehemaligen Mitgliedern Ihrer Gemeinde ab?»*, dass inaktive Zeugen Jehovas oder jene, die nach und nach den Kontakt zur Gemeinschaft verlieren, nicht gemieden werden. Man versucht alles, um ihnen zu helfen. Nur im Falle einer Reuelosigkeit würde die betreffende Person ausgeschlossen und der Kontakt zu ihr abgebrochen. Aber:

Wie sieht es aus, wenn jemand ausgeschlossen wird, seine Frau und seine Kinder aber nach wie vor Zeugen Jehovas sind? Das Band, das ihn im Dienst für Gott mit seiner Familie verbunden hat, ist zwar nicht mehr dasselbe. Doch er gehört weiter zur Familie. Die Bindung aneinander bleibt bestehen; das Eheleben und der normale Familienalltag gehen weiter. Ausgeschlossene dürfen jederzeit unsere Gottesdienste besuchen. – WTG[333]

Das entspricht im Prinzip alles den Tatsachen. Bloß, dass wir es hier mit einem hervorragenden Beispiel für das zu tun haben, was man im englischen Sprachraum eine «weiße Lüge» nennt oder, im Duktus der Wachtturm-Gesellschaft: theokratische Kriegsführung. Wichtige Details werden weggelassen, Nebelkerzen gezündet. Denn: Im ersten Teil geht es nicht um Ausgeschlossene, sondern um getaufte Zeugen Jehovas. Dabei geht fast unter, dass sie im Anschluss schwarz auf weiß schreiben, dass der Kontakt zu Ausgeschlossenen abgebrochen wird. Das Beispiel des ausgeschlossenen Ehemannes wiederum ist die angesprochene Nebelkerze. Danach hat ja niemand gefragt. Denn dieses Beispiel sagt nichts aus über das generelle Verhältnis von Zeugen Jehovas zu Familienmitgliedern, denen die Gemeinschaft «liebevoll» entzogen wurde.

Im *Erwachet!* vom Juli 2009 liest man auf Seite 29: «Niemand sollte zu religiösen Handlungen gezwungen werden, die er für unvertretbar hält. Und niemand sollte gezwungen werden, sich zwischen seiner Familie und seinem Glauben zu entscheiden. Die Bibel bringt Familien keineswegs auseinander.»

Das ist richtig. Nicht die Bibel ist es, die Familien auseinanderbringt.

Dieser Auszug entspricht ohnehin nicht der gelebten Realität der Zeugen Jehovas. Zwar gibt es tatsächlich kein ausdrückliches Verbot. Aber nirgendwo kommt das *System Wachtturm* so zur Entfaltung wie in Bezug auf den Umgang mit ausgeschlossenen Familienmitgliedern.

—

In einer Beilage des internen Mitteilungsblattes *Unser Königreichsdienst* aus dem Jahr 2002, die den bezeichnenden Titel *Christliche Loyalität bekunden, wenn ein Verwandter ausgeschlossen ist* trägt, findet sich beispielsweise folgende Stelle:

Gottes Wort gebietet Christen, keinen Umgang oder keine Gemeinschaft mit jemandem zu haben, der aus der Versammlung ausgeschlossen wurde: «Nun aber schreibe ich euch, keinen Umgang mehr mit jemandem zu haben, der Bruder genannt wird, wenn er ein Hurer oder ein Habgieriger oder ein Götzendiener oder ein Schmäher oder ein Trunkenbold oder ein Erpresser ist, selbst nicht mit einem solchen zu essen. … ‹Entfernt den bösen Menschen aus eurer Mitte›» (1. Kor. 5:11, 13). […] Das heißt, dass loyale Christen keine religiöse Gemeinschaft mit jemandem haben, der aus der Versammlung ausgeschlossen wurde. Doch das ist nicht alles. Gottes Wort sagt, wir sollten nicht einmal mit einem solchen essen (1. Kor. 5:11). Daher sollten wir auch keinen gesellschaftlichen Umgang mit einem Ausgeschlossenen haben. Das schließt aus, mit ihm zu picknicken, zu feiern, Sport zu treiben, einzukaufen, ins Theater zu gehen, sich mit ihm zum Essen in der Wohnung oder in einem Restaurant zu treffen. Wie verhält es sich mit Gesprächen mit einem Ausgeschlossenen? Die Bibel behandelt zwar nicht jede mögliche Situation, doch 2. Johannes 10 hilft uns, Jehovas Ansicht in dieser Sache zu verstehen: «Wenn jemand zu euch kommt und diese Lehre nicht bringt, so nehmt ihn niemals in euer Haus auf, noch entbietet ihm einen Gruß.» Zu dieser Bibelstelle wurde im Wachtturm vom 15. Dezember 1981 auf Seite 24 gesagt: «Ein einfacher Gruß kann der erste Schritt zu einer Unterhaltung und vielleicht sogar zu einer Freundschaft sein. Möchten wir bei einem Ausgeschlossenen diesen ersten Schritt tun?» – WTG

Am 15. Januar 2013 lasen meine Angehörigen im *Wachtturm* auf Seite 16:

> Der nahe Angehörige muss jetzt erkennen, dass man entschlossen Jehova über alles stellt – auch über die Familienbande. [...] Suchen wir nicht nach Ausreden, um mit ausgeschlossenen Familienmitgliedern in Kontakt zu treten, beispielsweise über E-Mail. – WTG

Angesichts der Struktur der Organisation und des Loyalitätsgefüges kann man durchaus die Frage nach der Tragweite der Freiwilligkeit stellen, wenn meine Angehörigen am 15. April 2012 folgende Empfehlung in einem *Wachtturm* fanden:

> Was aber, wenn wir mit jemand, der ausgeschlossen werden musste, verwandt oder eng befreundet sind? Dann steht jetzt unsere Treue auf dem Prüfstand, und zwar nicht gegenüber dieser Person, sondern gegenüber unserem Gott. Jehova schaut nun darauf, ob wir uns an sein Gebot halten, keinen Kontakt mehr mit jemandem zu haben, der ausgeschlossen ist. [...] Hält sich eine Familie treu an Jehovas Anweisung, nicht mit ausgeschlossenen Verwandten zu verkehren, kann das viel Gutes bewirken, wie folgendes Beispiel zeigt. Ein junger Mann war über 10 Jahre lang ausgeschlossen. In dieser Zeit hatten sein Vater, seine Mutter und seine vier Brüder «keinen Umgang

mehr» mit ihm. Manchmal versuchte er, sich ihnen anzuschließen, wenn sie etwas unternahmen, aber jeder in der Familie vermied lobenswerterweise konsequent jeden Kontakt mit ihm. Nach seiner Wiederaufnahme erklärte er, er habe die Gemeinschaft mit seiner Familie sehr vermisst, vor allem wenn er abends allein in seiner Wohnung gewesen sei. Aber, so räumte er ein, hätten seine Angehörigen auch nur hin und wieder Umgang mit ihm gehabt, hätte ihm das genügt. Da jedoch keiner aus seiner Familie auf ihn zuging, um sich mit ihm auszutauschen, war der starke Wunsch, wieder mit ihnen zusammen zu sein, eines der Motive dafür, seine Freundschaft mit Jehova zu reparieren. Gibt einem das nicht zu denken, falls man je versucht sein sollte, sich über Jehovas Gebot hinwegzusetzen und mit ausgeschlossenen Angehörigen Umgang zu haben? – WTG

Mit einem Teil ihrer Frage haben sie allerdings recht: Das alles gibt einem zu denken. Dabei schrieb die Leitende Körperschaft in der *Wachtturm*-Ausgabe vom 1. November 1974 noch, dass jede Familie – und nicht die Ältesten – selbst entscheiden müsse, inwieweit sie Kontakt zu ausgeschlossenen Angehörigen habe. 14 Jahre später, im *Wachtturm* vom 15. April 1988, stellten die Glaubensführer dann schon fest, dass «loyale Christen [...] sich bemühen, keinen unnötigen Kontakt zu solchen Verwandten zu haben». Wie man den vorangehenden Zitaten entnehmen kann, ist dieser Ermessensspielraum mittlerweile noch weiter eingeengt worden.

Die Sekten-Beratungsstelle des Landes Nordrhein-Westfalen schrieb in ihrem Bericht für das Jahr 2013:

Neben Menschen, die viele Gespräche benötigten, weil sie als Kinder in der Organisation aufgewachsen sind und dann entschieden haben, auszusteigen, gibt es immer wieder Betroffene, die Hilfe wollen, weil ein Elternteil nach dem Tod des anderen von den Zeugen Jehovas missioniert wurde. Zusätzlich haben sich viele Aussteiger bei uns gemeldet, die unter dem völligen Kontaktabbruch ihrer Familie gelitten haben. Der Kontaktabbruch war nicht nach ihrem Ausstieg, sondern erst nach dem letzten Bezirkskongress der Zeugen Jehovas in 2013 erfolgt. Ein zentrales Thema dieser Großveranstaltung war: «Der Umgang mit Abtrünnigen». Wortwörtlich wurde dort verkündet: «Als Abtrünnige gelten alle, die die Gemeinschaft verlassen haben. Egal ob es Familienangehörige sind oder nicht. Die Anweisung lautet, sie zu meiden, weil sie Gift verteilen.» Diese familienfeindliche und intolerante Aussage klingt doch sehr befremdlich für eine Organisation, die die Körperschaft öffentlichen Rechts in Nordrhein-Westfalen erlangen will.[334]

Ironischerweise ist das dieselbe Organisation, die in anderen Bundesländern bereits die Körperschaft des öffentlichen Rechts erlangt hat. Wird sich daran in nächster Zeit etwas ändern? Davon ist kaum auszugehen. Auf den großen Regionalkongressen des Sommers 2014 ging die Wachtturm-Gesellschaft in einer Vortragsreihe der Frage nach, was im Leben eines echten Christen nicht an erster Stelle stehen sollte. Die Antwort: Freizeit und Erholung, Essen und Trinken, Sorge um die Gesundheit, Kennenlernen und Heiraten, materielle Bestrebungen – und natürlich: Familie und Verwandtschaft.[335] Starke Familienbande seien gut, sagte der Redner, sie sollten aber nicht wichtiger sein als das Verhältnis zu Jehova. Beispiel:

Ein Familienmitglied ist ausgeschlossen. Der Redner zitierte Matthäus 10:37:

> Wer zum Vater oder zur Mutter größere Zuneigung hat als zu mir, ist meiner nicht würdig; und wer zum Sohn oder zur Tochter größere Zuneigung hat als zu mir, ist meiner nicht würdig.

Er versuchte dann, bei den Zuschauern Mitleid für Gott zu wecken, der ganz, ganz dolle traurig würde, stünde die Familie an erster Stelle, sprich: würden Zeugen Jehovas den Kontakt zu ausgeschlossenen Familienmitgliedern nicht meiden. Das Fazit: «Wir lieben unsere Familienmitglieder, aber Jehova und Jesus lieben wir noch mehr.» Wir können uns sicher sein, dass die Zeugen Jehovas es sich zu Herzen nehmen werden. In einem Promo-Video der Wachtturm-Gesellschaft für den Kongress in Atlanta, USA, sah man ein junges Zeugen-Jehovas-Mädchen mit den Worten eines altbekannten Evergreens auf den Lippen durchs Bild tollen – das neue Mantra der Zeugen Jehovas:

«Listen, obey and be blessed.»

———

Der Kontakt zu meinen Eltern beschränkt sich bis heute aufgrund der «Empfehlungen» der Wachtturm-Gesellschaft auf das Allernötigste. Sie schreiben mir alle halbe Jahre mal einen Brief oder eine E-Mail. Sie haben sich bisher den strengen Empfehlungen der Wachtturm-Gesellschaft, gerade in Bezug auf E-Mails, widersetzt. Ich bin mir bewusst, dass sie damit alles, was ihnen lieb und teuer ist, riskieren, das rechne ich ihnen hoch an. Ich bin dankbar für jedes kleine bisschen Familie, das mir bleibt. Wenn die Familie fast nur noch in E-Mails, in einer WhatsApp-Nachricht stattfindet, dann zählt jeder Buchstabe.

Die Wachtturm-Gesellschaft empfiehlt Zeugen Jehovas wie meinen Eltern, die ein ausgeschlossenes, abtrünniges Kind haben:

> Über Personen, die ausgeschlossen wurden oder die die Gemeinschaft verlassen haben, [wird] gesagt: «Die früheren geistigen Bande sind völlig aufgelöst worden. Das trifft selbst auf seine Angehörigen zu, auch auf die im engsten Familienkreis.» [...] «Höchstwahrscheinlich ist es möglich, so gut wie gar keinen Kontakt mit diesem Verwandten zu haben. Doch selbst wenn gewisse familiäre Angelegenheiten einen Kontakt erfordern würden, würde man diesen gewiss auf ein Minimum beschränken», was im Einklang mit dem göttlichen Gebot wäre, «keinen Umgang mehr mit jemandem zu haben», der ein reueloser Sünder ist (1. Kor. 5:11). Loyale Christen sollten sich bemühen, keinen unnötigen Kontakt zu solchen Verwandten zu haben. – WTG[336]

———

Menschen, die die Gemeinschaft der Zeugen Jehovas verlassen haben, sind also Abtrünnige, die wie ein Kugelfisch «Gift verteilen». Der Vortrag auf dem von der Sekteninfo erwähnten Kongress nannte solch Abtrünnige «Hilfsköche Satans». Dabei empfahl der Gründervater Charles Taze Russell seinen Jüngern in der ersten Ausgabe des *Wachtturms* im Jahre 1879 noch, aufgeschlossen zu bleiben für Wahrheiten, selbst wenn sie aus noch so unerwarteten Quellen wie dem Teufel selbst stammten.[337] Aber Kritik von außen, egal, wie konstruktiv, und vor allem, wenn sie von Ehemaligen stammt, ist nunmehr nur noch Gift. Der Umgang mit solchen Abtrünnigen ist zu meiden. Als Abtrünnige bezeichnet die Wachtturm-Gesellschaft andersdenkende, ehemalige Zeugen Jehovas. In ihrem Bibellexikon definieren Zeugen Jehovas *Abtrünnige* so:

> Wer sich willentlich von der Christenversammlung lossagt, wird dadurch zu einem Teil des «Antichristen» (1. Jo 2:18, 19). Wie damals den abtrünnigen Israeliten, so wird auch den von der Christenversammlung Abgefallenen die Vernichtung vorhergesagt [...] Zwischen dem «Fallen» zufolge einer Schwäche und dem «Abfallen» oder «Abtrünnigwerden» besteht offensichtlich ein Unterschied. Letzteres bedeutet eine entschiedene und willentliche Abkehr vom Pfad der Gerechtigkeit (1. Jo 3:4–8; 5:16, 17). Ganz gleich, ob die Ursache dafür auf dem intellektuellen, sittlichen oder religiösen Gebiet liegt, so handelt es sich dabei stets um eine Auflehnung gegen Gott und eine Verwerfung seines Wortes der Wahrheit. – WTG[338]

> Ihr Ziel ist, wie Paulus erklärte, «die Jünger hinter sich her wegzuziehen». [...] Sie sind wie «raubgierige Wölfe» – darauf aus, die zutraulichen «Schafe» in der Versammlung zu verschlingen, ihren Glauben zu zerstören und sie von der Wahrheit wegzulocken. – WTG[339]

Schon lustig, dass diese Verleumdung ausgerechnet von der Religionsgemeinschaft stammt, die sich damit brüstet, wie keine zweite einer Missionstätigkeit nachzugehen, die unterm Strich zum Ziel hat, den Glauben Andersgläubiger zu zerstören und Jünger wegzulocken und «hinter sich her wegzuziehen», um sie zu Zeugen Jehovas zu machen. Ironie, ick hör dir trapsen.

Abtrünnige stehen in der Nahrungskette ganz unten. Sie sind eine Schande für die Familie. Um meine Familie zu schützen, habe ich jahrelang stillgehalten, kein böses Wort über die Wachtturm-Gesellschaft verloren und sie sogar gegen berechtigte Kritik öffentlich verteidigt. Doch dann passierte der berüchtigte *Wachtturm* vom 15. Juli 2011.

Der *Wachtturm* erscheint in über 200 Sprachen und ist mit über 45 Millionen Ausgaben die auflagenstärkste Zeitschrift der Welt. In dieser Zeitschrift erschienen diese Zeilen:

> Angenommen, ein Arzt schärft dir ein, dich strikt von einer Person fernzuhalten, die an einer ansteckenden, tödlichen Krankheit leidet. Dir wäre völlig klar, was der Arzt dir sagen will, und du würdest dich gewissenhaft daran halten. Über Abtrünnige sagt die Bibel, dass sie «geistig krank» sind und andere mit ihrem treulosen Gedankengut infizieren wollen (1. Tim. 6:3, 4). Jehova, der beste «Arzt», rät uns dringend, jeden Kontakt mit ihnen zu meiden. Uns ist klar, was er damit meint. Fragen wir uns: Bin ich fest entschlossen, konsequent auf seine Warnung zu hören? – WTG[340]

Der Vorwurf, «geistig krank» zu sein, ist ein klassischer Fall von *Ad Hominem*: eine rabulistische Argumentationsstrategie, bei der der Mensch persönlich angegriffen wird, wodurch eine Auseinandersetzung mit seinem Standpunkt vermieden und von eigenen Schwachpunkten abgelenkt wird. Die pure Verzweiflung also. Meine Wenigkeit und viele andere werden von der Wachtturm-Gesellschaft pathologisiert – vor einem Millionenpublikum, vor meiner Familie, vor meinen Freunden. Warum? Weil wir anders denken und eine eigene Meinung haben.

Das, neben der Tatsache, dass ich mit meinem Stillschweigen implizieren würde, dass ich die «liebevolle Vorkehrung» des Gemeinschaftsentzuges respektiere und für richtig erachte, ist der Grund, weshalb ich dieses Buch geschrieben habe. Ich möchte, dass du auch meine Version der Geschichte kennst.

Schlussendlich dient die Praxis des Gemeinschaftsentzugs als Beweis dafür, wie wenig Vertrauen die Leitende Körperschaft und die Wachtturm-Gesellschaft in ihr eigenes Lehrgebäude setzen. Wer von seiner Ideologie restlos überzeugt ist, braucht keine Repressionen. Wer Unglauben mit Strafe belegt, vertraut sich selbst und seinen eigenen Worten nicht.

Der Psychologe Raphael Aron hält die Zeugen Jehovas für eine Sekte, eine «grausame Religion ohne Seele». Wie schon der Soziologe Max Weber sagte: «Macht ist die Chance, innerhalb einer sozialen Beziehung den eigenen Willen auch gegen Widerstreben durchzusetzen, gleichviel, worauf diese Chance beruht.»

Into The Wild

Doch das alles spielte zunächst keine Rolle. Als ich an jenem Abend nach der Rechtskomitee-Verhandlung und meinem Gemeinschaftsentzug den Königreichssaal verließ, spürte ich vor allem eins: Erleichterung. Ich glaubte, den schwersten Teil des Weges hinter mir zu haben. Wie naiv ich war.

Auf das meiste war ich vorbereitet. Ich wusste, was mich erwartete, sobald ich meine Missetat gebeichtet hatte. Ich wusste, was in der Verhandlung des Rechtskomitees passieren würde. Ich wusste, wie meine Eltern gucken würden. Nur auf eine Sache war ich nicht vorbereitet. Was danach kam.

Als Zeuge Jehovas erfährt man nicht, was danach kommt. Also, in echt. Man kennt nur die Horrorszenarien, die die Wachtturm-Gesellschaft in ihrer Literatur malt. Wenn eine Glaubensschwester oder ein Glaubensbruder ausgeschlossen wurde, hörte man nie wieder von ihnen, bis sie entweder bereuten und nach einer Bewährungszeit wieder aufgenommen wurden. Oder sie wurden vom Schicksal auf irgendeine Art gebeutelt. Dann erzählten meine Eltern beiläufig davon. Die Pointe dieser Geschichten war immer dieselbe:

«So etwas passiert, wenn man Jehovas Weg verlässt. Man verliert seinen Segen.»

Gottes Segen zu verlieren. Der dialektische *Leatherman* für alles, was schiefging und schiefgehen konnte. 20 Jahre lang wurde mir gesagt, dass es mir ohne Gottes Segen schlecht gehen würde. In den ersten Jahren nach meinem Ausschluss, in den dunklen Augenblicken, da klopfte dieser Gedanke immer wieder an. Und meistens fand er das passende Werkzeug, um die Tür zu öffnen.

———

Dabei ist es so: Wenn du jemanden verlässt, selbst wenn dieser Jemand ein Arschloch war, du wirst ihn vermissen, egal, wie erleichtert du bist. Wenn 75 Prozent dessen, was dein Leben ausmachte, wenn diese 75 Prozent mit einem Mal weg sind, dann fehlt etwas.

Das kannst du nicht von heute auf morgen wettmachen. Nichts bereitet dich auf die Leere vor.

Es war nicht Gottes Segen, der weg war. Die Adhäsion und Kohäsion einer farblosen Dichtmasse verhinderte, dass von außen etwas vordringen konnte, und sie verhinderte, dass du selbst die Leere ausfüllen konntest.

Das Ausfüllen lernst du nicht von heute auf morgen.

Ich sah in die Leere und fiel kopfüber hinein.

Kapitel 10

Der Exorzismus des Misha Anouk

Phase 1: Leugnung

Einige Wochen nach meinem Ausschluss war Heiligabend. Ich verbrachte ihn allein vor meinem Fernseher. Zu meiner Familie konnte ich nicht. Vor allem wollte ich nicht. Diesen Triumph durfte ich meinen Eltern nicht gönnen. Das Weltmädchen, wegen dem ich ausgeschlossen worden war, und ich, wir waren da schon nicht mehr zusammen. Und die wenigen weltlichen Freunde, die ich hatte, waren bei ihren Familien. Wobei, was hieß schon *weltliche* Freunde. Dieses Wort konnte ich aus meinem Vokabular streichen. Ich war ja jetzt selber ein Teil dieser *Welt.* Und bisher war es eine erschreckende Erfahrung.

———

Im November 2009 flohen zwei Schwerverbrecher aus einem Hochsicherheitsgefängnis, weil sie mit den Bedingungen im Knast, in dem sie ihre lebenslange Haftstrafe absaßen, unzufrieden waren. In einem Taxi fuhren sie nach Köln und aßen auf dem Weihnachtsmarkt eine Portion Pommes, während über ihnen ein Polizeihubschrauber kreiste. Den ersten Ausbrecher fasste man bereits nach drei Tagen. Sein Kompagnon ging den Beamten zwei Tage später auf der Bundesstraße 58 in die Falle.

Dass er gefasst wurde, hatte einen einfachen Grund: Während er eingesessen war, hatte sich die Welt weitergedreht. Er hatte so viel Zeit im Gefängnis verbracht, dass die Welt, die er draußen antraf, nichts mehr mit dem zu tun hatte, was er zu kennen glaubte. Das war nicht seine Welt. Er hatte am Tag seiner Festnahme ein Mobiltelefon im Gepäck. Aber er hatte nicht gewusst, dass man Mobiltelefone orten kann. Er wurde auf einem alten Damenfahrrad gestellt und leistete bei seiner Verhaftung keinen Widerstand. Ich stelle mir gerne vor, dass er in jenem Augenblick auch ein kleines bisschen erleichtert war. Und wenn man mich fragt, wie es sich anfühlte, ausgeschlossen zu werden und in *die Welt* hinauszutreten, erzähle ich diese Geschichte.

Tiere, die ausgewildert werden, gewöhnt man in einem langwierigen Prozess an das Leben im *Draußen* an. Diesen Luxus hatte ich nicht. Ich wurde von einem Tag auf den anderen in dieses *Draußen* hinausgeworfen. Ich dachte, es würde einfach werden. Ich war so naiv.

Ich war auf vieles vorbereitet worden. Ich war darauf vorbereitet worden, die richtige Antwort zu geben, wenn jemand keinen *Wachtturm* haben wollte, ich hatte gelernt, immer meinen Blutausweis mit mir zu führen, und wenn ich am ersten Schultag nach den Winterferien gefragt worden war, was ich zu Weihnachten bekommen hatte, antwortete ich wie auf Knopfdruck, dass Zeugen Jehovas keinen besonderen Tag bräuchten, um sich Geschenke zu machen. Ich hatte gewusst, dass man dienstags, freitags und sonntags in den Königreichssaal ging und es danach ein großes Mittagessen gab. Es hatte nie einen Zweifel gegeben, was zu tun war. Es war immer jemand da gewesen, der gewusst hatte, wie es weitergeht. So sehr es mich gewurmt hatte, innerhalb der Zäune zu leben, so sehr war ich von diesen Zäunen abhängig geworden, hatten sie mir Halt gegeben. Ich hatte nie etwas anderes gekannt.

Die Ohrenschützer, die man mir mit meiner Geburt anlegte, hatten das Leben gedämpft, und als ich sie als Erwachsener abnahm, begriff ich, dass nichts, was ich innerhalb der Zäune gelernt hatte, auf der anderen Seite eine Bedeutung hatte. Ich war auf vieles vorbereitet gewesen. Nur nicht auf die Freiheit. Mein überlebensgroßes, lebenbestimmendes Weltbild brach zusammen.

Es gibt einen Grund, weshalb man sich nicht an die eigene Geburt erinnert. Ich wurde ein zweites Mal geboren und bekam diesmal das ganze Grauen in jedem kleinsten Detail mit, ich wurde hineingeworfen, unvorbereitet, in die echte Welt. Und ich hatte nicht die geringste Ahnung vom echten Leben, dort draußen in der Wildnis, vor der ich gegen meinen Willen behütet worden war. Das neue Leben packte mich bei beiden Füßen und schlug mich auf den Hintern, bis ich schrie, bis ich selbständig atmete.

———

Am Heiligabend nach meinem Ausschluss fühlte ich mich zum ersten Mal einsam, so richtig einsam. Es gab da diesen Moment an diesem Abend, in dem ich an meiner Entscheidung, die Zeugen Jehovas zu verlassen, zweifelte. Gegen Mitternacht packte mich die Unrast. Ich beschloss, etwas dagegen zu tun. Ich stand auf, fuhr in einen Club und ließ mich volllaufen.

Fragte man mich nach meinem Befinden in den ersten Jahren nach dem Gemeinschaftsentzug, sagte ich:

«Es geht mir gut.»

Aber es ging mir nicht gut.

———

Schmerzen machen einem in zweierlei Hinsicht zu schaffen: Man spürt sie zum einen physisch, mittels der Sinne; zum anderen emotional. Im anterioren Gyrus Cinguli, einem Teil des Gehirns, das zum limbischen System gehört, sind die emotionalen Elemente unserer physischen Schmerzen verortet. In derselben Hirnregion werden die Auswirkungen sozialer Unzulänglichkeiten verarbeitet: Einsamkeit, Liebeskummer, Verlust. Das bedeutet, dass man mit Schmerzmitteln buchstäblich verletzte Gefühle behandeln kann.[341]

An die ersten zwei Jahre nach meinem Ausstieg habe ich so gut wie keine Erinnerung. Ich verbrachte sie in einem permanenten, von meiner Außenwelt erstaunlicherweise unbemerkten Dämmerzustand. Ich arbeitete mich einmal quer durch das Betäubungsmittelgesetz und fiel so gut wie jede Nacht in ein Koma, aus dem mich jeden Morgen einzig der penetrante Wecker, ein ECA-*Stack* – Ephedrin, Koffein, Aspirin – sowie die Angst rettete, meinen Job zu verlieren und bei meinen Eltern zu Kreuze kriechen zu müssen. Aber die wenigsten in meinem beruflichen und privaten Umfeld bekamen etwas mit. Ich hatte jahrelange Übung, was ein Doppelleben betraf. Ich war Profi darin, den Schein zu wahren. Und so soff ich wie ein Loch und holte im Zeitraffer all das nach, was man in einer Nullachtfuffzehn-Jugend vernünftigerweise auf ein Jahrzehnt verteilt. Ich ritzte mich mit mir selbst, auf der Suche nach meinem Nullpunkt. Ich glaube nicht, dass ich ernsthaft versuchte, mich in

Zeitlupe umzubringen. Aber ich kann auch nicht ausschließen, dass ich mein Ableben unbewusst zumindest billigend in Kauf nahm.

Als ich das Haus meiner Eltern verließ, hatte ich mich gewappnet gefühlt für diese neue, so fremde Welt, diese Welt voller Sünde, voller Versuchungen, in der hinter jedem lächelnden Gesicht der Teufel steckte, diese Welt, die ich nur vom Hörensagen, aus der einseitigen Berichterstattung der Zeugen Jehovas kannte. Die nächsten zwei Jahre versuchte ich, mir in jeglicher erdenklichen Hinsicht die Hörner abzustoßen. Ich lief so oft es ging mit dem Kopf gegen die Wand.

Bloß, manche Hörner waren härter als andere.

Phase 2: Zorn

In den ersten Jahren nach dem Gemeinschaftsentzug blieb ich nie lange bei einem Menschen. Ich wechselte Freundinnen und Freundeskreise wie Profifußballer ohne Herz Vereine. Ich verletzte und wurde verletzt. Ich war wütend, auf die Welt, auf meine Eltern, auf die Wachtturm-Gesellschaft. Und auf der Suche nach der nächsten Rechtfertigung für mein Selbstmitleid, dem nächsten Beweis für die Schlechtigkeit der Menschheit, in der ich die Wurzel all meinen persönlichen Übels sah, ging ich über emotionale Leichen und ließ auf meinem Weg von Mensch zu Mensch verbrannte Erde zurück. Die Abhängigkeitsverlagerung, also die Gefahr, dass man die Leidensphase nach einem Austritt abkürzt, indem man sich vorschnell in eine neue Partnerschaft begibt, gehört zu den Symptomen, die man bei ehemaligen Sektenmitgliedern vorfindet, erzählte mir der Diplom-Psychologe Dieter Rohmann.

Ich wurde zum Beziehungsnomaden. Das fiel mir erst viel später auf, als ich wieder mal den Film *Independence Day* schaute. Du weißt schon, diese Alienrasse. Diese Aliens, die von Planet zu Planet ziehen und brandschatzen und roden, bis alles weg ist und sie haben, was sie brauchen. Und dann ziehen sie weiter.

Das war ich. Sehr, sehr lange war ich ein Beziehungsnomade. Ich brauchte jemanden, ich konnte nicht allein sein. Ich holte mir von diesem Menschen, was ich brauchte. Manchmal war es eine Schulter, manchmal ein Lächeln. Ziemlich oft diente mir der Mensch als Ausrede, mir nicht die ganze Packung Betablocker reinzujagen und Feierabend. Wenn es da jemanden gibt, der traurig sein könnte, dann überlegt man sich das vielleicht noch mal, habe ich mir gedacht. Ich holte mir, was ich brauchte, bis ich alles aus dem Menschen, den Menschen, dem Freundeskreis ausgesaugt hatte. Aber sobald es ernst wurde, richtig ernst, oder wenn ich das, was ich brauchte, woanders erhielt, bekam ich Angst. Und dann zog ich weiter. Weil ich nicht den Menschen wollte, weil es viel zu selten um den Menschen ging. Sondern um ein Gefühl.

Ich verliebte mich also in einen Menschen, oder machte mir vor, das zu spüren, was man gemeinhin unter verlieben versteht. Weil ich mir vorgaukelte, das gefunden zu haben, was ich suchte. Ein Zuhause. Eine Heimat. Einen Hafen. Und dann bekam ich Angst, weil ich merkte, dass ich die Kontrolle verliere, die Machtverhältnisse in unserer Beziehung sich veränderten, und ich bekam Angst davor, verletzt zu werden, verlassen zu werden, weil mich alle, die mir etwas bedeuteten, die mir wirklich etwas bedeutet hatten, immer verlassen hatten. Dann kam der schlimme Teil. Der Teil, in dem ich anfing, alles zu sabotieren. Mein Verstand setzte aus und meine Angst übernahm. Ich wurde eifersüchtig, grundlos, ich machte Vorwürfe, ich misstraute. Ich tat dem Menschen damit weh, ich tat ihm damit Unrecht, und all das nur, weil mein Unterbewusstsein mich beschützen zu müssen glaubte, davor, verletzt zu werden. Also tat ich alles dafür, die Kontrolle wiederzuerlangen, und ich verletzte zuerst, um nicht zuerst verletzt zu werden. Das war die Stelle, an der die meisten gingen und mich verließen. Wenn sie nicht gingen, wenn sie blieben, kam die gute Zeit. Ich besiegte mein Unterbewusstsein und lernte, dass ich der Person vertrauen konnte. Dass ich mich wirklich fallen lassen konnte. Wir wuchsen weiter zusammen, bis alles nahezu perfekt war. Tja, und das war dann meistens die Stelle, an der ich ging. Weil ich das Gefühl hatte, das ich haben wollte, aber, dachte ich, und meistens beruhte es auf Gegenseitigkeit, der Mensch war falsch. Weil ich meine Abhängigkeiten verlagerte, anstatt sie loszuwerden.

Das habe ich nie absichtlich gemacht. Die meisten Menschen, auf die ich in dieser Phase meines Lebens getroffen bin, werden mich als mehr oder weniger netten Kerl in Erinnerung behalten haben. Die wenigen anderen, die mich besser kennenlernten, die hinter den Vorhang blickten, behielten oftmals eine Narbe als Souvenir. Die meisten Menschen können mit Arschlöchern umgehen, wenn sie wissen, dass sie es mit einem Arschloch zu tun haben. Aber ich war schlimmer. Ich war gefährlich. Mir sah man es zunächst nicht an. Ich war eine tickende Arschloch-Zeitbombe.

Viele Jahre später sagte mir ein Mensch ins Gesicht, dass ich mich «wie ein Soziopath» verhielt. Das hört man nicht gern, aber ich bin im Nachhinein dankbar für den Weckruf. Die Vergangenheit wird immer Teil der eigenen Geschichte sein. Zweifellos war mein Grundvertrauen zerstört worden. Die Vergangenheit kann Erklärung sein, sollte aber nicht zwingend als Rechtfertigung für fragwürdiges Verhalten dienen.

———

Es geht vielen Ex-Zeugen Jehovas so. In einem Porträt auf *Zeit Online* schildert ein Thomas Schmidt seine Erfahrungen:

> Wer die Sekte verlässt, verliert sein gesamtes soziales Umfeld. An die Stelle des durchstrukturierten Alltags tritt Leere. «Auf einmal ganz alleine dazustehen, das war das Allerschlimmste», sagt Schmidt. «Ohne meine Familie hätte ich das niemals durchgestanden.» Obwohl sie die Regeln so gut kannten, waren Schmidt und seine Frau kurz nach dem Ausstieg enttäuscht, dass keiner der Zeugen Jehovas versucht hatte, sie zum Bleiben zu überreden. Später kam Wut dazu, darüber, dass sie zwanzig Jahre ihres Lebens der Sekte geopfert hatten.[342]

In der ersten Zeit war auch bei mir sehr oft diese Wut da, gepaart mit dem Wunsch, dass alles anders wäre, alles anders verlaufen wäre, und diese unendliche Ohnmacht, nichts ändern zu können. Und es fiel mir schwer, meine Wut zu kanalisieren. Weil es nicht diesen einen Schuldigen gab. Meine Eltern, meine ehemaligen Glaubensbrüder, selbst die Leitende Körperschaft – wir sind alle Opfer geworden eines verselbständigten

Systems. Ich begriff es noch nicht, aber unbewusst muss ich wohl gespürt haben, dass es niemanden gab, an dem ich mich polarisieren könnte. Und das machte mich wütend. Weil es so clever war. So perfide. Und weil am Ende nur einer blieb. Einer, der Schuld haben könnte. Ein Mensch, der die Verantwortung trug für das, was passiert war.

Ich.

Phase 3: Verhandeln

Kennst du den Witz vom kleinen mexikanischen Jungen, der mit seinem Fahrrad einen Sack transportiert? Als er die Grenze erreicht, wird er vom amerikanischen Grenzbeamten kontrolliert, der wissen möchte, was im Sack ist. Einfach nur Sand, antwortete der Junge. Der Beamte untersucht den Sack, und tatsächlich, er enthält bloß Sand. Doch dem Polizisten ist das höchst verdächtig, und er konfisziert den Sack. Mehrere Monate lang geht das so weiter. Immer wieder überquert der Junge auf seinem Fahrrad die Grenze mit einem Sack voller Sand im Gepäck, und jedes Mal beschlagnahmt der Grenzbeamte seine Fracht. Viele Jahre später, nachdem der Beamte in den Ruhestand gegangen ist, trifft er den Jungen in einer texanischen Bar zufällig wieder. Er wisse, sagte der Beamte, dass der Junge die ganze Zeit etwas im Schilde geführt habe, und er solle ihm jetzt bitte sein Geheimnis verraten, wo er doch jetzt außer Dienst sei. Was habe er denn nun die ganzen Jahre geschmuggelt, fragte der Beamte. Der Junge grinste und antwortete: Fahrräder.

Dieser Witz ist eine ziemlich gute Veranschaulichung

des *Kansas City Shuffle*, einer Betrugsmasche, bei der man das eigentliche Verbrechen durch ein anderes verschleiert. Eines der Verbrechen ist dabei für jeden offensichtlich erkennbar, dient aber ausschließlich als Ablenkungsmanöver, das Ziel der Operation im Glauben lassend, es habe die Scharade durchschaut.

Den Straftatbestand, der zu meinem Gemeinschaftsentzug führte, könnte man als einen Kansas City Shuffle bezeichnen. Ich hatte einfach nicht genug Mut gehabt, offen und ehrlich zu sagen, dass ich kein Zeuge Jehovas mehr sein wollte. Abtrünnigkeit ist noch ein paar Levels schlimmer als bloßes Rumgehure. Also sündigte ich ohne Reue, weil der Gemeinschaftsentzug für eine Sünde das kleinere zweier Übel war. Das tat ich vornehmlich wegen meiner Eltern, aber auch für mich. Mehr, als es mir lieb war.

Ich redete mir ein:

«Es geht mir gut.»

Ich versuchte mir einzureden, das es tatsächlich so war: gut. Plötzlich hielt ich Zwiesprache mit Gott, sagte ihm, dass er es nicht persönlich nehmen sollte. Ich lebte mein Leben, und er solle einfach sein Ding machen. Wir könnten ohne weiteres parallel existieren. Plötzlich hatte ich Zweifel, ob ich das Richtige getan hatte. Plötzlich, in Momenten der Angst, betete ich zu Gott, nur, um einen Augenblick später über mich selbst zu lachen.

Mein Kansas City Shuffle war nicht bloß eine Betrugsmasche gewesen. Er war vor allem eine Selbstbetrugsmasche. Ich belog mich und ließ mich im Glauben, dass es nichts aufzuarbeiten gab. Aber ich täuschte mich. Es wurde Zeit, mich meiner

Vergangenheit zu stellen. Hat man wie ich eine Bewusstseinskontrollgruppe wie die der Zeugen Jehovas verlassen, neigt man dazu, alles vergangene, gegenwärtige und zukünftige Übel dem Nachlass der eigenen Erfahrungen zuzuordnen und eine eigene Verantwortung zu leugnen, die Verantwortung, sich damit auseinandersetzen zu müssen. Das ist unvermeidlich, glaube ich. Und entfaltet für einen überschaubaren Zeitraum eine homöopathische Wirkung. Doch es kommt der Moment, und der kommt unweigerlich, in dem es gilt, sich den inneren Dämonen zu stellen. Und den äußeren.

Phase 4: Depression

Manchmal wachte ich nachts auf, schweißgebadet, verunsichert. Manchmal hörte ich Dinge, manchmal sah ich Dinge. Dinge, die nicht da sein sollten. Dunkle Schatten, schemenhafte Fratzen, ein furchtbares Grinsen in der Wand, ein Knistern in der Luft, ein Lufthauch, der die aufgestellten Nackenhaare zittern lässt. Und dann war ich hellwach und blieb es auch. Manchmal schlief ich auch gar nicht erst ein. Ich ließ das Licht an, bis ich so müde war, dass mir die Augen trotz der Angst zufielen, und als das Licht nicht mehr reichte, den Fernseher. Ich stellte ihn leise, damit ich die Stimmen hörte, ohne dass sie mich vom Schlafen abhielten. Die Stimmen aus dem Fernseher, sie halfen die Stimmen zu vertreiben, die ich nicht zuordnen konnte, von denen ich nicht wusste, ob ich sie mir einbildete oder ob es die Dämonen waren, die mich heimsuchten, so, wie man es mir vorhergesagt hatte. Wenn man Gottes Segen verlor, kamen die Dämonen, das hatte ich gelernt. Einmal verbrannte ich sogar eine Zeitschrift, weil ein Artikel über Iron Maiden drin stand. Es fiel mir schwer, Filme wie *Das Omen*, *Rosemaries Baby* oder *Der Exorzist* zu schauen, ohne in Schweiß auszubrechen. Nachdem ich den Trailer vom ersten *Paranormal Activity*-Film gesehen hatte, musste ich beim Einschlafen monatelang eine *Friends*-DVD laufen lassen, weil ich nicht einschlafen konnte, wenn ich im Dunkeln allein im Bett lag. Generell blieb das Licht nachts an. Ich sah Dinge. Dinge, die nicht da waren. Dinge, die nicht da sein sollten.

———

Manchmal erlitt ich auch Panikattacken. Vor allem, wenn irgendwo auf der Welt etwas Schlimmes passierte. Meine letzte, heftige Panikattacke erlitt ich im Frühjahr 2011. Am 11. März kam es zu einem großen Seebeben vor der Küste Japans. Einen Tag später fielen im Kernkraftwerk Fukushima die Kühlsysteme aus. Fukushima beherrschte in den folgenden Wochen die Medien.

Ich wachte am Morgen nach dem Erdbeben in einem Hotel in Münster auf, wo ich am Tag zuvor eine Lesung gehabt hatte. Ich las in den Nachrichten vom Erdbeben, vom Kernkraftwerk. Und ich bekam Panik. Meine Panikattacken begannen leise, wie eine Vorahnung, tief drin in meiner Brust, eine Vorahnung, die sich zu einer Furcht wandelte und von meinem Brustkorb Besitz ergriff, sich ausbreitete, wie das Klamme an kalten Tagen, bis ich steif wurde und trotzdem zitterte. Zu diesem Zeitpunkt war mein Kopf dann schon längst außer Kontrolle geraten, Filme liefen in ihm ab und trieben mich immer tiefer in diesen Strudel hinein, immer weiter, bis ich mich unter einem Schreibtisch kauernd wiederfand, oder im Bett, zusammengerollt in Embryonalstellung, unkontrolliert weinend.

Immer, wenn irgendwo auf der Welt etwas Schlimmes passierte und die Medien ein Fass aufmachten, erlitt ich eine Panikattacke. Weil ich dachte, dass alles vorbei war. Dass meine Eltern, dass die Wachtturm-Gesellschaft recht behalten hatte. Und ich einen Fehler gemacht hatte. Ich erlitt eine Panikattacke, weil ich dachte, dass Harmagedon gekommen war.

———

Im selben Jahr, in dem Fukushima geschah, begriff ich, dass ich es allein nicht schaffen würde. Dass ich Hilfe brauchte. Professionelle Hilfe. Es ging mir nicht gut. Überhaupt nicht gut. Ich begann eine Therapie.

Die beste Entscheidung, die ich jemals in meinem Leben getroffen habe. Fast ein ganzes Jahrzehnt hatte ich meine Vergangenheit verdrängt, hatte sie weggesperrt, in eine Kiste, und die Kiste vergraben. Doch das Herz ist kein guter Ort für Geheimnisse und die Seele kein gutes Erdreich, etwas Wesentliches zu vergraben. Also erleichterte ich meine Seele. Und vielleicht war es weniger das, was ich in der Therapie besprach, als das, was ich dank der Therapie lernte, was den Ausschlag gab: Fragen zu stellen. Es ist eine banale Weisheit, die ich lernte. Ich wollte Antworten. Erwünschte Antworten bedingen Fragen. Die richtigen Fragen. Weil die Angst nichts mehr fürchtet als die richtige Frage.

———

Meine Angst vor Dämonen lähmte mich in den Nächten. Ich wollte nichts mehr sehen, nichts mehr hören, was nicht da sein sollte. Dabei gibt es für alles eine Erklärung. So gut wie jeder Mensch liebt optische Täuschungen, die mit unserer Sinneswahrnehmung spielen. Rechtecke oder Linien, die gebogen erscheinen und doch vollkommen gerade sind. Zwei Farbfelder, die je nach der Schattierung ihrer Umgebung heller oder dunkler erscheinen und doch völlig gleich sind. Optische Täuschungen faszinieren uns. Noch nicht mal Zeugen Jehovas kämen auf die Idee, diese für die Ausgeburt eines Dämons zu halten. Leider ziehen sie daraus keine Rückschlüsse.

Sinneseindrücke sind keine objektiven Wahrnehmungen unserer Welt. Die Evolution hat unserem Bewusstsein antrainiert, nur das zu verarbeiten, was es zum Überleben braucht und was nicht unnötig Energie frisst. Deshalb sehen Menschen kein ultraviolettes Licht. Manche Tiere schon; sie brauchen diese Fähigkeit, um überleben zu können. Wir nicht. Die Wahrnehmung entsteht erst in unserem Kopf. Sehen wir etwas, das nicht da sein soll, müssen das keine Dämonen sein. Es muss noch nicht mal eine schwere Psychose sein.

Es ist genau wie bei den Trugbildern in einem Drogenrausch: Hören Menschen Stimmen, die nicht existieren, sind jene Bereiche des Gehirns aktiv, die auch tatsächlich Signale des Gehörs verarbeiten. Vermutlich erscheinen die Täuschungen deshalb völlig real.[343]

Es gab keine Dämomen in meiner Wohnung. Trotzdem habe ich wirklich Dinge gesehen, die nicht da waren. Das hypnagoge Stadium ist eine Phase des Schlafes, in der das volle Bewusstsein noch vorhanden ist, aber durch kurze, oft bloß sekundenlange Traumstadien unterbrochen wird. Was dazu führt, dass man Dinge zu sehen oder zu hören meint, die gar nicht da sind. Die Traumsequenz vermischt sich mit der realen Umgebung und führt zu einer Sinnestäuschung, die sehr real wirkt, und Ängste, gar eine Panik auslösen kann.

Ich lernte, dass ich nicht jedem Mummenschanz, den die Zeugen Jehovas mir erzählt hatten, Glauben schenken sollte. So gibt es tatsächlich Menschen, deren Hand sich verselbständigt. Sie tut Dinge, die sie nicht soll: eine Zigarette anzünden, in der Hosentasche verschwinden, den Bart kraulen. Sie entzieht sich der Kontrolle des Eigners, versucht ihn gar im Schlaf zu erwürgen. Gruselig. Aber kein Dämon. Man nennt dieses Phänomen das Alien-Hand-Syndrom. Wenn die Kommunikation zwischen den beiden Hirnhälften gestört ist, kann es dazu kommen.

Für die wunderlichsten Dinge gibt es die banalsten Erklärungen:

1998 veröffentlichten zwei US-Forscher eine Studie, für die sie Probanden baten, sich an einen Tisch zu setzen und ihre linke Hand auf die Platte zu legen. Die Forscher verdeckten die Hand mit einem Sichtschutz und legten eine Gummihand daneben. Streichelten sie beide Hände gleichzeitig mit einem Pinsel, verspürten die Versuchsteilnehmer die Berührung nicht in ihrer verdeckten Hand aus Fleisch und Blut, sondern in der für sie sichtbaren künstlichen Hand. Offenbar hatte ihr Bewusstsein diese in die Wahrnehmung des eigenen Körpermodells integriert. Augenscheinlich reicht eine scheinbare Übereinstimmung zwischen optischer Information und Berührung aus, damit das Gehirn eine nicht zum Organismus gehörende Gliedmaße als Körperteil empfindet. Kurz: Mit einem Sichtschutz und einer Gummihand lösten die Wissenschaftler die Einheit von Körper und Geist auf.[344]

Gruselig? Ja, durchaus. Dämonen? Nein.

Auch nach meinem Ausstieg verfolgte mich die Angst vor den Dämonen. Nichts fürchtet die Angst mehr als die richtigen Fragen, sagt man. Jahrelang stellte ich mir dummerweise die falsche, nämlich: ob es Dämonen gibt. Dabei war die richtige Frage eigentlich eine andere:

Wer sagt denn, dass Dämonen böse sind?

Der Witz ist ja: Ich kannte immer nur eine Version der Geschichte. Die eine Seite. Man hatte mir gesagt, dass Dämonen böse sind und dass sie Gefallen daran finden, wenn wir böse Dinge tun. Mark Twain sagte einmal: «Alle Religionen verteilen Bibeln gegen Satan und werfen ihm die beleidigendsten Dinge vor, aber seine Sicht der Dinge bekommen wir nie zu hören.» Die Wachtturm-Gesellschaft schreibt in ihrer Literatur selbst: «Satan und die Dämonen [...] kochen vor Wut, wenn sie sehen, dass Tausende der kaputten Welt den Rücken kehren. [...] Jedes Mal, wenn sich jemand Jehova hingibt, wird Satan Lügen gestraft. So bekommt er sozusagen Woche für Woche, Jahr für Jahr Tausende von Schlägen ins Gesicht. Kein Wunder, dass er ‹wie ein brüllender Löwe› auf Beutezug ist!»[345]

Der Umkehrschluss: Wenn Dämonen sauer sind, wenn wir auf Jehovas Seite sind, aber sich freuen, wenn wir böse Dinge tun und uns gegen Gott wenden, warum sollten sie uns dann quälen? Dann sollten sie auf uns aufpassen. Schließlich sind wir dann auf ihrer Seite.

Das Wort Dämon hat interessanterweise einen durchaus positiven Ursprung. Erst durch die Christen bekam das Wort die Bedeutung, die wir heute kennen. Und plötzlich, von einem Tag zum nächsten, war die Angst vielleicht nicht weg, aber unscheinbarer geworden. Der Gast am Tresen, der immer da ist, aber nicht mehr auffällt. Jetzt weiß ich: Ich hatte nie Angst vor Dämonen. Ich hatte Angst vor der Angst vor Dämonen.

———

Nicht nur in Bezug auf Dämonen half es mir, mich meinen Ängsten zu stellen. Nichts fürchtet die Angst mehr als die richtigen Fragen. Man muss sie nur zu stellen wissen. Erinnerst du dich an die Lügen, die unsere Eltern uns erzählt haben? Bis heute deutet nichts auf einen Zusammenhang zwischen einem vollen Magen und Badeunfällen hin. Vogelmütter verstoßen ihr Junges nicht, das ein Mensch ins Nest zurückgesetzt hat. Anhand zahlreicher wissenschaftlicher Studien fanden Forscher heraus, dass eine Korrelation zwischen Zucker und Hyperaktivität von Kindern ausschließlich auf der subjektiven Wahrnehmung der Eltern beruht.

Bemerkenswerte Ereignisse des Zeitgeschehens lösten Panikattacken bei mir aus, weil Zeugen Jehovas schlimme Dinge als Zeichen dafür sehen, dass Jesus seit 1914 als König im Himmel regiert, der Teufel auf der Erde sein Unwesen treibt, wir in den letzten Tagen der Menschheit leben und Jehova bald mittels Harmagedon eingreifen wird.

Also haben nach Wachtturm-Lesart im Jahr 1914 die «letzten Tage» begonnen, in denen Kriege, Hungersnöte, Erdbeben, Seuchen und andere «dramatische Entwicklungen» inflationär um sich greifen würden. All diese Dinge müssten geschehen, bevor Harmagedon kommt. In den 20 Jahren meiner Zugehörigkeit zu den Zeugen Jehovas lernte ich, dass alles Böse auf der Welt ein eindeutiges Zeichen dafür ist, dass a) die Zeugen Jehovas *die Wahrheit* sind und b) Harmagedon um die Ecke auf das Startsignal wartet. Jedes Mal, wenn etwas wie Fukushima passierte, erlitt ich einen Flashback, durchlebte noch einmal das Gelernte und bekam Panik, weil die Zeugen Jehovas vielleicht doch recht gehabt haben könnten. Dass die «letzten Tage», die Ouvertüre Harmagedons, im Jahr 1914 begonnen hatten.

Die Wachtturm-Gesellschaft kommt auf das Jahr 1914, weil sie es anhand der Bibel ausgerechnet hat. Diese Berechnung sieht laut Wachtturm-Gesellschaft folgendermaßen aus:

nen zertreten», und wann begann dieses Zertreten? Es begann im Jahr 607 v.u.Z., als die Babylonier Jerusalem einnahmen. Von da an war der «Thron Jehovas» nicht mehr besetzt und die Linie der Könige aus dem Haus Davids war unterbrochen. [...] Wann würde dieses große Ereignis stattfinden? Wie Jesu Worte zeigen, würden eine ganz bestimmte Zeit lang die «Heiden» herrschen. Kapitel 4 des Bibelbuches Daniel gibt uns Aufschluss darüber, wie lange. Es wird dort von einem prophetischen Traum des babylonischen Königs Nebukadnezar berichtet. Der König sah einen riesenhaften Baum, der dann umgehauen wurde. Sein Wurzelstock wurde durch ein Band aus Eisen und aus Kupfer am Wachsen gehindert. Ein Engel erklärte: «Sieben Zeiten sollen über ihm vergehen» (Daniel 4:10–16). Bäume sind in der Bibel oft ein Sinnbild für Herrschaft [...] Nach Offenbarung 12:6, 14 ergeben dreieinhalb Zeiten «tausendzweihundertsechzig Tage». Sieben Zeiten sind dann doppelt so lang, also 2520 Tage. Nun endete das «Zertreten» der Herrschaft Gottes durch die Heidennationen aber nicht 2520 buchstäbliche Tage nach dem Fall Jerusalems. Demnach muss die Prophezeiung eine viel längere Zeitspanne umfassen. Wenn gemäß 4. Mose 14:34 und Hesekiel 4:6 «ein Tag für ein Jahr» steht, ergeben die «sieben Zeiten» insgesamt 2520 Jahre. Die 2520 Jahre begannen im Oktober 607 v.u.Z., als Jerusalem in die Hände der Babylonier fiel und der davidische König gestürzt wurde. Sie endeten im Oktober 1914. – WTG[347]

Ich fasse zusammen: Nicht nur reißt die Wachtturm-Gesellschaft für ihre Beweisführung vier bis fünf verschiedene Bibelpassagen aus ihrem Kontext und stellt willkürliche Verbindungen her – auch für alle anderen Bausteine der Indizienkette braucht es eine ganze Menge von dem, was der Philosoph Samuel Taylor Coleridge die *willentliche Aussetzung der Ungläubigkeit* nennt: Das ist die Bereitschaft, zum Beispiel im Rahmen eines Popcorn-Films glauben zu wollen, dass der unfreiwillige Held in Gestalt eines Handwerkers angesichts übermächtiger Schergen zum Weltenretter wird und aus dem Nichts mit Handfeuerwaffen umgehen kann.

So sind die «dreieinhalb Zeiten» oder 1260 Tage der Offenbarung das Ergebnis der mathematischen Formel «eine Zeit und Zeiten und eine halbe Zeit».[348] Teilt man nun die 1260 Tage durch 3,5, erhält man 360 Tage für ein Jahr. Das lässt sich weder mit dem alten Römischen, dem Julianischen noch dem Gregorianischen Kalender rechtfertigen, aber nun gut. Halten wir uns nicht mit Details auf, machen wir lieber weiter. Weil der Apostel Lukas und der Prophet Daniel, die mehr als 600 Jahre auseinander lebten, beide von «Zeiten» sprachen, gehen wir einfach mal davon aus, dass beide dasselbe meinten. In der Offenbarung sind dreieinhalb Zeiten 1260 Tage. Daniel spricht von sieben Zeiten, was das Doppelte von dreieinhalb Zeiten ist, folglich müssen sieben Zeiten 2520 Tage sein. Noch wach? Damit sind wir vom Jahr 607 vor unserer Zeitrechnung aber immer noch nicht bei 1914 angelangt. Weil wir irgendwo anders in der Bibel gelesen haben, dass «ein Tag für ein Jahr» steht, nehmen wir jetzt spaßeshalber mal an, dass 2520 Tage eigentlich 2520 Jahre sind. Wenn wir jetzt vom Jahr 607 vor unserer Zeitrechnung 2520 Jahre in die Zukunft springen, landen wir im Jahr 1913. Uups. Ach so. Wir haben vergessen, das Jahr 0 abzuziehen. Überraschung: Wir haben unser Jahr 1914!

Ist dein Kopf schon explodiert?

Nein?

Gut. Denn hier ist der Clou:

Das mit 1914 ist riesengroßer Bullshit.

———

Im Bücherschrank meiner Schwiegereltern steht *Meyers großes Universallexikon in 15 Bänden*. In Band 7 konnte man bereits 1983 auf Seite 292 unter *Jerusalem* lesen: «597 von den Babyloniern erobert und 587 entvölkert.» In der *Encyclopædia Britannica* liest man über Jerusalem: «In 587/586 bce [before our common era, deutsch: vor unserer Zeitrechnung] the city and Temple were completely destroyed by Nebuchadrezzar II (Nebuchadnezzar), and the Hebrew captivity began.» Die *Columbia Encyclopedia* schreibt in ihrer 6. Auflage aus dem Jahr 2013 über Jerusalem: «In 586 BC it fell to the Babylonians, and the Temple was destroyed.» Im wissenschaftlichen Bibelportal der Deutschen Bibelgesellschaft liest man: «Im Sommer 587 v. Chr. ist Jerusalem, die Hauptstadt Judas, nach anderthalbjähriger Belagerung von dem babylonischen König Nebukadnezzar eingenommen und zerstört worden.» Das *Concise Oxford Dictionary of World Religions*: «The city was captured and largely destroyed by the Babylonians in 587 BCE.» Egal, welches Nachschlagewerk man zu Rate zieht – ob American Academic Encyclopedia, Collier's Encyclopedia, Encyclopedia Americana, Encyclopedic Dictionary of Religion, Illustrated Bible Dictionary oder gar die Wikipedia –, man findet kaum eine seriöse Quelle, die das Jahr 607 v. u. Z. als Datum für die Zerstörung Jerusalems angibt. Sogar das Lexikon der Wachtturm-Gesellschaft, die *Einsichten in die Heilige Schrift*, kommt auf das Jahr 587 v. u. Z.[349]

Die Wachtturm-Gesellschaft weiß, dass ihre 607-Theorie

auf Sand gebaut ist. 2011 zum Beispiel trat sie mit dem Mut der Verzweiflung die Flucht nach vorn an und ging in einem ausführlichen Dossier auf die bemerkenswerte Diskrepanz zwischen ihren Behauptungen und den wissenschaftlichen Fakten ein. Sie zog in diesem Dossier alle Register, um das Jahr 587 in Zweifel zu ziehen. Ihre Beweisführung *für* das Jahr 607 fußt auf exakt einem archäologischen Fund, den die Wachtturm-Gesellschaft zu ihren Gunsten missdeutet – die typisch dürftige Indizienkette: Die Tafel VAT 4956 lässt zwar tatsächlich Zweifel am Jahr 587 zu; die Wachtturm-Gesellschaft verschweigt aber die Tatsache, dass es einzig und allein Unklarheiten bezüglich der Frage gibt, ob die Zerstörung Jerusalems 587 oder 586 stattfand. Es geht also höchstens um ein Jahr – nicht 20! Von der Tatsache ganz zu schweigen, dass der Artikel auch an anderen Stellen äußerst irreführend ist:[350] Einem Experten namens R. H. Sack zufolge liefern die vorliegenden Chroniken «keinen vollständigen Bericht». Durch diese Angabe suggeriert der Artikel, der Keilschriftforscher stütze den Standpunkt der Zeugen Jehovas, was mitnichten der Fall ist, wenn man die Originalquelle, sein Buch *Neriglissar – King of Babylon* konsultiert. Es werden weitere namhafte Experten zitiert, aber am Ende muss die Leitende Körperschaft selbst kleinlaut zugeben:

Keiner der hier zitierten Wissenschaftler ist der Ansicht, dass Jerusalem 607 v. u. Z. zerstört wurde.[351]

Die Wachtturm-Gesellschaft steht mit ihrer Jahresangabe 607 v. u. Z also ziemlich allein da. Selbst wenn wir also unsere Ungläubigkeit willentlich aussetzen, und der aus allen Ecken der Bibel willkürlich zusammengeklaubten, völlig hanebüchenen Berechnungsformel Glauben schenken möchten, so bleibt immer noch die Tatsache, dass die Berechnungsgrundlage fehlerhaft ist. Und trotzdem beharrt die Wachtturm-Gesellschaft darauf, dass der Tempel Jerusalems in jenem Jahr zerstört wurde.

Warum?

Weil sonst ihr gesamtes Lehrgebäude zusammenfällt. Weil man vom Jahr 587 v. u. Z. nicht auf das Jahr 1914 kommt – und die Wachtturm-Gesellschaft zugeben müsste, sich geirrt zu haben. Noch schlimmer: Sie müsste zugeben, ihre Anhänger hinters Licht geführt zu haben.

Denn das war eine der vielen Ungereimtheiten, auf die Raymond Franz im Rahmen seiner Recherchen gestoßen war; eine Erkenntnis, die Zweifel auslöste und in den Folgejahren dazu führte, dass er das Jahr 1914 als Ausgangspunkt und die damit zusammenhängende sogenannte *Generationen-Lehre* generell in Frage stellte. Was ist die Generationen-Lehre? In aller Kürze: Bis 1995 behauptete die Wachtturm-Gesellschaft auf Basis des Bibeltextes in Matthäus 24:34[352], Harmagedon würde noch zu Lebzeiten der Generation kommen, die 1914 bewusst miterlebt hatte. 1986 schrieb sie: «Ja, die Beweise, die auch in dieser Zeitschrift im Laufe der Jahre wiederholt dargelegt wurden, zeigen, dass die Generation von 1914 die Generation ist, von der Jesus sprach. Somit wird ‹diese Generation auf keinen Fall vergehen..., bis alle diese Dinge [einschließlich der Apokalypse] geschehen›. Zwar sind seit 1914 bereits über 70 Jahre vergangen, aber es sind noch eine Reihe von Personen am Leben, die diese Zeit miterlebt haben.»[353]

Wenig überraschend machte die Leitende Körperschaft ein knappes Jahrzehnt später den zu erwartenden Rückzieher und betrieb das übliche *Retconning*: «Der Begriff ‹Generation›, wie Jesus ihn gebrauchte, liefert uns keinen Maßstab für das Messen der Zeit, sondern bezieht sich hauptsächlich auf die Zeitgenossen eines bestimmten geschichtlichen Zeitabschnitts mit ihren charakteristischen Merkmalen.»[354] Sprich: Da die Generation, die 1914 bewusst miterlebt hatte, langsam aber sicher wegstarb, kam man angesichts des ausbleibenden Harmagedon in immer größere Erklärungsnot. Für Raymond Franz indes kam diese Einsicht und ideelle Rehabilitation zu spät: Weil er dieses Dilemma erkannt und angesprochen hatte, war er in Ungnade gefallen und längst aus der Organisation entfernt worden. Als einer der wenigen innerhalb der Leitenden Körperschaft hatte er bereits Ende der siebziger Jahre dafür plädiert, gegenüber der Gefolgschaft in Sachen 1914 und der Generationen-Lehre reinen Tisch zu machen und die Zeugen Jehovas aufzuklären, dass man sich nicht sicher war, wenn nicht gar geirrt hatte. Dieser Standpunkt wurde als Verrat betrachtet. «Eine einzige offenkundige Lüge des Lehrers gegen seinen Zögling kann den ganzen Ertrag der Erziehung zunichte machen», schrieb der Philosoph Jean-Jacques Rousseau. Diese Blöße wollte sich die Leitende Körperschaft nicht geben. Stattdessen verleumdete man Raymond Franz und andere aufrichtige Zeugen Jehovas, die diese Lügen nicht länger tolerieren wollten, als Ketzer und entzog ihnen die Gemeinschaft.

Die Einheit der Organisation stand schon immer und steht bis heute über alles. Die Ereignisse rund um Raymond Franz werden unter Zeugen Jehovas totgeschwiegen – genau wie das mathematische Herumeiern. War ja nicht das erste Mal, dass man in Bezug auf 1914 *geretconnt* hatte: Jahrzehntelang glaubte man, Jerusalem und der Tempel seien 606 v. u. Z. zerstört worden.

Nach einer Sitzung der leitenden Körperschaft, in der es um diese Zeitprophezeiungen und deren Verschiebungen ging, sagte Bill Jackson mit einem Lächeln zu mir: «Früher haben wir immer gesagt: Man braucht das Datum nur von einer Schulter auf die andere zu legen.» Erst nach Rutherfords Tod 1942 wurde das Jahr 606 v. u. Z. nicht mehr als Beginn der 2520 Jahre angesehen. Merkwürdigerweise hatte 60 Jahre lang niemand bemerkt oder zugegeben, dass 2520 Jahre, ab 606 v. u. Z. gerechnet, eigentlich bis 1915 dauern. Sang- und klanglos wurde dann der Ausgangspunkt um ein Jahr zurückverlegt auf 607 v. u. Z., sodass man das Jahr 1914 als Ende der 2520 Jahre beibehalten konnte. Historisches Beweismaterial dafür, dass die Zerstörung Jerusalems bereits ein Jahr eher als angegeben stattgefunden hätte, war keines aufgetaucht. Einzig der Wunsch der Organisation, das Jahr 1914 als Schlüsseldatum beizubehalten, auf das man so lange hingewiesen hatte (ganz im Gegensatz zu 1915), veranlasste die Zurückverlegung der Zerstörung Jerusalems um ein Jahr.[355]

Für Außenstehende mag das fast banal klingen. Sind doch nur Zahlenspiele. Aber eine Gruppierung, die für sich beansprucht, *die Wahrheit* zu haben, muss sich daran messen lassen. Das weitläufig anerkannte Datum für die Zerstörung Jerusalems ist 587 v. u. Z. Die Wachtturm-Gesellschaft unterstellt also eine weltweite Verschwörung, die das Jahr 607 verschleiern möchte. Was hätten Archäologen, was hätte die Wissenschaft davon?

Nichts. Akademische Erkenntnisse sind einem ständigen Wandel unterzogen. Deshalb ist die viel wichtigere Frage: Was hat die Wachtturm-Gesellschaft zu verlieren? Eine ganze Menge. Die Implikationen, die diese Fehlinterpretation birgt, sind für Zeugen Jehovas gewaltig: Die Wachtturm-Gesellschaft hat 1914 zum Eckpfeiler ihrer Lehre erkoren. Fällt die 1914-Theorie in sich zusammen, implodiert alles andere auch: Angefangen bei ihrer Glaubwürdigkeit über Harmagedon, das Paradies, ewiges Leben bis hin zur Wiederauferstehungshoffnung. Das, was Millionen von Menschen weltweit dazu bewegt, ihr ganzes Leben dem Unternehmen namens Wachtturm-Gesellschaft hinzugeben, wäre in Frage gestellt. Und plötzlich ergibt alles Sinn: Die Aufforderung, keine eigenen Bibelstudien und Nachforschungen durchzuführen, das Diffamieren weltlicher Medien, die Warnung vor dem bösen, bösen Internet. Das hat alles einen triftigen Grund: Die Einheit der Organisation hat oberste Priorität, aber das Kartenhaus wackelt beträchtlich. Man versteht, weshalb der *Kreislauf der Wahrheit* der Wachtturm-Gesellschaft ein geschlossenes Ökosystem ist.

Die Geschichte der Zeugen Jehovas ist die Geschichte einer riesengroßen Täuschung.

———

Im Erscheinungsjahr dieses Buchs, 2014, jährt sich der angebliche Beginn der «letzten Tage» des gegenwärtigen bösen Systems der Dinge zum hundertsten Mal. Harmagedon lässt immer noch auf sich warten. Man darf gespannt sein, wie lange die Wachtturm-Gesellschaft die Scharade aufrechterhalten kann, bis selbst den treuesten unter den Zeugen Jehovas auffällt, dass da etwas nicht passt. So bewies die Wachtturm-Gesellschaft im Königreichsdienst vom August 2014, dass sie meisterliche Spin-Doctors hat: Aus «100 Jahre Irrtum und vergebliches Warten auf Harmagedon» wurde mit wenigen Handgriffen die Hundertjahrfeier von Jesu Christi Herrschaft. Der August sollte zu einem ganz besonderen Predigtdienstmonat werden. Mit der Operation Desert Fox, einem viertägigen Bombardement des Irak, soll Bill Clinton 1998 versucht haben, von der Lewinsky-Affäre abzulenken. Die Leitende Körperschaft hat von den besten Manipulatoren gelernt. Mit dem Mut der Verzweiflung ist alles möglich.

Doch es ist nicht nur die mathematische und historische Fahrlässigkeit, die diesen Eckpfeiler der Wachtturm-Lehre zum Einsturz bringt. Lässt man die Fehlberechnung außen vor, beruht die Hoffnung der Zeugen Jehovas auf der Behauptung, seit 1914 habe sich alles drastisch verschlimmert. Aber das ist nicht der Fall. Uns stehen bloß mehr Informationen zur Verfügung.

Noch im 19. Jahrhundert war es möglich, dass ein Vulkanausbruch eine ganze Zivilisation vernichten konnte und niemand auf der anderen Erdhalbkugel etwas davon mitbekam. Aber heute gibt es das Internet. Und das Telefon, das Fax. Nachrichtenagenturen. Menschen, die Geld mit schlechten Nachrichten verdienen. Und die Wachtturm-Gesellschaft schlägt Profit aus den schlechten Nachrichten. Die Leitende Körperschaft erstellt aus einer Nachricht und einem Bibelvers eine Scheinkorrelation, die dann unter Zeugen Jehovas zu einer Wahrheit wird.

Philosophen nennen diesen Fehlschluss *cum hoc ergo propter hoc*, übersetzt in etwa: Weil dieses passiert, muss jenes dann so sein. Zeugen Jehovas setzen zwei völlig voneinander unabhängige Dinge in einen kausalen Zusammenhang: auf der einen Seite die drohende Vernichtung der Welt durch Jehovas Harmagedon, das sich angeblich durch «dramatische Entwicklungen auf der Erde» ankündigt; auf der anderen Seite die sogenannte Verfügbarkeitskaskade der Nachrichtenwelt, die sich auf der Suche nach der nächsten Schlagzeile mit Katastrophenmeldungen geradezu überschlägt. Daniel Kahneman beschreibt diesen Mechanismus in seinem Buch *Schnelles Denken, langsames Denken*:

Eine Verfügbarkeitskaskade ist eine sich selbst tragende Kette von Ereignissen, die vielleicht mit Medienberichten über ein relativ unbedeutendes Ereignis beginnt und zu öffentlicher Panik und massiven staatlichen Maßnahmen führt. Manchmal zieht ein Medienbericht die Aufmerksamkeit eines Teils der Öffentlichkeit auf sich, die dadurch aufgerüttelt und beunruhigt wird. Diese emotionale Reaktion wird selbst zu einer Geschichte, die ihrerseits weitere Berichte in den Medien auslöst, was noch größere Besorgnis und Engagement hervorruft. Dieser Kreislauf wird manchmal gezielt von «Verfügbarkeitsunternehmen» beschleunigt; das sind Einzelpersonen oder Organisationen, die daran arbeiten, einen beständigen Fluss beunruhigender Nachrichten aufrechtzuerhalten. Die Gefahr wird in dem Maße überzeichnet, wie die Medien um reißerische Schlagzeilen konkurrieren. Wissenschaftler und andere, die versuchen, die wachsende Angst und Abscheu zu dämpfen, finden wenig Beachtung, und wenn, dann meist feindseliger Natur. Jeder, der behauptet, die Gefahr werde übertrieben, wird der Beteiligung an einer «ruchlosen Vertuschung» verdächtigt.[356]

Was wiederum zur selektiven Verfügbarkeit führt: Wir denken, dass die Welt schlimmer geworden ist, weil wir öfter von schlimmen Dingen hören, was dazu führt, dass die Gegenwart im Vergleich mit der Vergangenheit fast immer den Kürzeren zieht.

> Unser Gehirn gibt negativen Signalen immer den Vorrang. Der amerikanische Ernährungspsychologe Paul Rozin macht das an einem Beispiel plastisch. Eine einzige Küchenschabe ruiniert die Anziehungskraft einer Schüssel Kirschen völlig – während eine Kirsche in einer Schüssel voller Schaben keinen Effekt hat.[357]

Diese Ankerheuristik spielt vielen Religionen, vor allem dem «Verfügbarkeitsunternehmen» Wachtturm-Gesellschaft, in die Karten. Es dient einer Sekte natürlich, das subjektive Bedrohungsgefühl am Köcheln zu halten. Es gibt allerdings keinen Beweis dafür, dass früher alles besser war. Im Gegenteil.

Es gibt nicht mehr Erdbeben als früher: Die Wissenschaftler Peter M. Shearer und Philip B. Stark stellten in ihrer Arbeit sogar fest, dass das globale Risiko für Erdbeben heute nicht größer sei als in der Vergangenheit.[358]

Im 14. Jahrhundert löste die Entwendung eines Eimers aus Eichenholz einen zwölfjährigen Krieg aus, in dem tausende Soldaten ihr Leben ließen. Ein Überfall auf einen Bäcker durch mexikanische Offiziere führte zu einer monatelangen Belagerung mexikanischer Häfen durch die französische Krone. Kriegsanlässe, die heutzutage undenkbar wären. Genauso wenig wie Erdbeben haben auch Kriege und die daraus resultierenden Verluste seit 1914 nicht zugenommen, wie es die

Zeugen Jehovas glauben machen möchten. Den Eroberungen Dschinghis Khans im 13. Jahrhundert fielen noch 11 Prozent der Weltbevölkerung zum Opfer. Zum Vergleich: Im Zweiten Weltkrieg starben um die 2,5 Prozent der Weltbevölkerung. Die Intensität der Konflikte ist im Vergleich zu früher weitaus geringer.[359] Die Zahl der intensiven bewaffneten Konflikte hat sich laut dem *Human Security Report 2013* seit dem Kalten Krieg halbiert. Seit den fünfziger Jahren ist die durchschnittliche Zahl der Konflikte konsequent zurückgegangen.

> In fact, the last decade has seen fewer war deaths than any decade in the past 100 years, based on data compiled by researchers Bethany Lacina and Nils Petter Gleditsch of the Peace Research Institute Oslo. [...] Far from being an age of killer anarchy, the 20 years since the Cold War ended have been an era of rapid progress toward peace.[360]

Steven Arthur Pinker von der Harvard University sagt sogar, dass wir womöglich in der friedvollsten Ära unserer Spezies leben. Subjektiv mag das verwundern, aber die Statistik gibt ihm recht. Es gibt schlichtweg keinen objektiven Beweis für die 1914-Panikmache der Wachtturm-Gesellschaft.[361]

Als ich die richtigen Fragen zu stellen begann, fiel das Kartenhaus der Wachtturm-Gesellschaft schnell in sich zusammen. Ich leide heute nicht mehr unter Panikattacken, wenn ich in die Zeitung schaue. Mittlerweile kann ich mir sogar Filme mit Geistern anschauen, ohne dass ich einen Nervenzusammenbruch erleide.

———

Gene Sharp ist ein unscheinbarer, fast 90 Jahre alter Herr aus einem Arbeiterviertel in Boston. Er ist einer der gefürchtetsten Männer der Welt. Sharp ist der Autor des Buches *Von der Diktatur zur Demokratie* und gilt als Papst des gewaltlosen Widerstands. Sein Buch zählt 198 Methoden auf, ein Regime friedlich zu stürzen. Weltweit wurden mit Hilfe dieser Revolutions-Bibel unzählige Diktaturen zu Fall gebracht. In einer ORF-Dokumentation sagte er einmal: «Wenn die Menschen keine Angst mehr haben, ist eine Diktatur in großen Schwierigkeiten.»[362]

Phase 5: Akzeptanz

Es war einmal ein König, der auch Kaiser war, und Herzog, dessen Reich die halbe Welt umfasste. Er war Herrscher über das Meer und die Wüste, über den Tee und die Elefanten. Ihm gehörte so viel wie keinem anderen Menschen. Er hatte alles, was man sich nur wünschen konnte. Doch eines hatte er nicht: den Menschen, den er liebte. Er liebte nämlich eine Frau, die für einen König unerreichbar war. Sie war weder eine Prinzessin noch eine Königin, und deshalb durfte er sie nicht zur Frau nehmen. Und das machte ihn sehr unglücklich. Denn er war durch die halbe Welt, durch die Meere und die Wüsten, die Teeplantagen und die Elefanten getrennt von der Frau, die er liebte. Tag und Nacht träumte er von ihr. Sein Hofstaat versuchte ihn zu überzeugen, sich eine andere Frau zu nehmen, um des Reiches willen. Doch der König wollte das nicht. Alles, was er wollte, war diese Frau. Und so, eines Tages, als die Sehnsucht ihn nicht mehr losließ, gab er alles auf: sein Königreich, die

Meere, die Wüste, den Tee und die Elefanten. Er gab all das auf und verließ sein Königreich, damit er mit dem Menschen, den er liebte, für immer zusammen sein konnte.

Meine Familie hat sich für das Königreich, für Gottes Königreich und gegen mich entschieden. Machstenix. Ich weiß, dass meine Eltern wie die meisten Eltern das taten und immer noch tun, was sie für richtig hielten. Wie gesagt: Bis auf diese Sache mit den Zeugen Jehovas hatte ich eine gute Kindheit. Ich weiß das Gute zu schätzen, das sie mir zuteilwerden ließen, und werfe ihnen die Fehler, die sie machten, nicht vor. Im Gegenteil. Ich fühle mit ihnen. Wir sitzen, durch die Glasscheibe ihres Glaubens voneinander getrennt, trotz allem im selben Boot. Geschädigte des Wachtturm-Systems. Und ich bewundere ihren Mut, den sie für jeden Brief, jede E-Mail, jede SMS aufbringen müssen, weiß ich doch aus eigener leidvoller Erfahrung, was es bedeutet, gegen die Leitende Körperschaft und – vor allem – die ureigene Überzeugung aufzubegehren.

Ich fragte meinen Vater einmal, vor langer Zeit, weshalb ein Gott, der von sich selbst sagt, er sei Liebe, weshalb ein Gott, dessen Sohn Botschafter der Nächstenliebe war, weshalb die Organisation, die für sich beansprucht, das Werk dieses Gottes auszuführen, so mit Menschen umgeht. Sie ausgrenzt. Familien auseinanderreißt. Er zitierte ein oder zwei Bibelverse und schloss mit:

«Ours is not to reason why.»

Viele Jahre später erst lernte ich den Zusammenhang kennen. Die Zeile stammt aus dem Gedicht *The Charge Of The Light Brigade* von Alfred Lord Tennyson. Das Gedicht erinnert an einen recht misslungenen Angriff der britischen leichten

Kavallerie während des Krim-Krieges im 19. Jahrhundert und beschreibt die Soldaten, die den etwas hirnrissigen Befehl aus Loyalität nicht hinterfragten. Mein Vater hatte die Zeile abgewandelt; im Original folgt zudem eine weitere, entscheidende:

Theirs not to reason why,
Theirs but to do and die.

Das Schicksal der eponymen Light Brigade war es in jener Schlacht, dem Befehl bedingungslos zu folgen, und wenn es den Tod bedeutete. Ich verstehe mittlerweile, was mein Vater mir damit sagen wollte. Meine Eltern haben sich der Wachtturm-Gesellschaft hingegeben, bedingungslos. Sie haben der Organisation einen Eid geschworen, als sie sich taufen ließen, und sie gedenken, diesen Eid bis zum Tod zu ehren.

Theirs but to do and die.

Lange Zeit wollte ich das nicht begreifen. Ich versuchte meinerseits wiederholt, meine Eltern von meinem Standpunkt zu überzeugen. Doch ich würde irgendwann verstehen müssen, dass ich keinen Deut besser war als meine Eltern, die jeden Tag für meine Rückkehr beteten, ich wäre kein bisschen besser, wenn ich nicht selbst die Hoffnung aufgab, dass sie ihre Meinung irgendwann änderten. Ich würde lernen müssen, meine Eltern ohne Wenn und Aber als das zu akzeptieren, was sie sind: Zeugen Jehovas. Alles andere hatte auch keinen Sinn:

Der Einfallsreichtum von Menschen geht über das bloße Schützen einer Überzeugung hinaus. Angenommen, jemand glaubt etwas ganzherzig; angenommen weiter, er geht in dieser Überzeugung ganz auf und hat deshalb unwiderrufliche Schritte unternommen;

schließlich noch angenommen, man legt ihm Beweise vor, eindeutige und unleugbare Beweise, dass seine Überzeugung, sein Glaube falsch ist: Was wird passieren? Die Person wird häufig daraus nicht nur unerschütterlich, sondern noch überzeugter denn je von der Wahrheit ihres Glaubens hervorgehen.[363]

Gegen die kognitive Dissonanz ist noch kein Kraut gewachsen.

Listen, obey and be blessed.

Ich habe meine Eltern irgendwann gefragt, was wäre, wenn sich herausstellte, dass alles, woran sie glaubten, was ihnen die Wachtturm-Gesellschaft gelehrt hatte, ein riesengroßer Irrtum war. Ob sie bereuen würden, ihr Leben verschwendet zu haben. Und sie antworteten mir, dass es nichts ändern würde. Weil sie trotzdem das bestmögliche Leben gelebt hätten. Das respektiere ich. Aber ich habe mir diese Frage auch gestellt. Immer wieder. Und jedes Mal fiel meine Antwort negativ aus. Deshalb konnte ich nicht bei den Zeugen Jehovas bleiben.

Ich will lieben, wen ich will, leben, wie ich will, sein, wer ich bin. Wenn das falsch ist, will ich nicht richtig sein. Dieser Satz ist nicht von mir, aber ich habe ihn mir zu eigen gemacht.

Die Menschen, mit denen ich aufgewachsen bin, können meinen Standpunkt nicht nachvollziehen. So wie sie es sehen, sterbe ich in Harmagedon, wenn ich nicht rechtzeitig bereue und in die Gemeinschaft der Zeugen Jehovas zurückkehre. Als abtrünniges Ex-Mitglied der Zeugen Jehovas bin ich todgeweiht. Ich frage mich manchmal, wie das sein muss, als Eltern zu glauben, dass dein Kind in Harmagedon sterben wird. Zu erleben, wie es ein selbstbestimmtes Leben führt, herumhurt, säuft, raucht, Drogen nimmt oder eben nicht. Wenn alles, was es sich hat zuschulden kommen lassen, das Streben nach einem selbstbestimmten Leben ist. Wenn die einzige Sünde der Ausbruch aus dem Kokon war, der das Lehrgebäude der Zeugen Jehovas ist.

Wie ist das wohl: Ewigkeit, wenn das eigene Kind tot ist?

In der Bibel gibt es die Geschichte von Abraham, dessen Gottesfürchtigkeit auf die Probe gestellt wurde. Jehova verlangte von Abraham, sein Kind zu opfern, um seine Liebe zu testen. Wenn Gott das Experiment im letzten Augenblick nicht abgebrochen hätte, Abrahams Sohn wäre gestorben. Abraham war zum Äußersten bereit.

Ich kann mir vorstellen, dass meine Eltern viel Trost aus dieser Geschichte ziehen.

———

Ein knappes Jahr nach meinem Ausschluss feierte ich meinen ersten Geburtstag. Ich werde im Erscheinungsjahr dieses Buches also zehn Jahre alt.

Es war schön: Ich hatte meine neuen Freunde und Bekannten eingeladen, und sie hatten viele Geschenke im Gepäck. Aber das war nebensächlich. Die Hauptsache war, dass ich meinen Geburtstag feierte und es sich richtig anfühlte.

Heute bedeutet mir mein Geburtstag nicht mehr so viel. Es macht mir nichts aus, wenn ihn jemand vergisst. Ich mache selber kein Aufhebens drum. Genauso wenig wie um Weihnachten. Versteh mich nicht falsch: Ich mag Weihnachten, ich mag die Jahreszeit und ich mag es, Geschenke zu machen und zu bekommen. Genau wie Geburtstage ist jedoch auch Weihnachten heillos überbewertet.

Der Unterschied: Jetzt ist es meine Entscheidung. In Art. 2 Abs. 1 des Grundgesetzes wird jedem Menschen die freie Entfaltung seiner Persönlichkeit garantiert. Diese Freiheit ist unbezahlbar.

———

Jeder Mensch hat eine Sollbruchstelle. Der Punkt, an dem er endlich «nein» sagt, es nicht mehr erträgt und auch nicht mehr länger zu ertragen bereit ist. Damit er nicht kaputt geht. Mit jedem Jahr begreife ich mehr und mehr, dass es diese freie Entfaltung meiner Persönlichkeit ist, die ich bei den Zeugen Jehovas vermisst habe.

Gut ein Jahr vor meinem Ausschluss erhielt ich von Ältesten in meiner Versammlung einen sogenannten *Hirtenbesuch.*

Anzeichen geistiger Schwäche verraten gewöhnlich eine oder mehrere Nachlässigkeiten bei guten geistigen Gewohnheiten. Erkennt man die Anzeichen, sollte man dem Schwachen zeigen, wie er sich verbessern kann. Durch einen Hirtenbesuch kann man ihn anhand der Bibel auf eine Schwäche aufmerksam machen. Das kann ihm helfen, keine schwere Sünde zu begehen, und ihn motivieren, seinen Glauben zu stärken – beispielsweise durch Gebet um die Hilfe des heiligen Geistes (Luk. 11:13; Gal. 5:22, 23; 1. Pet. 4:7), tägliches Bibellesen und persönliches Studium unserer Veröffentlichungen (Ps. 1:1, 2), Nachdenken über biblische Themen (Ps. 77:12), regelmäßigen Besuch der Zusammenkünfte und Kongresse (Neh. 8: 1–3, 8, 10; Heb. 10:23–25), regelmäßige Beteiligung am Predigtdienst (Apg. 20: 18–21) sowie bereitwilliges Annehmen der Hilfe von Ältesten und reisenden Aufsehern (Röm. 1:11, 12; Heb. 13:17). – WTG[364]

Bei einem Hirtenbesuch kommen zwei Älteste zu dir in die Wohnung und ermahnen dich liebevoll, entweder weil du etwas ausgefressen hast oder, im günstigsten Fall, weil sie bemerkt haben, dass es dir nicht gutgeht und sie dir aufrichtig auf die Beine helfen wollen. In meinem Fall hatte ich aus ihrer Sicht etwas ausgefressen. Zu der Zeit betrieb ich mit einem Freund eine Website, auf der wir unsere ersten literarischen Gehversuche ins Internet stellten: Krude Poeme, absurde Kurzgeschichten. Was man mit 17, 18 Jahren eben so schreibt, wenn man versucht, gesellschaftskritisch, romantisch und witzig zugleich zu sein. Fast niemand von den Zeugen Jehovas kannte die Website. Es war um die Jahrtausendwende, kaum jemand hatte einen eigenen Internetanschluss.

Irgendjemand aber schon. Und diese Person hatte mich verpfiffen und bei den Ältesten denunziert. Den Ältesten sei zu Ohren gekommen, dass ich Dinge schreibe wie:

«Verdammt, ich wäre gern dein Slip.»

Ja, das ist eine Originalzeile aus einem der Gedichte auf meiner damaligen Homepage. Die Ältesten hatten einen Ausdruck dabei und zeigten mir anhand der Bibel, weshalb solche Gedichte verwerflich seien und wie Jehova über Unmoral dachte. Sie erkannten mein Talent durchaus an. Deshalb beließ man es bei einer freundlichen Ermahnung und ermunterte mich, meine kreative Energie in das Verfassen von Bibelansprachen für die Zusammenkünfte zu stecken. Ich tat wie geheißen. Widerwillig, aber ich tat es. Ich weiß noch, wie ich zitternd zusammenbrach, nachdem ich die Ältesten verabschiedet hatte. Ich hatte Angst. Nicht vor Jehova. Vor ihnen. Und vor der Wachtturm-Gesellschaft.

Auch wenn dir jeder aktive Zeuge Jehovas vermutlich etwas anderes erzählen wird: Unterm Strich ist in der Wachtturm-Organisation kein Platz für Art. 2 Abs. 1 des Grundgesetzes. Und deshalb musste ich gehen. Die freie Entfaltung meiner Persönlichkeit war mir wichtiger als Pandabären.

Das ist meine Version der Geschichte. Ich bin nicht «geistig krank». Ich bin bloß kein Zeuge Jehovas mehr.

———

Ich erinnere mich, als ob es gestern wäre, an die Angst, die ich spürte, wenn mein Vater im Wasser war. Ich hatte Todesangst. Um meinen Vater. Jedes Mal, wenn er in den Wellen verschwand, befürchtete ich, ihn nie wiederzusehen. Ich saß am Strand, vergaß mein Buch und ließ ihn keine Sekunde aus den Augen. Erst als mein Vater nach einer unerträglich langen Zeit an den Strand zurückkehrte, wich die Anspannung, und meine Angst um ihn verschwand.

Meine Eltern, mein Bruder, meine ehemaligen Freunde – sie sind jetzt diejenigen, die am Strand zurückgeblieben sind und sorgenvoll beobachten, wie ich in den Wellen herumtolle.

Ich war vielleicht mal ein Sittich. Aber jetzt bin ich eine Wasserratte.

Epilog

Meine Eltern erzählen mir in fast jedem Brief, dass sie für mich, das «verlorene Schaf», ihren verlorenen Sohn, beten. Sie geben die Hoffnung immer noch nicht auf, dass ich zu den Zeugen Jehovas zurückkehren werde.

Mein Bruder hat seit dem Tag meines Gemeinschaftsentzuges kein Wort mehr mit mir gesprochen. Auf meine anfänglichen Kontaktversuche in der Zeit danach hat er nie reagiert. Von seiner Hochzeit erfuhr ich erst zwei Wochen später.

Von meinen ehemaligen Freunden bei den Zeugen Jehovas habe ich bis auf wenige Ausnahmen nie wieder etwas gehört. Ein paar sind bei Unfällen ums Leben gekommen. Einige wenige sind wie ich mittlerweile ausgeschlossen. Manche Freunde von früher, nennen wir sie stellvertretend Gideon, sind inzwischen verheiratet und Älteste in ihren Versammlungen.

Ein Sprichwort sagt: «Ein einfacher Zweig ist dem Vogel lieber als ein goldener Käfig.» Ich bin zufrieden auf meinem einfachen Zweig. Ich habe gute Tage, und ich habe schlechte Tage. In den letzten Jahren überwogen die guten. Mittlerweile kann ich nachts ohne Licht gut schlafen.

«So shake him off.»
– Florence and The Machine

Dank

Für ihre Begleitung und fürs Händchenhalten auf dieser Reise bedanke ich mich bei meiner Frau Anouk Lamm Anouk.

Ich bedanke mich bei Andrea und Rudolf Luger, die mich in den dunkelsten wie in den besten Stunden unterstützten.

Meiner Agentin Julia Eichhorn und meiner Lektorin Julia Suchorski sowie meinem Verlag Rowohlt sage ich: Danke! Für alles!

Bei folgenden Menschen und Institutionen bedanke ich mich für ihre aktive Hilfe bei meiner Recherche und/oder das Bereitstellen von Informationen; Hilfe, ohne die weder dieses Buch entstanden wäre noch ich mich aus dem goldenen Käfig hätte befreien können:

John Cedars, jwsurvey.org; Paul Grundy, jwfacts.com; den Mitgliedern des Forums Sektenausstieg sowie dem Verein Netzwerk Sektenausstieg e. V.; Barbara Anderson, watchtower-documents.com; Barbara Kohout; das Zeugen Jehovas Aufklärungsportal; Boas Bastian, Cynthia und Raymond Franz; Daniel Kahneman; Dieter Rohmann; Manfred Neumann; JWMedia-Films; Oliver Domzalski; Ralph Ruthe; Bill Bryson.

Im Rahmen meiner psychischen Reha und in Vorbereitung auf dieses Buch habe ich zehntausende Seiten gelesen. Manchmal speichert mein Hirn Informationen ab, die es dann später abruft, ohne mir den ursprünglichen Kontext mitzuliefern. Ich kann nicht ausschließen, dass ich aufgrund einer akuten Kryptomnesie in diesem Buch Informationen verwende, deren Urhebern ich den gebührenden Dank vorenthalte. Sollte das der Fall sein, bitte ich ausdrücklich um Entschuldigung, Kontaktaufnahme und Verständnis für mein menschliches Versagen.

Quellen

1 Vgl. «The Pew Forum US Religious Landscape Survey», 2008

2 Nicht alle der in diesem Kapitel erwähnten Formulare der Wachtturm-Gesellschaft (Formulare S-3, S-4, S-8, S-12, S-21) werden von den Zeugen Jehovas heute noch eingesetzt. Das hat vor allem datenschutzrechtliche Gründe. Zu meiner Zeit war der Einsatz jedoch allgemeine Gepflogenheit. Darüber hinaus ist der wiedergegebene Verlauf im Wesentlichen noch immer aktuell.

3 Vgl. *Why the Jehova's Witnesses Grow so Rapidly. A Theoretical Application*», Rodney Stark und Laurence Iannaccone, *Journal of Contemporary Religion.* Band 12, Nr. 2, 1997, S. 148 und 152.

4 Laut einer Umfrage des Meinungsforschungsinstitutes *forsa* unter 1001 Befragten in Nordrhein-Westfalen im Erhebungszeitraum 14. bis 21. September 2009.

5 Vgl. «Jehovas Kinder: Zeugen zeugen Zeugen», Nora Gantenbrink, *Spiegel Online*, 19. Juli 2011.

6 Vgl. *Vom Zeugen Jehovas zum Ungläubigen*, Marie Fleischhauer, *Zeit Online*, 18. Februar 2013.

7 «When asked whether he had learned anything from his time observing medical decisions in the family courts, he said: ‹I found generally that religion was distinctly un-

helpful in making compassionate, reasonable judgments about people's lives. On the whole, the secular mind seems far superior in making reasonable judgments. Especially with the Jehovah's Witness, where parents allow their children to die because of some theological line invented in 1945 by a committee, seems to be utterly perverse and inhumane.›» Aus: «McEwan condemns ‹perverse and inhumane› decisions of religious parents», Hannah Furness, *The Telegraph*, 28. März 2014.

8 Vgl. *How Americans Feel About Religious Groups*, Pew Research, 16. Juli 2014.

9 Vgl. *Das Familienleben glücklich gestalten*, Wachtturm-Gesellschaft, Seite 132 ff.

10 Vgl. *Die Bibel*, Neue Welt Übersetzung, Sprüche 30:17.

11 «Deshalb darf die ‹Rute der Zucht› nie Misshandlung bedeuten — weder emotionell noch körperlich (Sprüche 22:15; 29:15). Eine harte, strenge Erziehung, die keine Liebe ausstrahlt, ist ein Missbrauch der elterlichen Autorität und kann die kindliche Psyche kaputtmachen (Kolosser 3:21). Eine ausgeglichene, konsequente Erziehung dagegen zeigt dem Kind, dass es von seinen Eltern geliebt wird und es ihnen nicht gleichgültig ist, was für ein Mensch aus ihm wird.» Aus: *Komm Jehova doch näher*, Wachtturm-Gesellschaft, Seite 101.

12 Aus: *Die Bibel*, Neue Welt Übersetzung, Wachtturm-Gesellschaft, Matthäus 28:19, 20. Vgl. auch: Markus 16:15.

13 «Und diese gute Botschaft vom Königreich wird auf der ganzen bewohnten Erde gepredigt werden, allen Nationen zu einem Zeugnis; und dann wird das Ende kommen.» Aus:

Die Bibel, Neue Welt Übersetzung, Wachtturm-Gesellschaft, Matthäus 24:14.

14 2014 gab es eine Neuerung: Älteste können jetzt auch von regionalen Aufsehern ernannt werden. Bislang wurden sie offiziell direkt von der Leitenden Körperschaft berufen, die diese Ernennung stellvertretend für Jehova aussprach. Ob sich an Jehovas Einfluss durch die Neuregelung etwas ändert, ist nicht bekannt. Vgl. Brief der Wachtturm-Gesellschaft, 13. Juli 2014.

15 «Billigt es ‹der treue und verständige Sklave›, wenn sich Zeugen Jehovas eigenständig zusammentun, um biblische Themen zu untersuchen und zu debattieren? Nein. [...] Wir sind zweifellos für alle geistigen Gaben Jehovas in den letzten Tagen dankbar. Daher billigt der ‹treue und verständige Sklave› keinerlei Literatur, keine Websites und keine Treffen, die nicht unter seiner Leitung hergestellt oder organisiert wurden (Mat. 24:45–47).» Aus: *Unser Königreichsdienst*, Wachtturm-Gesellschaft, September 1997.

16 Vgl. *Der Wachtturm*, Wachtturm-Gesellschaft, 1. April 1972, Seite 214.

17 Vgl. *Folge doch der idealen Führung Christi, Der Wachtturm*, Wachtturm-Gesellschaft, 15. Mai 2011, Seite 27.

18 Aus: *Der Wille Jehovas: Wer lebt heute danach?*, Wachtturm-Gesellschaft, Seite 23.

19 Aus: «Diese sind es, die dem Lamm beständig folgen», *Der Wachtturm*, Wachtturm-Gesellschaft, 15. Februar 2009, Seite 28.

20 Aus: «Wie die Leitende Körperschaft aufgebaut ist», *Der Wachtturm*, Wachtturm-Gesellschaft, 15. Mai 2008, Sei-

te 29; vgl. auch *Der Wachtturm*, 15. September 1989, Seite 21.

21   «Jehova hat sein Volk gesegnet, weil es seinem Wort und dem treuen Sklaven gegenüber gehorsam ist.» Aus: *Noch mehr Wert auf Gehorsam legen, weil das Ende naht, Der Wachtturm*, Wachtturm-Gesellschaft, 1. Oktober 2002, Seite 19; «Wie wichtig ist für uns daher der Gehorsam gegenüber dem ‹Sklaven›!» Aus: *Jehova segnet und beschützt die Gehorsamen, Der Wachtturm*, Wachtturm-Gesellschaft, 1. Oktober 2002, Seite 17; vgl. *Der Wachtturm*, Wachtturm-Gesellschaft, 15. März 1998, Seite 21.

22   Aus: *The Superior Court of the State of California in and for the County of San Mateo, Jason E. Cobb, Plaintiff vs. Ernest Brede, et al., Defendant, Case No. CIV508137*, February 22, 2012, Transcript by Joan Woods, CSR 4573.

23   «Jehovas Zeugen behaupten nicht, inspirierte Propheten zu sein. Sie haben Fehler gemacht. Wie die Apostel Jesu Christi haben sie mitunter falsche Erwartungen gehegt (Luk. 19:11; Apg. 1:6).» Aus: *Falsche Propheten, Unterredungen anhand der Schriften*, Wachtturm-Gesellschaft, Seite 149; «Wir haben nicht die Gabe der Prophetie.» Aus: *The Watch Tower*, Januar 1883, Seite 425; «Der Wachtturm behauptet indes nicht, in seinen Äusserungen inspiriert zu sein, noch ist er dogmatisch» Aus: *Der Wachtturm*, Wachtturm-Gesellschaft, 15. Oktober 1950, Seite 317.

24   Aus: *Der Wachtturm*, Wachtturm-Gesellschaft, 15. Oktober 2008, Seite 4, 8, 22.

25   «Die Gesalbten und ihre Gefährten im Glauben weisen abtrünnige Vorstellungen entschieden von sich. […] Aus

Dankbarkeit stehen wir eng zu dem ‹treuen und verständigen Sklaven, den sein Herr über seine Hausknechte gesetzt hat, um ihnen ihre Speise zur rechten Zeit zu geben›. [...] Selbst wenn wir persönlich einen Standpunkt der Sklavenklasse einmal nicht ganz verstehen sollten, ist das für uns also kein Grund, diesen abzulehnen oder gar in Satans Welt zurückzukehren. Vielmehr wird uns unsere Loyalität veranlassen, demütig abzuwarten, bis Jehova die Angelegenheit klärt.» Aus: *Jehova wird seine Loyalgesinnten nicht verlassen, Der Wachtturm*, Wachtturm-Gesellschaft, 15. August 2008, Seite 6. Vgl. auch: «Vergehen, die die Bildung eines Rechtskomitees [das über einen Ausschluss entscheidet] erfordern: [...] Bewusstes Verbreiten von Lehren, die der von Jehovas Zeugen gelehrten biblischen Wahrheit widersprechen. [...] Verursachen von Spaltungen oder Fördern von Sektierertum.» Aus: *Hütet die Herde Gottes*, Wachtturm-Gesellschaft, 2010, Seite 66.

26 Vgl. *Lied 120: Glücklich, wer hört und dann handelt*, jw.org, Wachtturm-Gesellschaft.

27 Aus: *Auf den großen Lehrer hören*, Wachtturm-Gesellschaft, Seite 31, 34, 40, 42.

28 Vgl. *Der Wachtturm*, Wachtturm-Gesellschaft, 1. Mai 2007, Seite 31.

29 Vgl. *Increasing Memorial Partakers*, Paul Grundy, jwfacts.com.

30 «Es gibt eine Reihe von Faktoren – zum Beispiel frühere Glaubensansichten oder psychische und emotionale Schwankungen –, die jemand zu dem falschen Schluss führen könnten, er sei zum Leben im Himmel berufen.» Aus:

Der Wachtturm, Wachtturm-Gesellschaft, 15. August 2011, Seite 22.

31 «Genauso liegt auch die Verantwortung, die Sklavenklasse zu repräsentieren, heute bei einer begrenzten Zahl gesalbter Christen. Sie bilden die leitende Körperschaft der Zeugen Jehovas. Diese geistgesalbten Männer beaufsichtigen das Königreichswerk und das Programm, mit dem für geistige Speise gesorgt wird. Aber genau wie im 1. Jahrhundert berät sich die leitende Körperschaft vor Entscheidungen nicht erst mit jedem Einzelnen, der zur Sklavenklasse gehört.» Aus: *Der treue Verwalter und seine leitende Körperschaft*, *Der Wachtturm*, Wachtturm-Gesellschaft, 15. Juni 2009, Seite 24.

32 Vgl. jw.org, Annual Report 2012 «Food at the proper time»; «*Wer ist in Wirklichkeit der treue und verständige Sklave?*», *Der Wachtturm*, Wachtturm-Gesellschaft, 15. August 2013, Seiten 20–25.

33 Vgl. *Changes in Americans' Religious Affiliation*, U.S. Religious Landscape Survey, Pew Forum on Religion & Public Life, Seite 27.

34 Vgl. *Jehovah's Witness Statistics*, jwfacts.com.

35 «Die großen Kirchen verlieren im Verhältnis weniger Mitglieder als die Zeugen Jehovas, sie gewinnen wahrscheinlich auch weniger hinzu. Aufgrund des Drehtüreffektes bei den Zeugen Jehovas kommen zwar viele Neue dazu, aber gleichzeitig verlieren sie genauso viele Mitglieder. Die Gruppe wächst nicht mehr. Ganz im Gegensatz zur Gruppe der ‹Ehemaligen›, die zwar nicht organisiert ist, aber Wachstumsraten von 8 % aufweist. Die Zukunftsaus-

sichten sind also für die Zeugen Jehovas alles andere als rosig. Eine vergleichbare Situation bei den anderen Kirchen gibt es nicht.» Aus: *Auswertung des Jahresberichtes der Wachtturm-Gesellschaft*, Dr. Thomas Ragg, Universität Karlsruhe, 1998.

36 Vgl. *Summary of Key Findings, U. S. Religious Landscape Survey*, Pew Forum on Religion & Public Life, Seite 9.

37 Aus: *Wahre Religion: Wer entscheidet darüber?*, *Erwachet!*, Wachtturm-Gesellschaft, März 2008, Seite 6.

38 Aus: *Die wahre Religion: Wie zu finden?*, *Erwachet!*, Wachtturm-Gesellschaft, März 2008, Seite 9.

39 Aus: *Lektion 10: Woran man die wahre Religion erkennt*, *Werde ein Freund Gottes*, Wachtturm-Gesellschaft, Seite 17.

40 Vgl. *Verfolgt, aber glücklich*, *Der Wachtturm*, Wachtturm-Gesellschaft, 1. November 2004, Seite 16. «Gemäß Jesu Worten sollten seine Nachfolger nicht übermäßig beunruhigt sein, wenn man ihre Botschaft zurückweisen würde.» Aus: *Die Herausforderungen des Haus-zu-Haus-Dienstes meistern*, *Der Wachtturm*, Wachtturm-Gesellschaft, 15. Juli 2008, Seite 11; vgl. auch: *Die Bibel*, Neue Welt Übersetzung; Matthäus 10:11–15.

41 «Zwar begegne man Menschen aller Religionen mit Respekt, doch eine Ökumene oder einen interreligiösen Dialog wollen die Zeugen Jehovas nicht führen.» Aus: *Wenn Jehovas Zeugen zur Kirche werden*, Erich Kocina, Die Presse, 13. April 2009.

42 Vgl. 2 Chronika 13:16–18.

43 *Die Bibel*, Jeremiah 25:33, Neue Welt Übersetzung, Wachtturm-Gesellschaft.

44 *Die Bibel*, Sacharja 14:12, Neue Welt Übersetzung, Wacht-
    turm-Gesellschaft.

45 Aus: *Jubelt Christus zu – dem glorreichen König, Der Wacht-
    turm*, Wachtturm-Gesellschaft, 15. Februar 2014 (Studien-
    ausgabe), Seite 5, 6.

46 Vgl. *Die Bibel*, Hesekiel 9:6; 4. Mose 16:27, 32; 1. Mose
    22:1–12. Besonders hart traf es Jephtha. Er gelobte, das
    Erste zu opfern, was ihm aus seinem Haus entgegenkam,
    wenn Jehova ihm den Sieg in irgendeiner Schlacht schenk-
    te. Und wer kam natürlich als Erstes aus dem Haus? Rich-
    tig. Seine Lieblingstochter. Und an der Stelle, wo jetzt je-
    der andere Mensch, vermutlich sogar Satan, gesagt hätte,
    «Mann, Mann, Mann, das habe ich *echt* nicht kommen se-
    hen, weißte was, nimm doch einfach das *Nächste*, was aus
    deinem Haus kommt», verschränkte Gott die Arme und
    stellte grinsend fest: «Nee, nee, nee. Spielschulden sind Eh-
    renschulden.» Vgl. Richter 11:30–40.

47 Vgl. *Einsichten über die Heilige Schrift*, Band 2, Wachtturm-
    Gesellschaft, Seite 798–803.

48 Vgl. Charles Taze Russell, *Encyclopaedia Britannica*.

49 Vgl. *Studies in the Scriptures – The Plan of the Ages*, 1927 Editi-
    on «Biography», Seite 8–14.

50 Vgl. *Jahrbuch der Zeugen Jehovas 1980*, Wachtturm-Gesell-
    schaft.

51 Vgl. *Jahrbuch der Zeugen Jehovas 1995*, Wachtturm-Ge-
    sellschaft, Seite 227; *Erwachet!*, Wachtturm-Gesellschaft,
    22. Juni 1995, Seite 9; *Jahrbuch der Zeugen Jehovas 2012*,
    Wachtturm-Gesellschaft, Seite 142.

52 «Sollten wir aufgrund dieses Studiums annehmen, dass

im Herbst 1975 die Schlacht von Harmagedon vorüber sein und die lang ersehnte Tausendjahrherrschaft Christi beginnen wird? Vielleicht ... Der Unterschied mag höchstens einige Wochen oder Monate, keinesfalls Jahre ausmachen.» Aus: *Der Wachtturm*, Wachtturm-Gesellschaft, 15. November 1968, Seite 691.

53 Vgl. *Erwachet!*, Wachtturm-Gesellschaft, 15. April 1969.

54 Aus: *Unser Königreichsdienst*, Wachtturm-Gesellschaft, Mai 1974, US-Ausgabe, Seite 3; vgl.: *Der Gewissenskonflikt*, Raymond Franz, Bruderdienst Missionsverlag, 2006, Seite 233.

55 Vgl. *Der Gewissenskonflikt*, Raymond Franz, Bruderdienst Missionsverlag, 2006, Seite 232.

56 Vgl. «Mathematik weiß scheinbar alles besser», Brian Merchant, *Motherboard*, 21. Februar 2014.

57 Vgl. «10 Failed Doomsday Prophecies», *NationalGeographic. com*, 4. November 2009.

58 Aus: «Vernünftig bleiben und uns nicht schnell erschüttern lassen», *Der Wachtturm*, Wachtturm-Gesellschaft, 15. Dezember 2013, Seite 9.

59 Vgl. «Woher kommt das Amen in der Kirche?», PM *Perspektive*, 4/2013, Seite 62.

60 Aus: *Unterredungen anhand der Schriften*, Wachtturm-Gesellschaft, Seite 168.

61 Vgl. 1. Mose 21:17–24; 4. Mose 16:41–49; Das Buch Hiob. Und nein, es ist kein Gegenargument, dass ich das *Alte* Testament zitiere. Eines der beiden Anti-Geburtstagsbeispiele ist immerhin auch aus dem Alten Testament.

62 Anmerkung zu dem *Erwachet!*-Cover: Gesichert ist, dass die drei groß abgebildeten Jugendlichen an den Folgen einer

verweigerten Bluttransfusion starben – ihre Geschichte wird im Magazin erzählt. Ob die im Hintergrund abgebildeten Kinder ebenfalls tot sind oder Stockmaterial entspringen, ist mir unbekannt – ändert aber nichts an der Tatsache, dass die Wachtturm-Gesellschaft mit dem Nutzen der Fotos implizieren wollte, dass sie heldenhaft an den Folgen einer verweigerten Bluttransfusion gestorben waren. So oder so ist das meiner Meinung nach moralisch mindestens fragwürdig.

63 Aus: *Erwachet!*, 22. Mai 1994, Wachtturm-Gesellschaft, englische Ausgabe.

64 Aus: *Bewahrt euch in Gottes Liebe*, Wachtturm-Gesellschaft, Seite 79.

65 Vgl. «Jehovah's Witness girl saved by court», Zelda Venter, *Saturday Star*, 7. Juni 2014.

66 Vgl. «Baby to undergo blood transfusions despite objection of Jehovah's Witnesses parents», *The Telegraph*, 3. März 2014.

67 Vgl. *Gebt Acht auf euch selbst und auf die ganze Herde*, 1991, Wachtturm-Gesellschaft, Seite 95. «Im Einklang mit diesem Verständnis wurde von 1961 an jemand, der sich über diese göttliche Vorschrift hinwegsetzte, der eine Bluttransfusion akzeptierte und eine reuelose Haltung offenbarte, aus der Versammlung der Zeugen Jehovas ausgeschlossen.» Aus: *Jehovas Zeugen – Verkünder des Königreich Gottes*, Wachtturm-Gesellschaft, 1993, Seite 184.

68 Aus: *Hütet die Herde Gottes*, 2010, Wachtturm-Gesellschaft, Seite 111.

69 Aus: *Lügen vor Gericht und Religion: Eine Analyse der Lehre der*

Zeugen Jehovas von der «theokratischen Kriegsführung», Dr. Jerry Bergman, *Cultic Studys Review: An Internet Journal of Research, News, and Opinion 2002*, Band 1, Nr. 2.

70 Vgl. *The Four Presidents of the Watch Tower Society (Jehovah's Witnesses)*, Edmund C. Gruss (Hg.), Xulon Press, 2003.

71 Vgl. «2 Doctors Tell Of Treatments Jehovah's Witnesses Accept», *New York Times*, 29. November 1981.

72 Vgl. *Journal of the American Medical Association (JAMA)* vom 27. November 1981, Bd. 246, Nr. 21, S. 2471, 2472; Copyright 1981, American Medical Association.

73 Aus: *Wie kann Blut dein Leben retten?*, Wachtturm-Gesellschaft, 1990, 2009, Seite 6.

74 Vgl. *Gene Smalley and the Watchtower's Blood Transfusion Doctrine*, Randall Watters, Free Minds.

75 Vgl. *Die Bibel*, Neue Welt Übersetzung, Wachtturm-Gesellschaft, Markus 2:23–28.

76 Vgl. *Das Goldene Zeitalter*, 4. Februar 1931, Seite 293; *Der Wachtturm*, 15. November 1967, Seite 702.

77 Aus: «Was sagt die Bibel über Homosexualität?», jw.org, Stand: Februar 2013.

78 Aus: «Können sich Homosexuelle ändern?», *Der Wachtturm*, 15. November 1974, Seite 678, 681.

79 Beide aus: «Homosexuelles Verhalten: Ist es zu rechtfertigen?», *Erwachet!*, Wachtturm-Gesellschaft, Dezember 2001, Seite 28, 29.

80 Vgl. *Mache deine Jugend zu einem Erfolg*, Wachtturm-Gesellschaft, 1976, Seite 39.

81 Vgl. *Hütet die Herde Gottes*, Wachtturm-Gesellschaft, Seite 60, 61.

82 Aus: *Einsichten über die heilige Schrift*, Wachtturm-Gesellschaft, Seite 766.

83 Vgl. *The Life and Discoveries of Barbara Anderson*, Barbara Anderson, watchtowerdocuments.com.

84 Aus: *Crucial Decisions – Leadership in Policymaking and Crisis Management*, Irving L. Janis, Seite 361.

85 Aus: *An Ambivalent Alliance: Hostile and Benevolent Sexism as Complementary Justifications for Gender Inequality*, Peter Glick und Susan Fiske, *American Psychologist*, Volume 56(2), Februar 2001, Seite 109–118.

86 Aus: «Sollten Frauen in der Gemeinde lehren?», *Erwachet!*, Wachtturm-Gesellschaft, Juli 2010, Seite 29.

87 Aus: *Hütet die Herde Gottes*, Wachtturm-Gesellschaft, Seite 31.

88 Beide aus: *Hütet die Herde Gottes*, Ältestenbuch, Seite 84, Hervorhebungen durch mich.

89 Aus: *Einsichten über die Heilige Schrift*, Band 1, Wachtturm-Gesellschaft, Seite 767.

90 Aus: «Wie denken Gott und Christus über Frauen?», *Erwachet!*, Januar 2008, Seite 7.

91 Aus: *Die Bibel*, Neue Welt Übersetzung, Wachtturm-Gesellschaft, Prediger 3:4.

92 «Ich habe ihnen dein Wort gegeben, doch die Welt hat sie gehasst, weil sie kein Teil der Welt sind, so wie ich kein Teil der Welt bin.» Aus: *Die Bibel*, Neue Welt Übersetzung, Johannes 17:14.

93 Aus: *Jehovas Zeugen und die Schule*, Wachtturm-Gesellschaft, 1983, Seite 7.

94 Beide aus: *Woher weiß man, wem man gehorchen soll?*,

Lerne von dem großen Lehrer, Wachtturm-Gesellschaft, Seite 151.

95 Aus: «Sieben Hirten, acht Anführer: Was sie für uns heute bedeuten», *Der Wachtturm*, Wachtturm-Gesellschaft, 15. November 2013, Seite 20.

96 Aus: *Die Offenbarung – Ihr großartiger Höhepunkt ist nahe!*, Wachtturm-Gesellschaft, 2006, Seite 282.

97 «Sorgfältige Erforscher der Bibel wissen, dass wir in ‹den letzten Tagen› des gegenwärtigen Systems der Dinge leben. [...] Der Schöpfer des Menschen hat verheißen, das gegenwärtige System der Dinge durch ein völlig neues System zu ersetzen.» Aus: *Einwandfreie Nahrung für alle, Erwachet!*, Wachtturm-Gesellschaft, 22. Dezember 2001, Seite 11.

98 Aus: «Persönliches Studium, das uns zum Lehren ausrüstet», *Der Wachtturm*, Wachtturm-Gesellschaft, 1. Dezember 2002, Seite 22.

99 Aus: *Unterredungen anhand der Schriften*, Wachtturm-Gesellschaft, Seite 15.

100 Aus: *Der Wachtturm*, Wachtturm-Gesellschaft, 15. Februar 2012, Seite 23–27.

101 Vgl. *Jahrbuch der Zeugen Jehovas 2011*, Seite 173.

102 Aus: *Der Wachtturm*, Wachtturm-Gesellschaft, 15. Februar 2010, Seiten 5–9.

103 Aus: *Jahrbuch der Zeugen Jehovas 2013*, Wachtturm-Gesellschaft, Seite 16.

104 Vgl. *Unser Königreichsdienst*, Wachtturm-Gesellschaft, Juli 2013, Seite 4.

105 Aus: «Verfolgt, aber glücklich», *Der Wachtturm*, Wachtturm-Gesellschaft, 1. November 2004, Seite 13–18.

106 Aus: «Dämonen – Wie können wir ihnen widerstehen?», *Der Wachtturm*, Wachtturm-Gesellschaft, 15. März 2007, Seite 28

107 Aus: «Anderen helfen, ‹aus dem Schlaf zu erwachen›», *Der Wachtturm*, Wachtturm-Gesellschaft, 15. März 2012, Seite 13.

108 Vgl. «Sekten – brutale Verführer», Ariane Greiner, wissen. de.

109 Aus: «Gott züchtigt seine Söhne», *Der Spiegel*, 45/1994, Seite 79.

110 Aus: «Die meisten Menschen mögen keine Flüchtlinge», Arik Platziuk, diesseits.de, 16. Juli 2014.

111 Vgl. *Hindus upset by Monroeville church's Indian music program*, Kyle Lawson, triblive.com, 25. Dezember 2013.

112 Aus: *Warum habe ich Angst über meinen Glauben zu reden?*, *Fragen junger Leute – Praktische Antworten*, Band 1, Wachtturm-Gesellschaft, Seite 124.

113 Beide Zitate aus: *Warum habe ich Angst über meinen Glauben zu reden?*, *Fragen junger Leute – Praktische Antworten*, Band 1, Wachtturm-Gesellschaft, Seite 126.

114 Aus: «Wache beständig über den Dienst, den du im Herrn angenommen hast», *Der Wachtturm*, Wachtturm-Gesellschaft, 15. Januar 2008, Seite 4; «In den Christlichen Griechischen Schriften wird gezeigt, dass Christen in Gottes Augen auf dreierlei Weise Blutschuld über sich bringen können: [...] 3. durch das Versäumnis, die gute Botschaft vom Königreich zu predigen, wodurch anderen lebensrettende Informationen vorenthalten werden (Apg. 18:6; 20:26, 27; vgl. Hes. 33:6–8).» Aus: *Blutschuld, Einsichten über*

die Heilige Schrift, Band 1, Seite 42; «Weil diese Religionen es versäumt haben, den Menschen den wahren Gott – den Inbegriff der Liebe – näherzubringen, klebt vom Standpunkt Gottes aus Blut an ihren Händen (1. Johannes 4:8).» Aus: «Wer ist der Hörer des Gebets?», *Der Wachtturm*, Wachtturm-Gesellschaft, 1. Juli 2012.

115 Vgl. *Evidence-Based Medicine, Tooth Fairy Science, and Cinderella Medicine*, Harriet A. Hall M.D., *Skeptic Vol 17*, Nr. 1, Seite 4–5.

116 «Weil wir Jehova gehören, sind wir ihm ausschließlich ergeben (2. Mose 20:4–6). Daher widmen Christen ihr Leben nicht einer weltlichen Sache. Zwar achten sie Staatssymbole, aber sie verehren diese nicht durch eine Handlung oder durch ihre innere Haltung. Keinesfalls vergöttern sie Sportgrößen oder andere heutige Idole.» Aus: «Neutrale Christen in den letzten Tagen», *Der Wachtturm*, Wachtturm-Gesellschaft, 1. November 2002, Seite 15.

117 «Der rosarote Krieg», Yassin Musharbash, *Zeit Online*, 15. Oktober 2013.

118 «Angenommen, ein Arzt schärft dir ein, dich strikt von einer Person fernzuhalten, die an einer ansteckenden, tödlichen Krankheit leidet. Dir wäre völlig klar, was der Arzt dir sagen will, und du würdest dich gewissenhaft daran halten. Über Abtrünnige sagt die Bibel, dass sie ‹geistig krank› sind und andere mit ihrem treulosen Gedankengut infizieren wollen (1. Tim. 6:3, 4). Jehova, der beste ‹Arzt›, rät uns dringend, jeden Kontakt mit ihnen zu meiden. Uns ist klar, was er damit meint. Fragen wir uns: Bin ich fest entschlossen, konsequent auf seine Warnung

zu hören?» Aus: *Der Wachtturm*, Wachtturm-Gesellschaft, 15. Juli 2011.

119 Aus: «Jehovas Kinder: Zeugen zeugen Zeugen», Nora Gantenbrink, *Spiegel Online*, 19. Juli 2011.

120 Aus: «Was ist schon dabei, wenn ich mich ein wenig mit dem Okkulten beschäftige?», *Erwachet!*, Wachtturm-Gesellschaft, 22. Januar 2002, Seite 25.

121 Aus: *Die Bibel*, Neue Welt Übersetzung, 2. Samuel 20:10–12.

122 Aus: *Die Bibel*, Neue Welt Übersetzung, Richter 3:21, 22.

123 Vgl. *Malawi, Jahrbuch der Zeugen Jehovas 1999*, Seiten 182, 189.

124 *Die Bibel*, Neue Welt Übersetzung, Esther 7:1–10.

125 Vgl. «Wieso ist es gut, mit Sex zu warten?», *Fragen junger Leute – Praktische Antworten*, Band 2, Wachtturm-Gesellschaft, Seite 48–54; «Was, wenn ich homosexuelle Gefühle habe?», Seite 231–236; «Was mache ich aus meinem Leben?», Seite 311–317.

126 Aus: *Was ist mit Computer- und Videospielen?*, *Fragen junger Leute – Praktische Antworten*, Band 2, Wachtturm-Gesellschaft, Seite 249.

127 «The information is designed for use by the elders only, and other individuals should not have any opportunity to read the information.» Aus: Brief an die Ältestenschaft, 23. August 2010; «Since the release of the new *Shepherding* textbook, several elders have asked about the possibility of having their textbook spiral bound. There is no objection if an elder personally spiral binds or laminates his own textbook or does so for other elders. If he has another baptized brother who is not an elder do the work for him,

the elder must watch while the work is being done. Outside companies, unbelievers, or sisters are not permitted to do this work. The material in the book is confidential, and confidentiality must be preserved.» Aus: Brief an die Ältestenschaft, 7. Oktober 2010.

128 Vgl. *Vergehen, die die Bildung eines Rechtskomitees erfordern*, *Hütet die Herde Gottes*, Wachtturm-Gesellschaft, Seite 58 ff.

129 «Als Organisation überprüfen wir keine Filme, Videospiele, Bücher oder Lieder und legen nicht fest, was man meiden soll. Warum nicht? Die Bibel ermuntert jeden Einzelnen, sein ‹Wahrnehmungsvermögen durch Gebrauch … zur Unterscheidung zwischen Recht und Unrecht› zu üben (Heb. 5:14).» Aus: «Jehovas Volk lässt von Ungerechtigkeit ab», *Der Wachtturm*, Wachtturm-Gesellschaft, Juli 2014.

130 Aus: «Welche Filme kommen für mich in Frage?», *Erwachet!*, Wachtturm-Gesellschaft, 8. Mai 2005, Seite 11.

131 Aus: *Bewahrt euch in Gottes Liebe*, Wachtturm-Gesellschaft, Seite 9.

132 Aus: *Fragen junger Leute – Praktische Antworten*, Band 2, Wachtturm-Gesellschaft, Seite 269.

133 Aus: *Der Wachtturm*, 15. Februar 2004, Seiten 19–20.

134 Aus: *Brücke zum Menschen*, Nr. 145 (2001).

135 Vgl. *Erwachet!*, Wachtturm-Gesellschaft, 8. März 1994.

136 Vgl. «Was ist schon dabei, wenn ich mich ein wenig mit dem Okkulten beschäftige?», *Erwachet!*, Wachtturm-Gesellschaft, 22. Januar 2002, Seite 25–27; vgl. auch: «Eine ausgeglichene Ansicht über Unterhaltung», *Erwachet!*, Wachtturm-Gesellschaft, 8. November 1992, Seite 6.

137 Vgl. «‹Krabat›-Urteil: Unterricht wiegt schwerer als religiöse Gefühle», *Spiegel Online*, 11. September 2013.

138 Vgl. *Der Wachtturm*, Wachtturm-Gesellschaft, 1. Oktober 1987, Seite 18.

139 «Auch Meinungsverschiedenheiten über die Freizeitgestaltung könnten zu ‹törichten und einfältigen Streitfragen› führen. Fördert jemand eine Freizeitgestaltung, die Jehovas Sittenmaßstäben widerspricht, dürfen Älteste das nicht dulden, nur um einer Auseinandersetzung aus dem Weg zu gehen (Ps. 11:5; Eph. 5:3–5).» Aus: «Jehovas Volk lässt von Ungerechtigkeit ab», *Der Wachtturm*, Wachtturm-Gesellschaft, Juli 2014.

140 Vgl. *Was die Eignung eines Ältesten oder Dienstamtgehilfen in Frage stellt, Hütet die Herde Gottes*, Wachtturm-Gesellschaft, 2010, Seite 36; «Es ist undenkbar, sich Gott hinzugeben oder sich in der Ehe zu binden und dabei ernste Vorbehalte zu haben. Wer daher ans Heiraten denkt, tut gut daran, die Glaubensansichten, Ziele, Einstellungen und Neigungen des künftigen Ehepartners eingehend zu prüfen.» Aus: «Die Ehe sollte eine dauerhafte Bindung sein», *Erwachet!*, Wachtturm-Gesellschaft, 8. Februar 2002, Seite 9.

141 «Durch immer heller werdendes Licht von Jehova wird der Pfad seiner Diener fortwährend erleuchtet. Das Licht führt zu Verbesserungen in organisatorischer Hinsicht, in Lehrfragen und auf sittlichem Gebiet.» Aus: «Auf dem Pfad des heller werdenden Lichts wandeln», *Der Wachtturm*, Wachtturm-Gesellschaft, 15. Februar 2006, Seite 26.

142 Aus: «Loyal zu Christus und seinem treuen Sklaven stehen», *Der Wachtturm*, Wachtturm-Gesellschaft, 1. April 2007, Seite 24.

143 Aus: «Jehova wird seine Loyalgesinnten nicht verlassen», *Der Wachtturm*, Wachtturm-Gesellschaft, 15. August 2008, Seite 6.

144 Aus: *Die Bibel*, Neue Welt Übersetzung, 1. Korinther 15:33.

145 «Wir glauben, dass jugendliche Zeugen Jehovas durch die Teilnahme am organisierten Sport ungünstigem Umgang ausgesetzt würden.» Aus: *Jehovas Zeugen und die Schule*, Wachtturm-Gesellschaft, 1983, Seite 23. Diese Broschüre, eine sehr fragwürdige Anleitung, wie Lehrer mit Zeugen-Jehovas-Kindern umzugehen haben, wurde während meiner Kindheit und Jugend allen Klassenlehrerinnen und Klassenlehrern in die Hand gedrückt. Mittlerweile ist sie aus dem Verkehr gezogen worden. Zu brisant war der Inhalt offensichtlich angesichts der Gerichtsprozesse rund um die Anerkennung als religiöse Körperschaft. Sie ist aber nach wie vor Teil der Watchtower Library, einer CD-ROM, die nur Zeugen Jehovas zugänglich gemacht wird. Kaum verwunderlich angesichts solcher Sätze: «Die Welt verherrlicht oft einen Lebensstil, den wir für schädlich halten. Auch die Schulen sind davon betroffen. Daher wünschen Jehovas Zeugen, dass ihre Kinder so weit wie möglich solchen Einflüssen fernbleiben.»

146 Vgl. «Wenn das Zwinkern zum Tick wird», Ursula Schersch, *DerStandard.at*, 1. Februar 2012.

147 Aus: *Der Wachtturm*, Wachtturm-Gesellschaft, 15. Februar 2004, Seiten 26–30.

148 Aus: «Christus führt seine Versammlung», *Der Wacht-turm*, Wachtturm-Gesellschaft, 15. März 2002, Seite 14.

149 Aus: «Fragen von Lesern», *Der Wachtturm*, Wachtturm-Gesellschaft, 1. September 2009, Seite 31.

150 Aus: «Werden wir mit Gott wandeln?», *Der Wachtturm*, Wachtturm-Gesellschaft, 1. November 2005, Seite 24.

151 Aus: «Der Geist erforscht ... die tiefen Dinge Gottes», *Der Wachtturm*, Wachtturm-Gesellschaft, 15. Juli 2010, Seite 23.

152 Aus: «Kyrillos Lukaris – Ein Mann, dem die Bibel lieb und teuer war», *Erwachet!*, Wachtturm-Gesellschaft, 15. Februar 2000, Seite 26–29.

153 Vgl. «Aufstand des Gewissens in der Weltzentrale der Zeugen Jehovas, New York, USA. Was geschah hinter den Kulissen im Bethel Brooklyn? Interview mit den früheren Bethelmitarbeitern Randall Watters und Robert Sullivan», *CV – Monatsschrift der Studiengruppe Christliche Verantwortung*, Nr. 172, 173, November 1983.

154 Siehe dazu Tauffragen im Kapitel *Taufe*. Vgl. auch: «Was ist erforderlich, um ein anerkannter Mitverbundener von Jehovas Zeugen zu sein? Man muss die Gesamtheit der wahren Lehren der Bibel akzeptieren, einschließlich jener biblischen Glaubensinhalte, die nur Jehovas Zeugen vertreten.» *Der Wachtturm*, 15. April 1986, Seite 31.

155 Vgl. *Douglas Walsh vs The Right Honorable James Latham Clyde Scottish Court of Sessions*, 1954, Seite 347, 348.

156 Aus: *Der Wachtturm*, 22. Januar 1984, Seite 17.

157 Aus: *Der Gewissenskonflikt*, Raymond Franz, Bruderdienst Missionsverlag, 2006, Seite 321.

158 Aus: *Legt gründlich Zeugnis ab für Gottes Königreich*, Wachtturm-Gesellschaft, Seite 138.

159 Aus: «Die wahre Religion: Wie zu finden?», *Erwachet!*,
Wachtturm-Gesellschaft, März 2008, Seite 9.

160 Aus: *Fragekasten, Unser Königreichsdienst*, September 2009,
Seite 3. Vgl. «Fragen von Lesern: Warum haben Jehovas
Zeugen einige Personen, die sich immer noch zum Glau-
ben an Gott, die Bibel und Jesus Christus bekennen, we-
gen Abtrünnigkeit ausgeschlossen (exkommuniziert)?»,
Der Wachtturm, Wachtturm-Gesellschaft, 1. April 1986,
Seite 30.

161 Vgl. «Vernünftig bleiben und uns nicht schnell erschüttern lassen», *Der Wachtturm*, Wachtturm-Gesellschaft,
15. Dezember 2013, Seite 8.

162 Aus: *Höhepunkte des vergangenen Jahres, Jahrbuch der Zeugen
Jehovas 2011*, Wachtturm-Gesellschaft, Seite 9.

163 Vgl. *Der Gewissenskonflikt*, Raymond Franz, Bruderdienst
Missionsverlag, 2006, Seite 29.

164 Vgl. *Der Gewissenskonflikt*, Raymond Franz, Bruderdienst
Missionsverlag, 2006, Seite 75, 76.

165 Vgl. *Der Wachtturm*, Wachtturm-Gesellschaft, 1. März
1987, Seite 14, 15.

166 Vgl. *Der Gewissenskonflikt*, Raymond Franz, Bruderdienst
Missionsverlag, 2006, Seite 245.

167 Ausnahme: Erfahrungsberichte von langjährigen oder
prominenten Zeugen Jehovas, die natürlich mit ihren
Klarnamen versehen waren.

168 Vgl. *Barbara Anderson's Resume from Bethel*, Barbara Anderson, Free Minds.

169 Vgl. *Unforgettable People, The Life and Times of Barbara Anderson*, Barbara Anderson, watchtowerdocuments.com.

170 Vgl. «Ich weinte vor Freude», *Erwachet!*, Wachtturm-Gesellschaft, 8. April 1992, Seite 24.

171 Aus: *Der Gewissenskonflikt*, Raymond Franz, Bruderdienst Missionsverlag, 2006, Seite 112.

172 Vgl. «Jehova – unsere Hoffnung auf eine neue Ordnung», *Der Wachtturm*, Wachtturm-Gesellschaft, 15. November 1979, Seite 15 ff.

173 Aus: *Unterweisung für junge Leute – genau zur richtigen Zeit*, *Der Wachtturm*, Wachtturm-Gesellschaft, 15. Juli 2001, Seite 9.

174 Aus: «Habe ich klar im Blick, wie Jehova sein Volk führt?», *Der Wachtturm*, Wachtturm-Gesellschaft, 15. April 2011, Seite 4.

175 Einer Statistik des Zeugen-Jehovas-Aufklärungsportals zufolge (fb.com/Exit-ZJ).

176 Vgl. *wissen.de*

177 Aus: «Folge doch der idealen Führung Christi», *Der Wachtturm*, Wachtturm-Gesellschaft, 15. Mai 2011, Seite 26.

178 Vgl. *Bestätigungsfehler – oder wir hören nur, was wir hören wollen*, Mark Schweizer, *Justice – Justiz – Giustizia*, 2007/3.

179 Vgl. *Der Wachtturm*, Wachtturm-Gesellschaft, 15. Januar 1983, Seite 22, 27.

180 http://www.jw.org/de/publikationen/zeitschriften/g201 404/frederic-dumoulin-interview/.

181 Siehe https://www.ugent.be/fw/en/research/bioanalysis/foodanal/Staff; und: https://www.ugent.be/fw/en/research/bioanalysis/foodanal/Staff/dumoulin.

182 Staff, Laboratory of Food Analysis, Universiteit Gent; «Frédéric Dumoulin confirms to the Watchtower that there is a creator», jehovahswitnessblog.com.

183 Vgl. *Einsichten über die Heilige Schrift*, Band 2, Wachtturm-Gesellschaft, Seite 666; «Rettung gehört Jehova», *Der Wachtturm*, Wachtturm-Gesellschaft, 15. September 2002, Seite 22; «Glücklich, obwohl verfolgt!», *Der Wachtturm*, Wachtturm-Gesellschaft, 1. August 1983, Seite 14, u. v. a.

184 Aus: «Großzügiges Geben macht glücklich», *Der Wachtturm*, Wachtturm-Gesellschaft, 1. November 2000, Seite 30.

185 Vgl. *Did Jesus Die on a Cross or Stake?*, Paul Grundy, jwfacts.com.

186 Aus: *Erwachet!*, Wachtturm-Gesellschaft, 22. Januar 2000, Seite 19.

187 Aus: *Erwachet!*, Wachtturm-Gesellschaft, 22. Januar 2000, Seite 19.

188 Aus: «Das Internet – Wie man die Gefahren meidet», *Erwachet!*, Wachtturm-Gesellschaft, 8. Dezember 2004, Seite 18.

189 Beide aus: «Das Internet – Wie man die Gefahren meidet», *Erwachet!*, Wachtturm-Gesellschaft, 8. Dezember 2004.

190 Aus: «Gebt dem Teufel nicht Raum», *Der Wachtturm*, Wachtturm-Gesellschaft, 15. Januar 2006, Seite 23.

191 Aus: «Das Internet: Das globale Netz sinnvoll nutzen», *Der Wachtturm*, Wachtturm-Gesellschaft, 15. August 2011, Seite 3.

192 Beide aus: «Das Internet: Das globale Netz sinnvoll nutzen», *Der Wachtturm*, Wachtturm-Gesellschaft, 15. August 2011.

193 Aus: «Das Internet: Das globale Netz sinnvoll nutzen», *Der Wachtturm*, Wachtturm-Gesellschaft, 15. August 2011, Seite 4.

194 Weitere Beispiele für Zitate und Artikel, die das Eva-Gleichnis nutzten: «Sie [die Fremden] verhehlen oder verheimlichen, was sie sind – genau wie Satan, der seine Identität hinter einer Schlange verbarg. Manche unmoralischen Menschen nutzen heute das Internet, um ihre Identität und ihre wahren Absichten zu verheimlichen.« Aus: «Höre nicht auf die ‹Stimme von Fremden›», *Der Wachtturm*, Wachtturm-Gesellschaft, 1. September 2004, Seite 16; «Auf die gleichen Lockmittel wie bei Eva und bei Jesus setzt der Teufel auch heute. [...] Mit der ‹Begierde der Augen› führt er viele Unvorsichtige in Versuchung, sich Pornographie anzusehen, vor allem im Internet.» Aus: «Was für ein Mensch bin ich?», *Der Wachtturm*, Wachtturm-Gesellschaft, 15. August 2013, Seite 26; vgl. auch: «Wende deine Augen von wertlosen Dingen ab», *Der Wachtturm*, Wachtturm-Gesellschaft, 15. April 2010, Seite 20–24.

195 Aus: «Strahlen wir die Herrlichkeit Jehovas wider?», *Der Wachtturm*, Wachtturm-Gesellschaft, 15. Mai 2012, Seite 26.

196 Vgl. «Kann man den Nachrichtenmedien vertrauen?», *Erwachet!*, Wachtturm-Gesellschaft, Dezember 2013, Seite 4–7; «Soziale Netzwerke – Was muss ich darüber wissen?», *Erwachet!*, Wachtturm-Gesellschaft, Februar 2012.

197 Aus: «Vernünftig bleiben und uns nicht schnell erschüttern lassen», *Der Wachtturm*, Wachtturm-Gesellschaft, 15. Dezember 2013, Seite 6.

198 Beide aus: *Jahrbuch der Zeugen Jehovas 2011*, Wachtturm-Gesellschaft, Seite 9, 10.

199 Vgl. «Darstellung der therapeutischen Arbeit mit Kult-mitgliedern bzw. -aussteigern anhand eines Drei-Stufen-Modells», Dipl.-Psych. Dieter Rohmann, *Report Psychologie 5,6/2000*.

200 Vgl. *Der Wachtturm*, Wachtturm-Gesellschaft, 15. Dezember 1984, Seite 19; 15. März 1986, Seite 20.

201 Vgl. *Der Wachtturm*, Wachtturm-Gesellschaft, 1. Februar 1996, Seite 21–26.

202 Vgl. *Der Wachtturm*, Wachtturm-Gesellschaft, 1. August 1987, Seite 20.

203 Aus: «Dämonen – Wie können wir ihnen widerstehen?», *Der Wachtturm*, Wachtturm-Gesellschaft, 15. März 2007, Seite 27.

204 Vgl. *Die Bibel*, Markus 5:1–13.

205 Vgl. *Die Bibel*, Offenbarung 13:17,18.

206 Aus: *Hölle, Unterredungen anhand der Schriften*, Wachtturm-Gesellschaft, Seite 213.

207 Aus: «Der geheime Herrscher der Welt wird entlarvt», *Der Wachtturm*, Wachtturm-Gesellschaft, 1. September 2011, Seite 8.

208 Vgl. *Spirits of the Dead – Can They Help You or Harm You? Do They Really Exist?*, Wachtturm-Gesellschaft, 1991.

209 Vgl. «Warum wir den Druck brauchen», Eva-Maria Träger, *Tagespiegel*, 20. April 2013.

210 In diesem Fall gebe ich zu: Dieses Zitat ist aus dem Zu-sammenhang gerissen. Aber bitte schau selbst in der be-treffenden Ausgabe nach: Der Zusammenhang macht es

nicht etwa besser. Im Gegenteil, die gesamte Ausgabe ist vermutlich einer der schlimmsten Ratgeber, der jemals zum Thema Suizidprävention geschrieben wurde.

211 Vgl. «S. C. family of 4 dead in apparent triple murder-suicide», CBSnews.com, 17. Januar 2014; «Friends struggling with why religious Irmo man would kill his family, himself», *The State*, 16. Januar 2014.

212 Vgl. «Witness couple and two young children found dead in shocking ‹murder suicide›», John Cedars, *jwsurvey.org*, 18. Januar 2014.

213 Vgl. *Paradies in Ketten – Aussteiger bei Zeugen Jehovas zwischen Verzweiflung und Freitod*, Bericht: Edgar Verheyen, SWR-RP Report, Ländersache, Mitschnitt vom 16. 9. 2004.

214 Vgl. *Zwei Systeme, Schnelles Denken, Langsames Denken*, Daniel Kahneman, Siedler Verlag, 2012, Seite 31 ff.

215 Vgl. *Terror management theory of self-esteem and cultural worldviews: Empirical assessments and conceptual refinements.* Greenberg, Jeff; Solomon, Sheldon; Pyszczynski, Tom; Zanna, Mark P. (Hg.) (1997). *Advances in experimental social psychology*, Vol. 29, pp. 61–139. San Diego, CA, US: Academic Press.

216 Aus: *Lerne von dem großen Lehrer*, Wachtturm-Gesellschaft, Seite 52.

217 Aus: *Lerne von dem großen Lehrer*, Wachtturm-Gesellschaft, Seite 169.

218 Aus: *Theorien der Sozialpsychologie und ihre Anwendung auf die Zeugen Jehovas*, Alfred Seif, 2008.

219 Vgl. «Vom Allerdurchgeknalltesten», Dietmar Dath, *Frankfurter Allgemeine Zeitung*, 20. Dezember 2005.

220 Theologen sehen auch eine andere Interpretationsmöglichkeit: Obige Prophezeiung Gottes könnte auch ein Hinweis auf die kommende Flut sein – der Menschheit wäre damit eine Schonfrist von 120 Jahren gesetzt worden, ab Gottes Befehl an Noah, die Arche zu bauen, bis zur endgültigen Zerstörung der gesamten Menschheit. Es ist also selbst aus theologischer Sicht mindestens fragwürdig, dass der Text im ersten Buch Mose als Beweis für die göttliche Inspiration der Bibel herhalten kann.

221 Aus: *Die Bibel*, Neue Welt Übersetzung, Psalmen 90:10.

222 Aus: *Auferstehung, Unterredungen anhand der Schriften*, Wachtturm-Gesellschaft, Seite 50.

223 Aus: *Apostles of Denial*, Edmund C. Gruss, 1970, Seite 226.

224 Aus: *Die Bibel*, Neue Welt Übersetzung, Matthäus 15:14.

225 Vgl. *Malawi, Jahrbuch der Zeugen Jehovas 1999*, Wachtturm-Gesellschaft, Seite 171–212.

226 Vgl. *Erwachet!*, Wachtturm-Gesellschaft, 22. November 1976, Seite 5.

227 Vgl. *Die Bibel*, Neue Welt Übersetzung, 1. Buch Mose 41:39–43.

228 Nachzulesen im sechsten Kapitel des Buches *Der Gewissenskonflikt* von Raymond Franz, Bruderdienst Missionsverlag, 2006, Seite 139 ff.

229 Vgl. *Malawi, Mexico, Oath of Allegiance*, Paul Grundy, jwfacts.com; *Der Gewissenskonflikt*, Raymond Franz, Bruderdienst Missionsverlag, 2006, Seite 139–162.

230 Aus: «Trotz Schwierigkeiten treu auszuharren ehrt Jehova», *Der Wachtturm*, Wachtturm-Gesellschaft, 1. Oktober 2003, Seite 16.

231 Aus dem Brief an den «sehr verehrten Herrn Reichskanzler» vom 26. Juni 1933, vermutlich abgesandt aus dem deutschen Zweigbüro unter Leitung von Paul Balzereit in Absprache mit Judge Rutherford und der Wachtturm-Gesellschaft in Brooklyn; das Original des Briefes befindet sich in der Reichskanzlei, Record Group R II/179, Seite 119–125.

232 Vgl. *Verteidigung und gesetzliche Befestigung der guten Botschaft*, *Jehovas Zeugen – Verkündiger des Königreiches Gottes*, Wachtturm-Gesellschaft, Seite 693; *Jahrbuch der Zeugen Jehovas 1974*, Wachtturm-Gesellschaft, Seite 111.

233 Vgl. *The Golden Age*, Wachtturm-Gesellschaft, 23. Februar 1927, Seite 343; *Vindication – Book II*, 1932, Seite 257–258.

234 Aus: *Hiob – ein Beispiel für Ausharren und Lauterkeit*, *Der Wachtturm*, Wachtturm-Gesellschaft, 15. August 2006, Seite 21.

235 Aus: «Der ‹treue Sklave› besteht die Prüfung!», *Der Wachtturm*, Wachtturm-Gesellschaft, 1. März 2004, Seite 18.

236 Aus: «Wahre Christen haben Achtung vor Gottes Wort», *Der Wachtturm*, Wachtturm-Gesellschaft, 15. Januar 2012, Seite 5.

237 Aus: *Der Gewissenskonflikt*, Raymond Franz, Bruderdienst Missionsverlag, 2006, Seite 13.

238 Aus: «Dein Platz in der Versammlung ist wertvoll!», *Der Wachtturm*, Wachtturm-Gesellschaft, 15. November 2009, Seite 14.

239 «Halten wir uns loyal an die Anleitung des treuen Sklaven und seiner leitenden Körperschaft, ordnen wir uns damit also dem Herrn des Sklaven, dem Christus, unter.» Aus: *Lo-

yal zu Christus und seinem treuen Sklaven stehen, *Der Wacht-turm*, Wachtturm-Gesellschaft, 1. April 2007, Seite 24.

240 «Unsere Haltung gegenüber Christi Brüdern ist ausschlag-gebend dafür, wie wir in der großen Drangsal beurteilt werden (Mat. 25:34–40). Ob wir von Gott gesegnet wer-den, hängt somit nicht zuletzt davon ab, dass wir seine Ge-salbten von ganzem Herzen unterstützen.» Aus: «Segnun-gen durch den König, der vom Geist Gottes geleitet wird», *Der Wachtturm*, Wachtturm-Gesellschaft, 15. Dezember 2010, Seite 20.

241 Aus: «Immer auf die Stimme Jehovas hören», *Der Wacht-turm*, Wachtturm-Gesellschaft, 15. August 2014 (interne Studienausgabe), Seite 21.

242 Aus: *Die Bibel*, Neue Welt Übersetzung, Offenbarung 21:4.

243 Aus: «In Gottes Volk Sicherheit finden», *Der Wachtturm*, Wachtturm-Gesellschaft, 15. Juni 2010, Seite 10.

244 Vgl. «Die Neue Erwartungstheorie», *Schnelles Denken, Langsames Denken*, Daniel Kahneman, Siedler, 2012, Sei-te 348 ff.

245 Vgl. *Mass communication and para-social interaction. Obser-vations on intimacy at a distance*, Donald Horton, R. Richard Wohl, *Psychiatry*, 1956.

246 Vgl. Formular A-8-E 5/13, Wachtturm-Gesellschaft.

247 Aus: «Wie man zu Gott sagt: ‹Ich liebe dich›», *Auf den gro-ßen Lehrer hören*, Wachtturm-Gesellschaft, Seite 185.

248 Aus: «Was bedeutet es, loyal zu sein?», *Der Wachtturm*, Wachtturm-Gesellschaft, 1. Oktober 2001, Seite 22.

249 Aus: «Wem gegenüber sollten wir loyal sein?», *Der Wacht-turm*, Wachtturm-Gesellschaft, 15. August 2002, Seite 7.

250 Aus: «Bald Gerechtigkeit für alle Nationen», *Der Wachtturm*, Wachtturm-Gesellschaft, 1. März 1989, Seite 27.

251 Aus: «Voller Mitgefühl hüten sie die Schafe», *Der Wachtturm*, Wachtturm-Gesellschaft, 15. September 1993, Seite 22.

252 Aus: «Unsere relative Unterordnung unter die obrigkeitlichen Gewalten», *Der Wachtturm*, Wachtturm-Gesellschaft, 1. November 1990, Seite 26.

253 Aus einer Ansprache, ca. 2009.

254 Aus seiner Ansprache «Should you wear Saul's Armor?» im Rahmen seines Zonen-Besuchs am 2. Mai 2013 in Malmö, Schweden.

255 Am 5. Oktober 2013 im Rahmen der 129. Jahreshauptversammlung der Wachtturm-Gesellschaft; vgl. *Why it is morally wrong for Watchtower to push baptism on children*, John Cedars, jwsurvey.org.

256 Vgl. *Die Bibel*, Neue Welt Übersetzung, 2. Petrus 3:3,4; «Es ist damit zu rechnen, dass Menschen, die unter dem Einfluss des Teufels stehen, künftig noch hinterhältiger sein werden, besonders denen gegenüber, die für die wahre Anbetung eintreten. Mitunter finden sich in den Medien irreführende Behauptungen und glatte Lügen über Jehovas Diener und ihre Glaubensansichten. Unwahrheiten werden durch Schlagzeilen, Fernsehdokumentationen und Internetseiten verbreitet. Deshalb sind manche verwirrt und fallen leichtgläubig auf solche Lügen herein. Wie dankbar können wir doch für Gottes Wort sein, mit dem wir der Demoralisierungstaktik des Teufels entgegenwirken können!» Aus: «Vernünftig blei-

ben und uns nicht erschüttern lassen», *Der Wachtturm* (Studienausgabe), Wachtturm-Gesellschaft, Dezember 2013.

257 Aus: «Wache beständig über den Dienst, den du im Herrn angenommen hast», *Der Wachtturm*, Wachtturm-Gesellschaft, 15. Januar 2008, Seite 5.

258 Aus: *Die Bibel*, Neue Welt Übersetzung, 2. Korinther 6:14.

259 Aus: «Selbstbefriedigung: Wie kann ich damit aufhören?», *Fragen junger Leute – Praktische Antworten*, Band 1, Wachtturm-Gesellschaft, Seite 178.

260 «Lerne, dich zu beherrschen, statt Selbstbefriedigung als Ventil für sexuelles Verlangen zu benutzen. [...] Selbstbefriedigung fällt unter den biblischen Begriff ‹Unreinheit›. Du musst nicht denken, du hättest eine unvergebbare Sünde begangen. Entscheidend ist, dass du den Kampf aufnimmst und dich nicht unterkriegen lässt!» Aus: «Selbstbefriedigung: Wie kann ich damit aufhören?», *Fragen junger Leute – Praktische Antworten*, Band 1, Wachtturm-Gesellschaft, Seite 178–180.

261 Aus: «Vom Regen in die Traufe», Ansgar Lehmeyer, *Süddeutsche Zeitung Magazin*, Heft 13/2008.

262 Vgl. *Mache deine Jugend zu einem Erfolg*, Wachtturm-Gesellschaft, 1976, Seite 38, 39.

263 Witzigerweise gibt es einen japanischen Musiker, der diesen Zungenbrecher als Pseudonym trägt. Er ist angeblich – Überraschung – Zeuge Jehovas.

264 «Jehova gibt Christen die eindeutige Anweisung, ‹nur im Herrn› zu heiraten» (1. Korinther 7:39)» Aus: «Göttliche

Anleitung für die Auswahl eines Ehepartners», *Der Wacht-turm*, Wachtturm-Gesellschaft, 15. Mai 2001, Seite 20.

265 In einem Brief, der auf den 17. Februar 2014 datiert ist, gab die Wachtturm-Gesellschaft bekannt, dass Bezirkskongresse ab sofort «regionale Kongresse» heißen – warum auch immer.

266 «Wenn sich beide voraussichtlichen Ehepartner Jehova hingegeben haben, hat ihre Bindung eine solide Grundlage. Sie haben dieselben Wertvorstellungen und Ziele, was sehr zu einer glücklichen Ehe beiträgt. Außerdem zeigt jemand, der ‹im Herrn› heiratet, seine Loyalität gegenüber Jehova, und das hat dauerhafte Segnungen zur Folge, denn mit einem Loyalgesinnten handelt Jehova loyal.» Aus: «Fragen von Lesern: Wen meint Paulus in 2. Korinther 6:14, wenn er von ‹Ungläubigen› spricht?», *Der Wachtturm*, Wachtturm-Gesellschaft, 1. Juli 2004, Seite 31.

267 Aus: *Hütet die Herde Gottes*, Wachtturm-Gesellschaft, 2010, Seite 59.

268 Aus: *Hütet die Herde Gottes*, Wachtturm-Gesellschaft, 2010, Seite 60 f.

269 Vgl. «Jehovas Kinder: Zeugen zeugen Zeugen», Nora Gantenbrink, *Spiegel Online*, 19. Juli 20011.

270 Aus: «Woher weiß ich, ob es Liebe ist?», *Fragen junger Leute – Praktische Antworten*, Band 1, Wachtturm-Gesellschaft, Seite 204.

271 «Die Bibel betrachtet eine Scheidung nicht als Bagatelle. Sich seines Partners leichtfertig zu entledigen, eventuell um sich einen anderen Partner zu nehmen, wird von Gott als gemeiner Verrat angesehen (Maleachi 2:13–16). [...]

Das heißt allerdings nicht, dass die Bibel eine Scheidung und Wiederheirat grundsätzlich verbietet. Im Fall von außerehelichen Beziehungen sind Scheidung und Wiederverheiratung möglich (Matthäus 19:9). Wer also feststellt, dass er von seinem Partner betrogen wurde, ist berechtigt, die Ehe zu beenden.» Aus: «Vier Aspekte, an die man denken sollte», *Erwachet!*, Wachtturm-Gesellschaft, Februar 2010, Seite 4.

272 Vgl. *Die Bibel*, Neue Welt Übersetzung, Hiob 33:25.

273 Diese und viele andere wundervolle Erkenntnisse kann man Bill Brysons äußerst lesenswertem Buch entnehmen: *Eine kurze Geschichte von fast allem*, Goldmann Verlag, 2005.

274 Vgl. *Erwachet!*, 15. April 1969.

275 Aus: *Jehovas Zeugen und die Schule*, Wachtturm-Gesellschaft, 1983, Seite 5.

276 «Brauche ich, um meinen Lebensunterhalt zu verdienen, wirklich einen Hochschul- oder Universitätsabschluss? Was wäre mit dem Besuch der Zusammenkünfte? Würden die ‹wichtigeren Dinge› zu kurz kommen? Muss ich mehr Vertrauen entwickeln, dass Jehova für mich sorgen kann?» Aus: *Der Wachtturm*, 15. Juni 2011, Seite 31.

277 Vgl. *Social values, Science and Technology*, Directorate General Research, European Commission, Juni 2005.

278 Aus: «Wertloses entschieden von uns weisen», *Der Wachtturm*, Wachtturm-Gesellschaft, 15. April 2008, Seite 4.

279 Vgl. The Pew Forum US Religious Landscape Survey, 2008.

280 Stand: März 2014.

281 Aus: *Der Wachtturm*, Wachtturm-Gesellschaft, 1. Oktober 2005, Seite 25–31.

282 Vgl. «Manhattan nonprofits rush to sell as values skyrocket», Guelda Voien, TheRealDeal.com, 1. Dezember 2013.

283 Vgl. «Einheit und begeisternde Pläne als zentrales Thema», *Der Wachtturm* (Studienausgabe), Wachtturm-Gesellschaft, 15. August 2012, Seite 17.

284 Vgl. «Was allen Stürmen standhielt», *Erwachet!*, Wachtturm-Gesellschaft, 8. August 2003, Seite 10–15.

285 Aus: «Warum glaubt der Mensch?», Alexandra Rigos, *P. M. Perspektive*, 4/2013.

286 Aus: «Unterstützer der wahren Anbetung – damals und heute», *Der Wachtturm*, Wachtturm-Gesellschaft, 1. November 2002, Seite 28.

287 Aus: «Welche Opfer bringen wir für das Königreich?», *Der Wachtturm*, Wachtturm-Gesellschaft, 15. Dezember 2013, Seite 14 f.

288 Aus: «Wie wird unser weltweites Werk finanziert?», *Der Wille Jehovas: Wer lebt heute danach?*, Wachtturm-Gesellschaft, Seite 27.

289 Vgl. *Erwachet!*, Wachtturm-Gesellschaft, Seite 28.

290 Aus: «Wie wird unser weltweites Werk finanziert?», *Der Wille Jehovas: Wer lebt heute danach?*, Wachtturm-Gesellschaft, Seite 27.

291 Aus: *Änderung der Finanzierung beim Bau von Kongress- und Königreichssälen weltweit*, 3/29/2014-X Ge, Wachtturm-Gesellschaft.

292 Vgl. *Jahrbuch der Zeugen Jehovas 2012, 2013, 2014*, Wachtturm-Gesellschaft.

293 Vgl. 5/12/14-E Us.

294 Vgl. Balance Sheet, Watch Tower Bible And Tract Society

Of Pennsylvania, Fiscal Years Ending August 31, 1998 and 1998, *ASSSQAH3*.

295 Aus: «Eine ausgeglichene Ansicht über Alkohol bewahren», *Der Wachtturm*, 1. Dezember 2004, Seite 18.

296 Aus: «Eine ausgeglichene Ansicht über Alkohol bewahren», *Der Wachtturm*, 1. Dezember 2004, Seite 21.

297 Aus: «Wann ein Rechtskomitee gebildet werden sollte», *Hütet die Herde Gottes*, Wachtturm-Gesellschaft, 2010, Seite 67.

298 Aus: *Der Gewissenskonflikt*, Raymond Franz, Bruderdienst Missionsverlag, 2006, Seite 114.

299 Aus: «Gott züchtigt seine Söhne», *Der Spiegel*, 45/1994, Seite 83.

300 «Daher müssen wir unbedingt auf der Hut sein, wenn jemand, der unsere Zusammenkünfte besucht, uns in Diskussionen über persönliche Mutmaßungen hineinziehen oder etwas bekritteln will (2. Thes. 3:13–15).» Aus: «Vernünftig bleiben und uns nicht schnell erschüttern lassen», *Der Wachtturm*, 15. Dezember 2013, Seite 8.

301 Aus: «Jehova kennt die, die ihm gehören», *Der Wachtturm*, Wachtturm-Gesellschaft, Juli 2014.

302 Aus: *Glaube, Unterredungen anhand der Schriften*, Wachtturm-Gesellschaft, Seite 185.

303 Aus: «Unordentliche bezeichnet halten», *Hütet die Herde Gottes*, Wachtturm-Gesellschaft, 2010, Seite 124 f.

304 Aus: «Unordentliche bezeichnet halten», *Hütet die Herde Gottes*, Wachtturm-Gesellschaft, 2010, Seite 125.

305 Aus: «Jehova hasst Treulosigkeit», *Der Wachtturm*, Wachtturm-Gesellschaft, 1. Mai 2002, Seite 17.

306 «Die Eignung eines Bruders wäre in Frage gestellt, wenn er die Eheschließung eines Getauften mit einem Ungetauften stillschweigend gebilligt hätte. Eine feste Freundschaft zwischen solchen Personen zu unterstützen (auch nur moralisch) oder bei der Trauung oder der Hochzeitsfeier anwesend zu sein oder mitzuwirken lässt auf Billigung schließen.» Aus: «Stillschweigende Billigung der Heirat eines Getauften mit einem Ungetauften», *Hütet die Herde Gottes*, Wachtturm-Gesellschaft, 2010, Seite 37.

307 Vgl. «Jehovah's Witness abuse victims ‹quizzed by their attacker› at church», Jonathan Brown, *The Independent*, 22. Mai 2014; «Convicted paedophile allowed to grill his victims at Jehovah's Witness meeting», Chris Osuh, *Manchester Evening News*, 21. Mai 2014.

308 Aus: «Jehova achtet auf uns – uns zum Guten», *Der Wachtturm*, Wachtturm-Gesellschaft, 15. Oktober 2008, Seite 10.

309 Vgl. *Der Wachtturm*, 1. Februar 1996, Seite 23.

310 Aus: «Wann ein Rechtskomitee gebildet werden sollte», *Hütet die Herde Gottes*, Wachtturm-Gesellschaft, 2010, Seite 63.

311 Aus einem internen Schulungsvideo der Wachtturm-Gesellschaft für Älteste.

312 Aus: *Die Bibel*, Neue Welt Übersetzung, Wachtturm-Gesellschaft.

313 Aus: «Die Rechtskomitee-Verhandlung», *Hütet die Herde Gottes*, Wachtturm-Gesellschaft, 2010, Seite 90.

314 Aus: «Die Rechtskomitee-Verhandlung», *Hütet die Herde Gottes*, Wachtturm-Gesellschaft, 2010, Seite 92.

315 Aus: «Die Rechtskomitee-Verhandlung», *Hütet die Herde Gottes*, Wachtturm-Gesellschaft, 2010, Seite 89.

316 Aus: «Die Rechtskomitee-Verhandlung», *Hütet die Herde Gottes*, Wachtturm-Gesellschaft, 2010, Seite 91.

317 Aus: «Die Rechtskomitee-Verhandlung», *Hütet die Herde Gottes*, Wachtturm-Gesellschaft, 2010, Seite 95.

318 Aus: «Eine Rechtskomitee-Verhandlung vorbereiten», *Hütet die Herde Gottes*, Wachtturm-Gesellschaft, 2010, Seite 94.

319 Aus: «Eine Rechtskomitee-Verhandlung vorbereiten», *Hütet die Herde Gottes*, Wachtturm-Gesellschaft, 2010, Seite 100.

320 Vgl. *Der Wachtturm*, Wachtturm-Gesellschaft, 15. Juli 1995, Seite 25.

321 Aus: «Eine Rechtskomitee-Verhandlung vorbereiten», *Hütet die Herde Gottes*, Wachtturm-Gesellschaft, 2010, Seite 87.

322 Aus: «Christliche Loyalität bekunden, wenn ein Verwandter ausgeschlossen ist», *Unser Königreichsdienst*, Wachtturm-Gesellschaft, August 2002.

323 Aus: «Nimm die Zucht Jehovas immer an», *Der Wachtturm*, Wachtturm-Gesellschaft, 15. November 2006, Seite 27.

324 Aus: «Das Streben nach Vergeltung», Alexandra Rigos, *GEOkompakt* Nr. 25, Seite 71–74.

325 Aus: «Uns von Jehova formen lassen», *Der Wachtturm*, Wachtturm-Gesellschaft, 15. Juni 2013, Seite 28.

326 Aus: «Christliche Loyalität bekunden, wenn ein Verwandter ausgeschlossen ist», *Unser Königreichsdienst*, Wachtturm-Gesellschaft, August 2002.

327 Vgl. *Verletzlichkeit macht stark: Wie wir unsere Schutzmechanismen aufgeben und innerlich reich werden*, Brené Brown, Kailash, 2013, Seite 36 ff.

328 Aus: «The Superior Court of the State of California in and for the County of San Mateo, Jason E. Cobb, Plaintiff vs. Ernest Brede, et al., Defendant», Case No. CIV508 137, February 22, 2012, Transcript by Joan Woods, CSR 4573.

329 Aus: «Was bedeutet es, loyal zu sein?», *Der Wachtturm*, Wachtturm-Gesellschaft, 1. Oktober 2001, Seite 22.

330 Vgl. *Subliminal: How Your Unconscious Mind Rules Your Behavior*, Leonard Mlodinow, Vintage, Seite 161 ff.

331 Aus: *The Independent*, 27. September 2011.

332 Vgl. *The Age*, 15. März 2013.

333 Vgl. www.jw.org, 2014.

334 Aus: «Bericht über die Arbeit des Sekten-Info NRW und die Aktivitäten neuer religiöser Gemeinschaften 2013», Sabine Riede, *Sekten-Info Nordrhein-Westfalen e. V.*, 20. März 2014.

335 Vgl. *Nachmittagsprogramm Freitag*, Wachtturm-Gesellschaft, CO-pgm14-X.

336 Aus: «Christliche Loyalität bekunden, wenn ein Verwandter ausgeschlossen ist», *Unser Königreichsdienst*, Wachtturm-Gesellschaft, August 2002.

337 «We should learn to love and value truth for its own sake; to respect and honor it by owning and acknowledging it wherever we find it and by whomsoever presented. A truth presented by Satan himself is just as true as a truth stated by God. Perhaps no class of people are more apt to overlook this fact than the Christian. How often do they

in controversy overlook and ignore truth presented by their opponents. [...] Accept truth wherever you find it, no matter what it contradicts, and rely for ability to afterwards harmonize it with others upon ‹The Spirit of truth, which shall guide you into all truth›, as Jesus promised.» Aus: *Zion's Watch Tower And «Herald of Christ's Presence»*, Wachtturm-Gesellschaft, 1. Juli 1879.

338 Aus: *Einsichten in die Heilige Schrift*, Band 1, Wachtturm-Gesellschaft, Seite 23.

339 Aus: «Wirst du auf Jehovas deutliche Warnungen hören?», *Der Wachtturm*, Wachtturm-Gesellschaft, 15. Juli 2011, Seite 15.

340 Aus: «Wirst du auf Jehovas deutliche Warnungen hören?», *Der Wachtturm*, Wachtturm-Gesellschaft, 15. Juli 2011, Seite 16.

341 Vgl. *Subliminal: How Your Unconscious Mind Rules Your Behavior*, Leonard Mlodinow, Vintage, Seite 79 ff.

342 Vgl. «Vom Zeugen Jehovas zum Ungläubigen», Marie Fleischhauer, *Zeit Online*, 18. Februar 2013.

343 Aus: «Wie wirklich ist die Wirklichkeit», Sebastian Kretz, *GEOkompakt* Nr. 36.

344 Aus: «Wie wirklich ist die Wirklichkeit», Sebastian Kretz, *GEOkompakt* Nr. 36.

345 Aus: «Halte dem Teufel und seinen Machenschaften stand», *Bewahrt euch in Gottes Liebe*, Wachtturm-Gesellschaft, Seite 183.

346 Aus: «1914 – ein bedeutsames Jahr in der biblischen Prophetie», *Was lehrt die Bibel wirklich?*, Wachtturm-Gesellschaft, Seite 218.

347 Aus: «1914 – ein bedeutsames Jahr in der biblischen Prophetie», *Was lehrt die Bibel wirklich?*, Wachtturm-Gesellschaft, Seite 216 ff.

348 Vgl. *Die Bibel*, Neue Welt Übersetzung, Offenbarung 12:6, 14.

349 Natürlich nicht unter dem Eintrag Jerusalem. Aber wenn man das von der Wachtturm-Gesellschaft als unumstößliches Ankerdatum festgelegte Jahr 539 v. u. Z. als Berechnungsgrundlage nimmt (die Zerstörung Babylons, vgl. *Der Wachtturm*, 1. Februar 1955, Seite 95), kommt man auf Basis der von der Wachtturm-Gesellschaft angeführten Geburtsdaten und Herrschaftsjahre verschiedener babylonischer Könige auf das Jahr 587 v. u. Z. für die Zerstörung Jerusalems – nicht 607.

350 Unter anderem betrachtet die Leitende Körperschaft die Prophezeiung der 70-jährigen Gefangenschaft als Beweis für ihre Berechnung – vgl. Jeremia 25:11. Allerdings bezweifeln Theologen, dass diese 70 Jahre ausschließlich auf das judäische Volk anzuwenden sind, schließlich spricht die Bibel von «diesen Nationen». Judah war nicht das einzige Königreich, das die Babylonier eroberten. Deshalb ist dieser Zeitraum äußerst zweifelhaft und kein stichhaltiges Argument für den Standpunkt der Zeugen Jehovas.

351 Aus: «Wann wurde Jerusalem in alter Zeit zerstört?», *Der Wachtturm*, Wachtturm-Gesellschaft, 1. November 2011, Seite 22–28.

352 «Wahrlich, ich sage euch, dass diese Generation auf keinen Fall vergehen wird, bis alle diese Dinge geschehen.» Aus: *Die Bibel*, Neue Welt Übersetzung, Matthäus 24:34.

353 Aus: *Der Wachtturm*, Wachtturm-Gesellschaft, 15. Februar 1986, Seite 5.

354 Aus: *Der Wachtturm*, Wachtturm-Gesellschaft, 1. November 1995, Seite 17.

355 Aus: *Der Gewissenskonflikt*, Raymond Franz, Bruderdienst Missionsverlag, 2006, Seite 225.

356 Aus: «Verfügbarkeit, Emotion und Risiko», *Schnelles Denken, Langsames Denken*, Daniel Kahneman, Siedler, 2012, Seite 179 ff.

357 Aus: «Leider gut», Christoph Drösser, Martin Spiewak, *Die Zeit*, 21. März 2013.

358 Vgl. «Global risk of big earthquakes has not recently increased», Peter M. Shearer, Philip B. Stark, *Proceedings of the National Academy of Sciences of the United States of America*, 27. November 2011.

359 Vgl. *UCDP/PRIO Armed Conflict Dataset*, Nils Petter Gleditsch et al.

360 Aus: «Think again: War», Joshua S. Goldstein, *Foreign Policy*, 15. August 2011.

361 Vgl. *Human Security Report Project, Human Security Report 2013: The Decline in Global Violence: Evidence, Explanation, and Contestation*, Human Security Press, 2013.

362 Aus: *Die Revolutionsprofis*, gesendet am 11. Mai 2011 im Rahmen des Weltjournals auf ORF II.

363 Aus: *When Prophecy Fails*, Leon Festinger, Henry W. Riecken und Stanley Schachter, Harper and Row, 1956, Seite 3.

364 Aus: «Schwachen beistehen», *Hütet die Herde Gottes*, Wachtturm-Gesellschaft, 2010, Seite 48.